유자광,
조선의 영원한 이방인

…정두희·계승범 지음

유자광,
조선의 영원한 이방인

푸른역사

애초 이 책은 고 정두희(1946~2013) 선생께서 구상하셨다. 1990년대부터 선생께서는 조선시대 인물에 큰 관심을 두고 일련의 연구 성과를 발표하셨다. 인물사 논문에서 일곱 개를 추려 《조선 시대 인물의 재발견》(일조각, 1997)이라는 단행본을 출간했는데, 학술서로 묶은 인물사 연구의 첫 결실이었다. 이 책의 서두에서는 역사서술에서 개인이라는 요소를 중시한 선생의 역사관과 방법론을 명료하게 피력하셨다. '포스트모던'이나 '신문화사' 또는 '미시사'라는 용어를 사용하지는 않았지만, 개인이라는 프리즘을 통해 역사적 시대상에 접근하려는 문제의식과 방법론은 상당히 '포스트모던'하였다.

3년 후에는 조광조를 집중적으로 탐구한 《조광조》(아카넷, 2000)를 출간하셨다. 1년 후에는 조광조 사후의 상황을 역사적 맥락에서 고찰한 논문을 추가한 증보판이 나왔다(《조광조》, 아카넷, 2001). 이후 선생께서는 새로운 연구 대상으로 유자광을 선정하고 준비에 착수하셨다. 다만 2007년 겨울부터 건강 회복에 집중하다 보니 원고의 진척 속도가 떨어졌다. 그런 중에서도 차도가 조금 있으면 원고를 차근차근 집필하기를 반복하셨다.

그러나 너무나 아쉽게도 선생께서는 유자광 원고를 마무리하지 못한 채 60대 중반이라는 이른 나이에 그만 생을 달리하셨다. 절반쯤 진척된 초고는 유고로 남을 운명이었다.

그런데 타계하기 일 주일쯤 전이었을까? 선생께서 나를 부르셨다. 아내와 함께 오라고 특별히 주문하셨다. 병실에서 다시 뵌 선생은 사흘 전보다 더 수척해 보였다. 얇은 홑청 이불조차도 너무 무거워 병상의 양쪽 난간에 걸친 상태였다. 가슴과 배를 누르는 그 가벼운 무게조차 버거우셨기 때문이다. 병실에 들어서자 선생께서는 아내와 나를 병상의 양쪽으로 부르셨다. 선생의 왼손으로는 내 손을, 오른손으로는 아내의 손을 잡으셨다. 아니, 선생의 손을 나와 아내의 손 위에 올려놓으셨다. 그러고는 약한 시간에 걸쳐 이런저런 말씀을 하셨다.

선생께서는 1991년 2학기 대학원 수업 시간에 나를 처음 만난 이래 20년 남짓 시간을 마치 비단에 차분히 수를 놓듯이 촘촘하고도 밝게 회상하셨다. 소소한 생활사부터 학문 얘기까지 오가는 잔잔한 시간 여행이었다. 여러 가지 유언도 남기셨다. 이 또한 소소한 생활사부터 학생 지도와 학문에 이르기까지 다양하였다. 이때 선생께서 당부하신 것 가운데 하나가 바로 유자광 유고의 완성과 출간이었다. 원고는 많이 집필한 상태이니 계 선생이 마무리하여 '정두희·계승범' 공저로 출간하라고 말씀하셨다. 우리나라 학계에서는 사제 사이에 아직 이런 사례가 없는데, 우리가 한 번 만들어 보자고도 하셨다. 나는 "네. 그렇게 하겠습니다"라며 조금은 떨리는 소리로 더듬더듬 답하였다.

선생께서 타계하신 후 나는 한동안 선생의 유고를 열어 보지 못하였다. 파일로 받은 유고를 열려고 하면 갑자기 가슴이 두근거렸다. 마치 노크도 없이 선생님 연구실 문을 열어야 하는 것 같은 묘한 기분이 나를 휘감았다. 다음에 열어보자는 속삭임도 내 마음의 심연에서 은은하게 들렸다. 그러기를 몇 차례 하고 나서야 마침내 선생의 유고를 열고 처음으로 통독하였다. 선생께서 돌아가신 지 무려 6개월 후였다. 여름방학이 끝나갈 무렵이었다.

유고를 읽은 후에도 집필에 바로 들어가지는 못했다. 유언 중에 하신 말씀으로는 원고는 이제 조금만 추가하면 완성할 수 있는 상태라고 하셨는데, 유고는 무오사화 발생 전까지만 다룬 상태였다. 유자광의 일생을 조망하자면 아무래도 무오사화가 하이라이트일 텐데, 유고는 연산군이 즉위하자마자, 다른 말로 무오사화가 발생하기 전 연산군 초기 상황에서 더는 나아가지 못한 채였다. 특히 마지막 문장은 마침표를 찍지도 못한 미완성이었다. 모래시계처럼 줄어드는 생의 마지막 순간에 선생께서 쓰려다 끝내 완성하지 못한 이 문장의 의미는 무엇일까? 울컥하는 마음과 함께 선생의 유고를 내가 어떻게 완성하지, 라는 일말의 두려움마저 나를 감쌌다. 무게감이 상당하였다.

마침표가 없는 마지막 문장을 완성하기 위해 나는 유고 전체를 서너 차례 더 읽었다. 처음부터 다시 읽다가 그 마지막 문장에 도달할 때면, 내가 완성할 그 문장의 내용도 조금씩 달라졌다. 그러면서 3~4년이 훌쩍 지났다. 그래도 유고를 거듭 읽다 보니, 선생의 문제의식과 집필 구도가 더욱 선명하게 다가왔다. 다만 문제는 연산군시대부터 중종 초기까지 완전히 새로 집필하는 일이었다.

학계에도 공저는 많지만, 대개 기승전결이 매끄럽지 않아 책의 완성도가 크게 떨어지는 편이다. 공저일지라도 마치 한 저자가 쓴 것처럼 문제의식과 기승전결이 일정하고도 분명한 학술서는 거의 본 적이 없다. 선생께서 당부하신 공저 《유자광》은 복수의 저자가 쓴 글을 기계적으로 모아서는 안 되는 책이었다. 그러기 위해서는 선생의 유고를 내가 완성한다는 생각부터 버려야 했다. 선생의 집필 구상을 그저 한 제자가 이어받아 완성하는 형식적 작업과는 거리가 먼, 그래서 새로운 도전이어야 했다. 무엇보다도 선생의 문제의식이 곧 나의 문제의식으로 탈바꿈해야, 곧 두 사람의 문제의식이 완전히 합체하여 한 사람의 문제의식으로 거듭나야 했다. 그래야 비로소 집필을 시작할 수 있는 그런 연구 작업이었다. 대충 보강하여 완성한다면, 그것은 무엇보다도 선생께서 원하신 그림이 아닐 뿐더러 되레 선생께 누만 끼칠 터였다. 이런 생각에 휩싸이다 보니 선뜻 착수하기가 어려웠다. 이런 고민으로 또 3~4년이 흘렀다.

그래도 언제까지 미적거릴 수는 없었다. 선생의 9주기를 맞아, 이제 고민은 할 만큼 했으니 당장 집필에 착수해야 한다는 생각이 뇌리를 스쳤다. 그래야 10주기 전에 공저 《유자광》을 세상에 내놓을 수 있을 터였다.

그래서 지난여름 내내 유자광과 씨름하였다. 세조~중종 대 조정에 마음으로나마 거의 매일 '등청'하였다. 그런데 좀 신비한 경험을 하였다. 자료를 읽으면 읽을수록, 원고를 쓰면 쓸수록 선생의 문제의식이 '저절로' 나의 문제의식이 되어 내 머리를 꽉 채우는 것이었다. 정작 집필은 하지 않은 채 지레 무게감을 느껴 고민만 할 때와는 차원이 달랐다. 그래서 이 책을 완성할 수 있었다.

이 책은 모두 7부 52장으로 구성하였다. 선생께서는 1장부터 32장까지 초고를 남기셨다. 학술서이면서도 '스토리텔링' 전개 방식과 구성을 취하셨다. 연구 논저라면 그저 딱딱하기만 한 학계 현실을 고려할 때, 선구자적인 글쓰기였다. 그래서 나도 그런 방식을 따라 33장부터 52장까지 집필하였다. 그리고 내가 52개 장을 시기별로 7부로 나누어 편성하였다. 그래서 각 부의 제목은 내가 붙였다. 책의 부제도 내가 추가하였다. 프롤로그와 에필로그도 추가로 집필하였다. 아무래도 책의 완성도를 높이려면 서론과 결론이 필요한데, 여기서는 어감상으로 조금은 가벼운 프롤로그와 에필로그로 대체하였다.

선생의 초고(1~32장)는 나 외에도 세 명의 학자가 교정을 보았다. 선생의 글쓰기 스타일을 존중하여, 나와 함께 최소한으로 다듬었다. 다만 내용상의 사소한 착오는 내가 수정하여 바로잡았다. 바쁘신 중에도 선생의 초고뿐 아니라 나의 원고까지 교열·교정해 주신 김영두(국사편찬위원회), 허준(연세대학교), 남호현(공군사관학교) 세 분 선생께 깊은 감사를 드린다. 다만 혹시라도 이 책의 내용에 어떤 문제가 있다면, 그것은 오롯이 나의 몫이다.

선생께서는 타계하시기 전에 《유자광》 공저가 어떤 출판사에서 나오는지 알고 싶어 하셨다. 당신께서 어느 출판사와 작업하라고 하셔도 될 텐데, 굳이 나더러 출판사를 정하라 하셨다. 그래서 나는 선생의 유언을 듣고는 바로 푸른역사 박혜숙 사장께 전화하여 출판을 타진하였고, 즉석에서 동의를 받았다. 푸른역사에서 출판하기로 했다고 다시 선생께 말씀드리자, 선생께서는 "좋다"라고 하시며 환히 웃으셨다.

무려 9년이 넘도록 재촉도 없이 기다려 주신 박혜숙 사장님과 푸른역사 선생님들께 깊은 감사를 드린다. 선생의 《유자광》 공저를 누구보다도 기다리신 사모님께는 너무 시간을 끌어 죄송한 마음과 함께 오랜 시간을 묵묵히 기다려 주신 헤아림에 다시금 깊은 감사의 마음을 전해 올린다.

2022년 9월 30일
계승범

IV부　성종 후반기:
맹호복초猛虎伏草(1485~1494)

V부　연산군 전반기:
권토중래捲土重來(1494~1498)

프롤로그

동시대 동아시아에서도 유독 조선왕조(1392~1910)는 서출庶出에 대해 매우 가혹한 차별을 제도화해 시행하였다. 양반 엘리트들은 첩에서 태어날 자기 피붙이의 장래가 암울할 것임을 익히 알면서도 축첩 행위를 개의치 않았다. 같은 인종이자 같은 언어를 사용하는, 더욱이 같은 집에 기거하며 자신의 피가 50퍼센트 섞인 친자를 자식으로 여기지 않았다. 특히 그런 차별을 집안 내부에 국한하지 않고 사회 전반에 걸쳐 강력하게 제도화하였다. 유교적 명분론을 주요 근거로 들었지만, 같은 유교 가치인 입현무방立賢無方은 외면해 버렸다.

그런데 같은 조선왕조라고 해도 서얼에 대한 구조적 차별은 시대와 상황에 따라 달랐다. 태종 때(재위 1400~1418) 일부일처제와 함께 처·첩의 구분을 법제화했다고 해도, 그것이 곧바로 사회 전반에 자리 잡을 수는 없었다. 숱한 시행착오와 오랜 시간이 필요하였다. 같은 조선왕조일지라도 어떤 시기인가에 따라서 서얼 차별의 강도는 사뭇 달랐다. 한 예로, 서얼을 허통許通하는 특례법을 명종 때(재위 1545~1567) 처음 만들었는데, 이는 명종 대를 전후로 서얼 차별의 실상에 큰 차이가 발생했음을 분명히 보여 준다. 이 책의 주인공인 유자광柳子光(1439~1512)이 겪은 삶의 영욕은 바로 조선왕조의 서얼 차별이 본격화하던 전환기의 상황을 조망하기에 좋은 연구 소재이다.

상황에 따른 변수도 무시할 수 없었다. 같은 시대일지라도 그 아비가 누구인지, 또한 그의 정치적 후원자가 누구인가에 따라 적잖은 편차를 보였다. 만일 어떤 일을 계기로 왕의 신임을 받는다면, 출신은 비록 서얼이라도 출세는 가능하였다. 집안 배경도 중요한 변수였다. 명문거족의 서얼이며 본인도 유능하다면, 무과 등의 각종 시험을 통해 벼슬길에 나갈 수 있었으며 당상관에 오를 수도 있었다.

다만 아무리 외형상 품계가 오른다고 해도, '아웃사이더outsider' 유자광이 과연 적자 출신 문신 관료들의 '인사이더insider' 그룹에 당당히 동참하기는 쉽지 않았다. 서얼이라는 출신이 마치 '주홍글자'처럼 따라다녔다. 아니, 소설《주홍글자The Scarlet Letter》에서는 시간이 흐르면서 주홍글자의 의미에도 변화가 일어났지만, 유자광에게 붙은 서얼이자 간신이라는 낙인은 아무리 세월이 흘러도 변화의 조짐조차 없었다. 되레 더 강해지기만 했다.

유자광은 갑사甲士로 근무하던 중에 이시애의 난(1467) 진압에 자원해 종군한 일을 계기로 세조(재위 1455~1468)의 총애를 받아, 29세의 나이에 중앙 정치무대를 밟았다. 세조 사후에도 정국이 바뀔 때마다 강한 어조의 상소를 올려 새 국왕의 신임을 얻는 방식으로 자신의 지위와 권력을 이어 갔다. 이런 와중에 두 번에 걸쳐 공신 책봉을 받음으로써, 문벌 양반가의 적자일지라도 쉽게 성취하기 어려운 최고의 영화를 누렸다.

그렇지만 유교 사회 조선에서 유자광은 언제나 아웃사이더요, 이방인이었다. 자신의 능력이나 국왕의 총애로도 해결할 수 없는 태생적 한계를 안고 있었다. 또한 조선왕조의 역사 전개 과정에서 서얼에 대한 차별이 마침 본격화하던 시기에 정계에서 활동한 점도 유자광에게는 몹시 불리한 요소였다. 후대의 조선 사대부들은 서얼 차별의 정당성을 논하면서 가장 안 좋은 사례로 유자광을 거론하였다. 이는 당시 적자嫡子 양반 사회가 서출 유자광의 출세 사례를 보며 느낀 충격이 상당했음을 에둘러 보여 준다.

조선은 건국한 지 21년 만인 태종 11년(1413)에 일부일처제를 정식으로 법제화하였다. 그 결과 서얼에 대한 차별은 더욱 노골화하기 시작하였다. 다만 법을 제정했을지라도 이런 차별이 사회적으로 깊은 뿌리를 내리기까지는 많은 시간이 필요하였다. 서얼의 과거 응시 불허를 명시한 《경국대전》을 완성한 세조 14년(1468) 이래 몇 차례 수정을 거쳐 최종적으로 공식 반포한 성종 6년(1474) 사이에, 즉 이른바 15세기 후반에 그 차별이 본격화하였다.[1] 그런데 이 시기는 세조의 즉위를 찬탈로 보는 사림士林이 유교적 가치를 타협 없이 현실에 그대로 적용하려는 '유교화 정풍운동'을 전개하던 때였다.[2] 사림 성향에 가까울수록 적서 차별의 엄격함을 강조한 것도 이런 시대 분위기의 산물이었다.

유자광이 국왕의 특별한 은혜로 중앙정계에 진입한 세조 말년은 서얼 금고庶孼禁錮를 명시한 《경국대전》이 그 모습을 갖출 즈음이었다. 조선왕조 최초의 〈서얼허통절목〉이 공식적으로 등장한 명종 8년(1553)은 유자

---

[1] 《經國大典》〈禮典〉諸科. "罪犯永不敍用者 贓吏之子 再嫁失行婦女之子孫 及庶孼子孫 勿許赴文科生員進士試⋯⋯." 이런 추이에 대해서는 Mark A. Peterson, 김혜정 역, 《유교 사회의 창출: 조선 중기 입양제와 상속제의 변화》, 일조각, 2000, 76~79쪽 참조.

[2] 계승범, 《중종의 시대: 조선의 유교화와 사림운동》, 역사비평사, 2014, 176~192쪽.

광이 죽은 지 40년쯤 후였다. 유자광은 하필 서얼에 대한 차별과 멸시가 심해지던, 일시적 허통도 사실상 매우 어렵던 시기에 정계에서 활동한 것이다.

따라서 세조 말년부터 중종 초까지 정치무대에서 활약한 유자광의 삶은 단지 서얼 차별 문제만이 아니라, 조선 사회의 장기적 진화 과정이라는 시대적 '타이밍'을 충분히 고려해 살필 필요가 있다. 유자광의 삶은 그저 그런 평범한 사례가 아니라, 정통과 명분을 극단적으로 강조한 주자학적 유교화를 표방하고 출범한 조선왕조에서 언젠가는 발생할 수밖에 없었던 사례라는 시대적 대표성을 갖기 때문이다.

조선시대 '간신'의 대명사로 불렸기 때문인지는 몰라도, 유자광을 심도 있게 다룬 기존 연구는 한 손으로 충분히 셀 정도로 적은 편이다. 유자광을 주인공으로 삼은 연구논문은 고작 두어 편에 불과하다. 최초의 논문은 1980년대 초 국문학계에서 나왔다. 유영대는 유자광의 고향인 남원을 답사하여 유자광 관련 구전을 현지에서 수집하였다. 이를 통해, 그의 신분은 비록 서얼이지만 문무를 겸비한 출중한 인물로 묘사한 전승을 두루 채집해 제시하였다.[3] 충신과 간신을 극명하게 가르는 데 익숙한 정사正史의 논조와는 확연히 다른 민간의 기억을 문학의 시각에서 흥미롭게 다루었다.

유자광을 주인공으로 삼은 역사학 연구로 가장 이른 것은 아마도 진상원의 논문일 것이다. 그는 김종직金宗直과 유자광을 '라이벌' 관계로 설

---

[3] 유영대, 〈설화와 신분의 문제: 유자광 전승을 중심으로〉, 《민족문화연구》 16, 1982.

정하여 고찰하였다.[4] 인물사 연구의 흥미로운 설명 틀이라 할 수 있다. 다만 '라이벌'이라는 집필 취지에 치중한 나머지, 김종직과 유자광 사이의 알력이 발생한 성종~연산군 연간(1469~1506)의 시대성, 다른 말로 역사성에는 상대적으로 관심을 덜 기울였다. 약 30년 전만 해도 겪지 않았을 일을 왜 세조~연산군 대(1455~1506)에 최고의 품계를 누린 유자광이 심하게 겪어야 했는지를 좀더 살필 필요가 있다.

본격적 연구는 심승구의 논문을 들 수 있다. 그는 유자광에 대한 간신 프레임을 일단 접어 두고 그의 생애와 정치 활동을 짜임새 있게 다루었다. 이를 위해 유자광의 정치경력을 시기별로 나누어 고찰하되, 유자광을 사림의 공적으로 몰아붙인 당시 사림의 일방적 논거 및 그런 평가를 그대로 답습한 현대 역사가들의 태도를 함께 비판하였다.[5] 유자광이 훈구와 사림 사이에서 왕당파 같은 역할을 했다거나 패도정치를 옹호했다는 평가는 참신하다. 다만 유자광이 사림의 공적이자 간신으로 몰린 이유 중에서 김종직과의 개인감정 문제를 강조한 점은 다소 아쉽다. 무오사화는 시대적 환경의 변화에 따른 필연적 사건에 가깝기 때문이다.

이 책에서는 유자광의 정치경력을 서얼 출신이라는 그의 태생적 신분 문제에 주목하되, 당시 시대상과 관련하여 살피고자 한다. 유자광이라는 한 인물의 삶은 역사에서 흔히 접할 수 있는 평범한 이야기라기보다는, 조선왕조가 적서 차별을 강화하는 쪽으로 급격하게 선회하던 시기에, 또

---

[4] 진상원, 〈김종직과 유자광: 군자와 소인〉, 《동아시아사의 인물과 라이벌》, 아세아문화사, 2008.

[5] 심승구, 〈간신 유자광의 평가 재고: 유교적 명분과 사림 서사의 해체를 중심으로〉, 《한국학논총》 46, 2016.

한 사림의 유교화 정풍운동이 본격화하던 시기에 필연적으로 나타난 전환기적 대표성을 갖는 사례이기 때문이다.

이를 위해, 먼저 유자광의 정계 활동을 왕대별로 기술하되, 유일한 후원자가 사실상 국왕이었던 점에 초점을 맞출 것이다. 다른 적자 문신 관료들의 지원을 제대로 받지 못했음에도 정치무대에서 일정한 지분을 차지할 수 있었던 근본 요인도 종합적으로 살피려 한다. 또한 무오사화와 갑자사화의 실상과 성격에 대해서도 통설과는 다른 새로운 사실과 해석을 제시하고자 한다. 마지막으로는 중종반정(1506) 이후 사림이 득세하던 새 시대의 추세에 밀려 유자광이 끝내 몰락할 수밖에 없었던 상황을 조선 왕조의 시대적 전환이라는 시각에서 조명하고자 한다.

1부

세조 말년

:

출곡천교出谷遷喬, 1467~1468

• **세종 21년(1439)**: 호조참의 유규柳規의 서얼로 출생.
• **세조 13년(1467) 6월** – 이시애 난 토벌을 촉구하는 상소. 국왕 세조를 첫 알현.
7월 – 이시애 토벌에 참전. 파적위破敵衛라는 별동대를 지휘.
9월 – 파격적으로 병조정랑 제수. 대간의 거센 반대를 세조가 누름.
12월 – 병조정랑 사직하고 노모의 병간호 차 남원으로 낙향.
• **세조 14년(1468) 2월** – 온양 별시문과에서 장원 급제.
6월 – 병조참지로 근무.

01

||||||

원각사의 낙성, 세조 13년 4월 8일

세조 13년(1467) 음력 4월 8일 부처님의 탄생일에 원각사圓覺寺 탑이 완성되었다. 이로써 세조가 만 3년이나 정성을 기울여 온 원각사는 완전하게 새 모습을 갖추었다.

부왕 세종의 형이며, 일찍이 태종 재위 시에 출가하여 스님이 된 효령대군은 세조 10년 5월 무렵까지도 승려로서의 삶에 부지런하였다. 자신이 왕이 되기 위하여 선왕이자 어린 조카인 단종을 죽였던 세조는 종친 내부의 지지를 절실히 원하였다. 세종 다음 문종과 단종의 치세가 짧게 있었지만, 그는 세종에서 자신으로 바로 왕위가 이어지는 것으로 인정받고 싶어 했다. 그래서 그는 세종의 두 형인 양녕대군과 효령대군을 극진하게 섬겼다. 특히 불교 신앙이 돈독하던 세조에게 이미 원로 스님으로서 큰 역할을 하고 있던 효령대군은 각별한 존재였다. 그런 효령대군이 태조 이래의 왕실 사찰이라 할 수 있는 회암사檜嚴寺에서 원각법회를 크게 열었는데, 많은 이적이 일어났다. 이때 여래가 나타나고 신령한 스님들이 탑을 둘러쌌는데, 오직 효령대군만이 이를 보았다는 것이다. 이러한 신비한 이적이 원각법회에서 일어났으며, 이런 신비한 현상이 자신의 치세를 빛내어 줄 어떤 징조라고 생각한 세조는 10년 5월 2일(갑인), 원각사를 크게 지을 것을 명하였다.[1]

이 원각사를 세우는 과정에서도 많은 이적이 거푸 일어났다고 실록에 기록된 것으로 보아, 세조가 이를 짓는 데 얼마나 큰 힘과 정성을 기울였는지 잘 알 수 있다. 세조 11년 1월 16일에 대종大鐘을 완성하였으며,[2] 4월 7일에는 마침내 원각사가 낙성되었다. 이날 세조는 원각사에 직접 나아가 크게 경찬회慶讚會를 베풀었는데, 여기에 모인 승려만 128명이나 되었다.[3] 12년 7월 보름에는 원각사의 백옥불상이 이루어지니, 함원전含元殿에 맞아들여서 점안법회點眼法會를 베풀었다.[4] 이어 13년 4월 8일 부처님 탄생일에 맞추어 원각사 탑을 완성한 것이다.[5]

세조는 왕이 되기 위해 어린 왕이요 조카인 단종을 죽였다. 단종을 낳을 때의 산고를 이기지 못하고 죽은 단종의 어머니요 문종의 왕비였던 현덕왕후를 서인으로 폐하여 종묘에서도 그 위패를 없애 버리고 말았다. 또

---

[1] 《세조실록》 권33, 10년 5월 2일 갑인조(7-623, 12나7). 앞의 숫자는 국사편찬위원회 영인본 책-페이지를 가리킨다. 뒤의 조합은 해당 면, 좌우, 줄을 의미한다. 가는 우측면을, 나는 좌측면을 가리킨다.

[2] 《세조실록》 권35, 11년 1월 16일 갑자조(7-668, 4가좌3). '가좌3'은 "가면(우측면)의 왼쪽에서 셋째 줄"이라는 뜻이다. 이하 모두 같은 원칙으로 표시하였다.

[3] 《세조실록》 권35, 11년 4월 7일 계조조(7-681, 30나6).

[4] 《세조실록》 권39, 12년 7월 15일 갑신조(8-33, 25가5).

[5] 《세조실록》 권69, 13년 4월 8일 계묘조(8-69, 3가5).

두 동생 안평대군과 금성대군을 모두 죽이고, 뒷날 사육신을 비롯해 단종의 많은 충신을 처형하였다. 왕이 되었어도 그의 왕권이 안정을 찾는 데는 실로 많은 시간이 필요했다. 그리하여 재위 10년이 될 무렵 세조는 비로소 안정을 찾았으며, 자신의 치적이 크게 이루어지리라 기대할 수 있었다. 그는 부왕 세종의 빛나는 치세가 자신의 대에 와서 더욱 융성해지기를 원했으며, 아마도 그가 원각사의 창건을 명했던 것도 자신의 그러한 소망이 이루어지기를 부처님께 기원하려는 뜻이 컸다. 그러므로 세조에게 원각사의 완성은 각별한 의미가 있었다.

춘원 이광수는 《세조대왕》(1941)에서 원각사의 창건에는 세조가 자신으로 인해 죽은 많은 억울한 영혼을 위로하고, 그들을 죽음으로 몰고 간 자신의 큰 죄를 참회하는 뜻이 담겨 있다고 보았다. 여기에 멈추지 않고 이 원각사가 낙성될 즈음의 세조는 자신의 치세에 태평성대가 이루어졌다는 커다란 자부심을 가질 수 있었다. 과거의 죄업은 사라지고, 조선의 중생 모두가 큰 혜택을 고르게 입는 큰 평화의 시대를 이끈 세조는 이제 성불의 경지에까지 이른 것으로 춘원은 묘사하였다.

이 소설은 군국주의 일제의 조선 통치를 정당화하려는 의도를 지닌 것이긴 하나, 세조 대의 정치사에서 원각사의 창건이 지니는 의미를 발견하고 이를 극적으로 형상화한 춘원의 예술가적 안목이 범상치만은 않았음을 보여 준다.[6] 비록 소설가 이광수처럼 세조를 성불한 부처로 보지는

---

[6] 필자(정두희)는 일찍이 세조의 찬탈과 단종에 얽힌 역사소설을 검토하면서 이광수와 김동인의 역사관을 살핀 바가 있다. 이에 대해서는 정두희, 〈단종과 세조에 대한 역사소설의 검토: 세조의 찬탈을 찬양한 이광수와 김동인의 친일 역사관〉, 《역사비평》 16, 1992 참조.

않는다고 해도, 세조는 이 원각사를 태평성대를 이룬 자신의 기념비로 만들려는 명백한 의도를 지니고 있었다. 그러나 어지러운 세상이 줄줄이 사슬에 엮여 천형天刑처럼 그 발목에 길게 매달려 있는 현실은 아름다운 원각사 탑의 긴 그림자와 너무도 대조되었다.

02

|||||

이시애의 반란, 세조 13년 5월 16일

원각사 탑을 완성한 지 불과 한 달 남짓 지난 세조 13년(1467) 5월 16일은 원각사의 달콤한 꿈이 아직도 생생하던 때였다. 그런데 이때 멀리 함경도에서 이시애李施愛의 반란이 일어났다는 보고가 있었다. 전 회령 부사였던 이시애는 절도사 강효문을 습격하여 살해하고 이어 평사 권징, 목사 설정신, 판관 박순달, 부령 부사 김익수, 군관 성이건·강석효·이제·최식·김수동·한희·김계남·강흥손 등을 죽였다. 일시에 함길도 일대는 이시애의 반군에 의해 크게 흔들렸으며, 이는 즉각 중앙에 보고되었다. 함경도는 북방의 야인들과 만나는 접경지대였으며, 중앙에서는 이시애의 반군이 이 야인 세력과 연합할 것을 염려하였기에 이시애 난을 매우 심각한 사태로 인식하였다. 특히 이시애 반군이 세조의 측근 공신 세력이던 한명회·신숙주·김국광·노사신·한계희 등과 내통하려 했다는 소문은 인심을 더욱 흉흉하게 하였다. 이것이 사실이라면 세조의 왕권은 치명적인

손상을 입을 것이 확실하였기 때문이다.[7]

이시애 난에 대한 보고를 받고 그 이튿날인 5월 17일, 세조는 토벌군을 편성하는 문제를 능성군 구치관, 좌찬성 조석문, 도승지 윤필상 등과 함께 논의하였다. 언제나 그의 옆에 있던 한명회 등은 이시애와의 밀통설 때문에 이 논의에 참여할 수도, 또 참여시킬 수도 없었다. 그리하여 마침내 구성군 이준을 함길도·강원도·평안도·황해도 4도 병마도총사로 삼고, 조석문을 부사로 삼았다. 이들로 하여금 신속하게 반란을 진압하도록 특별히 당부하였다.[8]

그러나 문제는 중앙에 반란군과 내통하는 세력이 정말 존재한다면 이는 큰일이기도 하였지만, 권력의 속성상 이시애와 내통설이 있는 한명회·신숙주 등과 같은 중신들에 대한 맹렬한 정치적 공격이 있으리라는 것은 충분히 예상되는 일이었다. 그러므로 세조는 결국 다음과 같은 뜻을 굳혔다.

······ 신숙주와 한명회 등이 백관의 우두머리로 있으면서 뭇 사람의 입에 오르내리게 되었으니, 그들이 비록 반역을 범한 것은 아닐지라도 ······ 임금을 배반하였다는 악명을 받아 주변의 의혹을 일으킨 것은 자초한 일이다. ······ 나 또한 어리석고 나약하여 위엄이 없는데, 이에 더하여 백성들의 말을 따르지 않고 방편을 생각하지 않음은 옳지 못하다. 그러니 우선 이들을 가두어 두는 것이 좋겠다.

[7] 《세조실록》 권42, 13년 5월 16일 경진조(8-74, 13나3). 이에 대하여는 정두희, 《조선 초기 정치지배세력 연구》, 일조각, 1983, 230~231쪽도 참조.
[8] 《세조실록》 권42, 13년 5월 17일 신사조(8-74, 14나4).

신숙주와 그 아들은 잡아다 의금부에 가두고, 병중인 한명회는 집에 군사를 보내 연금시켜 버렸다.[9] 이처럼 이시애 난은 함길도만의 문제가 아니라 세조 말년 중앙 조정의 권력 구조를 크게 뒤흔들어 놓을 사건으로 발전해 나갈 소지가 컸으며, 여기에 사건의 심각성이 존재하였다.

이렇게 내부의 동요를 사전에 방지해 놓고 세조는 급히 반란을 진압하길 원했으나, 반란군의 기세는 초기에 매우 예리했다. 이에 세조는 이시애 난을 진압하는 과정에서 새로운 인재의 등용을 꾀하면서 총동원 체제를 구축하려 하였다. 이때 갑사 신분이던 유자광이 세조에게 이시애 난을 토벌할 자신의 생각을 담은 장문의 상소를 올렸다.

---

[9] 《세조실록》 권42, 13년 5월 19일 계미조(8-75, 15나좌4).

03

|||||||

이시애 난의 토벌에 관한
유자광의 첫 상소

이시애 난이 터졌던 세조 13년(1467) 당시 유자광은 갑사에 지나지 않았
다. 당시 남원에 있던 유자광은 호기 넘치는 상소를 올려 이시애 난을 신
속하고도 과감하게 토벌해야 할 필요성을 논하였다. 이 상소는 유자광이
조선왕조의 정치무대에 등장하는 결정적인 계기가 되었다는 점에서 그
전문을 여기에 옮겨 살펴볼 필요가 있다.

신이 하번下番하여 남원에 있으면서 이시애의 일을 늦게 들었습니다.
그러고는 식사하다가 수저를 버리고 일어나 계속 군현을 재촉하였고,
신은 징병 명부 속에 이름을 적었습니다.
　신은 본디 궁검을 제가 넉넉히 할 일로 여겼습니다. 그래서 용약하
라 함을 듣고는 말을 준비하고 행군을 기다려 여러 날 차례를 기다렸
는데, 군현에서 행군을 독촉하여 날짜를 정했다는 지령이 없었습니다.

신은 이에 밤새도록 자지 못하고 분연히 이르기를 "국가가 비록 사방을 계엄하여서 병졸을 정제하더라도 어찌 사방의 병사를 다 징발한 연후에야 일개 이시애를 토평할 수 있겠는가?"라고 하였습니다. 신은 이미 갑사에 적을 두었기에 항상 변야邊野에서 공을 세우고 나라를 위하여 한 번 죽으려 하였습니다. 하물며 (지금) 나라에 없애기 힘든 반적이 있는데, 신이 어찌 마음으로만 부대의 행군을 따라가서 징병 숫자(를 채우려고) 도열한 채 (몸은) 원방에서 편안히 거하며 먹고 자는 걸 좋게 여기겠습니까?

그러므로 신은 이달 초6일에 남원에서 출발하여 하루에 갑절의 길을 걸어서 갔습니다. 사람에게 전해 들으니 다들 이르기를 "역적 이시애는 아직도 소굴을 지키고, 적도는 죄 없는 이들을 죽이니 함길도 한 도가 소란하다"라고 하였습니다. 어찌 일개 적을 즉시 나아가 죽이지 못하고 전하의 치평에 누를 끼치며, 묘당의 도의圖議를 수고롭게 하십니까? (신이) 잘은 모르지만, 전하께서는 벌써 장사들로 하여금 1운運·2운, 심지어는 3운·4운으로 편제하여 병사를 나누어 들여보냈다 합니다. 그렇다면 어찌 이제까지 한 장사도 이시애의 머리를 참하여서 도성에 바치는 이가 없습니까?

만약 즉시 토벌하지 못하면, 이시애로 하여금 극진한 흉악한 짓을 지극히 방자하게 하는 (꼴입니다.) 시일을 허비해서야 (적의) 살육을 막는다면, 함길도 수십 주州의 죄 없는 백성들만 진실로 가련해질 것입니다. 또 만약 이시애가 악독함을 극진히 하여 죄가 다하면, 이르는 곳의 주부州府를 불사르고, 이르는 곳의 병기를 싣고, 이르는 곳의 사졸을 겁탈하여, 하루아침에 북적北狄으로 도망하여 들어간다면, 다른 날에 변경의 근심을 당할 수 없을 것이니, 전하는 어찌 근심하지 않으십니까?

신이 망령되이 이르거니와, 이제 장수가 된 자는 바로 부귀를 극진히 하지 않음이 없는데, (지금은) 죽고 사는 것을 두려워하여 머물면서 진격하지 않으며, 하는 것 없이 오래 끌고 있습니다. 서로 이르기를 "이제 여름철을 당하여 궁력弓力이 해이하기 쉽고 빗물에 바야흐로 막히고 산천이 험조險阻하고 초목이 무성하니, 경솔하게 진격할 수 없으며 경솔하게 싸울 수도 없다"라고들 합니다. 달리는 알지 못하겠습니다마는, 우리만 홀로 여름을 당하고 저는 홀로 당하지 않으며, 우리만 홀로 활의 힘이 약해지고 저는 홀로 약하지 않으며, 우리만 홀로 빗물에 막히고 저는 홀로 막히지 않으며, 우리만 홀로 산천이 험하고 저는 홀로 험하지 않겠습니까?

비유하건대 두 쥐가 굴속에서 함께 다투면 힘이 있는 자가 이기는 법입니다. 전하께서는 어찌 급하게 장사로 하여금 날을 정하여 싸워서 화禍가 아직 심하지 않은 때 (미리) 막지 않으십니까? 손무孫武는 말하기를 "병법은 졸속함은 들었어도 공교하게 오해하는 것은 보지 못하였다"라고 하였습니다. 대저 옛사람의 용병은 모두 인의로써 몸[體]을 삼고, 권술權術로써 용用을 삼으며, 더욱 귀중하게 여기는 것은 신속함일 뿐입니다. 이제 장졸들이 머물면서 진격하지 않는데, 신은 그것이 옳은지 알지 못하겠습니다. 공자가 말하기를 "사람으로 말을 폐기하지 말라"[不以人廢言]고 하였습니다. 엎드려 생각하건대, 전하께서는 신을 미천하다 하여 폐하지 마옵소서. 신은 비록 미천하더라도 또한 한 모퉁이에 서서 스스로 싸워 통쾌하게 이시애의 머리를 참하여 바치기를 원하옵니다.[10]

<hr />

[10] 《세조실록》 권42, 13년 6월 14일 정미조(8-87, 39나7에서 40나2까지).

위의 상소에서 이시애 난을 평정할 수 있는 특별한 비책을 발견할 수는 없다. 그러나 자신의 측근 대신들이 반란군과 연루되었다는 소문 아닌 소문으로 세조에게 이시애 난은 또 다른 정치적 어려움을 제기하였다. 그래서 이시애 난 토벌 문제는 너무도 민감하였다. 누구도 이시애 난 토벌 문제와 그 난으로 인한 조정의 어려운 문제에 대해 함부로 언급하기를 두려워하고 있었다. 자연 이시애 난을 토벌하기 위한 대책은 사태의 시급성에 반하여 지연되었으며, 이 점을 세조는 크게 우려하고 있었다. 바로 이런 순간 남원의 일개 갑사이던 유자광의 장쾌하기조차 한 상소는 세조의 눈에 바로 들어왔다. 당시의 실록은 이 상소를 보고 크게 감명받은 세조의 모습을 이렇게 묘사하였다.

> 임금이 글을 보고 경탄하며, 윤필상尹弼商을 불러 그 글을 읽게 하였다. 이어서 전교하기를, "이 글은 참으로 내 뜻에 부합한다. (유자광은) 참으로 특별한 인재다. 내 장차 임용하여 그의 뜻을 펴게 하리라"고 하고, 명하여 (그에게 음식을) 주라고 하였다.[11]

조정의 분위기에 침체하여 있던 세조는 유자광이라는 한 젊은 갑사의 겁 없는 상소에 크게 자극을 받았다. 이러한 인물들을 이시애 난 평정의 전면에 내세워 사태를 처리하고자 하였다. 그리하여 유자광은 일개 갑사의 신분으로 세조의 큰 주목을 받는 데 성공하였다.

사실 세조는 이러한 젊고 새로운 인재를 발탁하고자 하였다. 이시애

---

[11] 이상 유자광의 상소 전문과 그에 대한 세조의 반응은, 《세조실록》 권42, 13년 6월 14일 정미조(8-87, 40나2-3)를 참조할 것.

난 이후의 정국 운영에서도 이 젊은 인재들을 앞세워 한명회나 신숙주와 같은 원로 공신 세력을 견제하려는 정치적 의도도 지니고 있었다. 또한 반란이라는 비상한 사태가 조선왕조 인재 발탁의 정규적 루트를 벗어나 바람직한 인재를 파격적으로 등용할 수 있는 기회를 제공하였다. 이런 순간에 유자광의 솔직하고 담대한 상소가 올라오자 세조는 진심으로 유자광에게 깊은 관심을 가졌던 것이다.

04

||||||

유자광의 출생

유자광의 상소 끝에 실록의 찬자는 유자광에 대해 이렇게 기록해 두었다.

> 유자광은 전 부윤 유규柳規의 얼자孽子인데, 용맹하고 민첩하여 말타
> 기와 활쏘기에 능할 뿐 아니라, 서사書史를 알며, 문장에도 능하였다.
> 일찍이 큰소리하기를 기개를 숭상한다고 하였다.[12]

위의 기록처럼 유자광은 유규의 얼자였지만, 그는 말타기와 활쏘기에
능했고 겸해서 유교적 교양도 갖추었을 뿐 아니라 기개가 있는 사람이었
다. 실록의 이러한 묘사는 위 상소문의 내용과 결부시켜 보아도 전혀 틀

---

[12] 《세조실록》 권42, 13년 6월 14일 정미조(8-87, 40나3 이하).

린 말은 아니다. 말하자면 그는 유교적 교양을 두루 갖추고 무인 재능도 뛰어난 인물이었다. 그러나 그의 생애에서는 그가 얼자였다는 사실이 너무도 큰 영향을 미쳤다.

유자광의 아버지 유규의 본관은 전라도 영광이었다. 대언 유두명柳斗明의 아들로서 음관으로 관직에 나가, 세종 8년(1426)에 무과에 급제하였다. 그 후 진주 판관·사헌부 감찰·한성 소윤 등을 거쳤다. 뒷날에는 사헌부 집의·사복시윤·군기감정을 거쳐 판사복시사判司僕寺事에 올랐다. 세조 즉위 후에는 첨지중추원사가 되었고, 이어 형조참의와 황해도 관찰사를 거쳐 호조참의를 역임하였다.[13] 유규는 무과 출신으로서 그 나름대로 매우 순조로운 관직 생활을 거쳤다. 그런 의미에서 그는 아주 현달한 사람은 아니었을지라도 조선왕조 지배 사회의 일원으로서 확실한 기반을 갖춘 사람이었다. 그뿐 아니라 그의 생애에 대하여 실록의 사관이 "가는 곳마다 청렴하고 엄숙하다고 크게 칭찬을 받았다. 유언으로 자신의 장례식을 한결같이 《주자가례》에 따르라 하였다"[14]라고 평했을 정도였다.

이렇게 보면 유자광은 매우 유복한 환경에서 태어났다고 할 수 있겠으나, 불행히도 그는 서자였다. 그가 서자 신분이었다는 것이 그의 평생에 지울 수 없는 길고도 짙은 그림자를 드리웠다.[15]

---

[13] 이상 유규의 관력과 생애에 대해서는《성종실록》권27, 4년 2월 10일 신미조(9-7, 3 나7) 참조.

[14] 위 유규의 졸년 기사 중 9-8, 4가4-6까지를 참조할 것.

[15] 계승범 부기: 정두희 선생의 유고에서는 유자광의 출신을 놓고 얼자와 서자를 혼용하였다. 사료를 직접 인용한 부분에서는 원문에 따라 '얼자'로 수정하였으나, 본문에서는 모두 그대로 두었다. 서얼 차별을 서자 차별이라는 표현으로도 흔히 사용하기 때문이다.

05

||||||

세조의 신임

상소를 제출하고 나서 유자광에 대한 세조의 신임은 대단하였다. 상소가
올라온 이튿날인 세조 13년(1467) 6월 14일, 세조는 강녕전에 나가 민발
閔發과 유자광을 불러 이시애를 토벌할 책략을 말하도록 하였다. 유자광
은 "저에게 정병 300명을 주시면, 이시애의 목을 베어 대궐 아래에 대령
하겠습니다"라고 장담하였다. 물론 세조도 젊은 유자광의 대답이 실현
가능성이 있다고 믿지는 않았지만 그런 대답을 듣고 매우 유쾌하게 여기
고 연회를 베풀었다.

　그런데 이날 유자광이 강녕전에 나갔을 때 고령군 신숙주申叔舟, 능성
군 구치관具致寬, 영의정 심회沈澮, 좌의정 최항崔恒, 우의정 홍윤성洪允成,
우찬성 윤자운尹子雲, 우참찬 김국광金國光, 중추부지사 김수온金守溫과 6

조 당상 및 승지 등이 그 자리에서 세조를 입시하였다.[16] 세조는 자신이 유자광을 매우 특별한 인재로 여긴다는 것을 여러 중신에게 내보이려는 의도를 지니고 있었던 것이다.

다음 날인 6월 16일 아침, 세조는 갑사 유자광을 사정전으로 불러 이시애를 잡을 방책을 물었다. 이때 유자광이 거침없이 자신의 생각을 말하여 세조의 마음에 들었다. 이 즉시 세조는 유자광을 겸사복兼司僕으로 충원하였는데,[17] 이는 그가 세조의 신변을 호위하는 측근 무사로서 궁성에 머물 수 있는 자격을 얻었음을 의미하였다.

서자 출신 유자광을 특별히 발탁하여 이시애 난 평정을 의논하는 중신 회의에 참석시키고 또 그 자리에서 자신의 견해를 기탄없이 드러내게 한 세조의 의도는 확실하였다. 그는 이것을 기회로 한명회·신숙주 등과 같은 공신에게 집중된 조정의 권력을 재편성하려는 의도를 갖고 있었다. 유자광의 등용은 그 첫걸음으로서 매우 상징적 의미를 지니고 있었다.

6월 28일 또다시 세조는 신숙주·구치관을 비롯하여 의정부 당상과 승지 등을 불러 이시애 난 토벌을 의논하였는데, 겸사복 유자광도 이에 참석하였다. 이시애 난 토벌에 관한 왕의 뜻을 펼 유서諭書를 신숙주로 하여금 만들게 명하면서도, 그 초안을 유자광으로 하여금 작성케 하였다. 이때 유자광의 초안이 세조의 마음에 들었다. 이에 세조가 그 조정 중신들 앞에서 유자광의 등을 어루만지며 이렇게 말하기까지 하였다.

당 태종은 호걸들을 대함에 있어서 반드시 위엄과 노기를 앞세워 (그들

---

[16] 《세조실록》 권42, 13년 6월 15일 무신조(8-87, 40나7).
[17] 《세조실록》 권42, 13년 6월 16일 기유조(8-88, 41가6).

의) 기상을 꺾은 후에야 비로소 등용하였다. 나는 그렇게 하지 않고 (호걸들을) 친애할 따름이다. 이제 너를 등용하여 장수로 삼아 병사를 이끌고 나아가 이시애를 토벌하고 싶으나, 다만 너의 (출신이) 미천하여 (망설여진다.) 미천한 자는 원래 위엄과 덕망이 없어서 사졸들이 따르지 않을까 두려운 까닭에 그렇게 하지 못하니, 너는 마땅히 살피도록 하라.[18]

세조는 유자광의 재능을 인정하고 크게 발탁하여 이시애 토벌의 선봉에 세우고 싶었으나, 본시 서자 출신이었으며 그간에 세운 공로가 없었기에 남 앞에 설 위엄이 부족함을 잘 알고 있었다. 이틀 후인 6월 30일, 세조는 유자광의 효용이 남보다 뛰어나다는 것을 알고 그를 불러 시험하였다. 그 자리에서 유자광은 한 번에 섬돌 여러 단을 뛰어넘고 큰 기둥을 잡고 오르기를 원숭이가 나무에 오르듯이 하였다. 이렇게 그가 날랜 모습을 자랑하자 세조는 크게 만족하였다. 자신의 호위 무사인 겸사복들을 돌아보며 "너희들 중에 유자광처럼 할 수 있는 자가 있으면 내가 지켜보리라"라고 말할 정도였다.[19]

세조는 유자광을 이시애 토벌군의 총지휘를 맡은 도총관 이준李浚에게 파견하여, 자신의 특별한 관심을 전하게 하였다.[20] 또한 세조는 13년 7월 14일, 유자광을 다시 전선의 이준에게 보내어 토벌군을 독려하였으며, 자신이 직접 글로 쓴 것 이외의 내용은 유자광이 직접 구두로 전할 것

[18] 《세조실록》 권42, 13년 6월 28일 신유조(8–91, 47나6).
[19] 이상은 《세조실록》 권42, 13년 6월 30일 계해조(8–92, 49가8) 참조.
[20] 《세조실록》 권43, 13년 7월 2일 을축조(8–92, 1나좌6).

이라고까지 하였다.[21] 이는 이시애 난과 관련하여 세조가 유자광을 얼마나 신임하고 있었는지 잘 말해 준다.

세조는 야인들의 거주 지역인 함길도에서 일어난 이시애 난이 북방의 여진족과 합세하여 확대될 것을 염려하였기에, 하루속히 반군을 진압하기 위해 최선을 다하였다. 그러나 이시애 난 토벌은 그렇게 간단하지 않았다. 그러자 서학西學의 교수관이던 박윤검朴允儉은 시급히 진공하여 반군을 토벌해야 할 조정의 군대가 머뭇거리며 진군하지 않는 것은 있을 수 없는 일이라고 비판하는 상소를 올리기도 하였다. 이로 인하여 박윤검은 성균관 사예에 발탁되었다. 당시의 실록에는 "유자광이 이시애 난 토벌에 관한 파격적인 상서로 세조의 신임을 받게 된 것을 보고 (박윤검 같은 자들도) 자신의 출세를 꾀하고자 이런 상소를 올렸다"[22]라고 하여 이런 풍조를 비판하였다. 하지만 유자광의 발탁은 세조의 새로운 인재 등용책과 어울려 새로운 정국 구상과 관련을 맺고 있었던 것이다.

---

[21] 《세조실록》 권43, 13년 7월 14일 정축조(8–98, 12나좌7).
[22] 《세조실록》 권43, 13년 7월 2일 을축조(8–93).

06

|||||

유자광, 병조정랑이 되다

지금까지 세조의 신임이 각별하였다 하더라도 유자광이 조선왕조의 정식 관료가 된 것은 아직 아니었다. 왕조의 문무관에 정식 임명되려면 단지 왕의 신임만이 아니라 문·무과를 통과해야 했다. 아니면 적어도 남다른 전공을 세워야만 했다. 아직 유자광은 그 어느 것도 갖춘 것이 없었다. 서자 신분이던 유자광이 그 문턱을 넘으려면 또 다른 조건을 갖추고 있어야 했다.

양반 아버지와 양반이 아닌 신분의 어머니 사이에 태어난 사람을 어떠한 신분으로 인정해야 할 것인가라는 문제는 조선 초기에도 큰 논란거리였다. 소위 '양천교가소생良賤交嫁所生'의 신분 문제를 놓고 당시 조정에서는 많은 논쟁이 전개되었다. 명분을 중요시하는 입장에서는 '일천즉천一賤則賤'이라는 원칙을 강조하며, 부모 어느 한쪽이 천한 신분이면 무조건 천민으로 간주해야 한다고 주장하였다. 그러나 현실을 좀 더 중시하는 쪽에서는 지체 높은 양반인 아버지의 처지를 봐서라도 그런 대우는 가혹하다는 주장을 폈다. 이런 입장에 선 사람들의 동정론이 결국은 받아들여져, 서자도 관료가 될 수 있는 길을 마련하기에 이르러 보충군補充軍 제도가 생겨났다.

말하자면 양반인 아버지와 천한 신분의 어머니 사이의 소생은 보충군에 3년을 근무하고 나면 관리가 될 수 있는 길을 열어 준다는, 허통許通의 대책을 마련한 것이다.[23] 이런 규정이 세조 13년 현재 어떻게 운영되고 있었는지는 몰라도, 아무튼 유자광은 보충군에 들어가 이런 의무기간을 채운 최소한의 자격도 갖추지 못하였다. 그러므로 세조가 유자광을 벼슬길에 허통시키라고 한 명령은[24] 당시로서는 커다란 파격이었다.

세조 13년(1467) 7월 17일, 세조는 이시애 반란군에 대한 총공세 준비를 위해 도총관 이준 휘하의 토벌군을 크게 재편성하였다. 이준은 자기 휘하의 군사를 크게 3진으로 나누었다. 제1진 4,528명은 강순康純의 지휘하에 두었으며, 제2진 4,680명은 허종許琮의 지휘하에 두었다. 제3진 3,600명은 선형·오자경·한계미 등이 각각 1,000명씩 나누어 지휘하게 하였다. 이렇게 진용을 짜고, 막 허통된 유자광은 파적위破敵衛를 거느리게 하였다.

이때의 토벌군 편성에서 파적위가 어떤 기능을 담당한 부대인지는 알

---

[23] 보충군 문제를 당시의 사회구성을 이해하는 관점에서 고찰한 것은 송준호, 《조선사회사연구》, 일조각, 1987 가운데 〈조선양반고: 조선조 사회의 계급구조에 관한 한 시론〉 부분을 참조할 것. 아울러 당시의 보충군을 사회사의 관점에서 처음 문제 제기한 것은 有井智德, 〈李朝補充軍考〉, 《朝鮮學報》 21·22合集, 1961 참조.

[24] 《세조실록》 권43, 13년 7월 14일 정축조(8-98, 13나4). 이날 세조는 예조에 명하여 겸사복 유자광을 허통시키라 하였다.

길이 없다. 이시애 난을 평정한 후 유자광은 지방 수령의 자질을 높이고 군대를 효율적으로 조련할 방법 등에 대해 세조에게 상소하였는데, 이시애 난 평정 시 도총관 이준이 자신에게 50여 명의 군사를 주어 선봉으로 삼았다고 하였다.[25] 스스로 이렇게 말한 점으로 보아 파적위는 별동대와 같은 위치에 있었던 것 같다. 이를 유자광의 생애와 관련해서 본다면, 유자광은 세조의 개인 시종과 같은 입장에서 이제 몇 명에 지나지 않을지는 모르나 직접 부하를 지휘하는 위치를 얻게 된 점을 기억해야 할 것이다.

이렇게 해서 진용을 갖춘 토벌군은 닷새 후인 7월 22일에는 이시애 반란군의 중요 거점이던 북청을 점령하였다.[26] 8월 4일에는 마흘현 너머 험준한 산악지대에 강력한 진을 치고 있던 이시애 본군과의 치열한 전투 끝에 반란군을 대파하였다.[27] 이 전투 이후 이시애 반란군은 사실상 궤멸되었다. 8월 12일에는 결국 이시애와 그 동생 이시합을 체포하여 처형함으로써[28] 지난 3개월간 지속된 이시애의 반란을 완전히 진압하였다.

이시애 난을 평정한 그다음 달인 세조 13년 9월 22일, 세조는 유자광을 병조정랑(정5품)에 임명하였다.[29] 이보다 이틀 전인 9월 20일, 세조는 이시애 난 정벌에서 공을 세운 44명의 인사를 적개공신敵愾功臣에 책봉하

[25] 《세조실록》 권43, 13년 9월 4일 병인조(8-117, 51가좌2). 이는 상당히 긴 유자광의 상소인데 이 가운데 51나3 이하가 위의 서술 내용에 관한 것과 일치한다.
[26] 《세조실록》 권43, 13년 7월 22일 을유조(8-101, 18나좌2 이하).
[27] 《세조실록》 권43, 13년 8월 4일 정유조(8-104, 25나5 이하).
[28] 이시애 형제가 잡혀 심문을 당하고 처형되는 과정은 《세조실록》 권43, 13년 8월 12일 을사조(8-108, 33나4 이하)를 참조할 것.
[29] 《세조실록》 권43, 13년 9월 22일 갑신조(8-124, 64가9 이하).

는 등[30] 난 후의 논공행상에 착수하였다. 세조는 공신에 들 정도의 공을 세울 처지에 있지 않았던 유자광을 잊지 않았으며, 이에 그를 병조정랑으로 임명한 것이었다.

과거에 세조가 유자광을 발탁하여 겸사복으로 삼고, 그를 토벌군 사령관이었던 도총관 이준에게 보내는 자신의 전령으로 활용하였으며, 벼슬에 나아갈 길을 터주었을 때는 누구도 여기에 반대하는 사람이 없었다. 그러나 병조정랑에 임명한다는 것은 그 의미가 달랐다. 병조는 무관의 인사권을 담당한 기구였으며, 그곳의 정랑은 매우 중요한 자리였다. 훗날 이조전랑 자천제가 확립되었을 때 이조의 정랑은 정승 판서로 승진해 갈 수 있는 요직으로서 당시의 젊은 인재들 누구나가 선망하는 자리였다.[31] 물론 이조에 비해 병조의 중요성은 덜하기는 하나, 병조정랑은 유자광 같은 무명의 인사가 합당한 절차를 거치지 않고서 차지할 수 있는 자리가 아니었다. 그러므로 세조의 명이었다 하더라도 이 조처에 대해서는 논란이 없을 수가 없었다.

세조 13년 9월 22일, 사헌부 지평 정효항鄭孝恒은 유자광의 병조정랑 임명에 대해 이렇게 비판하였다.

---

[30] 《세조실록》 권43, 13년 9월 20일 임오조(8-122, 61가4 이하).

[31] 이조전랑 자천제에 대해서는 최이돈, 《조선 중기 사림 정치구조 연구》, 일조각, 1994의 제3장 〈중종조 사림의 낭관 정치력 강화과정〉 부분을 참조할 것. 이조전랑 자천이 조선의 정치사에서 차지하는 중요성에 대해서는 이중환의 《擇里志》, 〈人心〉조를 읽어 볼 것. 아울러 이 〈인심〉조에 대해서는 정두희, 〈이중환〉, 《한국사시민강좌》 3, 일조각, 1984를 참조할 것. 이 글은 정두희, 《조선 시대 인물의 재발견》, 일조각, 1992에도 수록되었음.

이조나 병조의 직임은 본시 가벼운 것이 아니어서, (그 자리에는) 반드시 가문이 좋고 재주와 행실이 뛰어난 자[閥閱才行者]를 골라 임명해야 하며, 또 예전에도 문과나 무과에 급제하지 않은 사람은 그 자리에 임명하지 않았습니다. 유자광은 유규의 얼자인데, (이시애 난을) 토벌하는 데 작은 공로가 있다고 하여 갑자기 병조정랑에 임명되었습니다. 지금 유자광은 첩의 아들로서 그 재주와 행실도 뛰어나지 못하고 용렬한 사람입니다. 비록 허통을 받았다 하더라도 과거시험에 급제한 사람도 아닙니다. 지금 귀천을 따지지 않고 현명한지 아닌지도 살피지 않고, 국가의 관례에 맞는지도 돌아보지 아니하고, 단지 어제 허통을 받았다고 하여 오늘 병조의 정랑으로 임명한다면, 이는 마땅한 처사가 아니라고 생각합니다. (병조정랑은 고사하고 이보다 못한) 다른 관직도 유자광의 작은 공로에 합당할 만한 것은 없습니다.[32]

정효항은 병조정랑에는 '벌열재행자[閥閱才行者]' 중에서 과거에 급제한 사람을 임명하는 것이 나라의 관례요 법도라는 점을 매우 강조하였다. 따라서 서자이면서 과거 출신도 아닌 유자광을 그 자리에 임명해서는 안 된다는 것이었다. 그러나 세조는 "그대들 가운데 유자광 만한 사람이 몇이나 되는가? 나는 절세의 재주를 지닌 인재를 얻었다고 생각하니 다시 말하지 말라"고 하며 생각을 굽히지 않았다. 이런 사실을 기록한 실록의 기사는 "서얼이 육조의 낭관에 임명된 것은 유자광에게서 시작되었다"라고 끝을 맺었다. 그만큼 유자광의 병조정랑 임명은 전례가 없는 일이었다.[33]

[32] 《세조실록》 권43, 13년 9월 22일 갑신조(8-124, 64가좌7).
[33] 위와 같음.

그러므로 의지가 굳은 왕으로 알려진 세조의 앞이라 해도 논쟁이 이것으로 가라앉을 수는 없다.

정효항이 이 문제를 제기한 다음 날인 9월 23일에는 사간원 사간 박안성朴安性도 그 비판에 가세하였다.[34] 그러나 세조가 이를 단연 거부하자 박안성은 이 문제를 거듭 논하였다. 그도 병조의 정랑은 신중하게 골라 임명해야 할 중요한 관직임을 강조하면서, "반드시 가문과 재행을 고르고, 과거 출신 인물로 그 직임을 맡게 하는 것이 나라의 오랜 법전"이라고 주장하였다. 또한 "사람에게는 귀하고 천함이 있고, 벼슬에는 높고 낮음이 있으므로, 서얼 출신을 높이 등용할 수 없다는 것은 조정을 높이고 명분을 바르게 정하려는 것"이라고 강하게 주장하였다. 물론 세조는 이러한 상소는 유자광에 관한 것이라 하여 열어보지도 않고 승정원으로 되돌려보냈다.[35]

그러자 이번에는 사헌부의 대사헌 양성지梁誠之가 이 문제를 본격적으로 거론하고 나섰다.

저희는 적첩의 구분은 하늘이 세우고 땅이 세운 것과 같아서 어지럽힐 수 없다고 생각합니다. 높고 낮음과 귀하고 천한 것은 모두 순서가 있어서 서로 분수를 넘지 않아야 상하가 명백히 나뉘고, 백성의 뜻이 안정되어 국가가 편안하게 다스려질 것입니다. 예로부터 사람을 쓸 때는 단지 재주로만 하지 아니하고 반드시 그 출신 가문을 먼저 참고하였습니다. 나라에서 인재를 천거할 때 반드시 이르기를 "안팎으로 허물이

---

[34] 《세조실록》 권43, 13년 9월 23일 을유조(8-124, 65나3).
[35] 위의 기사 가운데 66가2를 참조할 것.

없다"라고 하는 것은 서얼 출신이 모두 다 쓸 만한 재주가 없다 함이 아니라, 참으로 위와 아래를 구분하고 백성의 뜻을 정하고 높고 낮음을 밝히고 귀하고 천한 것을 구별하려는 것입니다. 이는 왕께서 사람을 임명하실 때 제일 유념해야 할 일입니다.

유자광은 유규의 첩의 아들입니다. 전하께서 천지와 같은 넓은 도량으로 재능이 있다고 인정하시어 (그를) 허통하였으나, 무릇 사대부의 서자는 비록 왕의 시위 직이라 하더라도 오히려 그 자리에 둘 수는 없는 것입니다. (그런데) 유자광과 같은 자는 겨우 동반에 들어오자마자 낭관에 임명하시니, 성상의 은혜가 지나치다 하겠습니다. 어찌 이조나 병조의 낭관에 이와 같은 사람을 임명하시리라 생각하였겠습니까?

병조는 군정을 총괄하고 등용할 인물의 사람됨을 따지는 곳이므로 그 자리는 결코 가벼운 곳이 아닙니다. 그러므로 문·무과 출신이 아니면 낭관이 될 수 없는 법이며, 만약 가문에 문제가 있으면 과거 출신이라 하더라도 낭관이 될 수는 없습니다. 지금 유자광은 과거 출신도 아닐뿐더러 첩의 자식입니다. 그러므로 (그를 병조정랑에) 임명한다는 명이 내렸을 때 사람들이 모두 놀랐습니다. 만약 이미 허통하였으므로 무엇이 불가하냐고 하신다면, 저희는 또 다른 문제를 제기할 수가 있습니다.

세종대왕 때에 조득인은 장리贓吏의 손자로서 허통하여 과거에 올라 성균관 직학이 되었다가 학록으로 전보될 때를 당했으나, 학록과 학정은 같은 직이라 여겨 임명하기 어렵다고 생각하였습니다. 그런 이유를 갖추어 아뢰니, (세종께서) 명하여 임명하지 말라 하시고, 진덕박사가 차례로 전보할 때까지 기다리게 하였습니다. 이것은 비록 벼슬길에 허통되었다 하더라도 대간과 정조政曹[이조와 병조]에는 (그런 하자가 있는 사람을) 임명하지 않는다는 원칙에 따른 것입니다.

　최근 한승경이 화순 현감에 임명되었을 때, 사헌부에서 (그는) 하륜河
崙의 첩의 손녀사위이므로 수령 직에 적합하지 않다고 아뢰자 곧 사람을
바꾸어 임명하셨습니다. 저희가 생각할 때 학록과 수령은 정조보다 가
벼운 직인데도 허통한 조득인이 학록에 임명되지 못했으며, 첩의 손녀
사위인 한승경이 수령이 되지 못하였습니다. 유자광은 그 자신이 첩의
아들입니다. 비록 허통되었다 하더라도 어찌 그를 병조의 낭관으로 삼
을 수가 있겠습니까? 엎드려 비오니 빨리 내리신 명을 거두시어, 조정
을 높이시고 나라의 법을 공정하게 하소서.[36]

　사헌부의 총수인 대사헌 양성지는, 첩의 아들을 병조정랑에 임명할
수 없는 것은 국가의 위신과 질서를 유지하기 위한 큰 법도에 어긋나기
때문이며, 동시에 세종 조 이래 판례에도 어긋나는 것임을 지적하여 세조
를 비판한 것이다. 그러나 세조는 "능력 있는 사람을 세우는 데는 출신을
따지지 않는다"라는 고사를 인용하면서 "임금을 섬기되 너무 자주 간하
면 욕이 되며, 친구와 사귀되 너무 자주 간하면 멀어진다. 혹시라도 다시
말하면 내가 그 죄를 물을 것이니, 그대들은 다시 말하지 말고 술이나 마
시고 물러가는 것이 좋겠다"라면서 양성지의 청을 한마디로 물리쳐 버리
고 말았다.[37]

　이렇게 해서 유자광은 병조정랑에 임명되었다. 세조는 유교 이념의
수호자로 자처하는 대간의 활동을 크게 제한하면서, 자신의 왕권을 절대

---

[36] 《세조실록》 권43, 13년 9월 28일 경인조(8-125, 66나좌5).
[37] 위와 같음.

화하려는 노력을 계속해 온 터였다. 그런 전제적 권력으로 유자광에 대한 논란을 잠재워 버리고 말았지만, 대간이 제기한 조선왕조 체제의 큰 틀이 여전히 사대부들 사이에 그대로 잠복해 있음이 드러났다. 조선왕조의 정치는 훌륭한 양반 가문 출신의 적자이자 과거 급제자들에 의해 운영되어야 한다는 것은 천지의 법도이며, 이 법도에 따라야 나라의 위엄과 질서가 바르게 선다는 것이 양성지와 같은 사람들의 중론이었다.

그에 따르면 유자광은 결코 그런 자리에 임명될 수 없었다. 특히 그가 서자였다는 사실은 그들의 기준에 의하면 결코 있을 수 없는 일이었다. 그러기에 지금은 세조의 전제적 권력 때문에 유자광의 병조정랑 임명이 강행되었지만. 이후 기회 있을 때마다 유자광은 이 문제로 시달릴 수밖에 없었다. 그에게 어떠한 능력이 있든 서자 출신이 설 자리는 없던 시대였던 것이다.

07

||||||

세조, 유자광을 과거 출신으로 만들다

세조 13년(1467) 12월 14일 유자광은 전라도 남원에 사는 그의 병든 어머니를 보살피기 위해 병조정랑을 사직하고 휴가를 얻어 남원으로 내려갔다.[38] 이에 세조는 그 후임으로 무신 홍칭洪稱을 임명하였다. 그러자 대간에서는 병조정랑에 과거 출신의 문신을 임명하는 것이 관례인데 문신이 아닌 홍칭을 임명하는 것은 잘못된 인사라고 비판을 제기하였다. 세조는 이러한 요구를 묵살하였다.[39] 그러자 대사헌 양성지는 이번에도 다시 국조의 원칙을 거론하며 세조의 파격적 인사를 비판하였다.

양성지는 예전에 유자광을 이에 임명할 때와 마찬가지의 원칙에 입각

---

[38] 《세조실록》 권44, 13년 12월 14일 병오조(8-151, 49가3).

[39] 《세조실록》 권44, 13년 12월 16일 무신조 기사 가운데 8-151, 49나1 이하를 참조할 것.

하여, "법이란 국가의 중심이므로, 그 시작을 보면 반드시 그 끝을 염려해야 하며, 그 조짐이 있으면 반드시 그 폐단을 생각해야 한다"는 점을 강조하면서, 유자광과 달리 홍칭은 서자 출신은 아니지만 과거 출신의 문신이 아니므로 그 직에 임명해서는 안 된다고 주장하였다. 그렇게 하면 "적자와 서자의 구분도 없어지고, 분수를 모르고 함부로 관직에 나아가려는 자가 생길 것이니, 이런 조짐을 어찌 두고 볼 수 있겠으며, 어찌 하찮은 연고라 하겠습니까?"라고 거듭 문제를 제기하고 나섰다. 그러나 세조는 자신은 과거에 구애 없이 인재를 발탁하겠다고 하면서 양성지의 주장을 단호하게 거부하였다.[40]

세조 14년(1468) 1월 27일, 세조는 중궁과 세자를 거느리고 온양으로 거둥하여[41] 사흘 후인 1월 30일 저녁에는 온양의 행궁에 도착하였다.[42] 세조는 말년에 피부병으로 고생하였는데, 이때의 온양 나들이도 온천에서 치료하기 위함이었다. 그러나 세조는 온양 행궁에 머물 때도 국사를 챙겨야 하는 왕이었기에, 그의 행차에는 많은 중신이 수행하여 조정이 옮겨 간 것이나 다름없었다. 세조는 온양에서 달포를 머물다가 3월 9일 다시 귀경길에 올라[43] 3월 11일에는 한강 변에 도착하였다.[44]

이처럼 왕이 특별히 지방을 순수할 때면 그곳 인심을 위로한다는 뜻에서 과거시험을 거행하곤 하였는데, 이때에도 그러하였다. 세조가 온양

---

[40] 이상 《세조실록》 권44, 13년 12월 18일 경술조(8-152, 51가1 이하).
[41] 《세조실록》 권45, 14년 1월 27일 무자조(8-158, 8나4).
[42] 《세조실록》 권45, 14년 1월 30일 신묘조(8-159, 10가3).
[43] 《세조실록》 권45, 14년 3월 9일 기사조(8-169, 30가좌5).
[44] 《세조실록》 권45, 14년 3월 11일 임신조(8-169, 30가좌3).

에 머물던 2월 11일 유자광 등 수십 명이 상소를 올려 과거 초시에 응모할 수 있게 해 달라는 청을 올렸다. 이때 세조는 바로 시험을 보면 그만이지 상소는 왜 올리느냐고 나무라면서도, "(유자광 같은 사람들이 과거에 응시하는 것은) 법으로 허락하는 것은 아니지만, 능력 있는 이를 선발하는 데는 별도의 특별한 방책이 있지는 않으니까 종친과 재신 및 서리에게도 허락하였으니, 각각 힘쓸지어다"라고 전교하였다.[45] 그러면서 세조는 온양으로 왕을 호위해 간 호종 인원들이 문·무과 초시에 나아가고자 하는 청도 허락하고 그들을 시험하는 〈시취사목試取事目〉을 예조와 병조에 내리기도 하였다.[46]

그리하여 2월 13일에는 문과 초시·중시가 거행되었으며, 유자광도 이에 응시하였다. 2월 15일에는 고령군 신숙주가 합격한 사람들의 대책문을 세조에게 올렸다. 그러나 신숙주가 주관한 이때의 시험에서 유자광은 낙방하였다. 이에 세조는 낙방자 답안지에 있는 유자광의 대책문을 읽고 나서, "유자광의 대책이 좋은 것 같은데, 왜 합격시키지 않았는가?"라며 힐책하였다. 그러자 신숙주는, "(유자광의) 대책문에는 시세에 어울리지 않는 문투를 사용하였으며, 문법도 소홀하여 합격시키지 않았습니다"라고 답하였다. 그러자 세조는 "비록 문장이 고루하더라도 문제의 본의에서 어긋나지 않았다면 무엇이 해롭다고 할 것인가?"라고 하며, 유자광을 1등으로 올렸다.[47] 이때의 과거를 온양 별시문과라 부르는데, 유자광은 여기에서 장원 급제한 셈이었다.

[45] 《세조실록》 권45, 14년 2월 11일 임인조(8-160, 13나좌7).
[46] 위와 같음.
[47] 《세조실록》 권45, 14년 2월 15일 병오조(8-161, 15가좌4).

이렇게 해서 유자광은 서자라는 신분은 어쩔 수 없다 하더라도 문신으로 출세할 수 있는 과거 급제의 자격을 획득할 수 있었다. 이제 세조의 치하에서 누구도 그의 승진을 반대하며 나서기는 어려웠다. 세조 14년 6월 18일, 유자광은 이미 병조참지(정3품)로서 중요한 국사에 참여하고 있었다.[48] 그가 병조정랑에서 승진하여 병조참지가 되었는데도 이를 문제 삼은 사람은 아무도 없었다.

[48] 유자광이 병조참지였다는 것은 《세조실록》 권46, 14년 6월 18일 병오조 기사 가운데 8-194, 37가5를 참조.

08

|||||

남이와 유자광

14년(1468) 9월 8일 숨을 거두기 하루 전 세조는 죽음을 예견하고는 중신들의 반대에도 불구하고 먼저 세자를 왕위에 오르게 하였다.[49] 세조를 이은 예종은 세조의 둘째 아들이었다. 세조의 큰아들은 일찍이 세자에 책봉되었으나, 20세의 나이로 세상을 떠났다. 세조는 자신의 둘째 아들, 곧 뒷날의 예종을 바로 세자로 책봉하였다. 그러나 예종은 재위 13개월 만에 사망하였다. 그 뒤를 이어 성종이 즉위하였다.

세조처럼 강력한 카리스마를 지닌 왕이 사망하고 연이어 그의 후계자마저도 1년을 갓 넘기고 죽음을 맞음으로써, 권력의 공백과 이를 채우려는 긴박한 권력투쟁을 초래하였다. 왕위계승 문제를 둘러싼 복잡한 권력

---

[49] 《세조실록》권47, 14년 9월 7일 계해조(9-209, 21나2)와 9월 8일 갑자조(9-210, 22가4).

관계에서는 흔히 외척 세력이 큰 영향력을 미치는 것이 조선왕조의 상례였다. 그러므로 세조의 직계 자손들의 혼인 관계를 여기서 잠시 정리해 볼 필요가 있다.

세조의 세자에 먼저 책봉되어 훗날 덕종德宗이라 추존된 큰아들은 청주 한씨요 세조의 즉위에 큰 공을 세운 한확韓確의 딸과 결혼하였다. 이이가 뒷날의 소혜왕후昭惠王后였다. 이 소혜왕후에게는 두 아들이 있었는데, 큰아들이 월산대군月山大君 이정李婷이었다. 그의 부인은 순천 박씨 박중선朴仲善의 딸이었는데, 그 아래 소생이 없었다. 덕종의 둘째 아들인 자산군者山君은 한명회의 딸과 결혼하였으며, 예종의 사후 이 자산군이 즉위하였으니 곧 성종이었다. 이 예종도 한명회의 딸과 결혼하였으며, 계비 또한 청주 한씨인 한백륜韓伯倫의 딸이었다. 그러므로 세조 사후 예종의 장인도 한명회요, 예종 사후 성종의 장인도 한명회였다.

한명회는 젊어서 그다지 전도가 밝은 사람은 아니었다. 유학을 정통으로 공부하여 그 이름을 날리지는 못하였지만, 담력이 크고 지략이 풍부한 풍운아였다. 세종과 문종이 거푸 승하하고 어린 단종의 치하에서 자신의 정치적 야망을 불태우던 세조는 자기 휘하에 한명회와 같은 인재들을 모아 친위 세력을 만들었다. 그 가운데 한명회는 단연 돋보이는 인재로서 세조의 친위 세력을 총지휘하는 위치에 서게 되었다. 단종을 몰아 내고 세조가 왕의 지위에 오르는 데 있어서 그만큼 중요한 역할을 한 사람도 없었다. 자연 한명회는 세조의 치하에서 정치권력의 가장 핵심에 자리하였으며, 그가 세조의 후손들과 연이어 혼인 관계를 맺은 것도 세조 대 그가 누렸던 정치적 위상과 결코 무관하지 않았다.

이런 한명회의 정치적 영향력은 상대할 사람이 없어 보였지만, 바로 이 점이 말년의 세조에게는 부담으로 다가왔다. 다만 왕위의 비非정통성 때문에 평생을 시달린 세조는 자연 한명회 같은 자신의 공신집단에 의존하는 바가 클 수밖에 없었기에 그를 견제하기도 쉽지 않았다. 이런 때 이시애의 반란이 일어났으며, 반란 초기에 한명회를 비롯한 세조의 중신들이 이시애 반란군과 내통하였다는 소문이 돌았던 것이다. 세조는 이 기회를 적극적으로 이용하였다. 그래서 이시애 반란의 토벌군을 구성하는 데 있어서도 구성군 이준과 같은 왕실 종친, 혹은 남이南怡와 같은 신진의 무사를 앞세웠다. 유자광 같은 서자 출신도 적극 등용하여 자신의 조정을 새롭게 꾸미려 하였다.

그러나 세조는 냉혹한 현실정치가였지, 자신의 이러한 시도가 실제로 실현될 수 있다고 믿을 만큼 단순한 사람이 아니었다. 찬탈로 왕위에 오른 자신의 왕권을 유교 사회에서 인정받는다는 것이 어렵다는 점을 잘 알고 있던 세조는 왕은 일반 사대부와는 달리 유교 이념의 밖에 있을 수도 있다는 점을 여러 가지로 보여 주려 노력하였다. 자신의 집권을 도왔던 공신들도 따지고 보면 대부분 양반 가문 출신의 유학자 관료였으며, 그나마 자신을 따르던 무신들은 세조의 조정에서 길게 살아남지도 못했다. 그러므로 유자광의 파격적인 등용 같은 조처는 자기의 생각을 '세조답게' 강조하려는 것이지, 실제로 조정의 구성이 그렇게 다 바뀔 수 있다고 믿은 것은 아니었다.

그나마 이시애의 반란이 일어난 세조 13년 5월에서 1년 반 정도 후에 세조는 세상을 떠나고 말았다. 아직 자신의 새로운 정치적 구상이 뿌리를 내리기도 전에 그의 운명이 다한 것이었다. 이시애 난 이후 잠시 위축되는 것처럼 보였던 한명회는 재빨리 새로운 왕 예종의 즉위와 함께 정국을 다시 장악하였다.[50] 새 왕의 장인으로서, 세조 이래의 가장 중요한 구신으로서 그의 권력을 당할 자는 없었다.

바로 이 시점에서 소위 남이의 옥사라 알려진 모반사건이 터졌다. 남이의 모반사건이라는 것은 다른 사람이 아닌 유자광의 고발로 인하여 발생하였다. 결과부터 말한다면, 남이 밀고사건으로 인하여 유자광은 예종의 공신으로 책봉되어 한명회가 중심이 된 원로 대신들의 주류 정치 세력에 들어갈 수가 있었다. 그렇다면 남이의 옥사란 무엇인가?

남이는 서자 출신 유자광과는 그 출생부터 달랐다. 그의 할아버지 남휘南暉는 조선왕조의 개국공신이며 태종의 배향공신 남재南在의 손자였다. 외할머니는 태종과 원경왕후 사이에서 태어난 넷째 딸 정선공주였다. 그러므로 남이는 태종의 외손자였다. 게다가 그는 일찍부터 뛰어난 무인으로서 이름이 높았다. 이시애가 반란을 일으키자 세조가 왕실 종친과 신인 무사들을 중용할 때 그는 이 모든 것을 갖춘 인재로서 크게 발탁되었다. 이시애 반란군의 기세를 꺾은 북청 전투에서는 이숙기와 더불어 남이의 전공이 가장 뛰어났다.[51] 이 당시의 실록 기사에는 남이의 활약에 대해 이렇게 기록하였다. "북청 전투에서 남이가 진 앞에 나아가 사력을 다해 싸우니, 그가 향하는 곳마다 적군이 마구 쓰러졌으며, 그도 네댓 개의 화살을 맞았으나 그의 표정은 태연자약할 뿐이었다."[52]

세조는 남이가 가장 용감했다는 보고를 듣고는, 당상관으로 임명하여

---

[50] 이 당시의 정국에 대해서는 정두희, 《조선 초기 정치지배세력 연구》, 일조각, 1983, 222~241쪽 참조.

[51] 《세조실록》 권42, 13년 6월 24일 정사조(8-90, 45가좌1 이하).

[52] 《세조실록》 권43, 13년 7월 14일 정축조(8-98, 12나6).

행부호군行副護軍으로 삼았다.[53] 패배한 반란군을 뒤쫓아 북청부를 점령할 때도 남이는 선봉에 서서 공을 세웠다. 이때 진북장군 강순이 총사령관인 구성군 이준에게 보낸 전황 보고서에는, "남이가 먼저 목책을 부수고 돌격하여 2급을 참수하고 20여 인을 사로잡았으며, 치중輜重 10수레를 빼앗으니 나머지 잔당이 도주하였다"고[54] 기록하였다.

마침내 이시애의 반란이 진압되자, 세조는 믿을 만한 장수로 함길도 일대의 중요한 거점과 두만강 변의 요해지를 지키게 하였다. 특히 남이에게는 군사 1,000명을 거느리고 두만강 일대의 종성에 주둔하게 하고, 온성·경원·경흥 등의 고을을 관장하게 하였다.[55] 이로부터 불과 열흘 정도가 지나자 젊은 남이를 중추부동지사에 특별 승진시켰으며[56] 이시애 반란 토벌의 1등 공을 세운 장수로 포상하였다.[57]

이처럼 세조의 신임이 쌓여 가는 때 또 다른 기회가 남이에게 다가왔다. 이미 이시애 반란이 성했을 때부터 조선왕조는 반란군과 북방의 여진족 세력이 연합하는 것을 크게 우려하였다. 마침 명나라 측이 건주야인建州野人을 협공하자는 요구를 해 오자 이 기회를 이용하여 세조는 평소 국경에 출몰하던 야인의 세력을 꺾어 북방 국경을 안정시키고자 하였다. 고령군 신숙주와 좌의정 최항, 우의정 홍윤성과 같은 중신들과 함께 이 문

[53] 위와 같음.

[54] 《세조실록》 권43, 13년 7월 25일 무자조(8-102, 20나좌2).

[55] 《세조실록》 권43, 13년 8월 14일 정미조(8-110, 36나2).

[56] 《세조실록》 권43, 13년 8월 27일 경신조(8-115, 46가좌6).

[57] 남이는 적개공신 1등에 올랐는데, 이에 대해서는 《세조실록》 권43, 13년 9월 20일 임오조 8-122, 61가4 이하의 공신 명단을 참조할 것.

제를 논의하는 어전 회의에 남이도 함께하였다.[58]

출전함에 이르러서 남이는 한계미와 더불어 대장의 직을 지녔다. 이 출정에서 남이는 또 한 번의 커다란 전공을 세웠다. 그는 만포진에서 압록강을 건너 파저강으로 들어가 공격의 선봉에 섰으며, 그곳 야인의 우두머리로서 유명했던 이만주李滿州를 비롯해서 24명의 중심인물을 참하고, 175명의 야인을 사살하는 전공을 세웠다.[59]

이처럼 거듭된 전공으로 남이는 세조 13년 11월 적개공신에 올랐으며, 왕실을 호위하는 친위 무사를 거느리는 겸사복장이 되었다.[60] 한 달 후에는 공조판서에 임명되었다. 이때 그의 나이는 25세였다. 이듬해인 세조 14년(1468) 7월에는 조선왕조의 군사권을 총지휘하는 겸오위도총부도총관兼五衛都總府都摠管에 올랐다.[61] 이로부터 한 달 후에는 병조판서가 되어[62] 세조의 신임을 한 몸에 받았다.

유자광은 스스로 세조에게 자천하여 신임을 받았다고는 하지만, 세조가 지적한 그대로 군사를 지휘할 수 있는 위망이 없었기에 이시애 난 당시에도 전공을 세울 입장에 서지 못하였다. 그러므로 유자광은 오직 세조의 눈에 들어야만 하였다. 그러나 남이는 종친의 외척이자 개국공신의 손자로서 큰 후광을 업고 무인으로서 자신의 재능을 마음껏 펼칠 수 있었다.

이처럼 같은 시대 비슷한 연령의 무인으로 태어났으나, 타고난 배경

---

[58] 《세조실록》 권43, 13년 8월 28일 신유조(8-115, 46가좌4).

[59] 《세조실록》 권44, 13년 10월 10일 임인조(8-129, 6나1).

[60] 《세조실록》 권44, 13년 11월 17일 기묘조(8-147, 41가좌3).

[61] 《세조실록》 권47, 14년 7월 17일 갑술조(8-202, 7나7).

[62] 《세조실록》 권47, 14년 8월 23일 경술조(8-208, 18가좌2).

이 다른 까닭으로 이 두 사람은 매우 대조적인 위치에 있었다. 하지만 모두 이시애 난을 계기로 세조가 조정의 면모를 원로 중신들 중심에서 종친·무인 등 새로운 세대로 바꾸려는 과정에서 더욱 특별한 주목을 받았다는 점에서는 같았다. 바로 이 때문에, 이들에게 세조의 죽음은 큰 시련을 몰고 올 수 있었다. 세조는 이시애 난을 평정하고 건주야인 토벌을 끝낸 지 얼마 되지 않은 14년 9월 8일에 사망하였다. 죽음이 임박하자 죽기 하루 전인 9월 7일에는 둘째 아들 예종에게 왕위를 물려주었다.[63]

---

[63] 《세조실록》 권47, 14년 9월 7일 계해조(8-209, 21나2).

使其為姦詐明矣一持予諭書者凶繫括留觀察使魚世共

度使許琮呀送之人亦皆阻碳使朝廷未知聲息其黨謀著基

施愛等既曰吳炭與孝文同謀欲盡殺本道人民若謀盡发

避之乎此皆造言感衆也明矣同謀賞加件典前峰論裒曰軍民孝問

是心則聞賊船來泊欲其盡死豈肯移文諸邑使挈家發

朱甲士柳子兒上書曰臣下番在南原晚聞李施愛事方令

兼乙著繼以郡縣督臣錄名徵兵文卷中臣素以弓劍自

聞之踢踘倚馬待行留次敷日未有郡縣督行定日之令臣

是縱夜不寐奮然竊謂國家雖戒嚴四方以整兵卒豈盡幽

之兵然後可討一施愛乎臣既籍名甲士常欲立功邊野

一死况當國家有腹心之賊臣何心随行逐隊列於徵募

敢安庸遠方而甘於眠食乎故臣本月初六日發自南原信

2부

예종과 성종 초기

:

좌충우돌左衝右突,
1468~1476

- **예종 즉위년(1468) 10월** – 남이의 역모를 고변. 익대공신翊戴功臣 1등에 책봉. 무령군 봉호.
  - **예종 원년(1469) 7월** – 친동생 유자형의 생원시 응시 자격 논란. 예종이 허용함.
    - **성종 원년(1470) 4월** – 반역으로 고발당했으나, 옥중 상소로 풀려남.
      - **성종 7년(1476) 2월** – 성종의 친정親政을 반대한 한명회를 격렬히 탄핵하는 상소.
                          2월 – 한명회를 탄핵하는 2차 상소.
                    8월 – 재변이 공경대부의 잘못 때문이라 지적하는 상소.
                                        8월 – 숭정대부.

09

|||||||

남이를 반역죄로 고발하다

예종이 즉위한 지 50여 일이 지난 즉위년(1468) 10월 24일 저녁 무렵 병조 참지였던 유자광이 승정원에 나아가 당시 입직 당상이던 이극증과 한계순에게 남이가 역모를 꾀한다고 고발하였다. 이에 이극증 등이 유자광과 더불어 왕의 처소로 찾아가 승전환관(왕과 왕비의 명령 전달을 담당한 환관)이던 안중선을 통해 왕에게 보고하자, 예종은 유자광을 불러 고발 내용을 직접 들었다. 그 고발 내용이 세조 사망 직후 신왕의 즉위 시기와 어울린 당시의 정국과 밀접하게 관련되므로 여기에 인용하면 다음과 같다.

남이: (유자광과 함께 입직하던 날 어두울 무렵 유자광에게 와서) 세조께서는 우리를 자식이나 다름없이 대하셨는데, 이제 그분이 돌아가시자 나라의 인심이 위태롭고 (앞날이 어찌 될지) 의심스럽다. 아마도 간신이 이 틈을 노려 변을 일으키면 우리는 개죽음을 당할 것이다. 그러니

그대와 더불어 충성을 다해 세조의 은혜를 갚아야 할 것이다.

유자광: 어떤 간사한 사람이 있어 난을 일으키겠는가?

남이: 김국광金國光이 정사를 장악하고 재물을 탐하니, 그런 무리는 죽이는 것이 옳다. 또 노사신盧思愼은 매우 불초한 자인데, 그대도 그것을 아는가?

유자광: 왜 이런 말을 하는가?

남이: 혜성이 이제까지 없어지지 않는데, 그대도 보았는가?

유자광: 보지 못하였다.

남이: 지금 (혜성이) 천하天河 가운데 있으나, 광망光芒이 모두 희기 때문에 쉽게 볼 수 없다.

유자광: (강목을 가져와 혜성이 나타난 곳을 남이에게 펼쳐 보이니, 그 주에 이르기를 '광망이 희면 장군이 반역하고 두 해에 큰 병란이 있다'고 하였다.)

남이: 이것 역시 반드시 응함이 있을 것이다. (한참 지나서) 내가 거사하고자 하는데, 이제 주상이 선전관으로 하여금 재상의 집에 분경奔競하는 자를 매우 엄하게 살피니, 재상들이 반드시 이를 싫어할 것이다. 수강궁은 허술하여 거사할 수 없고, 반드시 경복궁이라야 가할 것이다.

유자광: 이 같은 큰일을 어찌 우리 둘이서 해 낼 수 있겠소? 아니면 그대가 또 어떤 다른 사람들과 더불어 모의하였는가? 게다가 주상은 창덕궁에 오래 머물 것 같다.

남이: 내가 장차 (왕을) 경복궁으로 옮기도록 할 것이다.

유자광: 어떻게 그럴 수 있겠소?

남이: 어렵지 않다. 이런 말은 나와 그대만이 나눈 것이니, 그대가 이를 고발할지라도 내가 숨기면 그대가 반드시 죽을 것이고, 내가 고

발할지라도 그대가 숨기면 내가 죽을 것이다. 이 같은 말은 세 사람만 모여도 말할 수 없는 것이다. 또 세조가 민정을 다 뽑아서 군사로 삼았으므로 백성의 원망이 깊으니 이 기회를 잃을 수 없다. 나는 호걸이다.

이상은 유자광이 왕에게 보고한 밀고 내용을 대화체로 바꾼 것이다. 결국 남이가 무인으로서 입직을 서던 날 유자광을 찾아와서 세조의 은혜를 갚기 위해 김국광 같은 원로들을 제거해야 한다고 말했다는 것이 고발의 중심 내용이었다. 아무런 증인도 증거도 없는 이 고발 내용은 참으로 허술하였지만, 이 고발이 접수되자 그 밤으로 남이는 체포되었다. 삼경이 지난 깊은 밤에 밀성군 이침과 같은 원로 종친과 정인지·한명회 등 훈구대신들을 궁으로 불러 더불어 남이를 문초하기 시작하였다.

물론 이 자리에서 남이는 "유자광이 처음부터 저에게 불만을 가졌기 때문에 무고한 것입니다. 저는 충성과 의리를 아는 선비로서 평소 (남송의 장군) 악비岳飛로 자처하였는데, 어찌 이런 일을 꾀하겠습니까?"라고 변명하였다. 그러나 아무도 유자광의 고발 내용의 진위를 따지려 하지 않았다. 그만큼 유자광의 고발 내용은 기정사실로 처음부터 인정되고 있었다.

남이가 취조를 받던 그 밤에, 그의 혐의를 확인하기 위해 남이와 유자광이 입직을 서던 날 왕성의 순찰을 맡았던 장수 민서閔敍가 불려 와 진술하였다. 이 자리에서 민서는 혜성을 보고 나라에 변고가 있을 것을 걱정하던 남이와 나눈 대화를 고하였다. 당시 민서는 남이로부터 반드시 간신이 일어날 것이라 했다는 말을 듣고 누가 간신인가를 물었더니, 남이가 그 간신은 "상당군 한명회"라고 답했다고 진술하였다. 그러자 남이는 "한명회가 일찍이 저의 집에 찾아와 적嫡을 세우는 일에 대해 말하기에 저는 그가 난을 꾸미는 줄을 알았습니다[明澮嘗倒臣家 言立嫡之事 臣知其謀亂]"라고 말하며 한명회를 끌고 들어갔다.[1]

세조에게는 두 아들이 있었다. 성종 때 덕종德宗이라 추존된 큰아들은 세조가 왕위에 오른 직후에 세자로 책봉되었으나 그로부터 2년쯤 지난 세조 3년에 사망하였다. 그러자 세조는 곧바로 둘째 아들[예종]을 세자로 삼았다. 그 자신이 왕위를 찬탈한 세조는 즉위할 때부터 자신의 후계자를 바로 지명하여 왕위계승을 둘러싼 불확실성을 사전에 없애고자 하였다. 그러므로 큰아들이 죽자 곧 둘째 아들로 그 뒤를 잇게 했던 것이다.

그러나 큰아들에게는 이미 두 아들이 있었다. 그 장자가 월산대군이요, 둘째 아들이 뒷날 성종이 되는 자산군이었다. 세조 3년(1457) 세자였던 추존왕 덕종이 죽었을 때 월산대군은 네 살이었으며, 자산군은 그해에 막 태어나 강보에 있던 아기였다. 아마도 이런 점이 시급히 세자 책봉을 하지 않으면 안 되는 세조가 서둘러 둘째 아들로 세자를 잇게 한 이유였다고 생각한다. 지금 남이가 고한 바는 곧 한명회가 예종이 아니라 세조의 적장손으로 대를 이어야 한다고 말했다는 것이다. 이 말은 세조의 둘째 아들 예종이 아니라, 큰아들 덕종의 아들에게 왕위를 잇게 해야 한다는 뜻이었다.[2]

앞서 지적한 것처럼 예종은 왕자 시절 한명회의 딸과 결혼하였으나,

---

[1] 이상 유자광의 남이 고발 내용과 사건의 전개에 대해서는《예종실록》권1, 즉위년 10월 24일 경술조(8-285, 35나3부터 38가좌7까지)를 참조할 것. 그 가운데 위에 제시한 남이와 유자광의 대화록은 35가6에서 36가5까지임.

[2] 한명회가 남이의 집에까지 찾아와서 했다는 말 곧 "言立嫡之事"에서 '嫡'은 단순히 적자나 적장자가 아니라 '대를 이을 자'의 의미다. 따라서 문맥상 이미 보위에 오른 예종이 아니라 죽은 덕종의 적장자인 월산대군 또는 자산군을 가리킨다.

세조 7년에 상처하고 한백륜의 딸을 계비로 맞았다. 추존왕 덕종의 둘째 아들인 자산군도 한명회의 딸을 왕비로 맞았으며, 이 자산군이 왕[성종]이 되자 한명회의 딸은 공혜왕후로 높여졌다. 이런 관계를 따지다 보면, 남이가 고발한 바와 같이 한명회가 세조의 뒤를 적통으로 잇자고 했다면 이는 자신의 사위요 덕종의 둘째 아들인 자산군[성종]을 염두에 둔 것으로 볼 수밖에 없다. 게다가 남이는 병조판서요 오위도총부의 도총관이요 나아가 왕실 호위의 책임을 진 겸사복장이라는 위치에서 당시의 군사 지휘권을 다 장악한 인물이었다는 점에서, 한명회가 그런 생각을 가졌다면 그로서도 남이를 자기 세력으로 끌어들이려 했을 것이라는 추측도 가능한 것이다. 그렇다면 유자광의 남이 고발은 이제 왕위계승 문제를 둘러싸고 한명회와 같은 세조의 중신으로까지 확대되는 일대 파란을 불러올 것이었다.

그러나 이제 막 왕이 된 젊은 예종은 이 문제를 그렇게까지 확대할 수도 없었으며, 거기에 더하여 유자광은 한명회가 아니라 남이를 고발하였다. 그러므로 다들 서둘러 남이 옥사를 마무리하였다. 처음 유자광의 고발 후 사흘 만에 남이를 극형에 처하는 것으로 사건을 종결한 것이다.[3]

당시의 관련 자료를 검토해 보면, 남이가 반역을 꾀했다는 것은 처음부터 없었던 사건이었음이 분명하다. 그러나 젊고 위세 당당한 남이와 같은 신진 인물들은 자신들을 발탁한 세조의 갑작스러운 죽음으로 그 처지가 불확실해졌으며, 이시애 난 이후 한동안 권좌에서 멀어진 한명회와 같

---

[3] 유자광이 남이를 고발한 때가 예종 즉위년 10월 24일이었다면, 남이를 극형에 처한 것은 10월 27일이었다. 남이에 대한 심문 과정과 처형에 대해서는 《예종실록》 권1, 즉위년 10월 27일 계축조(8-288, 41가5에서 42나3까지) 참조.

은 원로 중신들이 대거 정치의 중심에 복귀할 기회가 마련되었다. 이 과정에서 남이도 불만이 있었을 것이며, 그런 생각을 주변 사람들에게 토로하기도 하였을 것이라 짐작할 수 있다.

개국공신이요 태종의 배향공신인 남재의 고손자요, 태종의 외손인 남이와 같은 사람도 세조 사후 그 장래를 걱정한다면, 서자 출신으로서 오로지 세조 개인의 총애에만 의존할 수밖에 없었던 유자광은 그 걱정이 훨씬 더하였을 것이다. 그 불안정한 정국에서 유자광은 남이를 걸고 들어갔으며, 막 즉위한 예종에게는 자신의 왕권을 다질 기회를, 그리고 다시금 권력의 중심으로 복귀하려는 한명회와 같은 중신들에게는 세조가 말년에 발탁한 젊은 인재들을 내몰기 좋은 기회를 제공하였다.

그래서 남이 옥사가 끝난 직후 예종은 자신의 왕위를 보존하게 한 공로가 있다고 하여 여러 사람을 익대공신翊戴功臣에 책봉하였다. 이 익대공신의 제1서열에 유자광이 오르게 되었으며, 한명회와 같은 나머지 중신들도 그 뒤를 이어 공신 책봉에 참여하였다.[4] 이로써 유자광은 조선왕조의 중신들과 자리를 함께할 수 있는 자리에 나아갈 수 있었다. 이는 유자광의 정치적 생애에서 가장 극적인 계기였다.

서자 출신 유자광은 양반가와 혼인을 맺지도 못하고, 함양 호장戸長 박치인朴致仁의 딸과 결혼한 처지였다.[5] 그런 그가 익대공신이 되어 조정의 중심에 들어갔고, 더하여 예종의 각별한 신임까지 받았다. 예종은 진서장군 능성군 구치관에게 유자광을 천거하면서 "유자광은 내가 정중하게

[4] 익대공신에 대해서는 정두희, 《조선 초기 정치지배세력 연구》, 일조각, 1983, 231~241쪽 참조.
[5] 이에 대해서는 《예종실록》 권4, 원년 3월 10일 갑오조(8-350, 29나좌6) 참조.

대하는 사람"이라고 말할 정도로 그를 신임하였다.[6] 그러나 아무리 예종의 신임이 두텁고 공신의 지위에 올랐어도 그가 서자라는 그림자를 떨쳐 버릴 수는 없었다.

예종 원년(1468) 7월 유자광의 친동생 유자형柳子炯에게 생원시에 응시할 수 있는 자격을 주어야 하느냐는 문제로 조정에서 큰 논란이 벌어졌다. 유자형이 생원시에 응시하고자 했을 때, 해당 관청에서는 그가 서얼이라 하여 허락하지 않았다. 이에 유자광은 예종에게 자신의 처지를 고했다. 예종은 이미 유자형의 어머니가 부인에 봉해졌으니, 그 아들이 생원시에 응시하지 못할 까닭이 없다고 믿었다. 그러나 예관禮官들은 "유자광은 유규의 첩자인데, 유자형이 태어나기 전 그 어미가 정부인에 봉해진 것은 아니었습니다. 지금 비록 유자광의 공으로 인해 그 생모가 정부인에 봉해지긴 했으나, 유자형까지 어찌 그 음덕을 누릴 수 있겠습니까?"라고 답변하면서 왕의 결정을 거부하였다.

이에 예종은 이 문제를 예조로 이관하여 의논케 하였다. 그러나 예조에서도 "(성현의) 예를 지키는 가문에는 정실부인이 둘일 수 없습니다[禮家無二嫡]. 유규는 이미 정실부인을 두었으므로 유자광의 어미는 첩입니다. 지금 유자광이 공훈을 세웠다 하여 특별히 정부인에 봉한 것일 뿐입니다. (동생) 유자형은 그 어미가 (정부인으로) 봉해지지 않았을 때 태어났으니 (첩의 자식이므로) 생원시에 응시할 수는 없습니다"라고 왕에게 보고하였다.

물론 원상 홍윤성洪允成 같은 원로들은 "유자광의 어미는 이미 천인이 아니며, 또 유자광의 공훈으로 정부인에 봉해졌으니, (유자형이 생원시에)

[6] 《예종실록》 권3, 원년 1월 16일 신미조(8-319, 6가7).

응시하도록 허용하지 않을 수 없습니다"라고 현실론을 펴기도 하였다. 그러나 이러한 주장은 어디까지나 현실적 상황을 인정하지 않을 수 없다는 것이지, "예를 지키는 가문에는 정실부인이 둘일 수 없다"라는 예조의 원칙론까지 부정한 것은 아니었다.

결국 왕과 대신들의 주장대로 유자형의 생원시 응시는 허용되었다.[7] 그러나 유자광이 현실적으로 아무리 지위가 높아져도 그가 첩의 자식이었으며, 그 첩의 자식이 정상적으로 과거에 응시할 수는 없다는 조선 초기의 성리학적 명분론에 입각한 신분의식은 시대가 흐를수록 더욱 강화되어 갔다. 그럴수록 유자광을 따라다니는 그 망령의 그림자는 더욱 길어지고 짙어질 뿐이었다. 남이의 고발로 예종의 신임을 얻은 유자광은 익대공신에 책봉되면서 조선왕조의 핵심 주류 사회에 들어간 것처럼 보였지만, 첩의 자식이라는 신분적 한계는 죽을 때까지 그를 괴롭혔던 것이다.

익대공신이 되고 무령군武靈君에 봉해진 유자광은 이제 더이상 부러울 것이 없는 지위를 얻었다고 볼 수 있다. 자식이 높은 벼슬을 얻으면 그 아버지에게 증직하는 관례에 따라, 은퇴하여 남원에서 살던 유자광의 아버지 유규에게도 중추부첨지사라는 직이 제수되었다. 그러나 유규는 늙고 병들었다는 이유로 이를 정중히 고사하였다. 왕이 유규의 뜻을 무시하고 끝내 자헌대부 중추부지사로 벼슬을 더 높여 주었으나, 이때에도 유규는 사양하여 끝내 그 벼슬을 받지 않았다.[8]

---

[7] 이상 유자광의 동생 유자형의 생원시 응시 허용 문제를 둘러싼 논쟁은 《예종실록》 권 6, 원년 7월 22일 계묘조(8-404, 42가8)와 원년 8월 3일 갑인 조(8-407, 1나좌7)를 참 조할 것.
[8] 《예종실록》 권7, 원년 9월 22일 임인조(8-418, 23가2).

유규는 왜 그런 영예를 사양하였을까? 그것은 그가 겸손한 사람이기 때문이 아니라, 또한 단지 연로하다는 문제를 넘어, 첩 자식의 공로로 그 벼슬을 받는다는 것을 스스로 부끄럽게 여겼기 때문이라 보아야 할 것이다. 실록에 이 이상의 기록은 없지만, 자식의 공로로 칭송받는 것을 유교 사회에서 부모 된 이가 받는 최대의 효도로 간주하던 시대에 유규의 사양은 특별한 사유가 있었다고 보아야 한다. 그렇다면 그 이유는 꽤 자명하다고 할 수 있다. 단순히 나이 문제라기보다는 첩자의 덕을 보지 않겠다는 의지 표현으로 보는 것이 그나마 합리적일 것이다. 예종의 1등 공신이요 무령군이라 하여 군君의 반열까지 오른 유자광이었지만, 그는 일단 아버지로부터도 자식으로 인정받지 못하는 처지였다. 현실의 관직이 출생의 한계를 부수지는 못했던 것이다.

10

|||||

예종 사후 왕위계승 문제와 구성군 준

1468년 9월에 즉위한 예종은 그 이듬해인 1469년 11월에 사망하였다. 그가 원래 병약한 사람이었던지는 확실치 않지만, 세조가 죽음을 앞두고 그에게 전위하였다거나, 평소 예종이 세자 시절 병약하다는 걱정을 하지 않았던 점으로 보아 예종의 죽음은 예기치 않은 일이었다 해도 좋을 것 같다. 다만 세조의 장례를 극진하게 치르는 동안 너무도 슬픔이 지나쳐 몸을 상했다고는 하지만, 그의 갑작스러운 죽음은 조선왕조의 왕위계승 문제에 상당한 혼선을 야기할 수 있었다.

세상을 떠날 때 불과 19세에 지나지 않았던 예종에게도 왕자가 있었다. 첫 왕비 장순왕후 한씨(한명회의 딸)가 인성대군 분糞을 낳았으나, 왕후와 왕자 모두 산고로 일찍 세상을 떴다. 계비인 인순왕후 한씨[한백륜의 딸]는 제안대군 견甄을 낳았는데, 예종이 사망할 무렵 제안대군은 왕위를 이을 수 없는 갓난아기였다.

예종의 국장을 치를 상주가 먼저 정해져야 하며, 그가 곧 다음 왕위에 오르게 될 것이므로, 신숙주는 정인지의 아들 정현조鄭顯祖를 시켜 세조의 계비인 정희왕후貞熹王后의 결심을 묻게 하였다. 당시 실록에는 정현조가 "교지를 받들어 4, 5차례나 오갔다"라고 했으니, 대비인 정희왕후와 신숙주·한명회 등 중신들 사이를 여러 차례 왕래하면서 예종의 후계를 논했음이 분명하다. 그런 결정을 내리는 데 있어서 당시의 조정 내에서는 상당한 이견이 있었음을 짐작할 수 있다. 그만큼 쉬운 결정이 아니었다. 그러자 드디어 대비인 정희왕후는 "원자[예종의 아들]는 지금 포대기에 싸인 아기이고, 월산대군은 본디 질병이 있다. 자산군은 나이가 어리지만, 세조께서 항상 그의 기상과 도량을 높이 칭찬하며 태조에 비기기까지 하였으니, 그로 하여금 국상을 주관하게 하는 것이 어떻겠는가?"라고 결심을 굳히게 되었으니, 이가 곧 뒷날의 성종이었다.[9]

그러나 이 성종의 왕비인 공혜왕후恭惠王后 한씨가 한명회의 딸이었다는 점을 고려하면, 월산대군을 제치고 차자인 성종이 왕위를 잇게 된 데는 그만한 정치적 고려가 반영되었다는 점을 부인할 수 없다. 이렇게 해서 이시애 난을 계기로 한때 정치의 중심에서 밀린 한명회를 비롯한 세조대의 원로 대신들은 예종에 이어 성종의 왕위계승을 계기로 다시금 조선왕조의 조정을 확고하게 장악할 수 있었다.

성종이 나이 어려, 섭정으로서 수렴청정을 하게 된 대비는 후사가 정해진 며칠 후 국정을 일일이 살필 수 없다는 입장을 표명하고 나서, "고령군[신숙주], 상당군[한명회], 능성군[구치관]은 과거 여러 왕의 치세에서 두

[9] 이상의 예종 사후 국상을 주관할 후계자를 결정하는 과정에 대해서는 《성종실록》 권1, 즉위년 11월 28일 기축조(8-440, 1가좌7 이하)를 참조할 것.

루 관직을 역임하였기 때문에 국사를 알지 못하는 바가 없으니, (이들과) 함께 의논하여 (국사를) 잘 처리하라"[10]는 교지를 내리기까지 하였다. 이들의 정치적 위상이 성종의 즉위로 얼마나 높아졌는지를 짐작할 수 있다.

예종이 비록 단명하였으나, 그는 세조 7년 이래 세자로서 국왕 수업을 쌓을 수 있었으며, 또 세조가 만년에 원로 중신들의 권력을 제한하고자 한 뜻이 어디에 있는지를 잘 알고 있었다. 그래서 그 짧은 재위 동안에도 예종은 하급관리가 상급관리의 집을 방문하지 못하도록 한 분경금지법을 강화하고, 나아가 대신들이 중요한 관직을 겸직하지 못하도록 하는 조처를 내렸다.

그러나 예종의 뒤를 이은 성종은 나이도 어리지만 세자로서 그런 정치적 수업을 쌓을 기회가 전혀 없었다. 그러자 예종이 취했던 조처는 사라지고, 대비의 명을 빌려, 한명회는 병조겸판서兵曹兼判書, 그의 사촌인 한계미는 이조겸판서吏曹兼判書가 되어[11] 문무 관리의 인사권을 장악하였다. 한명회·신숙주·구치관 등이 원상이라는 이름으로 항상 모든 정사를 관장한 것이다.[12] 성종의 즉위와 그 후의 정치가 이렇게 운영되는 데 대하여 조정 내에 불만이 없을 수가 없었다.

세조의 사후 예종, 성종으로 이어지는 왕위계승에서 적장의 원칙이 흔들리고, 나이라든가 건강 문제와 같은 현실적 상황이 고려됐다면, 왕위계승권자는 가까운 종친 내부에서 좀 더 널리 물색할 수도 있었을 것이

---

10 《성종실록》 권1, 즉위년 12월 1일 경술조(8-442, 5가5).
11 《성종실록》 권1, 즉위년 12월 1일 경술조(8-442, 5가좌6).
12 성종 초 원상들이 모든 정치적 권한을 장악하고 있었던 정황에 대해서는 정두희, 《조선 초기 정치지배세력 연구》, 일조각, 1983, 248~252쪽 참조.

다. 이런 점에서 본다면 세종의 아들로서 세조의 친동생이기도 한 임영대군臨瀛大君의 아들이요, 이시애 난 정벌 시에 총사령관으로서 큰 공을 세운 구성군 이준은 매우 유망한 왕위계승자로 여겨질 만하였다.

세조가 이시애 반란군을 진압할 때 구성군과 같은 젊고 유능한 종친과 남이와 같은 신진의 젊은 인사들을 크게 등용한 것은 차후 조정의 면모를 일신할 생각을 지녔기 때문이었다. 그래서 남이가 숙청당한 이후에 구성군 준도 편할 날이 없었다. 예종 원년(1469) 2월, 성균관 진사 권추權推는 구성군 준과 조석문 등이 남이의 술수에 떨어져 이시애를 군문에서 바로 처형해 버렸는데, 이는 불충 죄에 해당한다는 의미의 탄핵을 제기하였다.[13] 이 문제는 신숙주가 지적했듯이 "일개 서생이 물정도 모르고 제기"한 문제로 간주하여 더 확대되지는 않았다.

그러나 구성군을 탄핵하는 권추의 상소가 올라온 지 4개월 후인 예종 원년 6월, 성주 지역 별시위 이예경李禮敬이 임영대군 이구李璆의 반인伴人 전중생과 토지 개간 문제로 다툼이 생기자, 성주의 지방관에 실정을 고발하였다. 성주 목사가 다시 도 관찰사에게 고하여 전중생의 개간 경작을 금하는 일이 생겼다. 그러자 전중생이 "장차 신하가 될 자가 어찌 우리를 이처럼 박절하게 대할 수 있는가?"라고 말했다고 승정원에 고발해 오는 사건이 있었다.[14] 전중생의 말을 그대로 믿는다면, 임영대군의 아들 구성군 준은 왕위에 오를 수도 있는 분인데, 임영대군 가家의 반인인 자기를 이렇게 홀대할 수는 없다는 뜻이겠다. 그러므로 이예경은 전중생의 말이 왕위에 미치는 대역죄에 해당한다고 믿고 고발한 것이었다.

---

[13] 《예종실록》 권3, 원년 2월 6일 신묘조(8-328, 24가5).
[14] 《예종실록》 권6, 원년 6월 13일 을축조(8-388, 11나4).

전중생이 그런 말을 했더라도 이것은 아랫사람들 사이에서 있을 수 있는 홧김에 나온 말일 뿐이었다. 그러나 이예경의 고발을 접한 조정에서는 이 문제를 그냥 덮어 두려 하지 않았다. 전중생을 잡아 고문을 가하였으며, 그는 심문관들이 하는 말을 다 인정하였다. 말하자면, 전중생이 평소에 그의 상전에게서 들은 말이 없었다면 화가 난다고 갑자기 그런 말을 할 리가 없다는 논리가 성립하게 되었다.[15] 하기는 반인 전중생의 말이 이에 미쳤다면 당시에 구성군 준이 왕위를 이을 만한 인물이라는 말이 세간에서는 끊이지 않았다는 뜻도 된다 할 수 있다.

그런 기회를 이용하여 이 문제를 확대해서 이 기회에 구성군의 정치적 힘을 박탈해 버리려는 정치 세력이 조정 한가운데에 엄연하게 존재하고 있던 것도 사실이다. 그래서 구성군 문제는 전중생을 처형하는 데서 멈추지 않고, 구성군 본인을 국문해야 한다는 주장으로 확대되어 갔다.[16] 이쯤 되면 구성군은 모면할 길이 없었다. 그러자 동년 8월 15일 정창손·신숙주·구치관 등은 결국 구성군 준이 근신하지 못한 데서 이런 문제가 생겼으니 처벌해야 한다고 주장하고 나섰다.[17] 예종의 반대로 이 문제는 더이상 확대되지는 않았지만, 그렇다고 사라진 것도 아니었다.

그로부터 다시 5개월 정도가 지난 성종 원년(1469) 정월에 충청도 직산의 생원 김윤생이, 전 직장 최세호가 구성군 준은 건장하고 지혜가 있어 왕위에 오를 만한 사람이라고 했다고 고발하였다. 이에 성종은 입직한 원상 한명회·구치관 등과 이 문제를 논의하고 바로 최세호를 체포하여,

---

[15] 이러한 사정은 《예종실록》 권7, 원년 8월 10일 신유조(8-409, 5가7) 참조.
[16] 《예종실록》 권7, 원년 8월 12일 계해조(8-410, 6가1).
[17] 《예종실록》 권7, 원년 8월 15일 병인조(8-410, 7나좌3).

한밤 삼경이 지날 때까지 심문하였다.[18] 이로부터 닷새가 지난 정월 7일, 경기도 부평에 사는 사노 석년이, 같은 마을에 사는 팽배彭排(조선시대 호분위에 속한 병종의 하나) 김치운과 양인 박말동이 "지금 산릉의 역사가 매우 고통스럽다. 구성군같이 장성한 사람이 왕이 되었다면 산릉도 훨씬 쉬웠을 것이다"라고 말했다며 고발해 왔다. 이에 의금부에서 관련자들을 모두 잡아 국문하도록 명하였다.[19] 성종이 너무 어려 국정을 제대로 장악하지 못하는 사이 예종의 산릉과 같은 일도 제대로 되지 못하고 백성들만 고생한다는 의미의 말을 나누었다는 것이다. 이 모두 구성군 준이 왕이 되기를 희망하는 사람들이 있었다는 의미다. 이에 대간에서는 구성군을 국문해야 한다고 주장하며 나섰다.[20]

대왕대비인 정희왕후는 이러한 요구에 반대했으나, 결국 정창손 등 여러 공신의 청에 따라 구성군 준을 멀리 경상도 영해로 유배하였다.[21] 어느 모로 보더라도 구성군은 자신이 왕이 되겠다는 역심을 품은 적도 없었으며, 관련자들을 심문한 사람들도 그러한 혐의를 찾지 못하였다. 구성군은 아무런 죄도 없었다. 그러나 항간에서는 구성군 준이 왕이 되었으면 하고 바라는 사람들이 있었으며, 이러한 분위기를 당시의 정국에서 덮어 둘 수는 없었던 것이다. 그만큼 세조 사후, 예종에서 성종에 이르는 시기 조선왕조의 왕위계승 문제는 매우 심각하였다. 어린 왕들이 연이어 등

---

[18] 《성종실록》 권2, 원년 정월 2일 신사조(8-450, 1나4).

[19] 《성종실록》 권2, 원년 정월 7일 병술조(8-452, 4나좌4).

[20] 《성종실록》 권2, 원년 정월 8일 정해조(8-452, 5좌4), 원년 정월 9일 무자조(8-453, 6가4), 원년 정월 13일 임진조(8-454, 9가좌3) 등 참조.

[21] 이때의 정황은 《성종실록》 권2, 원년 정월 14일 계사조(8-454, 9나좌7) 참조.

장하면서 한명회·신숙주·구치관 등과 같은 세조 대 이래 중신들 권력은 더욱 강화되어 갔던 것이다.

구성군 준을 숙청하는 것으로 어린 성종의 왕위를 대체할 잠재적인 위협이 다 제거되고, 정희왕후의 섭정과 한명회 등 원상 대신들의 집단적 보필로 일단 성종 초의 정국은 가닥이 잡혔다. 이듬해인 성종 2년(1471) 3월, 74명의 좌리佐理공신을 책봉하였다. 좌리공신에는 세조 대 중신이었으며, 성종의 즉위로 다시금 조정의 권력을 죄다 장악한 한명회 등 원로 대신들 본인 및 가까운 친인척들이 함께 책봉되었다. 예를 들면 한명회와 그 아들 한보, 한명회의 사촌인 한계미·한계희·한계순 등이 모두 공신에 올랐으며, 한계미의 아버지 한의도 공신이 되었다. 신숙주와 그 두 아들 신정과 신준, 정인지와 그 두 아들 정현조와 정숭조, 이극돈·이극배·이극증 삼 형제, 한치의·한치인·한치례 삼 형제 등이 모두 좌리공신에 책봉된 것이다.[22]

이들은 세조의 집권을 도와 권좌에 올랐던 인물이라는 공통점이 있었다. 세조 자신도 이들에게 지나치게 의존하는 정치 구도가 부담스러워 이시애 난을 계기로 이를 정리하고 새로운 구상을 펼치려 했으나, 그의 갑작스러운 죽음으로 실패하였다. 결국 예종이 단명하고, 나이 어린 성종이 즉위하자 한명회를 필두로 이들 원로는 집단적으로 정국을 다시 지배하는 절대적인 위치에 올라선 것이다.

---

[22] 좌리공신의 구성에 대해서는 정두희, 《조선 초기 정치지배세력 연구》, 일조각, 1983, 245~247쪽 참조.

11

||||||

유자광, 한명회를 탄핵하다

예종 대 소위 남이 옥사를 고발하여 예종의 신임을 얻었던 유자광은 그 공로로 익대 1등 공신에 올랐다. 서자 출신이며 특별한 공훈도 없었던 유자광이 조선왕조의 핵심에 진출하는 계기가 된 것도 이때였다. 그러나 그를 공신 가운데서도 1등으로 올린 예종은 그 직후 사망하고 새 왕 성종이 즉위하였다. 좌리공신이 책봉될 때까지의 숨 가쁜 정국 속에서 유자광은 설 자리가 없었다. 성종도 정희왕후도, 그리고 한명회나 다른 원상 대신들 누구도 유자광에 대해 특별한 관심을 표명하는 사람은 없었다. 오히려 유자광 때문에 억울하게 죽어 간 남이를 기억하는 사람들은 그 복수할 기회를 노리고 있었으며, 그의 후원자였던 예종이 세상을 뜨자 곧 유자광을 고발하였다.

성종 원년(1470) 4월, 유자광의 반인 박성간은 유자광이 불경스러운 말을 하였다고 고발하였다. 이에 따라 원상 최항과 김질로 하여금 그 배후를 조사토록 하는 사건이 있었다. 그에 의하면 유자광이 "예전에 남이가 매우 어리석어서 남에게 누설하였지, (그런 말을) 비록 부자간이라 하더라도 어찌 말할 수가 있겠는가? 만일 (남이가) 그 꾀대로 했더라면 나와 남이 가운데 누가 득이 되었을지는 모른다"라고 박성간에게 말했다는 것이다. 이에 내금위장 김관金灌에게 명하여 겸사복 15명 교위 15명을 거느리고 가서 유자광을 체포토록 하였다. 거의 밤이 새도록 유자광을 국문하고, 그를 서소西所에 가두었다.[23] 이것은 반역죄로 확대되게 마련인 고발이었으며, 그만큼 유자광은 깊은 곤경에 빠져들었다.

그러나 옥에 갇혀 있던 유자광은 마침 앞을 지나는 옥졸에게서 붓과 먹을 빼앗다시피 하여 자기 옷을 찢어 상소를 써서 다음과 같이 자신을 변론하였다.

세조대왕의 큰 은혜를 입어 별 재능이 없는 제가 미천한 가운데서 발탁되어 몇 년 만에 그 지위가 재상에 이르렀습니다. 또 남이가 변란을 꾸민다는 말을 듣던 날에는 어찌할 바를 모르다가 곧 말을 달려 아뢰어 수공首功을 세워 지금은 1품의 지위에 이르렀습니다. 제가 항상 나라를 위하여 충성을 다하리라 생각하여 청천백일이 머리 위에 있습니다. 지금 박성간이 저에게 죄를 받고 저를 모함하고자 제 입에서 나오지도 않은 말로 무고하였습니다. 만일 제가 그런 말을 했다고 한다면 통개장簡介匠 등 좌우의 많은 사람 가운데에서 하필이면 똑똑하지도 못하고 용렬한 제 동생과 그런 말을 하였겠습니까? 천지신명이 밝히

23 《성종실록》 권3, 원년 4월 3일 신해조(8-484, 16가좌4).

내려다 보고 있습니다. 제가 한 말도 없고 제가 할 말도 없습니다. 만일 제가 한 말이 있는데도 이를 숨긴다고 하여 저를 참하여 죽이신다면, 이미 국은을 족히 입은 이 몸이 무엇을 아까워하겠습니까마는 지하에 들어가서 이 원통함을 어떻게 풀겠습니까? 엎드려 바라건대 전하께서는 저의 마음을 깊이 헤아리시어 저로 하여금 원통함을 안고 죽게 하지 마옵소서. 저는 한 말도, 더 할 말도 없습니다. 제가 옥에 갇혀 있어 어찌할 바를 모르고 단지 눈물을 흘리며 울 따름입니다.[24]

유자광은 자신이 처형될 수도 있는 역모 혐의를 받고 있으며, 자신을 힘써 변호해 줄 사람도 없는 처지에서 살아남기가 매우 어려울지도 모른다는 절박한 상황에 처했음을 잘 알았다. 그리하여 옥중에서 위와 같은 극적인 상소문을 작성하여 올렸다.

이 상소를 접한 대왕대비는 유자광은 공이 큰 대신이니 석방하는 것이 좋겠다는 뜻을 밝혔다.[25] 물론 신숙주와 같은 원로 대신들은 더 조사해야 한다고 주장하였으나, 대왕대비의 뜻은 정해져 있었으며, 이 때문에 유자광은 당일로 석방될 수가 있었다.[26] 유자광을 고발했던 박성간을 오히려 무고죄로 참형에 처했다.[27] 이로써 유자광은 큰 위기를 모면할 수 있었다.

세조의 특별한 발탁을 받아 중앙에 진출할 기회를 얻었던 유자광은

[24] 《성종실록》 권4, 원년 4월 4일 임자조(8-484, 16나6).
[25] 《성종실록》 권4, 원년 4월 4일 임자조(8-484, 17가1).
[26] 이상 《성종실록》 권4, 원년 4월 4일 임자조(8-484, 17가1~17가6)를 참조할 것.
[27] 《성종실록》 권4, 원년 4월 19일 정묘조(8-490, 28가1).

예종의 특별한 배려로 익대공신의 선두에 책봉될 수 있었는데, 이번에는 어린 성종을 대신해서 섭정하는 대왕대비의 보호를 받아 죽음에서 면할 수가 있었다. 그러나 과거 세조 때의 공신들과 예종 대의 익대공신에 책봉되었던 수많은 인사가 좌리공신이 되었을 때 유자광은 거기에 들 수가 없었다. 국왕의 비호로 자기 자리를 지킬 수는 있었지만, 성종 대의 새로운 정치적 상황에서 유자광을 보호하고 밀어줄 사람은 그 대신들 가운데 아무도 없었다.

이러한 때 사경司經 권경우權景祐는 유자광의 서자 신분을 들추어 문제 삼았다. 성종 7년(1466) 2월 7일의 경연에서 권경우는 세조의 인재 등용 방식을 문제 삼았다. 한때의 은혜로 "첩이 낳은 아들까지도 벼슬길에 통하도록" 했음을 지적하면서, 이는 왕조의 기본 도리에 맞지 않는 것이라는 비판을 제기하였다.

이에 대해 궁금해하는 성종에게 원상 김질金礩은 "세조 때에 첩의 아들로서 유자광과 최숭불崔崇佛과 같은 사람을 벼슬길에 허통하였을 뿐 아니라, 과거시험에도 응시토록 하였으니, 이 모두가 (상법에 따른 것이 아니라) 특별한 은혜에서 나온 것입니다"[28]라고 답변하였다. 유자광은 그 지위가 아무리 높아도, 서자는 과거에 응시할 수도 없고 국가의 기간 통치 요원이 될 수도 없다는 조선왕조의 일반적 법과 관례에 따라서가 아니라 임금의 특별한 은혜에 따른 것이라는 점이 다시 강조되었다. 그러자 묻어 두고 싶은 자신의 출신 문제가 드러난 이때로부터 열흘 정도가 지났을 때 유자광은 홀연 한명회를 탄핵해서 주위를 깜짝 놀라게 하였다.

---

[28] 《성종실록》 권64, 7년 2월 7일 신사조(9-309, 3나1).

12

|||||

유자광의 한명회 탄핵 상소문

신臣이 듣건대, 농담으로 하는 말도 (평소) 생각한 데에서 나온다고 합니다. 그러므로 그 말을 들어 보면 그 말을 하는 사람의 생각하는 바를 알 수 있습니다. 한명회가 대왕대비께 아뢰기를, "지금 만약 (대왕대비의 수렴청정을 거두시고) 주상께서 친정토록 하신다면 이는 곧 국가와 신민을 버리는 것이니, 후일에 신이 대궐 안에서 비록 한잔의 술을 들더라도 마음이 편안할 수가 있겠습니까?"라고 하였습니다. 또 아뢰기를 "노산군魯山君은 나이가 어렸으나 그를 지켜 주는 사람이 없었던 까닭으로 간사한 신하들이 반란을 일으킬 수가 있었는데, 다행히 우리 세조대왕께서 반역의 무리를 제거함으로써 국가가 편안하게 되었습니다. 지금 왕비가 아직 정해지지 않았는데 전하께 정사를 돌려주는 것은 진실로 옳지 못합니다"라고 하였습니다. 그렇다면 한명회는 감히 전하를 노산군에 견주는 것입니까?

그가 (또) 말하기를, "중궁이 정해지지 않아서 그를 지켜 주는 사람이 없다"라고 했으니, 그렇다면 전하께서는 중궁이 정해지기를 기다려 만기萬機를 결단해야 한다는 것입니까? 신은 이 말을 듣고는 분함을 견딜 수가 없었습니다. 잘 알 수는 없습니다마는 한명회가 우매해서 이런 말을 하였겠습니까? 늙어 노망이 들어 이런 말을 하였겠습니까? 아니면 병들고 미쳐서 이런 말을 하였겠습니까? 한명회가 우매하지도 않고 미치지도 않고 늙어 노망이 들지도 않았다는 것은 전하께서 아시는 바인데, 말이 이처럼 도리에 어긋날 수가 있습니까?

한명회의 죄를 다스리지 않을 수 없는 이유로 세 가지가 있습니다. 혹시 한명회가 대왕대비를 위해서 간곡한 뜻을 전하려 했다면, 비록 이런 말이 아니더라도 어찌 다른 말로 대신할 만한 것이 없겠습니까? 예로부터 모후母后가 섭정을 한 것은 대대로 혹 있었지마는, 모두 부득이한 데에서 나온 것이므로 한때의 임시방편일 뿐입니다. 전하께서 즉위하신 초기에 연세가 조금 어렸으므로, 대왕대비께서는 선인요순宣仁堯舜의 성명聖明으로써 어린 왕을 보필하여 국사에 참여하여 결정하였으니, 예전부터 있었던 모후의 수렴청정에 비교할 것이 아닙니다. (대왕대비의 섭정이 있은 지) 지금까지 8년 동안에 국가가 아무런 일이 없고 백성이 생업에 안정하고 있으니, 이제 태평성대를 바랄 수 있게 되었습니다. 전하의 춘추가 이미 한창이시고 성학聖學이 이미 고명하시니, 대왕대비께서는 마땅히 속히 서둘러서 전하께 정사를 돌려주어야 할 것입니다. 전하께서도 굳이 사양할 수는 없는 일입니다. 한명회 등은 마땅히 백관을 거느리고 조정에 나아가 하례賀禮를 올려야 할 것인데, 이런 일은 하지 않고 도리에 어긋나고 무례한 말을 하여 애매한 태도를 보이는 것은 무슨 까닭이겠습니까? 이것은 한명회가 항상 마음속에 쌓아 두고 있는 것이 예의가 없는 일이므로, 말하는 사이에 나타나게 된 것입니다. 이것이 그 죄를 다스리지 않을 수 없는 첫 번째 이유입니다.

단지 대간의 직을 맡은 사람뿐 아니라 모름지기 조정에 있는 신하라면 모두 이를 계속 지적하여 반드시 전하의 윤허를 얻고 난 후에야 그만둘 일입니다. 이런 일을 두고 말하지 않는다면, 신하가 임금을 섬김에 있어서 할 말을 다 하지 않은 죄를 면할 길이 없을 것입니다. 그것이 만약 천하의 법에 관계된 것이라면 어찌 되겠으며, 그것이 나라 백성이 모두 보고 듣는 바라면 어찌 되겠습니까? 많은 백성이 (서울에서 먼) 향리에 살고 있어서, 전하께서 이미 연세가 들어 장성하였으며, 그 학문도 높고 밝으며, 그 행하는 바가 모두 예의 법도에 맞으며, 국사를 다스림에 있어서 마땅하지 않음이 없음을 모른다고 하면, 한명회의 말을 들었을 때 전하께서는 과연 아직 국사를 처결할 수가 없을 것이라는 의심이 들지 않겠습니까? 이것이 한명회의 죄를 다스리지 않을 수 없는 두 번째 이유입니다.

대간은 그저 관례에 따라 말할 뿐 다 드러내 말하지 못하고, 조정의 신하들도 말하는 사람이 없습니다. 신의 어리석은 생각으로는, 이는 한명회가 권세 있는 자리에 오래 있었기에 사람들이 그 권문權門에서 나온 이가 많아졌기 때문입니다. 그 위세에 겁을 낸 자들은 모두가 이에 속합니다. 만일에 그가 도리에 어긋나고 예의가 없는 것을 전하를 위해서 말하려고 하는 사람이 있더라도, 그 마음속으로는 반드시 스스로 생각하기를, "한명회는 전하의 왕후의 아버지이고, 전하께서 소중히 여기는 신하이니, 비록 말하더라도 전하께서는 결코 그를 처벌하지 않을 것이며, 후일에 나만 한명회에게서 화을 얻을 뿐이다"라고 여길 것입니다. 바야흐로 대간이 처벌하기를 청하고 나서도, 몰래 서로 한명회를 찾아가 위로하니, 그 집 마당에는 시장처럼 사람이 많이 모였습니다. 한명회는 당연히 문을 닫고 찾아오는 손님을 사절하며 황공하여 처벌을 기다려야 할 것인데도, 빈객을 접대하면서 술을 마시며 말하고 웃기를 평일과 다름이 없이 하여 조금도 의심하거나 두려워함이 없었으니, 이것이 그 죄를 다스리지 않을 수가 없는 셋째 이유입니다.

이와 같은데도 그 죄를 다스리지 않는다면 천 년 후에 전하를 어떤 군주라고 평하겠습니까? 당시에 현량한 사람이 있었다고 인정하겠습니까? 또 지난날 상참常參에는 신도 참여했는데, 마침 대사간 정괄鄭佸이 아뢰기를 "이조 낭청이 묘를 지키는 집사를 스스로 자청했다 하여 (그의) 벼슬을 높이는 것은 적당하지 못합니다"라고 하였습니다. 전하께서 정승을 돌아보고 물었는데, 한명회가 이에 아뢰기를 "조정의 신하가 모자라서 부득이 임명한 것이 아니겠습니까?"라고 했으니, 이것은 사슴을 가리켜 말이라고 한 것과 무엇이 다르겠습니까? 그가 말을 우물쭈물하면서 공공연히 전하를 눈앞에서 속이고서도 아랫사람에게 칭찬을 바라는 것이 이와 같습니다.

그때에는 신이 한명회를 전하의 앞에서 책망하지 못했지만, 물러 나와 집에 돌아오니 마음이 너무도 상하고, 뼛속까지 아파서 음식이 목구멍에 내려가지 않은 지 며칠이 되었습니다. 비록 시정의 평범한 사람과 하급의 관리들이라 하더라도 조정의 관리가 많아서 부묘할 집사가 부족하지는 않다는 것을 알 텐데, 하물며 이른바 정승이라는 한명회가 이를 알지 못하겠습니까? 이로 말한다면 한명회의 마음속은 대체로 알 수가 있습니다. 그가 전하의 앞에 있으면서도 오히려 그러하니, 그가 전하의 눈길이 미치지 못하는 곳에 있으면서 세속에 따라 용납을 구하여 세상에 아첨하는 것을 알 수가 있습니다.

전傳에 이르기를, "신하를 아는 이로 임금만 한 이가 없다"라고 했으니, 전하께서는 한명회의 심술心術과 행실을 잘 알고 계실 것입니다. 전하께서는 한명회를 왕후 아버지의 구가舊家라고 하여 그 죄를 차마 엄하게 다스리지는 못하시지마는, 천하의 공의와 공법에는 어떠하겠습니까? 또 법이란 것은 천하 만세의 법이고, 전하 한 시대만의 법은 아닌데, 전하께서는 어찌 천하의 공법을 굽혀서 한 나라의 죄인에게 사정私情을 베풀 수가 있겠습니까? 천하의 법이 한 번 흔들리면 인심이 흔들리게 되고, 인심이 흔들리면 조정이 흔들리게 되고, 조정이 흔들리면 어느 곳이든지 흔들리지 않을까 두렵습니다. 장차 무엇으로써 법을 삼겠으며, 장차 무엇으로써 나라가 되겠습니까?

하물며 지금은 대왕대비께서 (섭정을 거두고) 정사를 (전하께) 돌려주는 초기이므로, 바로 전하께서 정사를 마음대로 처리할 수 있는 시초이니, 어찌 천하 만세의 공의와 공법을 요동시켜 백성들에게 보일 수 있겠습니까? 세조께서는 말이 불경하다고 하여 양정楊汀을 목 베고 정인지와 정창손을 귀양 보낸 적이 있습니다. 이 세 명의 죄는 한명회보다 심하지 않았는데도 세조께서 여러 신하의 청을 받아들여 법으로 결단한 것은 진실로 군신의 분수는 엄중히 하지 않을 수 없으며 천하의 법은 바로잡지 않을 수 없기 때문입니다. 이 세 명을 목 베거나 귀양 보내는 날을 당하여 세조께서도 가장 가벼운 죄에 처하려고 했으나, 조정에 있는 신하들이 이를 말하기를 그치지 않았고, 여러 공신도 이를 말하기를 그치지 않았으므로, 마침내 그를 목 베고 그를 귀양 보낸 후에야 그쳤던 것입니다.

지금 한명회의 말이 도리에 어긋난 것이 그 세 사람보다 심한데도 조정에서 이를 말하지 않고, 여러 공신도 이를 말하지 않음은 무슨 이유이겠습니까? 세조 때에 있어서는 이를 말하는 사람이 그처럼 많았는데, 전하의 오늘날에 있어서는 그것을 말하는 사람이 이처럼 없는 것은 조정에서는 한명회를 의심하고 두려워하며 한명회는 조정에 아첨하여 자기 세력을 튼튼하게 만들었기 때문이 아니겠습니까? 이것이 전하께서 살피지 않을 수 없는 일입니다.

삼가 바라건대, 한명회를 유사有司에 회부하여 그 정상을 밝히고 그 죄명을 나타내어, 중앙과 외방의 사람들로 하여금 그 의심을 환하게 풀게 하시면 국가에 매우 다행하겠습니다. 또 한·당 이래로 황후의 아버지로서 그 몸을 온전하게 보전할 수 있었던 사람이 열에 한둘도 없는 형편이니, 이러한 허물은 권세가 너무 무거워 그를 따르려는 사람들이 많았기 때문입니다. 진실로 군주가 황후의 아버지를 대우하는 도리가 아니니, 어찌 전하께서 경계할 바가 아니겠습니까?

어리석은 신은 미천한 데에서 출세하였으므로, 모름지기 (신하는 임금께) 아는 것은 말하지 않는 것이 없다는 자세로 전하께 보답하려고 항상 생각하고 있었습니다. 그런데 이 일을 당하여 머뭇거리고 망설였으나, 끝내는 스스로 참을 수가 없었습니다. 그리하여 감히 부월斧鉞의 처벌을 무릅쓰고서 제 뜻을 다 진술하여, 조금도 피하거나 숨기지 않고서 우러러 임금의 총명을 어지럽히게 되었습니다.[29]

---

[29] 《성종실록》 권64, 7년 2월 19일 계사조(9-314, 13가좌6).

13

|||||

성종의 친정 시작과 유자광

앞의 상소문은 당대 최고의 권력가요 노련한 정치가였던 한명회를 정면으로 비판한 것이다. 아마도 한명회는 이때까지 이처럼 독한 비판을 정면으로 받아 본 적은 없었을 것이다. 아마 누구도 감히 한명회를 이처럼 공개적으로 비판할 생각을 하지 못했으리라는 것이 옳을 것이다. 그렇다면 성종 즉위 후 누구의 주목도 받지 못하던 유자광이 왜 이처럼 한명회를 탄핵하고 나섰을까?

이 탄핵이 제기된 것은 성종 7년(1476) 2월이었다. 앞의 상소문에서도 알 수 있듯이 유자광이 지목하는 한명회의 가장 큰 잘못은 대왕대비가 섭정을 거두고 성종이 직접 왕으로서 정사를 맡아야 한다고 했을 때 이를 반대했다는 것이다. 이것이 사실이라면 왕을 능멸한 죄를 면할 길이 없을 테지만, 한명회처럼 노련한 정객이 그런 생각을 이렇게 노골적으로 말했다는 것이 믿어지지 않는다.

성종 7년에 접어들면서 대왕대비의 정치에 대해 잡음이 일기 시작하는 몇 가지 조짐이 있었고, 성종의 나이는 이미 20세에 접어들었다. 이제는 대왕대비가 물러나고 성종이 왕으로서 친정에 임해야 할 때가 되었다. 이런 것을 대왕대비도 알았으므로, 성종 7년 정월 13일 원상들에게 언문 편지 한 통을 내려보내 물러날 뜻을 밝혔다. 내관 안중경이 원상에게 전한 이 편지에서 대왕대비는 좀 더 일찍 물러나려 했으나 "뜻밖에도 왕비가 세상을 떠나 궁중의 일이 제대로 처리되지 못한 점이 많았기에 시일을 미루어 지금에 이르게 되었다"라고 하였다. 성종 5년 성종의 비 공혜왕후 한씨가 19세의 나이로 세상을 떠났다. 대왕대비는 그때쯤, 곧 성종의 나이가 18세에 이르렀을 때 물러날 생각이 있었으나 갑작스러운 일을 당해 그럴 수가 없었다고 한 것이다. 이 공혜왕후가 바로 한명회의 딸이었다.

대왕대비의 뜻을 받은 원상들은 이 문제를 논의하기 시작하였다. 물론 대왕대비의 손자인 성종은 일단 대왕대비를 만류하였으나, 여의치 않자 원상들이 나서서 만류해 보는 것이 좋겠다는 뜻을 밝혔다. 그에 따라 한명회는 김국광과 함께, 수렴청정하는 것은 예로부터 있어 온 관례인데 대왕대비께서 지금 구태여 물러날 필요가 없다고 만류하였다. 그러나 대왕대비가 생각을 굽히지 않자, 이번에는 한명회가 "지금 새 왕비가 정해지지도 않았는데 어찌 정사를 사양하고 피하시려 하십니까? 만약 지금 정사를 사양하신다면 이는 이 나라의 백성들을 버리시는 것입니다. 또 저희는 항상 대궐에 나와 안심하고 술을 마시곤 했는데, (물러나신다면) 이제 안심하고 지낼 수는 없을 것입니다"라며 다시 적극적으로 만류하였다.[30]

---

[30] 이상 대왕대비가 수렴청정을 거두겠다는 의사를 밝힌 것과 그에 대한 조정의 논의 및 한명회의 발언 모두는 《성종실록》 권63, 7년 정월 13일 무오조(9-299, 8가6에서

대왕대비가 물러나겠다는 뜻을 밝혔을 때 그 손자인 성종이나 원상들이 대왕대비에 대한 대접으로라도 한두 번은 만류하는 것이 당연한 일일 것이다. 그러나 거듭 대왕대비의 물러남을 만류하는 한명회의 발언은 그 정도가 다소 심하다고 생각된다. 왜냐하면 이미 성종이 20세를 넘었기 때문이다. 그러므로 한명회는 이 자리에서 큰 실언을 한 셈이었다. 그래서 이 직후부터 대간에서는 친정에 임하는 왕의 면전에서 그 말이 지나쳤다고 하는 비판을 제기하였다.

이 일이 있은 다음 날 벌써 대사헌 윤계겸尹繼謙과 정언 이세광李世匡은 "대왕대비께서 (물러나고) 전하께 친히 정사를 살피게 하려는 일이 무슨 옳지 못한 것이 있기에 한명회는 그런 말을 하였겠습니까? 청컨대 사유를 국문하게 하옵소서[31]"라고 건의하였다. 물론 이런 청은 받아들여지지 않았지만, 한 달 내내 한명회에 대한 비판은 끊이지 않고 이어졌다. 하지만 한 달쯤 지나자 가라앉았다. 누구도 이 문제가 커지는 것을 원하지도 않았으며, 또 그럴 사안도 아니었기 때문이었다. 바로 이 시점에서 유자광의 상소가 올라온 것이었다.

유자광의 상소는 한명회를 바로 역모죄로 고발한 내용이었다. 그 죄목을 하나하나 지적하고, 한명회가 평소 그런 불충한 생각을 지니고 살지 않았다면 어떻게 그런 말이 나올 수 있었겠는가를 물었다. 유자광은 한명회가 신하로서 넘어서는 안 되는 죄를 범했음을 바로 지적한 것이며, 이런 문제가 확대되면 대부분 극형을 면할 수 없던 때였다. 반대로 유자광이 한명회와 같은 누대의 공신을 모함한다는 죄를 얻으면, 그 또한 치명

9나좌5까지, 9나좌5에서 9-300, 10가4)를 참조할 것.
[31] 《성종실록》 권63, 7년 정월 14일 기미조(9-300, 11가1).

적인 처벌을 받을 것이 분명하였다. 그러나 유자광이 이처럼 갑작스럽게 한명회를 공격한 데는 결코 자신이 몰리지 않을 것임이 분명하다는 것을 본능적으로 확신하였기 때문이다.

이 문제가 제기되기 2년 전에 공혜왕후 한씨가 세상을 떠났다는 것은 한명회의 정치적 위상이 약해지리라는 것을 암시하였다. 또한 성종이 친정을 맡게 되면 자연 과거 세조 대 이래의 공신들과는 일정한 거리를 두지 않을 수 없다는 것을 판단하고 있었다. 그는 한명회의 권력이 얼마 남지 않았다는 것을 재빨리 간파하고 그를 더욱 궁지로 밀어 넣는 데 앞장선 것이었다. 그렇기에 위 상소문에서 유자광은 대간이나 다른 관료들의 한명회에 대한 비판이 그저 책임이나 면하는 수준에 머물렀음을 아울러 신랄하게 비판하고, 이는 모두 한명회의 권력을 두려워한 때문이라 지적한 것이다.[32]

과연 유자광의 한명회 비판을 계기로 한명회에 대한 대간의 탄핵도 본격화하였다. 성종이 친정을 시작하면서 세조 대 이래 훈신들은 점차 정치 일선에서 한발 한발 물러나게 되고 조선왕조에는 성리학으로 무장한 새로운 세력이 진출하고 있었다. 성종은 이들과 더불어 조선왕조를 이끌어 가고자 하였다. 특히 젊고 유능한 관료들의 선망이었던 대간에 이들이 기용될 것은 자명하였으며, 이들은 한명회를 집중적으로 탄핵하였다.

---

[32] 유자광은 한명회를 탄핵한 이 상소를 올린 지 나흘 뒤인 성종 7년 2월 23일 다시 한명회를 탄핵하였다. 그를 한나라 무제 때의 곽광에 비유하면서 최소한 멀리 추방할 것을 청하였다. 그는 "한명회의 죄를 국법으로 처단하지 못한다면 조정의 권위가 서지 않아 정치의 실효를 얻을 수 없다"고까지 하였다. 이는 《성종실록》 권64, 7년 2월 23일 정유조(9-317, 19나6)를 참조할 것.

필자의 조사에 의하면, 한명회는 주로 유자광 상소 이후에 대간의 표적이 되어 무려 107회 이상 탄핵받았으며, 다른 원로 중신들도 대간의 집중적인 감시와 비판의 대상이 되었다.[33] 특히 성종의 친정체제는 자연스레 원상제의 종언을 의미하는 것이기도 하였다. 특히 유자광의 한명회 탄핵 상소가 제기되고 나서 한 3개월 후인 성종 7년 5월, 대사헌 윤계겸은 원상제의 기원을 설명하고, 그것이 임시로 설치된 것이며, 예종과 성종이 어려서 왕위에 올라 대신들의 자문을 구하지 않을 수 없었기 때문에 지금껏 존속해 왔다고 지적하였다. 아울러 왕이 친정을 시작한 이 마당에 원상제가 더는 존재할 필요가 없다는 점을 건의하였다. 성종은 이 건의를 받아들여 원상제를 폐지토록 하였다.[34] 이러한 정치 상황의 변화를 유자광은 미리 읽고 그처럼 한명회를 탄핵한 것이며, 그런 점에서 그는 승산이 있는 정치적 도박을 한 것이었다.

사실 유자광의 탄핵 한 번에 순순히 물러날 한명회는 결코 아니었다. 한명회는 유자광의 탄핵 상소에, "조정의 신하들이 모두 저를 통해 나왔으므로 저의 위세를 두려워한다고 하였는데, 저를 통해 나온 조정의 신하는 누구이며, 저의 위세를 두려워하는 사람은 누구입니까?"라고 격하게 반응하면서 유자광과의 대질 신문을 강력하게 요청하고 나섰다.[35] 그러나 성종은 한명회를 처벌하지도 않았지만, 한명회의 요청대로 유자광의

---

[33] 이에 대해서는 정두희, 《조선 시대의 대간 연구》, 일조각, 1994, 62쪽 참조. 성종 친정 이후 대간의 탄핵 활동은 원상과 같은 세조 대 이래의 원로 중신들을 비판하는 데 그 중심이 놓여 있었다.

[34] 정두희, 《조선 초기 정치지배세력 연구》, 일조각, 1983, 254~255쪽.

[35] 《성종실록》 권64, 7년 2월 28일 임인조(9-319, 23가6)와 7년 2월 29일 계묘조(9-319, 24나6)를 참조할 것.

책임을 묻지도 않았다.

한명회를 한나라 무제 때의 곽광霍光에 비유하고 혹은 진시황 때의 조고趙高에 비하며, 나아가서는 단종 때의 정치에 비유하기도 한 유자광의 한명회 탄핵이 지나치다는 여론을 성종도 무시할 수는 없었다. 그래서 성종은 유자광의 답변을 들은 후, "한 번 역사책에 기록되면 만세에 전해져 고칠 수가 없으니, 이후로는 마땅히 깊이 생각해서 말해야 한다"라는 충고와 함께 다시 "그대가 그릇된 일을 지적하는 것을 잘못이라 하는 것이 아니라, 다만 글의 내용이 지나쳤음을 말할 따름이다"라고 하였다.[36] 전체적으로 유자광이 왕을 위해 바른 일을 했음을 인정한 것이다. 이는 성종 자신도 유자광의 발언이 품고 있는 정치적 의미를 제대로 파악하고 향후의 정치에서 한명회와 같은 중신들과 일정한 거리를 유지하겠다는 생각을 간접적으로 보여 준 셈이었다.

그런 의미에서 유자광의 정치적 도박은 일단 성공하였으며, 어디고 기댈 데 없는 유자광은 막 친정체제로 들어선 성종에게 깊은 인상을 심어 줄 수 있었다. 그 상소의 끝부분에, 자기는 출신이 미천한 데서 출세하였기 때문에 "모름지기 (신하는 임금께) 아는 것은 말하지 않는 것이 없다는 자세로써 전하께 보답하려고 항상 생각하고 있었습니다"라고 한 것은 결코 빈말이 아니었다. 그는 오로지 왕에게 충성을 바침으로써 자신을 지켜 나가고자 하였던 것이다.

---

[36] 《성종실록》 권65, 7년 3월 1일 갑진조(9-321, 3가2).

14

|||||||

성종 7년 8월 10일에 올린 유자광의 상소

신의 어리석음으로 삼가 구언求言하시는 전지傳旨를 읽어 보니, 전하께서는 조심하고 공경하며 삼가고 경계하여, 하늘을 두려워하는 정성과 백성을 근심하는 뜻이 이르지 않는 곳이 없고 조금도 중단되는 바가 없으니, 요순堯舜의 마음 쓰심도 여기에 더할 것이 없습니다. 그러므로 마땅히 하늘의 뜻이 순하고 음양이 조화를 이루어 상서로운 기운이 가득해야 마땅할 터인데, 수해와 가뭄이 해마다 겹쳐서, 전하께 큰 근심을 끼침은 어인 까닭이겠습니까?

신이 삼가 보건대 올해의 수해와 가뭄은 그렇게 심하지 않아서 가을의 결실을 기대할 만합니다. 다만 안동 등지는 산이 무너지고 물이 넘쳤으니, 변이라고 말할 수 있습니다. 신이 생각하건대, 이는 하늘이 임금을 사랑한 나머지 경계와 주의를 주는 뜻을 보여서 전하의 지극히 정성스러운 마음을 굳히기 위한 것입니다. 그러나 전하께서는 하늘이 나를 사랑한다고 여기지 않고, 더욱 스스로 공경하고 삼가시어 오직 하늘의 경계를 두려워하는 한편 구언하는 전지를 내려서, 중외의 사람들로 하여금 누구나 말하게 하여 자신의 실덕과 정사의 그릇됨과 백성의 어려움을 듣고자 하셨습니다. 이는 진실로 사직의 복이며 온 백성의 복입니다.

신이 스스로 삼가 전지를 읽어 보건대 전하께서는 침식도 제대로 못한다고 하셨습니다. 근래의 수재와 한재를 두루 상고하여 현재의 일을 헤아려 보니 전하께서는 비록 위에서 공경하고 삼가는 정성을 지니고 계시지만, 그처럼 하늘을 두려워하고 백성을 근심하는 정성이 위아래 모든 신민에게 두루 미치지 않는 것은 아마도 공경대부가 전하의 뜻을 받들어 법을 봉행하고 교화를 펴지 못했기 때문이라고 생각합니다.

신이 듣건대 선유先儒들이 일식의 변을 논할 때 이르기를 "하늘과 사람 사이에는 정기가 서로 통하고 선악이 서로 반응을 이루어, 아래 세상에서 일이 벌어지면 그에 상응하는 형상은 하늘에서 움직이는 법이니, 수재와 한재도 그와 같은 이치에 따라서 일어난다"라고 하였습니다. 또 《서경》의 〈홍범洪範〉조에 이르기를 "임금은 한 해의 일을 살피고, 신하는 한 달의 일을 살핀다"라고 하였습니다. 이렇게 볼 때 올해 한 달 동안 계속된 비는 그 잘못이 신하에게 있기 때문입니다.

신이 삼가 현재 사습士習을 보건대, 대개 재물을 탐하고 의를 천하게 여기는 자가 많습니다. 그래서 염치의 도가 무너지고, 사치함을 따르는 풍조가 성하여, 거마·제택·의복·음식이라든가 손님 접대와 호화로운 연회가 너무도 도가 지나칩니다. 이익이 있는 곳에는 자신들이 앞장서며, 세태에 따라 휩쓸리는 자를 현명하다 하고, 팔짱만 끼고서 말없이 녹이나 축내는 자를 지혜롭다고 합니다.

수해와 가뭄을 만나면 전하께서는 편안한 잠자리를 피하고 좋은 음식을 줄이며 두려워하고 반성하시는데, 공경대신들은 여전히 손님을 맞고 친구를 전송하며 호화로운 잔치를 베풀고 있습니다. 전하께서는 백성을 사랑하고 세금을 가볍게 하여 지극히 인자하고 지극히 정성스러우신데, 공경들은 사사로이 서로 청탁하고 뇌물을 공공연히 행하고 있습니다. 이로써 미루어 볼 때, 전하께서만 위에서 애써 공경하고 삼가실 뿐, 공경대부들은 아래에서 법을 지키지 않는 자가 많습니다.

또 근년 이래 수해와 가뭄의 피해가 있을 뿐만이 아니라, 아내가 그 지아비를 죽이고, 종이 그 주인을 죽이며, 탐욕스러운 자가 사류士類에서 쏟아져 나오고, 도적이 고을에서 횡행하는 등 민풍과 사습에는 차마 말할 수 없는 것이 있습니다. 그러므로 신은 이러한 습속이 고쳐지지 않고 이러한 풍속이 바뀌지 않고서는, 하늘이 즐거워하고 백성이 안정되어서 수해와 가뭄의 피해가 없기를 바라기는 어려우리라 생각합니다.

예전에 주나라 성왕成王은 덕을 닦음에 정성을 다하여 밤낮없이 노력하면서도 미치지 못 하듯이 하였습니다. 백관을 훈도하기를, "삼공三公은 도를 논하고 나라를 다스리며, 음양의 조화를 순조롭게 할 것이니, 관직은 굳이 갖추려고만 할 것이 아니라, 오직 적당한 인물이 맡아야 한다. 삼고三孤는 (삼공을) 도와 교화를 넓히고, 천지의 도를 공경하고 밝히어, 나 한 사람을 돕도록 하라"고 하였습니다. 또 이르기를, "육경은 직책이 나뉘어 있으니, 각기 그 부에 속한 관원을 거느려, 구주의 목牧들을 인도하여 만백성이 교화의 혜택을 입도록 하라"고 하였습니다.

이제 상고해 보건대 성왕 때에는 소공김公·필공畢公·모공毛公이 삼공이었고, 예백芮伯·동백彤伯·위후衛侯가 삼고三孤였으니, 인재가 성하였고 현명한 자를 관리에 임명하였다고 할 수 있습니다. 그런데도 오히려 사람들의 관직 임명이 제대로 되지 않았을까 염려하였습니다. 그래서 "관직은 굳이 갖추려고만 할 것이 아니라 오직 적당한 인물이 맡아야 한다"라고 하였으니, 예전의 제왕이 관직에 대한 인물을 택함에 있어서 가볍게 여기지 않은 뜻을 알 수 있습니다.

신이 삼가 생각건대, 지금의 의정부는 바로 도를 논하고 나라를 다스리며 음양의 조화를 순조롭게 하면서, 삼공을 도와 교화를 넓히고 천지의 도를 공경하고 밝혀야 하는 곳입니다. 지금의 육조는 바로 "육경은 직책이 나뉘어 있으므로, 각기 그 부의 속관을 거느려 구주의 목牧을 인도하여서 만백성이 교화의 혜택을 입도록 하라"는 곳입니다. 그러니 그 임무가 지극히 중하고, 적당한 인물을 얻기가 또한 어렵지 않겠습니까? 만약 적당한 인물이 아니라면, 어찌 족히 이러한 책임을 맡을 수 있겠습니까? (또)《서경》에 이르기를 "옛것을 배우고 관직을 맡아야 한다. 배우지 않으면 무식하고 도리에 어두워, 일을 처리함에 있어 번거로울 뿐이다"라고 하였습니다. 지금 의정부와 육조의 책임을 맡은 자로서 혹 배우지 않아 사물에 어두운 자가 있지 않겠습니까? 오늘날 나라가 절실히 원하는 기대에 어긋나는 자가 있지는 않겠습니까?

또한 한나라가 일어난 이래 간관을 둔 것은 조정의 기강을 세우기 위한 것입니다. 그러므로 공상公相 이하의 모든 관리가 가슴을 조이며 숨도 제대로 못 쉬는가 하면, 강직함이 굽히지 않고 곧은 말이 꺾이지 아니하여, 충언과 직언의 기상이 조정에 가득했습니다. 그러므로 족히 천둥 번개와 같은 위세를 수습할 수 있었고, 천지의 힘을 돌이킬 수 있었으며, 사방을 바로잡을 수 있었고, 백료百僚를 다스릴 수 있었고, 만사를 떨치게 할 수 있었고, 조정을 중하게 할 수 있었습니다.

간관은 그 지위가 비록 낮더라도 그 위엄은 재상과 같았으니, 이는 그 맡은 바가 (재상 못지않게) 또한 중하였던 것입니다. 그런데 지금의 대간에 또한 배우지 아니한 자가 있지는 않겠습니까? 또 대간은 소속 우두머리를 따르는 것이 아니고 모두 임금의 귀와 눈이 되어 어깨를 나란히 하여 임금을 섬기며 각기 기탄없이 할 말을 다 해야 하므로, 대간은 상호 간의 (위계질서에) 구애되지 말아야 합니다. (그래야) 인재를 논함에 소신껏 할 수 있으니, 대간은 더욱 적당한 사람을 택하여 맡겨야 합니다.

대저 사람으로서 배우지 않으면, 비록 천부적인 자질이 뛰어나고 견문이 넓고 깊어 그 거취 언행에 취할 바가 있더라도, 이는 사람들에게서 떠도는 이야기나 듣고 아침에 익혀서 저녁에 전하며 겨우 입씨름이나 하는 데에 지나지 않을 정도입니다. 이래서야 어떻게 도道를 논하고 음양의 조화를 순조롭게 할 수 있겠으며, 천지의 도를 공경하고 밝힐 수 있겠으며, 정치를 밝게 하여 만민을 잘살게 할 수 있겠습니까? 어찌 경전에 근거하고 옛것을 인용하며 시의를 짐작할 수 있겠습니까? 어찌 조정의 기강을 바로잡으며, 고고하게 기풍을 잡을 수 있겠습니까? 어찌 임금이 임금답고 신하가 신하다움과 천지고금의 대의대절을 알 수 있겠습니까? 어찌 이제삼왕二帝三王의 도를 알아서 더불어 임금을 섬길 수 있겠습니까?

신이 듣건대 세종 조에 정갑손鄭甲孫은 대사헌이 되어서 족제族弟인 정종鄭種이 새로 감찰에 제수되자, 정갑손은 정종이 학문이 없다는 이유로 아뢰어 파직시켰다고 합니다. 감찰은 작은 관직으로 여러 관청의 전곡을 출납하므로, 정종이 어찌 그 직임을 감당하지 못하겠습니까? 그런데도 정갑손은 단호하게 파직하도록 아뢰었던 것입니다. 하물며 그 임무가 중요한 의정부·육조·대간에 어찌 혹시라도 학문이 없는 자를 임명할 수가 있겠습니까?

의정부에 학문이 없는 자가 있으면 음양이 조화될 수 없고, 육조에 학문이 없는 자가 있으면 백성이 잘살 수 없으며, 대간에 학문이 없는 자가 있으면 조정이 기강을 세울 수 없습니다. 예로부터 제왕이 모두 적당한 인물을 얻어서 맡기려고 한 것은, 그 사람으로 하여금 자신의 영화나 누리며 앉아서 그 녹을 먹게 하려고 한 것이 아니라, 천록天祿을 같이하고 천직天職을 다스리기 위함이었습니다.

삼가 원하건대 전하께서 재상을 제수하고 관리를 임명할 때를 당하면, "이 사람은 비록 음양의 조화를 순조롭게 하고 만물을 다스리기에는 부족하지만, 현명한 동료들의 도움을 빌릴 수 있으니, 한 재상의 현명하고 불초함은 천시나 인사에는 관계가 없다"라고 하지 마옵소서. "이 사람은 비록 정치를 밝게 다스려서 백성을 잘살게 하기는 부족하지만, 현명한 동료들의 힘을 빌릴 수가 있으니 한 관리의 현명하고 불초함이 백성들의 기쁨과 근심에는 큰 관계가 없다"라고 하지 마옵소서. "이 사람은 비록 조정의 기강을 바로잡아 백관을 바로잡기에는 부족하지만, 현명한 동료들의 힘을 빌릴 수 있으니, 대간 한 명의 현명하고 불초함은 조정을 맑게 하고 널리 도를 떨치는 데에는 관계가 없다"라고 하지 마옵소서.

비록 여러 현명한 사람들이 관직을 맡고 있더라도, 만약 한 사람의 불초한 자가 그 사이에 용납된다면, 현명한 자는 그 덕을 펼 수 없을 것이고, 불초한 자는 도리어 제멋대로 나쁜 짓을 할 것입니다. 학문이 없어 도리에 어두운 자가 현명한 자의 반열에 끼게 된다면, 현인과 군자가 어찌 (그런 사람과) 더불어 일하는 것을 부끄럽게 여기지 않겠습니까?

신이 듣건대 순임금이 구관九官을 임명할 때 일제히 서로 양보하였다고 하니, 이는 지극히 화목한 일입니다. 여러 현명한 자가 조정에서 화목하면, 음양이 조화되고 만물이 순조롭게 성장하지만, 만약 적임자가 그 관직을 맡지 않으면, 일을 행하는 데 의견이 일치하지 못하여 서로 다른 생각을 품게 되어 마음으로는 그르다고 여기면서 겉으로만 추종하여 서로 복종하지 않게 될 것입니다. 그러니 과연 여러 현명한 사람이 조정의 윗자리에서 화목하다고 할 수 있겠으며, 일제히 서로 양보한다고 할 수 있겠습니까? 이는 진실로 하늘이 인군人君에게 바라는 것이 아닐 것입니다.

신이 듣건대 최근 어떤 감사가 옥에 갇힌 죄수가 하나도 없다 하여 큰 상을 받았다고 하는데, 그가 좋은 정치를 한다고 거짓으로 꾸며 대는 부류의 사람이 아닌지 어떻게 알겠습니까? 옥에 죄수가 없다는 것은 옥사에 원통함이 없다는 것이고, 옥사에 원통함이 없다는 것은 백성이 편안하다는 것이며, 백성이 편안하다는 것은 하늘이 기뻐한다는 것입니다. 그런데 하늘이 기뻐하고 백성이 편안한데, 어찌 산이 무너지고 물이 넘칠 리가 있겠습니까? 공경대부로서 입는 옷, 사는 집, 타고 다니는 말과 가마, 그리고 베푸는 향연들이 너무도 지나쳐 법도를 무시하니, 그 마음에 만족함이 없음을 알 수 있습니다. 감사·수령과 서로 통하여 백성의 고혈을 짜내었음도 알 수가 있습니다. 그런데도 백성이 원통하게 여기지 않겠으며, 하늘이 노하지 않겠습니까? 음양이 조화되지 않아서 수해와 가뭄이 서로 잇따르며, 산이 무너지고 물이 넘치는 것은 실로 관리들이 법도를 지키지 않기 때문이지, 어찌 전하의 지극히 정성스러운 덕에 결함이 있어서 그렇게 된 것이겠습니까?

신이 그윽이 생각하건대, 전하께서는 요·순과 같은 성스러움과 일월과 같은 밝음으로써 미명에 일어나 정복을 갖추어 입고 해가 지고 나서 저녁밥을 먹는 듯이 온 정성을 다해 정치에 힘쓰옵소서. 공경대부는 한결같은 마음으로 법을 봉행하고 일제히 서로 양보하는 마음으로 지극한 어짊을 숭상하고 습속의 폐단을 바로잡아서 집집마다 도가 지나친 사치한 풍조를 없애야 합니다. (재야의) 선비는 절개와 의로움과 염치를 아는 행동을 해야 합니다. 그러면 음양이 조화될 수 있고 수해와 가뭄의 재난이 없을 것이며, 큰 교화가 이루어지고 백 가지 상서로운 일이 이루어지게 될 것입니다. 그렇게 되면 전하께서는 (위엄을 갖춘 예복이 아니라 평범한) 상의와 하의만 걸치시더라도 백성들이 태평성대를 누리게 될 것입니다. 삼가 전하께서는 통찰하여 주소서.[37]

위의 상소문에서 유자광은 조정 대신과 대간 모두에게 일격을 가하면서 성종의 친정체제 출범에 즈음하여 자신의 포부를 밝혔다. 그 메시지는 매우 분명하였다. 당시 수해나 가뭄의 천재지변에 대해 막 친정을 시작한 성종은 상당히 부담스러워 하였다. 그래서 그는 그 원인을 밝혀 대책을 강구할 수 있는 방책을 구했으며, 그에 응하여 유자광은 그 모든 것이 왕의 잘못이 아니라 공경대부를 위시한 모든 관료와 향리의 사대부들이 제각기 본연의 할 일을 제대로 하지 않고, 오히려 해서는 안 될 언행을 일삼기 때문이라고 진단하였다. 당시 조선의 관료 사회와 양반 사회 전체에 대해 신랄한 비판을 제기한 것이다.

---

[37] 《성종실록》권70, 7년 8월 10일 경진조(9-371, 6나좌4). "垂衣裳而黎民漲熙於太和之中"은 "黃帝堯舜垂衣裳 而天下治"라는 《역경》 구절임.

그러므로 이 상소로 인해 유자광은 성종에게 매우 깊은 인상을 다시금 심어 줄 수 있었다. 소위 왕권을 강화하고 왕의 위엄을 높여 사대부 세계를 바르게 끌고 가야만 새로운 세상이 시작될 것이라는 점을 그는 강조한 것이다. 이러한 상소로 유자광은 왕의 절대적인 신임을 얻는 데는 상당한 성공을 거두었지만, 관료 세계 전체를 적으로 돌리게 되었다. 아니나 다를까. 이후 유자광에 대한 비판은 거세게 일었다.

이런 점은 또 차후에 언급하겠지만, 위의 상소문을 통해 유자광이 어떠한 사람인지를 잠시 생각해 보고자 한다. 유자광은 조선의 양반 관료들 사이에 평판이 괜찮았던 유규의 첩 소생이며, 그런 까닭으로 함양의 호장 박치인의 딸을 처로 맞았다. 그가 출세하게 된 것은 이시애 난을 토벌하는 과정에서 그의 무인으로서의 재능이 세조의 눈에 들었기 때문이었다. 그런데 위의 상소문을 보면 그는 매우 논리 정연하며, 자기 생각을 펼침에 있어서 간명하고 거침없는 논리를 펼치는 대담함을 지닌 사람임을 알 수 있다. 또한 그는 유교 일반에 대한 지식을 상당히 갖추었으며, 당시 인재들의 필수 교양이라 할 수 있는 중국의 역사에 대해서도 상당한 식견을 지니고 있었다. 위의 상소문에서는 《서경》과 《역경》 등에서 인용한 구절을 가지고 현실을 논하기도 하였다. 그런 점에서 유자광은 불학무식한 사람이 아니었다. 그는 나름대로 정치를 논하고 학문을 논할 수 있는 식견을 지니고 있었으며, 그러한 자신감과 포부가 위의 상소문에 잘 나타나 있다. 우리는 유자광을 평가할 때 이런 점을 깊이 유념해 둘 필요가 있다.

15

|||||

조정의 모든 대신을 적으로 돌리다

이 해에 들어 한 달 이상 비가 그치지 않는 것을 걱정한 성종이 구언의 교지를 내리자 유자광은 이에 응해 앞의 상소를 올렸다. 그는 상소에서 "전하께서는 비록 위에서 공경하고 삼가지만, 하늘을 두려워하고 백성을 근심하는 정성이 상하에 이르지 않는 것은 아마도 공경대부가 성상의 뜻을 받들어 법을 봉행하고 교화를 펴지 못한 까닭입니다"라고 하였다. 말하자면 왕은 잘못이 없는데, 신하들이 제대로 하지 못한 까닭으로 그런 자연재해가 일어나고 있다는 진단이었다. 특히 한 달 동안 비가 계속 내린 것은 "임금은 한 해의 일을 살피고, 신하는 한 달의 일을 살핀다"라고 한 《서경》〈홍범〉조에 의거해 볼 때, 전적으로 공경·사대부의 잘못이라는 것이었다.

그러고 나서 당시 양반 관료들의 습속이, "재물을 탐하고 의를 천하게 여기며" "타고 다니는 말과 수레, 사는 집, 입는 옷 등이 지나치게 화려하여 법도를 잃었으며" "이익을 탐하고 현실에 아부하는 자를 현명하다" 하는 등 크게 타락하였다고 비판하였다. 그러므로 모든 시폐나 자연재해는 공경대부의 잘못에서 비롯된 것이지, 구언의 교지를 내린 성종에게는 사실 아무 잘못이 없다는 점을 강조하였다. 이 상소가 올라가자 아마도 성종은 마음에 들었을 것이다. 그래서 상소가 제출된 다음 날 그는 숭정대부 무령군으로 그 지위가 올라갔다.[38] 그러나 유자광은 조정의 모든 관료를 적으로 삼고 말았다.

상소가 제출된 지 한 달쯤 후인 성종 7년(1476) 9월 초, 의정부에서는 유자광의 상소를 이렇게 문제 삼고 나섰다.

유자광이 상소하여 조정의 신하들을 탄핵하였습니다. 만약 저희가 배우지 못하고 견문이 없어서 이 자리에 합당하지 않다면 그의 비판을 감수하겠으나, 마치 모든 대신이 사는 집과 말이나 수레들이 참람하게 법도가 없다거나, 감사·수령들과 서로 통하여 재물을 착취한다는 비판은 수긍하기 어렵습니다. 어찌 관직을 지닌 모든 관리가 다 그러하겠습니까? 이것은 (유자광이) 반드시 지목하는 특정한 사람이 있을 것이니, 청컨대 유자광에게 그가 누구인지를 밝히도록 해 주옵소서.[39]

이렇게 의정부에서 누가 그런 악행을 저지른 대신인지를 구체적으로 밝히라고 요청하자, 왕은 얼른 "(유자광의) 상소가 그릇된 점이 많아, 내가 그대로 믿지는 않는다"라고 변명하며 진화에 나섰다.

[38] 《성종실록》 권70, 7년 8월 11일 신사조(9-372, 9가좌2).
[39] 《성종실록》 권71, 7년 9월 3일 계묘조 (9-380, 1가8).

그러자 영의정 정창손은 유자광의 상소 가운데서 "전하께서는 대궐의 거처도 피하시고 음식도 줄이시는데, 공경대부들은 연회나 베풀며 아무렇지도 않게 여긴다"라고 한 말을 지적하며 그게 누구인지에 대해 "감히 묻기를 청한다"며 다시 고삐를 죄었다. 이어서 우찬성 서거정은 이런 문제를 거론하려면 누구는 이러하고 누구는 저러하다고 지적해야 하는데, 유자광의 상소는 그 말이 불분명하니 이것을 바른 도리라 하겠냐며 거듭 따지고 나섰다. 그 뒤를 이어 육조와 사헌부·사간원은 모두 그런 비판을 받은 이상 현직에 있을 수 없어 사직하겠다는 뜻을 밝혔다.[40] 이 모두 유자광을 비호하는 성종을 압박하여 그에 대한 처벌을 요구한 것이나 다름 없었다. 이날 성종은 이 문제를 더이상 확대하지 않기로 했지만, 유자광이 허무맹랑한 말을 지어 낸 것은 아니었다.

　의정부·육조·대간이라면 조선왕조 조정의 가장 중요한 자리인데, 이들이 모두 유자광의 비판에 불만을 품고 사직 의사를 밝힌 데는 그럴만한 이유가 없지 않았다. 9월 3일의 경연에서 성종은 "무령군[유자광]의 상소에서 풍속이 사치하다고 한 것은 일반적인 지적일 뿐인데, 무엇 때문에 (의정부·육조·대간이 모두) 사직하려는가?"라고 물었다. 이때 지경연사 이승소李承김는 "저희 모두를 헐뜯어 말했으므로 스스로 (자리를 지키고 있기가) 부끄러울 따름입니다. 오늘날 습속이 과연 사치스럽기는 하지만, (친지나 동료를) 영접하고 또 전별하는 일 등은 모두 가까운 붕우 사이에 있을 수 있는 인정일 뿐입니다"라고 답변하였다. 이에 대해 왕은 "영접이나 전별 시의 연회까지 어찌 다 금하겠는가마는 (오늘날의) 습속이 과연 사치

[40] 《성종실록》 권71, 7년 9월 3일 계묘조(9-380, 1가8).

스럽기는 하다"라고 답함으로써, 유자광의 상소 내용에 자신도 같은 생각임을 내비쳤다.[41]

이런 일로 보면 성종 초 아직 어린 왕의 친정체제가 단단하지 않았을 때 조선왕조의 조정 대신들의 풍조가 화려하고 사치함은 사실이었으며, 왕도 이런 폐단을 시정하고 싶은 마음이 있었던 것이다. 다만 이런 사치 풍조는 모두 당시 조정의 핵심 인물들에 의해 조성된 것이므로, 정면에서 이 문제를 직접 거론하기가 쉽지 않았다. 유자광이 이를 들고나온 것은 상당한 용기가 필요한 일이었으며, 왕은 이 점에서 유자광을 크게 신임하게 되었다.

사실 이런 그릇된 풍조가 있었다면 누구보다도 대간이 앞장서서 그 폐단을 논했어야 했다. 대간은 일반적으로 '풍헌관風憲官'이라 불리기도 했다. 이는 바람직한 사회적 기풍을 진작시키고 유교적 정치 이념을 바로 세우는 특별 관리란 뜻이다. 이러한 원칙에 어긋나는 바가 있으면 이를 지적하고 그에 책임 있는 관리들을 탄핵하는 것이 대간의 임무였다. 그러므로 유자광은 앞의 상소에서 할 말을 제대로 하지 않는 대간을 비판하고 적임자로 대간을 삼아야 한다고 직격탄을 날린 것이다.

유자광은 대간 제도 원래의 이상과 운영의 원칙에 대해 소상히 알고 있었으며, 그 원칙에 비해 볼 때 현재의 대간은 공경대부 사이에 크게 번진 사치한 분위기에 대해 마땅히 비판을 가했어야 함에도 그 임무를 제대로 하지 않았다고 정면에서 비판한 것이다. 그러므로 왕의 만류에도 불구하고 대사헌 윤계겸과 대사간 최한정은 "유자광의 상소는 저희를 직접

---

[41] 《성종실록》 권71, 7년 8월 3일 계묘조(9-380, 1나2).

거론하여 비판한 것인데, 어찌 이 직에 머물 수 있겠습니까?'라고 말하며 왕에게 불만을 토로하였다. 그러자 왕은 "어찌 그리 말이 많은가? 물러가도록 하라"고 답하여 그도 불쾌한 심정을 드러내었다. 그래도 윤계겸 등이 거듭 물러나기를 청하자 왕은, "그대들은 유자광의 말은 두렵고 내 말은 두렵지 않은가?"라면서 그들의 청을 다시금 거부하였다.[42]

유자광이 성종 7년 8월 10일 자로 올린 상소로 인해 제기된 논란이 더 확대되지는 않았다. 양반 관료 사회에 대한 유자광의 거침없는 비판은 이제 비로소 친정을 시작하여 그를 보좌하던 원로 대신들과 씨름하며 왕권을 다져 가야 할 젊은 왕 성종의 큰 관심을 끄는 데에는 성공하였다. 그 대신 그는 양반 관료 사회 전체를 모두 적으로 만들었다.

[42] 이상《성종실록》권71, 7년 9월 4일 갑진조(9-380, 1나좌4) 참조.

使其為敵謀詐明矣

一持子諭書者凶繫拍留觀察使角

度使許琮呼逐之人亦皆阻碳使朝廷未知聲息其党謀某著

施愛等既曰吴凝與孝文同謀欲盡殺本道人民苦發

有是心則聞賊舡来泊欲其盡死堂肯移文諸邑使掌家登

避之乎此皆造言感狼也明矣 同謀其子諸邑軍民孝同

栄甲士柳子光上書曰臣下番在南原晚聞李施愛事方今

寛無乇著繼以郡縣皆臣録名徵兵文巷中臣素以弓釖自

聞之蹄躇倚馬待行留次數日未有郡縣督行空日之令臣

是嶺夜不寐奮然竊謂國家雖戒嚴四方以整兵卒堂盡微

兵之兵然後可討一施愛乎臣既籍名甲士常欲立功邊野

國一死以當國家有腹心之賊臣何心随行逐隊列於徵弘

幾安庸遠方而甘於眠食乎故臣本月初六日發自南原保

3부

성종 친정 초반

과유불급 過猶不及,
1477~1485

16

||||||

출신이 다시금 문제되다

성종 8년(1477) 2월, 왕은 유자광을 오위도총부의 도총관으로 임명하여 왕성을 호위하는 군대의 통수권을 위임하였다. 그만큼 유자광에 대한 왕의 신임은 두터웠다. 그러나 대간에서는 유자광의 출신을 문제 삼아 도총관에 임명해서는 안 된다는 주장을 폈다. 당시 대사헌 김영유金永濡는 유자광은 유규의 "첩의 자식"이므로, "비록 국가에 공이 있다 하여도" 그 직에 적합하지 않으니 그 임명을 취소해야 한다고 말하였다. 물론 왕은 이러한 건의를 묵살하였다. 그러자 이번에는 영경연사 김질金礩이 유자광은 첩자이므로 다른 벼슬에는 몰라도 도총관과 의정부 같은 직에는 임명할 수 없다고 발언하였다. 그에 이어 김영유는 유자광을 도총관에 임명해서는 안 될 이유를 보다 구체적으로 지적하고 나섰다.

이시애 난을 당하자 세조께서는 (출신을 보지 않고) 오직 그 능력만을 고려하여 사람을 등용하여 병조를 맡기셨습니다. 지금은 (혼란한 때가 아니라) 수성하는 때이니, 창업이나 중흥을 이루는 시대와는 같지 않습니다. 중국에서는 사람을 등용함에 있어서 출신 가문을 따지지 않지만, 우리나라에서는 사람을 쓰는 데 있어서 반드시 그 출신 문벌을 참고하였습니다. 오늘날 첩의 자식으로 재상이 된 자로서 최적과 이양생과 같은 사람이 있으나, 모두 학술이 없는 자라 족히 이를 것이 없습니다. 이몽가 같은 사람은 공신에 책봉되었으면서도 또한 학술도 깊었습니다. 그러나 끝내 그에게 (궁성을 수호하는) 위장의 직책을 맡기지 않은 사례가 이미 있습니다. 지금 유자광을 공로가 있고 재주가 있다고 하여 다른 벼슬에 임명한다면 모르겠으나, 만약 도총관에 임명한다면 (그로 인한) 말류의 폐단을 어떻게 구제할 길이 없을 것입니다.[1]

대사헌 김영유는 첩의 자식으로서 재상의 지위에 나간 사람 몇을 열거하면서, 그중 누구도 도총관과 같은 위장의 직에 임명된 적은 없다는 점을 강조하였다. 그가 열거한 사람 중, 최적은 오래전 야인으로 조선에 귀화한 최보로崔甫老의 기생첩의 아들이었는데, 세조가 허용하여 무과에도 합격한 인물이었다.[2] 이양생은 무인으로서 이시애 난에 공을 세워 적개공신이 되었는데, 그의 부인은 사비私婢였다.[3] 그의 아버지가 누구인지는 모르나 그 부인이 노비였다는 점에서 당시에 그의 출신이 문제될 수가

---

[1] 이상 《성종실록》 권77, 8년 윤2월 24일 임술조 참조. 인용문은 같은 날의 기사(9-433, 17나좌6) 참조.

[2] 《성종실록》 권46, 5년 8월 18일 경자조(9-139, 9가좌6).

[3] 《성종실록》 권6, 원년 6월 21일 무진조(8-511, 15나1).

있었다. 이몽가는 세조가 집권할 때 큰 공을 세웠다 하여 정난공신에 책봉된 사람이었다. 이들은 모두 첩의 자식이었지만 비상한 때에 큰 공을 세워 재상의 지위에 나간 사람들이었다. 김영유는 이들 가운데 누구도 유자광처럼 도총관에 임명되지는 못했음을 강조한 것이다.

왕이 듣지 않자 이번에는 집의 김승경金升卿이 유자광이 재능이 뛰어나고 공로 또한 크지만, 서자로서 왕성을 수호하는 금병을 거느리는 것은 명분에 어긋난다고 주장하고 나섰다. 이어 사간원 정언 변철산卞哲山은 "유자광에게 이 직을 임명하면, 뒤에 서얼로서 공로와 재능이 유자광에 미치지 못한 데도 반드시 유자광을 들먹이며 그와 같은 직임을 바라는 자가 나올 것입니다. 또한 지금 《경국대전》에서 적서의 분별을 엄하게 하였으니, 이 법을 흔들리게 할 수는 없습니다"라고 하며, 《경국대전》의 원칙에 어긋나는 처사를 중단해야 한다고까지 말하였다.

그러나 왕은 세조 때 이미 과거에 응시할 수 있게 한 유자광을 지금에 와서 임명하지 말라는 것은 이치에 맞지 않는다고 반박하였다. 그러자 김승경은 유자광의 친동생은 (서자라 하여) 과거에 응시할 자격을 주지 않았던 예를 상기시키면서, 유자광의 경우는 아주 특별한 예외에 속한 것임을 지적하였다.[4] 그러자 유자광이 도총관 직을 사직하려 하였으나, 왕은 이를 허락하지 않았다.[5] 하지만 이 문제는 여기서 끝나지 않고 더욱 확대되어 갔다.

대사헌 김영유는 유자광이 결코 도총관이 되어서는 안 될 다섯 가지 이유를 다음과 같이 열거하며 맹렬하게 반대하였다.

[4] 이상 《성종실록》 권77, 8년 윤2월 25일 계해조(9-434, 18나좌1) 참조.
[5] 《성종실록》 권77, 8년 윤2월 26일 갑자조(9-434, 20가6).

(유자광은) 미천한 데서 발탁되었는데 갑자기 금병을 거느리는 (도총관이 되면) 사졸들이 마음으로 복종하지 않을 것이니, 이것이 첫 번째 이유입니다. 원래 도총관이 되는 사람은 모두 당대의 인망이 있는 인물인데, 유자광을 낮추어 보아 그의 동료가 되는 것을 부끄러이 여길 것이니 이것이 두 번째 이유입니다. 조정의 사대부가 명예와 절개를 닦아서로 자기의 분수를 지키는 것은 존귀하고 비천한 분별이 엄격히 정해져 있기 때문입니다. 이 존귀하고 비천한 분별이 없으면 예의염치가 무너져 조정의 위신이 엄격하지 못하게 될 것이니, 이것이 세 번째 이유입니다. 귀한 것을 좋아하고 천한 것을 꺼리는 것은 사람이라면 누구나 갖는 바람인데, (여기에) 명분을 어그러뜨리면, 서자로서 적자를 능멸하는 자가 얼마나 나올지 그 수를 헤아릴 수도 없을 것입니다. 비록 온 정성을 다해 (그런 폐단을) 막으려 해도 오히려 그 간사함을 이기지 못할까 두려울 따름입니다. 그런데 (서자를) 그처럼 중요한 관직에 임명하여, 이를 바라는 자들이 스스로를 정당화하기 위한 구실로 삼게 할 수가 있겠습니까? 이것이 네 번째 이유입니다. 무릇 사람이 안으로 부족한 자는 무슨 일을 해도 스스로 만족할 만한 결과를 얻을 수가 없습니다. 유자광은 안으로 동료들에게 인정받지 못하고, 밖으로는 공론에 용납되지 못하여 기가 꺾이고 부끄러워서 하루도 편한 날이 없을 터이니, 이것이 다섯 번째 이유입니다.[6]

이처럼 김영유는 서자인 유자광을 그런 중요 관직에 임명하는 것은

---

6 《성종실록》 권77, 8년 윤2월 27일 을축조(9-434, 20가좌2).

나라의 명분을 무너뜨리는 처사라는 점을 조목조목 강조하여 말하였다. 그리고 나서 그는 유자광을 굳이 도총관에 임명하고자 고집하는 왕의 처사를 이렇게 비판하였다.

무릇 조정의 관직은 임금이 나라의 현자들과 더불어 하늘이 준 그 자리를 지키고, 하늘이 주신 복록을 함께하여 하늘이 백성을 다스리는 뜻을 대신하는 수단입니다. 그러므로 임금이라 하더라도 (관직을) 함부로 마음대로 정할 수는 없습니다. 적합한 사람을 골라 관직에 임명할 때는 마땅히 여러 사람과 더불어 의논하고, 또 법에 합당한지를 살펴, 참으로 그 직을 감당할 만한 사람이라고 확인한 뒤에 임명해야 합니다. 그러므로 재주가 있고 공로가 있다고 해서 물망이 따르지 않는 사람을 함부로 소중한 관직에 임명할 수는 없습니다. 하물며 장상의 지위는 가장 깊이 생각해야 하는 자리이므로 더욱이나 신중을 기해 사람을 뽑아 임명해야 합니다.

대개 무사들 중에서 발탁하여 (장군을 보좌하는) 비장에 임명하는 것으로도 족히 유자광의 재주를 보상하는 데 어울릴 것이며, 공신록에 주서하여 대대로 자손들의 죄를 면하게 하고 자품을 높이고 그 녹을 매우 후하게 하는 것으로도 유자광의 공로를 상 주기에 족할 것입니다. 이렇게 해서 그 일생을 다하게 한다면 청반을 더럽힌다는 오명도 얻지 않을 것인즉 공신을 대우하는 데 있어서나 명분을 지키는 데 있어서 두루 마땅함을 얻을 수 있을 것입니다.

병조는 전하를 위하여 특별히 (무관의) 인사를 맡는 곳입니다. (그러므로) 관직의 임명은 사류士類인지 뚜렷하게 판별하여 모두가 좋다고 할 때 이루어져야 마땅합니다. 그런데 지금 유자광을 함부로 이런 (중요한)

관직에 임명하였으니, 법을 무너뜨리고 기강을 문란케 함이 이보다 심한 것이 없습니다. 바라건대 유자광의 관직을 달리 정하시고, 기강을 바로잡아 그 외람됨을 막으소서.[7]

결국 유자광은 서자이므로 도총관에 임명해서는 안 된다는 시비는 이제 왕이라 해도 관직을 임명할 때 독단적으로 해서는 안 된다는 논의로 확대되었다. 중요 관직을 임명할 때는 왕도 사대부들과 더불어 의논해야 하며, 또 반드시 그 사람의 가문과 인망을 따져 보아야 하는 것은 나라의 기본에 해당되는 법이요 관습이라는 것이었다. 그러므로 지금 왕의 처사는 적자와 서자의 분별을 없애어 스스로 나라의 기강을 무너뜨리는 것이라는 점을 김영유는 왕의 면전에서 명백하게 지적한 것이다.

왕으로서는 유자광처럼 거침없이 시정의 득실을 논하는 인재와 더불어 정치를 펴려 해도, 유교의 명분론으로 무장한 양반 관료들의 두꺼운 벽을 넘어서기란 이처럼 어려웠다. 이때 왕은 자기 생각을 굽히지 않았지만, 그렇다고 해서 유자광 문제가 그대로 넘어갈 수 있는 사회도 아니었다.

---

[7] 《성종실록》 권77, 8년 윤2월 27일 을축조(9-434 20나좌6에서 9-435, 21가우5까지).

17

||||||

성종 8년 7월, 승정원 승지들의 반목

성종 8년(1477) 7월경, 이미 세상을 떠난 종친 안창부정安昌副正 이심李諶의 처였던 과부 조씨가 전 칠원 현감 김주金澍와 세상의 이목을 피해 재혼하였다. 그러나 김주가 조씨 부인 집에서 묵은 사실을 전해 들은 조씨 부인의 남자 형제인 조식趙軾과 그의 매부 송호宋瑚는 김주가 그의 누이를 강간하였다고 고발하였다. 아마도 김주가 몰래 과부인 누이 집을 찾아가 강간했다고 생각하고 고발한 것이다.

그러나 의금부의 조사 결과 이는 사실이 아니며 오히려 조식을 무고죄로 다스려야 한다는 결론을 얻었다. 오히려 조씨 부인이 과부로 사는 동안 조식과 송호가 조씨 부인의 노비를 다 빼앗아 갔으면서도 조씨의 뒤를 돌봐주지 않았다는 정황마저 밝혀졌다.[8] 그뿐 아니라 이 혼사는 과부인 조씨 부인 측에서 먼저 중매를 제의하여 이루어진 것이었다. 다만 크게 소문내지 않고 조씨 부인이 자신의 여종을 김주에게 보내 결혼할 의사를 전했던 것으로 드러났다.[9] 이 문제는 아직 성리학적 이념이 사회에 깊이 뿌리 내리지는 않았던 조선 초기 사회에서 과부의 재가 문제를 둘러싼 매우 흥미로운 논쟁을 불러일으켰다.

이 문제가 불거진 지 한 열흘이 지난 7월 17일, 성종의 어전에서는 관제 개혁과 부녀자의 재혼 문제를 어떻게 처리해야 할 것인지를 놓고 조정의 대신들이 모두 모여 대책을 논의하였다. 이 자리에서 영의정 정창손과 상당부원군 한명회, 좌의정 심회沈澮, 우의정 윤자운尹子雲, 파천부원군 윤사흔尹士昕 등은 다음과 같이 건의하였다.

> 양갓집의 여인이 나이 젊어 남편을 잃었을 때 죽기를 맹세하고 절개를 지키면 좋지만, 굶주림과 추위를 면하지 못하여 부득이 그 뜻을 빼앗기는 경우도 있을 것입니다. 그러므로 법을 엄하게 세워 일체 (재혼을) 금지하고, 이를 어긴 자를 다스린다면 그 죄가 자손에게까지 미치게 될 것입니다. 그러면 도리어 백성을 올바르게 교화시키지는 못하고 잃는 바가 많을 것입니다. 그러니 세 번이나 남편을 얻은 자가 아니라면 (재혼 금지 문제를) 더는 논하지 않는 것이 어떻겠습니까?

8 《성종실록》 권82, 8년 7월 8일 계유조(9–470, 3나좌5).
9 《성종실록》 권82, 8년 7월 9일 갑술조(9–471, 4가3), 이 문제에 관한 도승지 홍귀달의 발언 가운데서 이런 정황을 알 수 있다.

기본적으로 재혼은 나쁜 것이지만 불가피한 사정이 있는 경우가 많으므로 특별히 이를 금하여 사람의 살길을 막을 필요는 없다는 것이었다. 그러나 세 번 결혼할 경우는 예외를 인정하지 않는다는 원칙은 확고하였다.

이어서 광산부원군 김국광과 영돈녕 노사신盧思愼 등도 "부인이 지켜야 할 덕으로는 한 지아비만을 섬기는 것보다 더 큰 것이 없다"라는 원칙은 중요하지만, 젊어 과부가 된 여인들의 재가를 금하면 오히려 그 여성들이 절개를 버리는 일이 많아질 것이라 주장하였다. 또 국가에서 재가하는 것을 굳이 금하지 않았던 과거의 예를 지켜 나갈 것을 건의하였다.

이렇게 보면 이 사건이 일어난 성종 8년(1477)까지 조선왕조에서는 과부의 재혼을 엄히 금한 적은 없었음을 알 수가 있다. 정창손·한명회·노사신·김국광 등 당시의 원로 대신들은 이 문제에 관해 과거의 전통을 따라 과부의 재가를 굳이 금하지 말자고 주장한 것이다.

그러나 호조판서 윤흠尹欽과 형조판서 윤계겸 등은 다소 생각이 달랐다. 이들도 아주 사정이 딱한 젊은 과부들의 경우 인정상 재혼을 막을 도리는 없다고 인정하였다. 《대전》에 굳이 재가를 금하는 조항이 없다는 것도 따지고 보면 이러한 인정론에 근거하였을 것이라는 점도 지적하였다. 그러나 이들은 과부의 부모나 혹은 집안 어른들이 허락한다는 명이 없는데도 불구하고 재가한 여자는 별도로 엄하게 다루어야 한다고 주장하였다. 이런 주장에 따른다면 김주와 재혼한 과부 조씨 부인은 처벌의 대상이 되어야 했다.

지중추부사 구수영具壽永이나 이조참판 이파李坡 같은 사람들은, "이미 자녀를 두었고, 집안도 가난하지는 않은데도 불구하고 제 스스로 재가를 한 여자도 있으니, 이는 정욕을 이기지 못 했기 때문일 뿐입니다. 이럴 경우는 (대전에 있는 바와 같이) 세 번이나 시집간 여자의 예로 논하는 것이

좋겠습니다"라고 제안하였다. 이 경우에 따르더라도 과부 조씨는 처벌
대상이었다. 그는 형편이 아주 어렵지 않은데도 스스로 재혼한 예에 해당
하기 때문이었다.

그러나 대간에서는 이 문제를 좀 더 심각한 사회 문제로 보았다. 이 문
제를 논의하는 자리에서 대사헌 김영유를 위시한 사헌부 관원 전원은 이
문제에 관해 훨씬 강경한 의견을 제기하였다.

우리나라의 사대부 집안은 대대로 예의를 지키고 정조와 신의가 음란
하지 않았다는 것이 이미 역사에 나와 있습니다. 근래 (과부 재혼을) 금
하는 조처가 풀어지자, 이심의 처 조씨처럼 스스로 중매하여 지아비를
정하는 일이 생겨 그 더럽고 추한 소문이 퍼지고 있습니다. 만약 (양반
가에서 일어난) 이 문제를 깊이 다스리지 않으면, 중인 이하의 여자는 모
두 이심의 처를 구실삼아 다시는 절개를 지키려 하지 않을 것이니, 예
속이 무너지는 것을 이루 다 말할 수가 있겠습니까?

이제 《대전》 안에 "세 번이나 시집간 자는 그 품행이 나쁜 여자 본인
과 함께 그 자손을 한 문서에 등록하여, 과거에 응시하거나 대간이나
이조·병조와 같은 요직에 들 수 없다. 단 재가한 여자는 이에서 논하
지 않는다"라고 하였습니다. 그러니 대개 형률로써 크게 법이 시행되
도록 하며, 예는 사람이 지켜야 할 도리인 것입니다. 만약 가난하고 천
한 집에서 양쪽으로 의지할 가까운 친척이 없는데 젊은 나이에 과부가
되면 절개를 지키기가 어려울 것이며, 그 부모와 친척이 (그 가엾은) 정
상을 보기가 딱하여 다시 혼인을 시킨 것이라면 예에 어긋나는 것이라
할 수는 없습니다. 외삼촌이 어머니의 뜻을 꺾었다는 옛사람의 말도
있습니다.

그런데 지금 행실이 나쁜 여자[과부 조씨 부인을 말함]와 같은 죄로 논한다는 것은 큰 잘못을 범한다고 생각합니다. 《대전》에서 "남편을 세 번이나 바꾸어 시집간 여자의 자손은 좋은 관직에 임명하지 않는다"라는 법을 거듭 엄격히 해야 합니다. 이심의 처 조씨의 죄를 엄단하여 좋고 나쁨을 밝히 드러낸다면, 비록 재가하는 법을 별도로 만들지 않더라도 예속은 저절로 바르게 되어 과부들이 스스로 삼갈 바를 알게 될 것입니다.[10]

즉 사헌부에서는 재혼을 굳이 금하지 않더라도 과부 조씨 부인처럼 그 형편이 괜찮은데도 스스로 중매하여 재가한 사람은 《대전》에 나오는 대로 세 번이나 재혼한 행실이 나쁜 여자의 예에 따라 처벌해야 한다고 주장하였다. 그러므로 조씨 부인과 그 남자 형제인 조식을 같은 등급으로 처벌할 수는 없다는 것이다. 이들은 조씨 부인의 적극적인 행동을 더욱 죄악시하는 관점으로 이 사건에 접근한 것이다.

이 사건이 일어난 성종 8년은 아직 《경국대전》이 편찬되기 전이었다. 오늘날까지 전해지는 조선왕조 최고의 법전 《경국대전》은 성종 16년에 가서야 최종 완성되었다. 《경국대전》의 편찬은 세조 대에 시작하였지만, 긴 시간을 두고 점진적으로 진행되었다. 세조 6년(1460)에는 호전을, 세조 7년에는 형전을 완성하였다. 세조 12년(1466)에는 나머지 이전·예전·병전·공전을 편찬하였다. 이것이 6전체제를 갖춘 최초의 《경국대전》으

---

[10] 이상에서 과부의 재혼 문제를 어전에서 토론한 실록의 기록은 매우 길다. 이는 《성종실록》 권 82, 8년 7월 17일 임오조(9-471 4가3에서 9-477 17가5 까지)를 참조할 것.

로, 흔히 《병술대전》이라는 것이다. 그러나 여기에도 여러 미비한 문제들이 있어서 여러 차례 교정 과정을 거쳐 예종 원년(1469)에는 《기축대전》이, 그리고 성종 2년(1471)에는 《신묘대전》이 마련되었다. 마침내 성종 5년(1474)에 《경국대전》을 완성하여 72개 조로 된 속록과 함께 전국에 반포하였는데, 이것은 《갑오대전》으로도 불렸다.

위의 사건에 관한 논의 과정에서 계속 거론된 《대전》이 어떤 것을 구체적으로 지칭하는지 정확히 알 수는 없다. 그러나 적어도 성종 16년의 최종판 《경국대전》은 나오기 이전이므로 성종 5년의 《갑오대전》으로 추정할 수 있을 것이다.[11] 그런데 《갑오대전》과 그 이전의 《대전》에서는 적어도 과부의 재가를 금하는 규정은 없었으며, 단지 위의 사료에 나오는 대로 세 번이나 결혼한 여자의 자손에 관한 제한 규정을 두었을 뿐이다. 그러나 최종 《경국대전》 예전禮典의 제과조諸科條에는 과거 응시 자격이 부여되지 않는 부류를 정한 것 가운데 하나로, "재가하거나 행실이 나쁜 부녀의 자손[再嫁失行婦女之子及孫]"을 명기하였다.

과부 조씨 부인 재가 문제가 이처럼 큰 문제로 간주되는 것도 실은 여자의 재혼을 허용하던 과거의 전통에서 재혼을 금지하는 새로운 성리학적 사회로 넘어가는 과도기라는 점을 잘 말해 주고 있다. 이 사건이 최종적으로 어떻게 판결되었는지는 확실치가 않다. 그러나 이 사건을 최초로 문제 삼은 홍귀달의 간단한 보고 한 장은 이 시기의 정치사에 참으로 큰

---

[11] 이상 《경국대전》의 편찬 과정에 대해서는 윤국일, 《경국대전 연구》, 과학백과사전 출판사, 1991, 73~122쪽을 참조할 것. 복잡한 편찬 과정을 간략하게 정리한 것으로는 한우근·이성무·민현구·이태진·권오영 역, 《譯註經國大典(飜譯篇)》, 한국정신문화연구원, 1985 가운데 이성무가 쓴 서문을 참조할 것.

파장을 불러온 단초가 되었다.

성종 8년 7월 8일, 동부승지 홍귀달은 과부 조씨와 전 칠원 현감 김주의 혼인을 강간이라 단정하고 김주를 고발했던 조식과 송호를 무고죄로 다스려야 한다는 의금부의 판결에 대해 다음과 같이 왕에게 건의하였다.

저희들은 육조의 일을 나누어 맡았으나, (왕을) 좌우에서 모시고 있으니 생각한 것이 있으면 감히 아뢰지 않을 수 없습니다. 의금부에서 조식과 송호를 (무고죄로) 다스리기를 청했습니다. 그러나 조식 등은 김주가 과부가 된 누이동생의 집에 와 머물렀다는 말을 듣고 (김주를) 강간죄로 고발하였습니다. 그 누이와의 사이가 아무리 벌어졌다 하더라도 이런 소문이 나기에 이르렀으니, 어찌 놀라지 않겠습니까? (이제 의금부에서) 무고죄로 (조식과 송호를) 형률로 다스린다면 이 일이 이치에 닿는 일이겠습니까? 이것은 저만의 생각이 아니고, 실은 좌승지 이하 (모든 승지가) 한 가지로 의논하여 아뢰는 것입니다.[12]

위의 인용문에서 보듯이 홍귀달 이하 승정원의 승지들은 과부 조씨의 오빠와 그 매부만을 무고죄로 다스릴 수는 없다는 판단을 조심스레 밝혔다. 그들은 과부 조씨의 행실에도 문제가 있다고 본 것이다. 이런 홍귀달의 발언은 엉뚱한 곳으로 크게 확대되었다.

홍귀달이 승지들의 전체 의견이라는 이름으로 조식과 송호를 옹호하는 안을 내자, 왕은 "홍귀달이 한 말의 본의를 알기 어렵다"라고 하며 주

---

[12] 《성종실록》 권 82, 8년 7월 8일 계유조(9-471, 3나좌5).

위에 의견을 물었다. 그러자 좌승지 이극기李克基는 다음과 같이 홍귀달과 마찬가지로 김주를 옹호하는 말을 하였다.

제가 김주를 추국한 결과를 보니 (김주가 과부 조씨를) 강간한 것이 아니라 화간입니다. 그런데 조식은 (그 누이 과부 조씨가) 먼저 중매를 넣어 (김주를) 초빙한 것을 알지 못하고 다만 김주가 (누이의) 집에서 밤을 보냈다는 것만을 들었으니, 이를 어찌 강간이라 아니할 수가 있겠습니까? (그래서 조식이 김주를 강간죄로) 고발하자 도리어 무고죄를 뒤집어썼으니, 참으로 미안하게 되었습니다.

그러나 그 옆에 있던 도승지 현석규玄碩圭가 소매를 걷어 올리며 성난 눈을 부릅뜨고서 홍귀달과 이극기 등과는 다른 생각을 거침없이 토로하였다.

오늘의 승정원 풍기는 예전에 없던 일입니다. 대개 도승지는 육방의 일을 총괄하고, 다른 승지들은 각기 (육방 가운데) 한 분야만을 책임질 따름입니다. 지금 (전체를 총괄하는) 도승지가 있는데도, 다른 승지들이 (이를 무시하고) 단계를 건너뛰어 발언하니, 이는 매우 옳지 못한 일입니다. 김주의 일로 말한다면, 이미 (과부 조씨가) 중매로 청한 예가 있고, 서로간에 정한 기약도 있으며, 또 과부 조씨의 여종이 이 둘 사이를 왕래하였는데, 이것을 어찌 강간이라 할 수가 있겠습니까? 강간이 아니라는 것이 드러났으면 조식 등이 무고죄로 연좌되는 것이 왜 불가합니까? (조식의 매부) 송호는 좌부승지 한한韓僴의 처제입니다. 송호의 부친 송익손이 저를 보고 말하기를 "김주가 강간한 것이 사실인데, 어찌 이를 화간으로 논하는가? (그러면 이것은 조식과 송호에 대한) 무고가 아니냐?"라고 하였습니다. 저는 이 말의 진의를 의심할 만하다고 생각합니다. 저는 재주가 없으면서도 주상의 두터운 은혜를 입어 오랫동안 형방 승지로 있었습니다. 지금 승지들이 서열을 무시하고 발언을 하니, 이는 제가 사람들의 뜻을 충분히 헤아리지 못한 까닭입니다. 청컨대 형방을 사임토록 해 주옵소서.[13]

현석규는 홍귀달이 다른 승지들과 의논하였다고 왕에게 말했지만, 정작 승정원의 우두머리인 도승지로 있는 자신과는 전혀 의논한 바가 없었다는 사실을 강력하게 피력한 것이다. 또한 결국 김주를 강간으로 고발한 조식의 매부 송호는 현 좌부승지 한한의 처제이며,[14] 이들을 무고죄에서 보호하기 위해 송호의 아버지이며 정난공신인 송익손이 자신에게 압력을 가했다는 점도 폭로하였다.

왕도 도승지 현석규가 제기한 문제를 심각하게 받아들였다. 그래서 며칠 후, 현석규를 제외한 모든 승지 곧 좌승지 이극기, 우승지 임사홍, 좌부승지 한한, 우부승지 손순효, 동부승지 홍귀달 등을 고문은 가하지 않는 선에서 그 연유를 추국하라고 사헌부에 명하였다. 무고죄가 분명한 조식을 엄호하기 위해, 도승지가 참여하지도 않은 회의에서 결정한 것을

---

[13] 《성종실록》 권82, 8년 7월 9일 갑술조(9-471, 4가3).

[14] 계승범 부기: 오늘날 여러 국어사전에 따르면, 처제妻弟는 아내의 여동생이라는 의미뿐이다. 하지만 바로 앞에 인용한 대사헌 김영유와 도승지 현석규의 발언을 보면, 당시에는 아내의 남동생도 처제라 칭하는 쓰임이 일반적이었던 것 같다.

왕에게 바로 보고했기 때문이었다.[15] 이때가 성종 8년 7월 12일이었다.

이틀 후, 대사헌 김영유는 승정원 승지들의 추국 결과를 다음과 같이 왕에게 보고하였다.

사헌부에서 왕명을 받아 홍귀달과 손순효를 국문하였습니다. (이들은) 마땅히 (스스로) 두렵고 황송하게 여기고 스스로 사실대로 자백해야 함에도, 오히려 스스로 옳다고 주장하면서, 한가지로 입을 맞추어 대답하며 불손한 말이 많았습니다. 이들은 나이 어린 신진의 관리가 아닌데도 그 공손하지 못함이 이와 같았습니다. 한한은 홍귀달이 (이 문제를) 왕에게 아뢸 때 (송호가 그의 처제이므로) 마땅히 그 논의에서 스스로 물러나야 했음에도 불구하고 물러나지 못했으니, 이는 그가 (처제를 위해) 청탁하려 한 것이 분명합니다.[16]

승지들에게 문제가 있었다는 말이었다. 왕도 이와 관련하여 여러 가지로 들은 바가 있었다. 그러므로 성종은 사헌부의 추국 결과를 보고받자, 이는 단지 송호를 위해 한한이 청탁했기 때문이 아니라, 과부 조씨의 남동생인 조식이 김주를 내쫓고 누이의 재산을 차지하려는 것이라고 말하였다. 이어서 왕은 "내가 듣자 하니 조식 등은 일찍이 그 누이를 때려 다리를 분질렀다 한다. 마땅히 샅샅이 가려 내어 그 죄를 다스리고자 하는데, 그대들 생각은 어떤가?"라고 그날의 경연에 참여한 대신들에게 물었다. 그러자 영경연사 심회와 김국광은 "조식의 무리는 형을 가해 추국

15 《성종실록》 권82, 8년 7월 12일 정축조(9-472, 6나3).
16 《성종실록》 권82, 8년 7월 14일 기묘조(9-472, 7가8).

함이 마땅하며, 홍귀달이 (도승지와 의논도 없이 승지들과 협의했다며) 왕에게 아뢴 것은 잘못"이라고 답하였다. 이제 왕은 승정원 내부에서 누가 이 논의를 먼저 발설했는지를 곁에 있는 도승지 현석규에게 물어 그가 손순효임을 알게 되었다.[17]

그러자 사헌부에서는 승지들을 추국한 결과 손순효·홍귀달·한한 등 세 사람의 승지가 과부 조씨의 남동생 조식과 조식의 처남 송호를 보호하기 위해 미리 입을 맞추어 과부 조씨의 재혼을 김주의 강간사건으로 몰고 갔던 것으로 결론을 내렸다. 아울러, 왕에게 거짓 보고하기 위해 이들이 미리 입을 맞추었다는 것은 이들이 붕당을 이룬 것이므로 이들을 엄하게 국문해야 한다고 청하였다. 왕은 이 일에 직접 관련이 없는 임사홍과 이극기를 제외하고 위의 세 사람을 의금부로 송치하라고 명하였다.[18]

일은 신속하게 진행되었다. 왕명이 떨어진 이틀 후인 7월 16일, 의금부에서는 추국 결과를 토대로, 이들이 서로 입을 맞추어 번거로운 말로 왕께 불손한 죄를 지었으며, 이는 왕명을 짓는 데 있어서 잘못을 범한 자의 처벌 규정에 해당하므로 100대의 태형을 내리고 그들의 고신을 빼앗아야 한다고 보고하였다. 이에 왕은 제일차적 책임이 홍귀달에 있다고 보아 그의 고신은 박탈하고 손순효는 승지 직은 그만두되 교수관으로는 계속 근무토록 하라는 최종 명을 내렸다.[19]

홍귀달과 손순효가 처벌되는 것으로 과부 조씨 부인의 재혼 문제로

---

[17] 이상의 논의에 대해서는 《성종실록》 권82, 8년 7월 14일 기묘조(9-472, 7가8) 참조.

[18] 《성종실록》 권82, 8년 7월 14일 기묘조(9-472, 7나2), 8년 7월 15일 경진조 (9-473, 8나2).

[19] 《성종실록》 권82, 8년 7월 16일 신사조(9-473, 9가3).

일어난 승지들 간의 갈등은 수습된 것처럼 보였다. 그러나 대사간 손비장孫比長이 거꾸로 현석규를 탄핵하고 나서자 이 문제는 또 다른 방향으로 확대되기 시작하였다. 홍귀달과 손순효의 처벌이 결정된 그다음 날인 성종 8년 7월 17일, 손비장은 그 두 사람이 잘못한 것은 인정한다 해도, 현석규가 홍귀달을 나무람에 있어서 예로써 하지 않고, 갑자기 성을 내며 소매를 걷어붙이고 홍귀달의 이름을 부르며 또 '너'라고 함부로 욕하고 나선 것은 있을 수 없는 잘못이라고 탄핵하였다. 더욱이 모든 승지는 품계가 같으므로 더더욱 그럴 수는 없다는 것이었다.

이에 불만을 품은 현석규는 사의를 표하면서, 자신은 다른 승지들에게 야박하게 대한 적도 없다고 변명하였다. 이를 둘러싸고 현석규와 임사홍은 어전에서 다투기까지 하는 사태가 벌어졌다. 현석규는 자신이 홍귀달의 이름을 들먹이며 욕하지 않았다 하고, 임사홍은 자신이 직접 목격했다고 주장하였다.[20] 왕명의 출납을 맡은 승정원 승지들이 이처럼 서로를 헐뜯고 비난하자 이 문제는 더 큰 문제로 확대되었다. 현석규와 임사홍 두 사람 가운데 누군가는 거짓말을 하는 것이 분명하기 때문이었다. 그래서 상당부원군 한명회와 무송부원군 윤자운이 대간과 함께 현석규와 임사홍을 심문하게 되었다.

이제 승지들의 갈등은 조정 전체의 문제로 확대되어 가고 있었다. 그래서 왕은 임사홍과 한한과 손순효를 다른 관직으로 전보해서 이 문제를 마무리하고자 하였다.[21] 왕은 현석규를 보호하고 그와 말썽을 빚은 다른 승지들 전원을 다른 직으로 내보내려는 것이었다. 그러나 바로 이때 유자

---

[20] 이상의 논의는 《성종실록》 권82, 8년 7월 17일 임오조(9-477, 17가좌5) 참조.
[21] 《성종실록》 권83, 8년 8월 17일 신해조 (9-489, 10가1).

광이 느닷없이 현석규를 탄핵하고 나섬으로써 이 문제는 또 다른 차원으로 확대되었다.

18

||||||

유자광, 현석규를 탄핵하다

성종 8년(1477) 8월 23일, 유자광은 현석규의 사람됨과 이 문제를 처리해
가는 성종의 태도를 비판하는 상소를 올렸다. 거기에서 그는 관자管子의
말을 인용하여, 예의염치 이 네 가지는 나라를 다스리는 가장 중요한 덕
목임을 강조하면서, 현석규가 (아무리 억울하고 화가 난다 하더라도) 홍귀달
에게 화를 내고 이름을 들먹이며 상스럽게 말한 처사를 신랄하게 비판하
였다.

도승지 현석규가 (자기와 의논도 없이) 마음대로 왕께 아뢴 것 때문에 크
게 노여워 팔을 걷어붙이고 같은 승지의 이름을 들먹이며 욕하였습니
다. 홍귀달이 마음대로 아뢴 것은 죄가 있고, 현석규가 같은 승지의 이
름을 들먹이며 조정을 능욕하고 무례하고 겸손하게 물러나지 않은 죄
또한 큽니다. 그러니 이들을 다스리지 않을 수 없습니다.

홍귀달도 잘못이지만 예를 벗어 내던진 현석규의 잘못은 더 크다는 것이 유자광의 주장이었다.

그는 여기서 그치지 아니하고, 참으로 현석규는 "지인·군자至人君子" 가 아닌 것이 분명하다고까지 비판하였다. 이렇게 현석규를 소인이라고 비판하고 나서, 유자광은 현석규의 책임을 거론했던 사간 박효원朴孝元과 참의 노공필盧公弼을 좌천시키면서도, 현석규에 대해서는 더욱 후하게 대우하고 더욱 친밀하게 대하는 왕의 태도가 잘못임을 지적하였다.[22] 유교 국가에서 예의염치는 관료들이 지켜야 할 가장 중요한 덕목이며, 간언을 경청한다는 것은 왕의 정치가 정도를 따르고 있다는 징표로 간주되었다. 그러기에 유자광은 이 점을 크게 부각시킨 것이었다.

그런데 위의 상소에서는 현석규만 비판한 것이 아니었다. 애당초 과부 조씨와 재혼한 전 칠원 현감 김주를 국문하는 과정에서 김주가 평소 여러 곳에 뇌물을 바치곤 했음이 밝혀졌다. 그러나 그 관련자가 고위 대신일 경우에는 이를 더이상 추궁하지 않고 모두를 석방하고 말았으니, 이렇게 해 가지고는 올바른 정치를 할 수 없다고 왕에게 따가운 비판을 제기하였다.[23] 훈신 김국광과 김질은 유자광의 상소에서 김주의 뇌물을 받은 대신으로 지목되자, 김주와 더불어 대질시켜 달라고 항의하고 나섰다.[24] 물론 이 문제는 더이상 확대되지 않았지만, 앞으로 조정 전체로 번져 갈 조짐이 나타나고 있었다.

---

[22] 유자광의 상소는, 《성종실록》 권83, 8년 8월 23일 정사조(9-491, 15나1에서 9-493, 18가좌3까지) 참조.

[23] 위의 상소문, (9-491, 15나6).

[24] 《성종실록》 권83, 8년 8월 25일 기미조(9-494, 20나1).

이처럼 유자광이 현석규를 정면에서 비판하고, 그를 옹호하려는 왕의 태도를 문제 삼고 나오자 현석규는 사의를 표하지 않을 수 없었다.[25] 현석규는 8월 26일에도 거듭 사의를 표하였다. 그러나 성종은 오히려 그의 품계를 더 올려 줌으로써 자신의 뜻을 굽히지 않으려 하였다.[26] 유자광을 위시하여 대간의 압력에 밀려 현석규를 교체하지는 않겠다는 뜻을 이렇게 밝힌 것이다.

왕은 도승지 현석규를 그대로 두고, 그와 말썽을 빚은 다른 승지들을 모두 전보하는 것으로 사태를 마무리하려 하였지만, 유자광의 상소로 인해 그럴 수도 없게 되었다. 현석규를 보호하고자 했던 왕은 일단 현석규를 대사헌으로 승진 발령하여 현석규를 신임한다는 뜻을 보였다. 다른 한편으로는 승지 전원을 교체하겠다는 뜻을 밝혔다. 결국 8월 26일, 왕은 현석규를 사헌부 대사헌으로 승진 발령하고, 모든 승지를 새로 임명하였다.[27]

현석규가 대사헌이 되자, 이번에는 동료 대간들이 적절하지 않다며 현석규의 대사헌 임명을 반대하고 나섰다.[28] 결국 왕은 현석규를 대사헌으로 삼은 바로 그날로 그 임명을 취소할 수밖에 없었다.[29] 조정 신하들의 공론을 견디기 어려웠기 때문이다. 어떻게든 현석규를 보호하려던 왕

---

[25] 《성종실록》 권83, 8년 8월 24일 무오조(9−493, 19나좌7).

[26] 《성종실록》 권83, 8년 8월 26일 경신조(9−494, 21가8).

[27] 이때 승지가 된 사람들은 이렇다. 도승지 김작金碏, 좌승지 신준申浚, 우승지 박숙진 朴叔蓁, 좌부승지 손비장孫比長, 우부승지 김승경金升卿, 동부승지 이경동李瓊소. 《성종실록》 권83, 8년 8월 26일 경신조(4−494, 21나좌1) 참조.

[28] 《성종실록》 권83, 8년 8월 29일 계해조(4−495, 22가좌3) 및 동일 조항의 4−495, 23 나8 부분을 참조할 것

[29] 《성종실록》 권83, 8년 8월 29일 계해조(4−495, 24나좌2에서 25가3까지).

의 권위는 크게 손상되었다. 친정을 시작한 지 얼마 되지도 않아 왕은 신료들의 반대에 부닥쳐 자신이 신임하는 인물을 가장 가까운 도승지로 유임시킬 수도 없었으며, 나아가 그의 자리를 바꾸어 대사헌으로 임명할 수도 없었던 것이다. 이럴 때 현석규를 격렬하게 비판하는 유자광의 상소가 다시 올라왔다.

19

||||||

거듭 현석규를 탄핵하다

임금을 섬김에는 숨기는 것이 없어야 하니, 속에 품은 생각이 있으면 반드시 왕께 아뢰어야 한다고 저는 알고 있습니다. 신하가 임금 섬기는 것은 마치 자식이 아비 섬기는 것과 같은데, 어찌 (그 사이에) 틈이 있겠습니까? 만일 신하가 임금을 섬기는 것이 충성스럽지 못하고 자식이 아비를 섬기는 것이 효성스럽지 못하면, 하늘의 도리가 사라지고 인륜의 도리가 어지러워질 것입니다. 저는 미천한 신분에서 일어나 이제 최고의 지위에 이르렀습니다. (조정 내에) 의지할 형제간이나 일가친척이 없고, 오로지 홀로 제 한 몸으로 외로운 세상에 자립할 뿐이므로, 일을 당하면 (아무것도 고려함이 없이) 과감하게 아뢸 뿐입니다. (그러므로) 믿는 것은 다만 전하의 해와 달 같은 밝으심이요, 기약하는 것은 오로지 제 한마음의 진실을 다 하겠다는 생각뿐입니다.

엎드려 생각하건대, 신이 지난번에 현석규와 임사홍·손순효·한한·

홍귀달 등 당시 승지들의 사정의 옳고 그름과 상벌의 다르고 같음을 논하고 물러가 대죄하였습니다. 그런데 뜻밖에도 전하께서 신의 미치고 참람함을 용서하시어, 천지가 (만물을) 생성하는 은혜로, 이미 재가 된 뼈다귀에서 (저를) 다시 소생시키셨으니 참으로 그 고마움을 이길 수가 없습니다.

그러나 (전하께서) 현석규를 더욱 높은 벼슬에 임명하신 것이 나라 사람들을 또 놀라게 하였습니다[이는 현석규를 사헌부 대사헌으로 임명한 것을 말함: 필자 주]. 예전에 당나라 덕종德宗이 이필李泌에게 이르기를, "사람들이 노기盧杞가 간사하다고 하는데, 나는 그 까닭을 모르겠다"라고 하니, 이필이 대답하기를, "그것이 노기가 간사하다는 증거입니다"라고 하였습니다. 현석규는 참으로 노기처럼 간사한 사람인데도 전하께서 우연히 미처 살피지 못하시는 것은 아닐까 걱정스럽습니다.

신이 듣건대, 제갈공명이 후주後主에게 당부하기를, "궁중宮中과 부중府中이 함께 일체가 되어서 선한 자를 승진시키고 악한 자를 벌함에 있어서 (그 기준이) 달라서는 안 됩니다. 만일 간사한 짓을 하고 법을 범하는 자가 있으면 마땅히 해당 관청으로 하여금 그 형벌과 상을 논하게 하여 폐하의 공평하고 밝은 다스림이 드러나게 하십시오"라고 하였습니다. 또 말하기를, "어진 신하를 가까이하고 소인을 멀리한 것이 선한先漢이 흥하고 융성한 까닭이며, 소인을 가까이하고 어진 신하를 멀리한 것이 후한後漢이 기울고 위태하여진 까닭입니다"라고 하였다 합니다.

공명이 출사하는 날을 당하여 반드시 적을 헤아리고 승리를 획책하기에도 겨를이 없을 것이니 군대의 이동과 무기 등에 관한 일을 말하는 것이 마땅할 것입니다. 그런데 오히려 형벌과 상을 공평하고 밝게 하여 어진 신하를 가까이하고 소인을 멀리하는 것을 말하였습니다. 그 마음에 "신하가 비록 적을 헤아리고 승리를 획책하는 데에 능하더라도, 임금이 만일 형벌과 상을 소홀히 하고 또 군자·소인의 진퇴에 소홀히 한다면, 촉나라가 먼저 나라다운 나라가 되지 못할 것이니, 어떻게 위나라를 치고 천하를 통일하여 선제가 남긴 뜻을 받들겠는가?"라는 생각을 가지고 있었기 때문일 것입니다. 그 생각이 깊고 충성과 사랑으로 임금을 섬기는 정성이 너무도 간절하여, 지금 천 년이 되었어도 사람으로 하여금 벌떡 일어서게 합니다.

제가 엎드려 생각해 보니, 전하께서는 반드시 "홍귀달이 그 일을 아뢴 것이 잘못이므로, 현석규가 비록 분노하여 예를 잃었다 하더라도 잘못은 아니다. 또 이극기 이하 다섯 승지의 생각이 다 같은데 현석규만 홀로 불가하다 하였으니, 현석규가 옳고 다섯 승지가 또한 그르다"라고 생각하셨을 것입니다. 제가 생각하기에, 사람은 각각 자기 소견이 있습니다. 홍귀달이 만일 한한의 부탁을 듣지 않고 자기 생각을 가지고 논하였다면, 홍귀달의 의논은 실로 사사로운 감정에 따른 것이 아니라 하겠습니다.

현석규가 아뢰기를, "송익손이 저에게 청하였으니 홍귀달도 반드시 한한의 청탁을 들었을 것입니다"라고 하였습니다. 또 아뢰기를, "노공필의 아우 노공유盧公裕는 송익손의 사위이니, 노공필이 이것을 위하여 발언하고 또 저를 중상한 것입니다"라고 하였습니다. 또 근거 없는 말로 아뢰기를 "이것은 임사홍이 몰래 사주한 것입니다"라고 하였습니다.

신이 생각하건대, 아비는 자식을 위하여 숨기고 자식은 아비를 위하여 숨기는 것이 천리이고 인정입니다. 송익손이 과연 송호의 아비라면 비록 천만 냥을 현석규에게 뇌물로 주더라도 괜찮으며, 오히려 아비가 자식을 위하여 말하지 않는다면 그는 승냥이나 호랑이 같은 무리와 같을 것입니다. 송익손이 비록 청탁을 하더라도 현석규가 듣지 않으면 그만입니다. 또 노공필이 과연 아우의 처가를 위해 현석규를 중상하고자 하였겠습니까? 임사홍이 본래 무슨 혐의가 있어서 몰래 사주할 리가 있겠습니까? 이것은 모두 현석규가 대간과 서로 호응하여 아뢰어 말한 것입니다.

만일 홍귀달이 한한의 청을 들어서 틈을 타서 아뢰어 성총聖聰을 기망하여 임금을 속이고 사사로운 일을 꾀하였다면, 홍귀달과 한한은 죽여야 마땅하고 용서할 수 없습니다. 만일 임사홍과 노공필의 말이 또 과연 몰래 사주한 것이라면, 죽일 죄는 아니라 하더라도 그 죄가 또한 큽니다. (그러나) 일이 그런 것이 아니라면, 현석규는 마땅히 그 죗값을 치러야 하며 결코 용서해서는 안 됩니다. 현석규는 사태에 따라 그때그때마다 속여서 험한 말을 하였으니, 교활하게 속이고 있다는 것을 알 수 있습니다.

제가 드린 말씀이 만일 조금이라도 미진하여 실상과 다르다면, 전하께서 저를 해당 관청에 회부하여 거짓을 말한 죄를 다스리십시오. 제가 이 일에 대하여 말없이 있지 못하고 반복해서 전하를 위하여 거듭 말씀드리는 까닭은 바깥 의논이 모두 현석규를 그르다 하는데 전하께서만 미처 살펴 깨닫지 못하시기 때문입니다. 그러므로 보잘것없는 말씀을 또 드려 전하께서 살펴 깨달으시기를 바라는 것입니다.

근일 현석규가 전하의 지극한 덕을 저버린 것이 많습니다. 아아! 세상을 어지럽히고 나라를 그르치는 간인奸人은, 천하에 참으로 그런 사람이 없는 것은 아니지마는, 임금이 올바르게 (나라를) 지켜 (그런 간인이 나서는 것을) 엄히 막기 때문에 (그들이) 손을 움츠리고 기회를 엿보며 감히 발호하지 못하는 것입니다. 그러나 조금이라도 기회가 있으면 사이와 틈을 타서 다투어 나오고 다투어 들어와서 차츰차츰 스며들어 임금이 그 간교한 술책 가운데에 빠져도 알아채지 못하게 합니다. 이러한 자는 한 번 나오면 물리칠 수 없고 한 번 들어오면 내칠 수 없어서, 그 화가 장차 더할 수 없는 데에 이르러 한 나라를 모두 그르친 뒤에야 그칩니다.

자고로 바른 자는 적고 간사한 자는 많은데, 바른 자는 반드시 이기지 못하고 간사한 자는 매양 이깁니다. 사물로 말한다면 자주색이 붉은색을 어지럽히는 것은 오색 가운데서 사邪가 정正을 이기는 것이요, 정나라의 (음탕한) 음악이 아악을 어지럽히는 것은 오음 가운데서 사가 정을 이기는 것입니다. 사물의 세계에서는 드러나게, 사람의 마음에서는 눈에 띄지 않게, 그리고 바름이 어지럽게 얽히고 시비가 뒤집히는 경우가 많습니다. 그러므로 고금의 임금들은 일에 임하여 깊이 살피지 않을 수 없었습니다.

송나라의 왕안석은 조야가 그 재주에 탄복하여 참정參政을 제수하자 모두 사람을 얻었다 칭하였습니다. 그런데 홀로 여헌가呂獻可만이 말하기를 "천하의 창생을 그르칠 자는 반드시 이 사람이다"라고 하였습니다. 이어 말하기를 "만일 왕안석이 오래 묘당에 있으면 세상이 안정될 수가 없다"라고 하였습니다. 왕안석을 탄핵하는 글에서는 "밖으로 소박하고 꾸밈이 없는 것처럼 보이고 마음속으로는 교활하고 남을 속이는 생각을 감추었다"라고 하였습니다. 오늘날 그때를 생각해 보면, 왕안석이 참정이 되는 것은 조정 안팎이 모두 바란 것이고 임금의 뜻도 이미 그에게 쏠렸으므로, 얼른 보기에 (왕안석은) 소박하고 꾸밈이 없는 사람으로 보이고, 그 교활하고 남을 속이는 마음은 자취가 드러나지 않았을 것입니다. 그러므로 여헌가도 홀로 이런 말을 입 밖에 내기가 어려웠을 것이나, 과감히 소신대로 말을 하고, 소매에 글을 넣어 가지고 탄핵하였습니다. 이것이 바로 사마광이 여헌가의 선견先見에 미치지 못하는 것입니다.

지금 현석규의 음험하고 바르지 못한 자취가 비로소 드러나자, 한때의 공의公議가 모두 불가하다 하는데, 전하께서는 홀로 그 불가한 것을 살피지 못하시니, 이것은 현석규가 참으로 간사하기 때문입니다. 신은 알지 못하겠습니다. 지금 우리나라 조정에 있는 여러 신하가 도리어 송나라 조정의 여헌가 한 명만 못합니까? 또 당·송의 임금은 그 재능이 그저 중간쯤에 미치는 임금이니 비록 노기·왕안석이 간사한 사람임을 알지 못하였더라도 이상할 것이 없습니다. 그러나 요·순의 성스러움과 일월의 밝음을 두루 갖추신 전하께서 어찌하여 현석규의 간사함을 밝히 알지 못하십니까? 어찌하여 (현석규를) 도리어 높이고 중하게 하여 공의를 더 분격하게 하십니까? 전하께서 깊이 살피시기를 엎드려 바라옵니다.

고금의 군신 사이를 보면 작은 화근이 마침내는 큰 화근으로 되는 것이 있습니다. 조정 신하들이 모두 이 사람이 그르고 그 일이 그릇된 것을 안다 하더라도 만일 임금이 그르게 여기지 않고 잘못으로 여기지 않으면, 조정 신하들은 모두 "임금의 뜻이 이미 정하여졌으니, 비록 말을 하더라도 신하의 말이 받아들여질 수 없으며, 말을 해도 신하에게 이로울 리가 없으며, 일에도 도움이 되지 않을 것이다"라고 생각할 것입니다. 또 마음속으로는 비록 그르다는 것을 알아도 입으로는 말하지 않을 것입니다. 임금도 "이 사람이 비록 조금 잘못이 있고, 이 일이 조금 잘못되었다 해도 (내가) 이미 (이 사람을) 허용하였고, (이 일을) 시행하였으니 크게 보아 무슨 잘못이 있겠는가?"라고 하시면서, 비록 말하는 자가 있어도 예사로 듣고 지나쳐 버릴 것입니다. (그러면) 임금과 신하 사이가 각기 이쪽저쪽으로 갈리게 되어, 그 화가 아래서는 (사실대로) 말하는 자가 없고, 위에서는 듣는 자가 없어 나라 전체를 그르치게 될 것입니다. 이 또한 한심한 일이 아니겠습니까?

또, 이보다 더 심한 것이 있습니다. 소인이 임금 앞에서 겉으로는 곧은 행실을 하고 속으로는 그 술책을 부려도, 임금은 "이 사람이 우직하고, 이 사람이 바른 것을 지키고, 이 사람이 나에게 충성을 다 한다"라고 생각하여, 날로 의지하고 맡기어 은총이 이미 맺어지고 굳어집니다. 그러면 조정에서 모두 이 사람이 참으로 소인배라는 것을 알아서 말하는 자가 있더라도, 임금은 반드시 불쾌하게 여기며 말하기를 "이 사람이 평소에 말한 아무 일은 반드시 여러 사람이 싫어하는 것이고, 행하는 아무 일은 반드시 여러 사람이 꺼리는 것이니, 이 사람은 믿을 만하고 여러 사람의 말은 믿을 수 없다"라고 하여, 천만 가지 말들이 다 귀에 들어오지 못할 것입니다. 그러면 소인의 화는 이미 온 천하에 퍼질 것이니, 그 화가 또한 참혹하지 않겠습니까?

신이 생각하건대, 현석규는 소인이지만 재주가 있는 자입니다. 옛 선비들이 말하기를, "재주가 넉넉하고 덕이 부족한 자가 소인"이라 하였습니다. 소위 재주라는 것은 문장과 정사政事의 총명과 말재주를 이릅니다. 그러므로 소인이 재주가 있다는 것은 호랑이에게 날개가 있다고 하는 것이니, 두렵지 않겠습니까? 신이 삼가 보건대, 전하께서 여러 승지를 교체시키시던 날에 하늘에서 홀연히 뇌성벽력이 울렸는데, 가을 우레는 소리를 거두어야 하는데도 도리어 천둥 소리가 크게 난 것은 실로 음양이 크게 어그러진 것이니, 반드시 인사人事에 응하는 바가 있을 것입니다. 어찌 현석규가 소인으로서 홀로 그 작위를 보존하여 전하의 좌우에 있다는 것을 경계하는 것이 아니겠습니까? 그렇지 않으면, 전하의 덕으로 무슨 잘못이 있어서 이 천변을 불렀겠습니까? 하늘이 전하를 사랑하는 것이 또한 분명합니다. 대저 제왕의 허물은 일식·월식과 같아 모든 사람의 눈에 띄는 것이어서 숨길 수 없는 것입니다.

삼가 원하건대, 전하께서 일식과 월식을 되돌려 (태양과 달의) 큰 밝음을 하늘 가운데 회복하시어, 현석규의 죄를 조정에서 밝게 다스려서 사람들이 바라는 것을 흔쾌하게 들어주시고 하늘의 경계에 보답하시면, 이보다 다행스러운 일이 없겠습니다. 그렇게 하신다면 무엇이 대명大明에 손상이 되며, 무엇이 성덕에 해롭겠습니까? 제가 어찌 입을 다물고 스스로 보존하기를 꾀하여 전하를 위하여 제 뜻을 모조리 아뢰지 않겠습니까?

신의 아비가 죽던 날에 말하기를, "네가 국은을 입은 것이 천지같이 끝이 없으니, 마땅히 충절을 다하고 일신의 보존을 꾀하지 않는다면, 내가 지하에서 눈을 감겠다"라고 하였습니다. 세상에서 저를 나무라는 자는 반드시 말하기를 "제가 맡은 일도 아닌데 왜 야단이냐?"라고 하겠으나, 제가 감히 스스로 도리에 어긋나게 몸을 피하여 전하께 충절을 다하지 않고, 또 지하에 있는 아비로 하여금 눈을 감지 못하게 하겠습니까? 이것이 제가 입을 다물고 말하지 않을 수 없는 까닭입니다. 엎드려 바라건대, 전하께서 제가 미천하다 하여 그 말을 소홀히 여기지 마옵소서.[30]

---

[30] 《성종실록》 권84, 8년 9월 5일 기사조(9-500, 5가좌5에서 9-501, 8가1까지).

현석규를 탄핵하는 유자광의 두 번째 상소는 그가 남긴 여러 편의 상소문 가운데서도 그의 인간적 특징이 매우 잘 드러나는 것이다. 우선 그의 문체는 매우 화려하고 직설적이다. 그가 처음 중앙에 진출하게 된 이시애 토벌에 관한 상소문을 쓴 이래 그는 조선왕조의 조정 내에서 어떤 정치적 격랑을 감지할 때면 이처럼 상소를 통해 자신의 생각을 표현하였다. 상당한 위험을 무릅쓰고 남보다 먼저 그 문제를 왕에게 직접 제시함으로써 항상 자신의 정치적 지위를 강화하는 데 성공하였다.

따라서 그의 글은 매우 과감하였다. 말하자면 자신의 처지를 고려하지 않고, 자기와 관련 있는 사람들의 처지도 배려하지 않고 나라와 왕을 위해 생각한 바가 있다면 직언한다는 뜻을 확실하게 보여 주길 그는 원했다. 그 때문에 그의 글은 유달리 자신을 드러내고자 하는 욕구가 강하게 드러났다. 남이를 물고 들어갈 때도 그는 가차 없이 고발하였다. 만약 그것이 무고라고 판명되면 그도 죽을 수밖에 없다는 것을 알기 때문에 그의 글은 더욱 마치 의심할 여지가 없다 할 정도로 강하게 작성되었다.

위의 상소문에서 현석규를 비판하는 그의 자세는 차라리 무섭다 할 정도이다. 유자광은 성종 8년 8월에서 9월 사이에 진행된 승지들 상호간의 반목 사태의 원인을 제공한 홍귀달에 초점을 두지 않고 도승지 현석규를 겨냥하였다. 그러나 유자광의 주장은 현석규를 유임시키거나 아니면 대사헌으로 영전시키고자 하는 왕의 뜻에 반하는 것이었다. 지금까지 유자광은 항상 왕의 뜻에 정확하게 맞는 주장을 남보다 먼저, 또 강력하게 제기함으로써 조정 내에서 높은 지위를 유지할 수 있는 힘을 얻었다. 그러나 이번 현석규의 탄핵은 곧 성종의 뜻에도 맞서는 것이었다.

사실 과부 조씨의 재혼을 재혼이 아니라 김주의 강간이라 주장한 홍귀달은 이 문제를 현석규만 뺀 채 나머지 승지들과 의논하였다. 그것은 명백한 잘못이었지만 조정에서는 상스럽게 욕하고 나선 현석규를 비판하는 여론이 더 컸다. 특히 대간을 위시한 젊은 관료들 사이에서 이 문제가 더 크게 문제되었다. 그러므로 이 문제에 관한 유자광의 입장은 이들 젊은 대간들과 같았다. 위의 상소문을 보면 알 수 있듯이 유자광은 현석규를 소인이라 지목하고 품위를 지켜야 할 대신으로서의 면모를 상실했다는 점을 유달리 강조하였다. 왕이 현석규를 신임하지만, 그것은 오히려 그가 왕에게 잘 보이기 위해 눈을 속인 것으로 단정하였다. 그런 점에서 현석규는 더욱 간사한 사람이고 이런 사람이 왕의 좌우에 있어서는 안 된다는 것을 강조하였다. 이 상소를 통해 유자광은 무엇을 얻으려 했을까?

20

|||||||

유자광의 상소가 빚은 논쟁과 위기

상소가 올라가자 유자광은 곧 왕의 추궁을 받게 되었다. 왕은 유자광의
상소를 정승들에게 내보이며, 그 상소 내용이 왜 앞서 사헌부 지평 김언
신金彦臣의 상소와 비슷한지를 조사하라고 명하였다. 유자광이 문제의 상
소를 올린 성종 8년 9월 5일에 현석규를 탄핵하는 김언신의 상소가 조금
앞서 올라갔다.[31] 그 내용은 유자광의 상소와 비슷하므로 여기서 다시 언
급할 필요는 없다. 그런데 현석규를 당나라 덕종 때의 노기와 송나라 왕
안석에 견준 대목이 두 상소에 같이 나오는데, 성종은 이것을 문제 삼았
다. 말하자면 신하들이 왕에게 상소할 때 서로 의논하여 말을 맞춘다는
것은 불충으로 간주되는 큰 죄에 해당하였다.

---

[31] 김언신의 상소는 《성종실록》 권84, 8년 9월 5일 기사조(9–499, 3가좌2) 참조.

왕안석은 오늘날 송나라의 개혁정치가로 잘 알려져 있지만, 정주학파와 대립적이었던 왕안석은 이후 주자성리학자들에 의해 항상 간신이요 소인으로 비판을 받아 온 인물이었다. 그러므로 이들의 상소에서 모두 왕안석을 거론한 것은 그럴 수도 있는 일로 생각된다. 그러나 당나라 덕종 대의 노기를 같이 언급한 것은 확실히 자연스럽지 않았다.

사실 김언신은 상소를 올렸다기보다는 경연 석상에서 왕에게 아뢴 것인데, 그가 처음 이 문제를 아뢸 때는 노기에 대한 말이 없었다. 그런데 현석규 문제로 왕의 힐문을 받고 답변하는 가운데서는 그런 언급이 있었다. 그것을 인용해 보면 다음과 같다.

사람됨이 음험하면 간사한 소인입니다. 전하께서 이 사람[현석규]의 간사함을 살피지 못하시니, 저는 이를 깊이 걱정합니다. 덕종·신종은 모두 예전의 영명한 임금이지마는, 덕종이 일찍이 이필에게 이르기를 "사람들이 노기가 간사하다고 말하는데, 나는 그러한 것을 깨닫지 못하겠다"라고 하니, 이필이 답하기를 "이것이 바로 노기가 간사하다는 까닭입니다"라고 하였습니다. 신종은 왕안석의 간사함을 알지 못하여 마침내 천하의 창생을 그르쳤습니다. 현석규가 이 두 가지를 겸하였는데 전하께서만 알지 못하시니, 이것이 현석규가 참으로 간사하다는 까닭입니다.[32]

그런데 앞에서 살핀 유자광의 상소에서는 이에 관련된 대목이 이렇게

---

[32] 《성종실록》 권84, 8년 9월 5일 기사조(9-499, 4가4에서 4가8까지).

묘사되어 있다.

그러나 (전하께서) 현석규를 더욱 높은 벼슬에 임명하신 것이 또 나라 사람을 놀라게 하였습니다. 예전에 당나라 덕종이 이필에게 이르기를 "사람들이 노기가 간사하다고 하는데, 나는 그 까닭을 모르겠다"라고 하니, 이필이 대답하기를, "그것이 노기가 간사하다는 증거입니다"라고 하였습니다. 현석규는 참으로 노기처럼 간사한 사람인데도 전하께서 우연히 미처 살피지 못하시는 것은 아닐까 걱정스럽습니다.[33]

김언신과 유자광이 같은 날 다른 시간에 당나라 덕종과 이필이 노기에 대해 나누었다는 대화를 같이 인용하여 현석규를 탄핵한 것이다.

노기에 대해서는 《신당서》 권223, 〈열전〉 148하, 간신(하)조와 《구당서》 권135, 〈열전〉 85에 전기가 실려 있다. 두 기록 모두에서 덕종이 산기상시散騎常侍 이필과 노기에 대해 대화를 나누는 대목이 나온다. 그러나 김언신과 유자광이 인용한 대목은 《신당서》나 《구당서》의 기록과는 조금 다르다. 이 대목과 관련해서는 《구당서》의 기록이 더 참고가 되는데 그 대목을 인용해 보면 다음과 같다.

상[덕종]이 말하기를 "모든 사람이 노기를 간사하다고 말하는데, 짐은 왜 잘 모르고 있었던가?"라고 하자, 이면李勉이 답하기를, "노기가 간사하다 함은 천하 사람들이 모두 다 알고 있습니다. 오로지 폐하만이 모르고

---

[33] 위에서 전문 인용한 유자광의 상소문 가운데, 9-500, 5나4에서 6까지 참조.

계십니다. 이것이 바로 (노기가) 간사한 까닭입니다"라고 하였다.

《신·구당서》의 기록에 의하면 노기는 구변이 뛰어나지만, 용모는 매우 보잘것없었으며, 험한 옷을 입고 거친 음식을 먹어도 조금도 개의치 않아서, 사람들이 흔히 노기가 매우 청렴한 사람인 것으로 잘못 안다고 되어 있다. 그 노기는 자기가 노리는 사람이 있으면 반드시 그를 모함해서 내쫓았으나, 덕종은 그를 마지막까지 중용하다가, 이면과 이필 같은 사람들의 말을 듣고 끝내 노기를 내쫓았으며, 결국 노기는 유배지 풍주澧州에서 사망하였다는 것이다. 이면을 이필로 잘못 쓴 점을 보거나 두 기록의 유사함을 볼 때 왕이 김언신과 유자광의 상소가 마치 서로 사전에 입을 맞춘 것처럼 비슷한 까닭을 물은 것은 그럴 만하다고 여겨진다.

성종은 현석규를 노기와 왕안석에 비유한 것은 결국 왕인 자신을 나라의 정치를 그르쳤다고 알려진 당의 덕종과 송의 신종에 견준 것이라 너무도 불쾌하였던 것 같다. 막 친정에 임한 젊은 왕의 입장에서 성종의 불쾌한 감정은 이해되지 않는 것은 아니다. 그래서 성종은 유자광의 경우는 말이 너무 지나치더라도 대신이기 때문에 넘어가지만, 김언신은 처벌하겠다는 뜻을 표명하였다.[34]

그 자리에 있던 정인지·윤자운·김국광·강희맹 등 원로 대신들에게 왕은 현석규가 소인인 줄 알면서도 등용했다면 정승과 이조 등에서는 그동안 왜 가만히 있었는가를 따지고 들어갔다. 현석규 문제로 수세에 몰렸던 왕은 이 문제의 국면을 이렇게 바꾸어 보고자 했던 것이다. 그러자 정

---

[34] 《성종실록》 권84, 8년 9월 5일 기사조(9-502, 9가좌2).

인지와 김국광은 현석규가 소인인지 몰랐다고 답했으며, 강희맹은 현석규가 참으로 소인이었으면 벌써 말씀드렸을 것이지만 알지 못했다고 답하였다.[35] 그렇다면 왕은 김언신을 처벌할 수 있는 명분을 얻을 수 있었으며, 나아가 현석규 문제에서 빠져나올 수가 있었다.

그러나 유자광은 그 처벌만 면했을 뿐 그가 매우 공들여 쓴 상소문으로 인해 얻은 이득은 하나도 없었다. 게다가 같은 말을 하고도 김언신은 처벌받게 되었는데 자기는 무사하다는 점이 걸렸다. 그래서 그는 자신도 처벌해 달라고 청할 수밖에 없었다. 그러자 성종은 "그대가 지난날 한명회를 탄핵하고 지금은 또 대신[현석규]의 일을 극론하였으니 내가 이를 매우 기쁘게 여긴다"라고 하며 유자광은 처벌하지 않겠다고 말하였다.[36] 이때가 성종 8년 9월 6일이었으며, 유자광이 재차 상소를 올린 다음 날이었다.

---

[35] 《성종실록》 권84, 8년 9월 5일 기사조(9-501, 8나 좌6에서 9-502, 9가2까지).
[36] 이상 《성종실록》 권84, 8년 9월 6일 경오조(9-503, 12가좌1)를 참조.

21

||||||
도승지 임사홍

이렇게 해서 현석규와 홍귀달 등 동료 승지들 사이의 분란으로 야기된 정치적 문제는 일단 정돈된 듯이 보였다. 그러나 7개월이 더 지난 성종 9년 4월 말에 이 문제는 새로운 양상으로 다시 확대되었다. 앞서 유자광의 상소와 김언신의 말이 서로 입을 맞춘 것처럼 일치한다는 것이 문제였는데, 이제는 이런 혐의가 훨씬 커진 것이다.

성종 7년 친정에 임한 성종의 입장에서 볼 때 현석규가 이끄는 승정원은 매우 중요한 정치적 기반이었다. 그러나 과부 조씨의 재혼 문제에서 자란 불씨가 끝내 모든 승지를 교체할 수밖에 없는 지경에 이르렀으며, 특히 다른 승지들은 물러가게 하더라도 도승지 현석규만은 유임시키려던 계획도 무산되자 왕으로서 성종의 권위는 크게 손상되었다. 그가 성종 8년 9월 5일에 올라온 김언신과 유자광의 상소를 읽고 두 사람이 입을 맞춘 것이라는 혐의를 갖게 되어, 끝내 김언신을 처벌하는 지경에 이른 것도 그런 분위기와 무관하지는 않았다. 젊은 왕은 언젠가는 이 문제를 끝까지 추궁하리라는 마음을 먹은 것 같다.

그리하여 성종 9년(1478) 4월 30일, 대간에서 최초로 현석규를 탄핵한 인물인 박효원이 누구의 사주를 받았는지 묻기 시작하였다. 현석규가 소매를 걷어붙이고 홍귀달을 욕했다는 일은 박효원이 목격할 수 있는 장면이 아니었다. 그러므로 승지들 중 누군가가 이 문제를 박효원에게 알려주었다는 말이 되며, 그러면 이것은 사전에 일부 신하들이 서로 편을 들고 반대편을 공격하기 위해 모여서 공모하였다는 증거가 된다. 만일 그러한 사전 공모가 있었다면, 이것은 왕정하에서는 신하가 저지를 수 있는 죄악 중 가장 큰 죄악의 하나로 간주될 것이었다. 그러므로 우리는 승정원 승지들 사이에서 문제가 시작되었던 성종 8년 7월로 되돌아가 사태를 다시 점검해 보아야 할 필요가 있다.

성종 8년 7월 17일, 대사간 손비장은 현석규가 홍귀달을 나무란 것은 옳지만, 사대부로서 예를 잃은 것은 더 큰 잘못이라는 견해를 밝혔다. 이것을 계기로 조정에서 이 문제에 대한 긴 토론이 이어졌다. 여기서는 그 토론 내용을 대화체로 정리해 제시하는 것이 사태 파악에 더 도움이 될 것이다.

현석규: (손비장의 탄핵을 듣고 나서) …… 저는 원래 재능도 없는데, 조정의 의논이 이와 같으니, 저로 하여금 혐의를 피해 사직하게 하소서.

손순효: 저는 그날 병으로 일찍 물러나 (그 일의) 시말을 알지 못합니다. 그러나 대간의 논박을 받았으니, 혐의를 피해 물러나게 하소서.

왕: (이들의 청을 윤허하지 않고 정언 김맹성에게) 이 일을 누구에게 들었는가?

김맹성: 조정의 의논이 시끄러운데 누가 듣지 못하였겠습니까? 예부

터 대간이 한 말에 대해서는 그 말의 출처를 묻지 않았습니다. 그런데 지금 물으시면 대간의 견문이 좁아져 언로가 막힐까 두렵습니다.

왕: (주위에 명하기를) 김맹성으로 하여금 승정원에 가서 승지들에게 질문하도록 하라.

(김맹성이 승정원에 이르자)

임사홍: 그날 도승지[현석규]가 홍귀달에게 이르길 "강맹경이 도승지가 되고, 신숙주가 동부승지가 되었어도 이렇게 하지는 못했을 것이다. 홍귀달이 (승지로 있는) 때에 승정원의 옛 기풍이 변하기라도 했단 말인가?"라고 하는 것을 들었습니다.

현석규: 홍귀달이 (서열이) 아래에 있으면서 차례를 뛰어넘어 말한 까닭으로 제가 노하였습니다. 그러나 소매를 걷어 올린 것은 날이 무더웠으므로 팔뚝을 드러냈을 뿐입니다.[37]

(김맹성이 어전에서 나가자)

현석규: 저는 재주가 없으면서도 승정원에서 죄를 기다리며, 아는 것은 말하지 않음이 없고, 말할 때는 숨김이 없이 모조리 다 말하지 않음이 없었습니다. 이제 대간이 논박하는 것은 바로 공론입니다. 전날 대간이 구속되었을 때, 저는 눈물을 흘리며 간언하기를 사간원의 말은 공론이니, 죄를 주어서는 안 된다고 하였습니다. 대개 승지는 비록 실수가 없다 할지라도 오히려 능력이 부족함을 두려워하는 법입

---

[37] 계승범 부기: 여기에 나오는 임사홍과 전후 현석규의 발언은 김맹성이 임사홍의 진술을 받아 와서 보고하자 어전에서 변명한 것으로 보인다. 다만 실록 원문은 임사홍의 진술에 대한 현석규의 반박을 대조하기 위해 시간차를 무시한 채 기술한 것 같다.

니다. 그런데 (지금) 조정의 의논이 이와 같으니, 진실로 저는 사직하겠습니다.[38]

왕: 사직할 만한 일이 없는데, 어찌 사직한단 말인가?

(이어서 왕이 어전으로 돌아온 김맹성에게)

왕: 대간이 논박하는 바가 어찌 이리 그릇됨이 있을 수 있는가? 남몰래 사주한 자가 나쁘다. 누구에게 들었는가?

김맹성: 사간 박효원의 집은 노공필의 집과 이웃해 있습니다. 그래서 박효원이 우연히 노공필의 집에 들른 길에 말을 한 것입니다.

왕: 노공필과 홍귀달은 한때 모두 경연관이었던 까닭으로 그런 말을 했을 것이다. 그를 불러 물어보라. 노공필이 이르거든 임사홍에게 들은 것으로써 대질하라.

임사홍: 노공필은 바로 저의 옛 친구입니다. 이야기하던 끝에 우연히 말하였을 뿐, 다른 마음이 있었던 것은 아니었습니다.

김맹성: 현석규가 말한 내용은 (손비장이 올린) 차자와 일치합니다. 현석규가 노하여 소매를 걷어 올렸다면, (그런 상황에서 홍귀달에게) 너라고 칭하며 욕했음을 알 만합니다. 저희가 어찌 몰래 사주를 받아 왕께 아뢰겠습니까? 대간이 논박한 내용으로 그 말의 근원을 따진다면, 이로 인해 언로가 막힐까 두렵습니다.

왕: 대간이 조정의 의논이 시끄럽다고 하기에, 오늘 마침 대신들이 다

---

[38] 계승범 부기: 현석규의 이 발언 그 바로 앞에 "김맹성이 이미 나갔는데 현석규가 아뢰기를"[孟性旣出 玄碩圭啓曰]이라고 명시한 점으로 보아, 김맹성이 나간 사이에 현석규가 성종에게 직접 아뢴 발언임이 확실하다. 요컨대 실록 원문을 보면, 현석규의 이 두 발언은 시간상의 순서가 바뀐 것 같다.

모인 기회에 그 내용을 물었다. 그러나 (사람에 따라) 혹은 안다 하고 혹은 알지 못한다고 한다.

현석규: 노공유는 바로 송익손의 사위이고, 노공필의 아우입니다. 아마 반드시 이를 위해 말했을 것입니다.

(왕이 명하여, 박효원에게 묻게 하다)

박효원: 소매를 걷어 올린 일은 풍문으로 여겼는데, 오늘 현석규가 답하는 것을 보니 소매를 걷어 올린 것이 확실합니다. 그러면 (홍귀달의) 이름도 너라고 했을 것이 분명합니다. 승정원은 (왕과) 매우 가까운 곳이니 홍귀달이 허물이 있을 때에 현석규가 전하께 아뢰면, 전하께서 스스로 판단하실 것입니다. 그런데 현석규는 승정원의 어른이 된 몸으로 스스로 위엄을 어지럽혔으니, 예의와 겸양의 태도를 어디에서 찾을 수가 있겠습니까?

왕: 이 일을 이제 모두 버려 두고, 앞으로는 별것 아닌 일로 없는 죄를 무고하여 일을 벌이지 말라.

임사홍: 그날 도승지가 성난 목소리로 홍귀달에게 이르기를, "네가 어찌하여 승정원의 일을 다 하느냐?"라고 하여, 좌우가 모두 편치 못했으므로, 대화하던 중에 우연히 (제가) 노공필에게 말했을 뿐입니다. 제가 어찌 몰래 사주하였겠습니까?

현석규: 가령 그대의 말이 정말 (손비장이 올린) 차자와 일치한다면, 왜 왕이 물으실 때 답하지 않고, 이제야 아뢰는가?

(현석규와 임사홍의 말다툼이 오래 끌고 그치지 않자, 좌승지 이극기가 중지시켰다.)[39]

---

[39] 《성종실록》 권82, 8년 7월 17일 임오조(9-477, 17나5에서 9-478, 18나8까지).

유자광이 현석규를 탄핵하고 나서기 전에 승지들 사이는 이미 갈라져 있었다. 특히 도승지 현석규가 좌승지 홍귀달을 나무랄 때 팔뚝을 걷어 올리고 화를 내며 너라고 불렀다는 것은 승지들 사이에서 일어난 일이었다. 그러므로 대간에서 이를 거론하며 현석규를 탄핵했다는 것은 승지 가운데 누가 승정원 내부의 은밀한 일을 대간에게 알려 주었다는 뜻이 된다. 왕은 바로 이 점을 큰 문제로 여겼기 때문에 위와 같이 대간과 승지들을 추궁했던 것이다.

위의 대화를 보면, 사간 박효원은 노공필과 이웃해 살며 서로 잘 알고 지내는 사이였고, 노공유는 노공필의 동생인데 과부 조씨의 오빠인 조식과 함께 원 사건에 연루된 송호의 아버지 송익손의 사위였다. 또한 이때의 좌부승지 한한은 송호와 동서간이었다. 한한과 노공유와 송호는 이런 식으로 인척간이었다. 노공필과 좌승지 홍귀달은 같이 경연관을 지내 서로 이미 잘 아는 사이였으며, 또 다른 우승지 임사홍은 노공필과 친한 친구였다.

이렇게 보면 위에서 거론된 사람들 가운데 송익손·송호·한한 및 노공필·노공유 형제, 그리고 박효원·임사홍 등은 서로가 인척이거나 가까운 이웃이거나 또는 친한 친구 사이였다. 승정원 내에서 현석규와 홍귀달이 언쟁을 벌인 일은 임사홍을 통해 노공필에게 전해졌으며, 이 문제를 거론한 사간 박효원은 노공필의 친구였다. 승정원의 내밀한 비밀이 왕도 알기 전에 이런 상호 관계를 가지고 살아가는 조정 관료들 사이에 퍼져 나간 것은 당연한 일이었다.

승정원은 왕을 가장 가까이서 보좌해야 하는 기구였다는 점을 생각해 보면, 승지들이 인척 혹은 친구와 이웃간으로 연결되어서 승정원 내부의 일이 왕도 알기 전에 관료 사회 내에 퍼져 나가 하나의 공론을 형성할 정도가 되었다는 것은 사실 심각한 문제였다. 승정원이 왕을 보좌하는 데 이러한 승지와 관료들 사이의 사적 관계가 먼저 고려된다면, 왕은 의지할 데 없는 허수아비처럼 고립될 수밖에 없기 때문이었다. 더욱이 대간의 탄핵 활동이 관료들 사이의 사적인 친분 관계를 통해 영향을 받는 바가 크다면 그들을 왕의 눈이요 귀와 같다고 말할 수도 없을 터였다.

승정원은 왕명을 출납하는 곳이어서 흔히 후설喉舌, 즉 왕의 목구멍이요 혀와 같다고 비유하였으며, 대간은 왕의 이목, 즉 눈과 귀에 비유되었다. 그런데 이 중요한 감각 기관이 왕의 것이 아니고 관료들 것이라면 왕은 눈이 멀고 귀가 먹었으며, 목구멍도 막히고 말도 할 수 없을 것이 아닌가? 성종 대 조선왕조의 주요 관료들은 모두 이름 있는 가문 출신이었고, 이들은 대를 이어 가면서 서로 중첩되고 폐쇄적인 결혼을 통해 거미줄처럼 얽힌 관계의 네트워크 속에 있었다.[40] 당시의 서울은 그렇게 크거나 넓지도 않았으며, 중심을 이룬 양반 관료의 대부분이 모여 사는 곳은 서울 안에서도 또 궁성에 가까운 지역이었다.

성종 8년 7월 이 사건이 터졌을 때 승정원의 승지들과 대간들도 이러한 거미줄처럼 얽힌 관료 사회에 살고 있었으며, 이들은 그러한 자기들 세계에 깊이 빠져 승지로서 혹은 대간으로서 부여받은 공적인 의무를 다하지 못하고, 그 지위가 부여하는 권한을 자신의 사적인 관계를 유지하는 수단으로 사용했다. 사실 이들 관료 사회에서는 공사公私의 구분이란 무의미했다고까지 말할 수 있다. 젊은 왕 성종이 현석규 문제를 심각하게 생각한 것도 그런 이유 때문이었다. 그래서 왕은 이 사건의 초기부터 승

---

[40] 매우 가까운 관계로 얽히고설킨 조정 관료들 사이의 네트워크에 대해서는 정두희, 《조선 초기 정치지배세력 연구》, 일조각, 1983 및 정두희, 《조선 시대의 대간 연구》, 일조각, 1994 참조.

정원 내부의 일이 어떻게 새어 나갔으며 대간의 현석규 탄핵이 누구를 통해 알게 된 정황을 근거로 한 것인가를 추궁하고자 했던 것이다. 조사 결과 우승지 임사홍任士洪을 통해 말이 새어 나간 것으로 밝혀졌다.

그러자 대사간 손비장은 같은 승지로서 예의와 겸양의 자세를 잃은 현석규와 임사홍을 함께 탄핵하고, 이들을 죄로 다스려야 한다고 주장하였다.[41] 사간 박효원과 장령 경준慶俊도 그 두 사람을 국문해야 한다고 탄핵을 제기하였으나[42] 임사홍에 대한 시비는 이후 크게 문제되지 않았다. 그러다 성종 9년 4월 말 임사홍의 책임을 따지는 논의가 다시 발의되기에 이르렀다.

성종 9년 4월 1일 하늘에서 흙비가 크게 내렸다. 이때는 절기상으로 황사가 불어올 때이며, 이는 매년 되풀이되는 자연 현상이었다. 그러나 이때의 흙비는 그 정도가 매우 심했던 모양이다. 그래서 조정에서는 이 흙비 현상을 두고 큰 걱정에 빠졌으며, 이것이 곧 하늘이 무슨 경고를 보내려는 징조가 아닌지를 논의하였다. 그래서 왕은 자기의 정치와 정책이 잘못되어 일어난 재이로 단정하고 이를 그치게 할 방책을 구하는 교지를 내렸다.[43] 그로부터 이레 후인 성종 9년 4월 8일, 임사홍은 도승지에 임명되고 홍귀달은 좌부승지가 되었다.[44] 자연 임사홍은 흙비로 인한 성종의 구언 교지에 따라 올라온 각종의 대책을 검토하는 책임을 맡게 되었다.

[41] 《성종실록》 권82, 8년 7월 23일 무자조(9-482, 27나6).
[42] 《성종실록》 권83, 8년 8월 17일 신해조(9-488, 9가좌6).
[43] 《성종실록》 권91, 9년 4월 1일 임진조(9-571, 1가 2 및 1가좌5).
[44] 《성종실록》 권91, 9년 4월 8일 기해조(9-575, 8나좌1).

22

||||||

이심원과 남효온의 상소

흙비로 인한 구언 교지에 따라 여러 상소가 올라왔지만, 주계부정 이심원 李深遠과 유생 남효온南孝溫의 상소는 매우 과감하고 민감한 것이어서 크게 주목을 받았다. 이심원은 성종 9년(1478) 4월 8일 당시로서는 입에 담기 어려운 문제를 제기하는 상소를 올렸다. 그의 상소에서는 장문에 걸쳐 당시의 여러 가지 현안을 논했는데, 두 가지 점이 특히 주목을 받았다. 그하나는 새로운 인재, 즉 유현遺賢을 등용해야 한다고 주장하면서 그는 함양현의 정여창鄭汝昌, 태인현의 정극인丁克仁, 은진현의 강응정姜應貞을 천거하였다. 현재의 과거시험만으로는 유능한 인재를 다 선발할 수가 없음을 지적하고 현명한 인재를 천거로 등용해야 한다는 것이었다.[45]

---

[45] 이심원의 상소는 《성종실록》 권91, 9년 4월 8일 기해조, 9–575, 9가4에서 9–577, 12나좌7까지 이어진다. 정여창 등을 추천한 내용은 9–576, 10나4 이하를 참조할 것.

정여창과 정극인 같은 사람은 후대의 성리학자들이 추앙한 인물이었다. 특히 정여창은 무오사화(1498)로 처벌받고 갑자사화(1504)에서 희생됨으로써 그의 명성은 더 후대까지 전해졌다. 이심원이 이들을 천거한 것은 조선의 정치가 보다 더 성리학의 가르침을 따라야 하며, 그럴 경우 성리학을 깊이 터득한 새로운 인물들을 등용해야 함을 주장하려는 것이었다.

또한 이심원의 상소에서 더욱 주목할 것은 다름이 아니라 세조 대 이래의 공신들을 그대로 중용하면 나라가 위태로워진다고 주장한 점이었다. 이것은 당시의 집정자들 전체를 정면에서 비판한 것이기에 그 파장이 매우 컸다. 이제 그 부분만을 인용해 보면 다음과 같다.

제가 살펴보니 예전의 제왕들로 현명한 이를 등용해야 한다는 것을 모르는 이가 없었습니다. 그러나 과연 누가 현명한 사람인지는 알지 못했으며, 알았다 치더라도 서로 뜻이 맞지 않은 경우가 많았습니다. 또 간사한 사람을 내쫓아야 한다는 것을 모르는 이가 없었지만, 과연 누가 간사한 사람인지는 알지 못했습니다. 알았다 치더라도 (내치지 못하고) 용납함이 많아서 나라를 망치는 데에 이른 자도 많았습니다.

신은 잘 모르지만, 전하께서는 오늘날의 집정자들이 모두 현명하다고 생각하십니까? 아니면 현명한 이와 불초한 이가 섞여 있다고 생각하십니까? 불초하여 현명하지 못한 이가 많기는 하지만 현명한 이를 구하기가 어렵기에 자리를 비워 둘 수는 없어서 부득이 그런 사람들로라도 그 자리에 채운 것입니까? 또는 선왕들께서 전에 이미 등용했던 사람들을 물려주셨기 때문에 현명한지 어리석은지를 묻지 않고 모두 남겨 두어 선왕들의 뜻을 저버리지 않으시려는 것입니까?

요 임금 같은 성인은 간사한 사람과 직무를 태만히 하는 관리를 용납하는 잘못을 범하지는 않았으나, 네 사람의 악인[공공共工·환도驩兜·삼묘三苗·곤鯀]을 남겨 두었습니다. 순 임금은 (이들 네 명을) 모두 처벌하였습니다. 한 나라의 고조와 당 나라의 태조[고조를 말함]는 모두 나라를 창업한 불세출의 군주여서 사람을 임용하는 데 잘못이 없었을 것이라 여길 것입니다. 그러나 한때의 공신들이 종신토록 그 몸을 보전할 수가 없었으며, 혹은 (그들에게) 벼슬을 맡기지 않거나 아니면 (그들로부터) 병권을 거두었습니다. 이로써 본다면 비록 선왕 대부터의 훈신일지라도 (그 인물됨이) 이윤伊尹·여상呂尚·장자방張子房 같은 사람이 아니라면 (조정의) 권세를 맡겨 은혜를 상하게 할 수는 없습니다. 그러므로 진평陳平과 같은 재주를 써서 초나라를 도모할 수는 있었으나, (한 고조가) 그와 더불어 수성을 함께하지는 못했으니, (진평이) 뛰어난 재주와 계책은 많았어도 중용을 얻지 못한 이유입니다.

우리 세조께서는 하늘이 내린 용맹과 지혜를 가지고 해와 달처럼 밝고 명석하여 사람을 쓰는 데 있어서 그 장점과 단점을 일일이 따지지 않으시고, 한 가지 뛰어난 재능이 있는 사람이라면 등용하지 않음이 없으셨습니다. 그러므로 한때의 선비들이 모두 다투어 등용되었던 것입니다. 지금 (전하께서는) 그 타고난 능력이 세조에 미치지 못하신데, 세조 때의 신하들을 다 쓰시려 하시니, 나라의 관직에 임명하거나 그 벼슬을 옮기는 데 있어서 어긋나고 잘못됨이 없겠습니까?

세조께서 무인년[세조 4년, 1458]에 (당시 세자이던) 예종에게 훈계하시기를, "나는 어려움을 당하였으나, 너는 크게 편안할 것이다. 일은 시대에 따라 변하는데, 만약 네가 내가 한 행적에 구애되어 변통할 줄을 모른다면 이른바 둥근 구멍에 모난 자루를 끼워 넣는 것과 같을 것이다"라고 하셨습니다. 전傳에 이르기를, "사시에 순서가 있듯이, 공을 이룬 자는 물러난다"라고 하였습니다. 《서경》에서는 이르기를, "신하가 총애와 이익으로 공을 이루었는데도 (그에) 머물러 있지 아니하면 나라는 영구히 그 아름다움을 보전할 것이다"라고 하였으니, 전하께서는 깊이 살피소서.

오호라, 예로부터 왕들은 누구라도 바른 자를 등용하고, 굽은 자를 버리고자 하였습니다. 그러나 왕의 지위와 거처가 존엄하며 여러 신하와 더불어 만날 때는 그 절차에 또한 법도가 있으므로 (왕을 만나는 신하라면 누구나) 단정하고 공손하지 않음이 없습니다. 그러므로 그 왕께 말을 아룀에 있어 말을 잘하고 응대에 능숙한 자가 사랑을 받고 총애를 삽니다. 그래서 혹은 간사한 사람을 충신으로 생각하고 간사한 사람을 바른 사람이라 여기게 됩니다. 그러므로 주나라의 사윤師尹과 진秦나라의 이사李斯, 당나라의 이임보李林甫와 양국충楊國忠, 송나라의 왕안석·진회秦檜·한탁주韓侂胄와 같은 무리가 그 뜻을 얻은 것입니다. 아, 그때를 당하여 임금이 능히 스스로 알고 밝게 펴서 전하지 못했으므로 후세 사람들을 슬프게 하였습니다. 그러니 후세에서 지금을 보는 것이 오늘날 과거를 보는 것과 다르지 않다는 것을 어찌 알 수가 있겠습니까? 그러니 전하께서는 깊이 살피소서.[46]

이처럼 이심원은 성종에게 나라를 경영함에 있어서 세조의 훈신들을 그대로 두면 안 된다는 점을 강조하였다. 말하자면 세조 대 이래의 공신과 훈신들은 그때의 소용에 따라 세조가 등용한 사람일 뿐이지, 이제 새

[46] 이심원 상소(《성종실록》 권91, 9년 4월 8일 기해조, 9-575, 9가4에서 9-577, 12나좌7) 가운데 이 부분은 9-576, 11가좌3에서 9-577, 12가4까지임.

로운 시대에는 맞지 않는다고 강조한 것이다. 그 공신·훈신들도 그 소명이 다했으면 스스로 물러나야 종신토록 몸을 보전할 수 있고 나라도 태평해진다고 말한 것이다. 세조 사후 예종은 물론 성종 초 이 당시까지도 정국을 다 장악하고 있는 원로 훈신들을 조정에서 모두 내보내야 새로운 정치가 이루어진다는 주장은 정치적으로 매우 큰 파장을 불러일으켰다.

이 상소가 올라온 다음 날인 성종 9년 4월 9일, 왕은 바로 이심원을 선정전에서 친대親對하고, 세조 조의 훈신을 쓰지 말라고 한 상소의 진의를 물었다. 그러자 이심원은 다시 한번 그 뜻을 왕에게 아뢰었다. 창업하는 임금은 그 뜻이 오로지 성공하는 데 있으므로 한 가지 재주만 보고도 사람을 등용하지만, 수성하는 임금은 모름지기 그 재주와 덕성을 겸비한 인물을 써야 한다고 말하였다. 오늘날 왕은 옛 훈신이라고 하여 모두 높이 기용하였으니, 그 사람들이 모두 재덕을 겸비한 사람일 수 있겠느냐고 하였다. 그러면서 훈신들을 그대로 기용할 때, 만약 그 가운데 죄를 범하는 자가 있을지라도 그에게 벌을 가하면 왕의 은혜가 손상되고, 벌을 주지 않으면 나라의 법을 폐하게 된다는 점을 강조하여 말하였다.

그러자 성종은 지금의 대신들은 모두 세조 대 이래의 훈신들인데, 이들을 버리고 누구를 쓰라는 말인지를 물었다. 이때 이심원은 그 가운데 재덕을 겸비한 사람은 당연히 쓰되, 이 세상에는 영웅호걸로 숨어 지내는 자가 무궁무진하니, 어찌 쓸 만한 사람이 없을 것을 걱정하겠느냐고 답하였다. 그가 상소에서 이름을 거론하며 지적한 정여창·정극인·강응정 같은 사람을 등용하라는 것은 그런 뜻이었다.

그러나 도승지로서 왕과 이심원이 친대하는 자리에 입시해 있었던 임사홍은 "조정에서 사람을 쓸 때는 모름지기 경험이 풍부한 원로들을 써야 한다"라고 말하면서, 이심원 같은 사람은 옛글을 많이 읽었으나 그 내용을 현실에 맞게 변통할 줄은 모르는 사람이라고 깎아 내렸다. 그러면서 정여창·정극인·강응정 등도 별 능력이 없는 자들이라고 평하였다.[47]

이심원의 상소에서 지적한 내용은 성종 9년 당시의 현실을 잘 지적하고 있다. 성종이 참으로 왕의 권위를 높이고 새로운 정치를 펴기 위해서는 조정 내의 모든 중요한 자리에 세조 대 이래의 공신들이 자리한 현실을 그대로 두어서는 안 될 일이었다. 그러나 그들을 내보낸다는 것은 무엇을 의미하는가? 그냥 나가라 할 수 있는가? 그런 말까지 이심원이 다 한 것은 아니었다. 다만 정여창·정극인·강응정 같은 사람들을 대신 그 자리에 등용해야 한다는 제안을 통해 이심원은 이제 성리학에 기초한 정치를 펴야 한다는 점을 은연중에 비친 것이다.

그러나 이 문제는 단순한 인사 문제가 아니라 세조 대의 정치를 어떻게 보아야 하느냐 하는 보다 심각한 문제가 내재된 것이었다. 성리학적 도덕정치를 논할 인재를 등용하면 훈신들의 과거사가 반드시 들추어질 것이며, 이것은 세조 대의 정치사 전체에 대한 부정으로 치달을 것이었다. 이심원의 상소를 대하는 성종의 태도는 이에 상당한 관심을 가지고 있다는 것으로 판단되지만, 그는 이러한 혁신적 안을 실현할 힘과 방법이 없었다. 이때 도승지 임사홍이 원로 대신들을 써야 정국이 안정된다고 말한 것은 실은 당시의 현실에서 다른 길이 없다는 점을 알고 있었기 때문이다. 그래서 이 문제가 더이상 논의되지는 않고 묻히는 것 같았다.

그런데 성종 9년 4월 15일, 유학 남효온南孝溫(1454~1492)의 상소가 올라왔다. 남효온은 비록 유학에 지나지 않았지만, 그도 흙비 현상으로 인

---

[47] 《성종실록》 권91, 9년 4월 9일 경자조(9-577, 13가4).

한 성종의 구언 교지에 응하여 이 상소를 제출하였다. 남효온의 상소는 매우 길고 여러 내용을 포함하였다. 특히 이 상소 가운데 마지막 항목은 당시 아무도 거론할 수 없을 정도로 파장이 큰 문제를 논하였다. 그것은 '소릉昭陵'을 복원해야 한다는 것이었다. 소릉은 문종의 왕후를 칭하는 것이다. 왜 이 문제가 중요한가?

문종의 왕후요 단종의 어머니 권씨 왕후는 세종 23년(1441) 문종이 세자 시절 단종을 낳은 직후 산고를 이기지 못하고 일찍 세상을 떠났다. 그러므로 그녀는 살아서 왕후의 지위에 오른 적은 없었지만, 문종이 즉위한 직후 현덕왕후라 추숭하고 그 능을 소릉이라 칭하였다. 세조가 왕위에 처음 올랐을 때는 단종이 선양한 형식을 취했으므로 어린 단종을 상왕이라 부르며 궁중에 머물게 하였다.

그런데 세조 2년(1456) 사육신에 의한 단종 복위 음모가 일어났다. 이 과정에서 사육신뿐 아니라 단종의 외삼촌이며 권씨 왕후의 동생인 권자신權自慎도 연루되어 처형당했으며, 권자신의 아버지인 권전權專은 서인으로 폐해졌다. 세조는 더이상 단종을 상왕이라 부르며 궁중에 머물게 할 수가 없었다. 그래서 단종을 노산군이라 강등하여 유배에 처하였다. 단종의 어머니인 현덕왕후 권씨는 서인으로 강등하고, 소릉이라 불리던 현덕왕후의 능을 개장하여 버렸다.

조선의 왕들은 사후에 그 위패가 종묘에 모셔지는데, 그 옆에는 그의 왕후의 위패도 함께 모시기 마련이었다. 이것은 주자 가례적인 제사의 의식에 있어서 너무도 당연한 일이었다. 그러나 비록 사후일망정 세조가 현덕왕후를 서인으로 폐하고 왕릉을 무너뜨리고 서인의 무덤으로 개장해 버렸으니, 현덕왕후는 더이상 왕후가 아니라는 뜻이었다. 그래서 세조가 종묘에서 현덕왕후의 위패를 빼 버린 것이었다. 쿠데타가 일어나 일시에 많은 사람을 살육하고 전왕을 죽이는 등 공포 분위기로 초기 왕권을 유지할 수밖에 없던 세조 치하에서는 물론이고, 그의 직계 자손이 왕위를 잇고 그 치세에 함께 정치를 도모했던 공신·훈신들이 거의 다 조정 실권자로 남아 있는 현실에서는 누구도 감히 이 문제를 거론하지 못했다.[48] 그런데 성종 9년 4월 15일, 흙비 현상에 놀란 성종이 구언 교지를 내리자 남효온이 이를 기회로 소릉 복원이라는 문제를 제기한 것이다.[49]

이 상소를 본 도승지 임사홍은, "소릉을 복원하라는 것은 신하로서는 감히 의논할 수 없는 것"이라고 강조하면서 제 마음대로 논의를 제기한 남효온의 잘못이라고 왕에게 보고하였다. 특히 이 남효온의 소릉 복원 논의를 세조 때 훈신을 등용치 말라는 이심원의 논의와 연결해서 왕에게 이렇게 보고하였다.

이 상소는 이심원의 상소와 서로 같습니다. 이심원이 경연慶延과 강응정姜應貞을 천거하였는데, 남효온도 경연을 추천하였습니다. 제가 들은 바에 의하면, 남효온의 무리에 강응정·정여창·박연朴演 등과 같은 사람들이 있는데, 이들은 따로 무리를 만들어 강응정을 추숭하여 공자라 하고 박연더러는 안연顏淵이라고 하면서 항상 《소학》의 도를 행한다고 하면서 서로 특이한 이론을 숭상하는데, 이는 실로 폐풍이라 하

---

[48] 소릉 복원 문제는 중종 대에도 큰 문제가 되는데, 이에 대해서는 정두희,《조광조: 실천적 지성인의 삶, 이상과 현실 사이에서》(증보신장판), 아카넷, 2001, 제6장 〈단종의 어머니 권씨 왕후 소릉의 복권〉 부분을 참조할 것. 특히 성종 대 남효온이 문제를 제기한 것에 대해서는, 116~120쪽 참조.

[49] 남효온의 상소는 《성종실록》 권91, 9년 4월 15일 병오조(9-579, 16가좌7). 특히 소릉 문제를 논한 것은 9-581, 20가5 참조.

겠습니다. 한나라에는 당고黨錮가 있었고, 송나라에서는 낙당洛黨과 촉당蜀黨이 있었습니다. 이들 무리는 예전의 (붕당에는) 미치지 못하나 왕의 치세에는 폐가 되므로 점점 자라게 놔둘 수는 없습니다.[50]

임사홍은 이심원과 남효온의 상소가 모두 세조 대를 지목하고 있다는 사실, 또 세조 대 훈신으로서 현재 실권을 잡고 있는 원로 대신들을 새로운 인물들로 교체하기를 주장하고 있다는 점 등을 묶어 붕당으로 몰았다. 이 사료에 의하면 이들은 《소학》의 도를 실행한다는 기치를 걸고 서로 모여 특이한 이론을 숭상한다 했으니, 당시 조선의 학인들 사이에 기풍이 달라지고 있었음을 알 수가 있다. 그 기풍은 성리학적 도학정치를 지향하는 것이 분명하며, 그에 따르면 세조의 찬탈과 그를 도운 훈구 대신들은 정치에 임할 수가 없는 인물들이 아닐 수 없었다. 그 위험을 안 임사홍은 이들을 한나라의 당고, 송나라의 붕당에 비하면서 이런 폐풍이 자라게 해서는 안 된다고 말한 것이다.

---

[50] 남효온의 상소가 끝난 말미에 나오는 임사홍의 말로서, 이는 9-581, 21가6을 참조할 것.

||||||

23

이심원과 남효온에 대한 훈신들의 반격

임사홍이 이심원과 남효온의 상소를 보고 붕당의 폐풍이 있다고 비판한
지 닷새 후인 성종 9년(1478) 4월 20일의 경연에서 동지사 서거정이 이 문
제를 본격적으로 거론하고 나섰다. 서거정은 비단 이 상소의 내용만을 문
제 삼은 것이 아니라 이런 논의가 당시의 더 넓은 범위 속에서 진행되고
사대부들의 그릇된 분위기에서 나온 것이라고 지적하면서 이렇게 말하
였다.

요즘 이육李陸이 대사성이 되자 유생들이 이육이 회초리로 종아리를
때림에 있어 너무나 엄하게 한다면서 성균관을 나가 버렸습니다. 참으
로 사습이 바르지 못함을 알 수가 있습니다. 비단 이뿐만이 아닙니다.
혹은 벽에다 글을 쓰기도 하고 혹은 그림을 그려서 대사성을 조롱하기
도 하였습니다. 사람이 삼종지도를 지키는 여자의 몸에서 태어나 스승

을 조롱하는 것은 바로 그 아비를 조롱하는 것이나 다름없습니다.

지금 남효온이 상소를 올려 말하기를, "내가 그로부터 도를 배우려 하나 그 사람은 도학을 모르고, 내가 그에게 공경함을 물으려 하나 그 사람은 공경함이 없습니다"라고 하였습니다. 이는 참으로 스스로 자만에 빠져 그 스승을 업신여기는 것입니다. 이런 무리는 (공연히) 고담준론만을 좋아하여 사람의 귀를 놀라게 하고 미혹하게 하였으니, 이러한 풍조를 그대로 둘 수는 없습니다. 남효온 역시 성균관에서 배운 자이며, 유진俞鎭이 오래 거기서 스승의 자리를 지켰으니, 남효온은 반드시 (유진의) 가르침을 받았을 것입니다. 그런데 유진을 지목하여 "유진은 오래 옥당에 있으면서 지위가 당상관에 이르고 녹 또한 후한데, 한 명의 누이를 포용하지 아니한다"라고 하면서 유진의 악덕을 극언하였습니다.

만약 이런 무리를 징벌하지 않으면 서로 앞을 다투어 (그런 나쁜 태도를) 본받아 결국에 가서는 그런 습속이 쌓이고 하나의 큰 폐풍을 이룰 것입니다. 나중에는 이를 바로잡을 수가 없게 될 것입니다. 또 나라의 대간이 조정의 신하들과 더불어 논의하는 것은 가하다 하겠으나, 남효온은 한낱 유생의 몸으로 감히 이런 말을 하였으니, 그는 큰소리 하기를 좋아하고 거짓으로 꾸며 명성을 얻고 출세하고자 하는 수단으로 삼고 있습니다. 그러므로 이러한 신진의 경박한 무리를 전하께서는 잘 알아서 금해야 할 것입니다.[51]

이육이 성균관의 대사성이 된 것은 성종 3년(1472) 12월 9일인데,[52] 아

---

[51] 《성종실록》 권91, 9년 4월 20일 신해조(9-582, 23가좌3-23나8).
[52] 《성종실록》 권25, 3년 12월 9일 신미조(8-698, 4나3).

마도 이때 성균관 유생들이 그러한 반발을 일으키고 성균관을 떠나는 사태가 있었던 모양이다. 이 점을 지적하면서 우선 남효온의 상소 가운데 두 구절을 문제 삼아 거론하였다. 서거정이 위의 사료 가운데서 "내가 그로부터 도를 배우려 하나 그 사람은 도학을 모르고, 내가 그에게 공경함을 물으려 하나 그 사람은 공경함이 없다"라고 한 남효온의 말은 그의 상소 가운데 학교를 크게 진흥해야 한다는 대목에서 나온다.

이 대목에서 남효온은 당시 성균관의 교육 내용과 성균관에서 유생을 가르치는 관료 학자들에게 신랄한 비판을 아끼지 않았다. 그는 "(조선의) 태학은 유명무실하여 훈고나 배우고 사장이나 익힐 뿐"이라고 비판하면서,[53] 스승 된 자도 기껏해야 구두句讀나 따지는 정도여서 제대로 학문을 할 수가 없다고 위에서 서거정이 인용한 말을 했던 것이다.

다만 남효온이 유진을 지목해서 비판했다고 한 것은 남효온이 그 상소에서 풍속을 바르게 해야 한다고 주장한 대목에서 나온 것이다.[54] 여기서 남효온은 유진의 이름을 직접 거론하지는 않았지만, "오래 옥당에 있으면서 지위가 당상관에 이르고 녹 또한 후한데, 한 명의 누이를 포용하지 아니한다"라고 한 것은 서거정만이 아니라 누구라도 당시 성균관의 부제학이던 유진을 의미한다고 알 수 있었다. 이 모두 기성의 학풍과 학자를 비판한 것이라 할 수 있겠다.

남효온은 그의 긴 상소에서 결국 당시의 인재 등용 방식, 학교의 교과 내용, 선생의 자질 등을 다 비판하였는데, 이것이 다 그가 배운 성리의 도

---

53 남효온의 상소 가운데 당시의 성균관을 비판한 대목은 9-580, 18나좌3에서 19가1 이하를 참조할 것.
54 남효온의 상소 가운데서 이 부분은, 9-580, 19나좌1에서 20가1 이하를 참조할 것.

학에서 거리가 멀다는 것을 의미하였다. 그가 그 상소의 맨 마지막 대목에서 '소릉 복원'을 청한 것도 따지고 보면 성리학의 맥락에서 당시의 학문과 사대부의 기풍 및 당대의 정치를 비판한 것이었다. 그러기에 서거정은 소릉 복원을 문제 삼지 않고 기존의 사풍을 모두 비판한 내용을 문제 삼은 것이었다.

서거정의 비판에 이어 좌승지 손순효는 남효온과 이심원의 상소가 같은 맥락에 있음을 지적하고, 이 둘을 '의기일당야疑其一黨也'라고 단정하였다. 말하자면 이 둘이 서로 입을 맞추어 동시에 같은 상소를 올렸다는 것이다.[55] '일당'이라 했으니 이 둘을 붕당 죄로 몰려는 것이 분명하였다. 그러자 서거정은 다시 앞서 임사홍이 그랬던 것처럼 이 둘을 송나라 때의 낙당과 촉당 등에 비유하면서 붕당 죄로 몰았다.[56]

곤란해진 왕은 이미 승정원에서 이심원과 남효온을 국문하기를 청했지만, 구언의 교지에 따라 올라온 상소이기에 윤허하지 않는다면서 이 문제를 덮으려 하였다. 그러나 한명회가 입을 열어 소릉을 복원하는 일은 감히 신하로서 말하지 못할 문제이므로 이 둘을 국문하는 것이 옳다고 주장하였다. 물론 대사간 안관후安寬厚가 왕의 구언 교지에 따라 제기된 상소 내용을 문제 삼을 수 없다고 변호하였지만,[57] 이 문제가 이대로 중단될 것 같지는 않았다.

성종 9년 4월 24일의 경연 석상에서 한명회는 이심원이 세조 조의 공신을 쓸 수 없다고 한 말을 문제 삼고 나왔다. 이어서 같은 자리에서 그는

---

[55] 《성종실록》 권91, 9년 4월 20일 신해조(9-582, 23나좌7).
[56] 위의 사료 가운데, 9-582, 23나좌5.
[57] 이상은 위의 사료 가운데, 9-582, 23나좌1에서 9-583, 24가1 이하 참조.

소릉 복원을 주장한 남효온을 추궁해야 한다고 주장하였다. 왜냐하면 이심원과 남효온은 서로 붕당을 이룬 것이 분명해 보였기 때문이었다. 대사헌 유지柳輊조차도 한명회의 말을 따라 이심원과 남효온이 붕당을 이룬 것이 분명하니 이 둘을 국문해야 한다고 주장하였다. 물론 노사신과 같은 중신이나 성종이 구언의 교지에 따라 올라온 상소를 문제 삼아 처벌할 수는 없다고 하여, 이 두 사람의 처벌이 곧 결정된 것은 아니었다. 기사관 안윤손安潤孫 같은 사람은 이들도 서로 소학계小學契를 만들어 강응정을 공부자라 칭하고 박연을 안연이라 하면서 지내는 것 등을 비웃지 아니하는 사람이 없지만, 그렇다고 이들을 붕당 죄로 몰고 갈 수는 없다고 주장하였다.[58]

이심원과 남효온의 상소로 들끓은 이상의 논의를 보면 성종 9년 당시 조선왕조 사대부들 사이에 진정한 학문이 무엇인가를 놓고 상당한 긴장이 저변에서 쌓여 가고 있었음을 짐작할 수 있다. 이심원과 남효온 같은 이들은 벼슬이 높지는 않았지만, 《소학》을 중심으로 독서를 하며 주자의 성리학을 조선 유학의 중심에 두어야 한다고 믿었다. 그러나 이미 현직에 나가 있는 대부분의 관료는 유학에 토대를 두더라도 조선왕조의 전통, 특히 세조 대 이래의 전통을 존중해야 한다고 생각하였다.

지금까지 이 분야를 연구한 역사학자들은 이러한 갈등 구조를 해석하는 데 경제적 요인을 가장 큰 원인으로 드는 경향이 있었다. 말하자면 주자 성리학을 주장하는 사람들은 중소지주이자 지방에 토대를 둔 자들이

---

[58] 이상의 논의는 《성종실록》 권91, 9년 4월 24일 을묘조(9-585, 29가7) 참조.
계승범 부기: 이 시기에 나타난 소학계라는 네트워크를 중심으로 사림을 설명한 최근 연구로는 윤인숙, 《조선 전기의 사림과 소학》, 역사비평사, 2016 참조.

었는 데에 비해, 이를 억누르고 조정의 고위직을 다 차지한 사람들은 누대 중앙에서 살면서 조선왕조의 고위직을 누리던 사람들 혹은 그 자손들이며 대지주층이었다는 것이다. 전자를 흔히 사림파라 부르고 후자를 훈구파라 하면서, 이들의 대립은 중소지주와 대지주의 갈등이라 해석하곤 하였다.[59]

그러나 여기서 문제를 일으킨 이심원은 종친으로서 주계부정朱溪副正이라는 칭호를 지니고 있었으며 임사홍의 부인이 이심원의 고모였다. 남효온은 태종 대 정사공신이었던 남재南在의 5대손으로서 그가 상소를 올릴 당시 유학의 신분으로 관직에 있지는 않았어도 그 또한 누대에 걸친 공훈 집안의 사람이었다. 말하자면 성종 초 조선왕조 사대부 세계에서 주자 성리학을 적극적으로 받아들여야 한다는 자들은 한결같이 현재의 관리 등용 제도를 개혁하여 세조 대 이래의 훈신을 대체할 수 있도록 해야 한다는 주장을 폈다.

세조는 왕위에 오른 후 죽을 때까지 왕으로서의 정통성에 도전을 받았기 때문에 그의 집권을 도운 공신집단을 중심으로 정치를 운용해 왔다. 그 공신집단의 중심인물인 한명회의 두 딸이 모두 예종과 성종의 왕비였다. 이렇게 해서 세조에서 성종에 이르는 동안에 조선의 권력은 세조의 공신들에게 과도하게 집중되어 있었다. 그러므로 이런 대립은 조선왕조 지배층의 핵심적 내부에서 빚어진 것이며, 지배층 내부의 정치적·사상적 분열과 대립은 이 시기의 조선왕조뿐 아니라 중국의 전통 왕조에서도 흔히 볼 수 있는 일이었다.

---

[59] 계승범 부기: '훈구파–사림파' 학설에 대한 연구사 비평으로는 계승범, 《중종의 시대: 조선의 유교화와 사림운동》, 역사비평사, 2014, 5장에 상세하다.

이심원과 남효온이 세조 대의 공신을 써서는 안 된다고 주장한 것은 그 권력 과점 현상을 타파해야만 조선왕조의 원기가 살아날 수 있다고 보았기 때문이다. 그리고 자신들의 현실 비판의 사상적 지주를 주자 성리학에서 찾았다. 주자 성리학에서는 시비곡절을 철저하게 따져, 무엇이 옳고 무엇이 그른가를 끝까지 추궁하게 마련이었다. 주자 성리학에서 정치란 현실적 상황을 고려해서 가능한 최선의 대안을 모색하는 것이 아니고, 자신의 덕성을 함양해서 끝내 도덕군자가 되는 것을 정치의 요체로 보았다. 그런 입장에 서게 되면 세조의 찬탈을 도운 훈신들은 충신은 두 임금을 섬기지 않는다는 충효의 기본 윤리를 저버린 사람들이기 때문에, 주자 성리학에 따르는 한 이들의 과거를 덮어 둘 수가 없게 되는 구조였다.

이심원과 남효온의 상소를 두고 한명회와 같은 원로 대신들이 이들을 붕당으로 몰아 그들의 논의 자체를 불경죄로 몰아가면서 극단적으로 대응한 것은 이들의 학문과 사상이 몰고 올 파장을 미연에 막으려는 것이었다. 그러나 성종 9년경이 되면 그만큼 시대도 변했으며, 왕 자신도 이런 논의를 적극 수용할 수는 없다 하더라도 이런 논의가 자신의 왕권을 더 확고하게 높이는 데 유용하다는 점을 모르지 않았다. 그래서 한명회와 임사홍 같은 사람들이 이심원과 남효온을 붕당 죄로 몰아갔어도 이들은 그로 인해 극형을 받지는 않았다. 그러나 이때의 갈등은 다시 과거 도승지 현석규 문제를 가지고 싸우던 때의 논쟁으로 되돌아가면서 임사홍과 유자광을 또 다른 붕당으로 단죄해야 한다는 논의로 비화하였다.

24

|||||||

유자광과 임사홍

이 책의 주인공 유자광은 성종 9년(1478) 4월 이심원과 남효온이 세조 대의 훈신을 쓰지도 말고 소릉을 복원해야 한다고 주장함으로써 불거진 붕당 논의와는 아무런 관련도 없었다. 한때 도승지 현석규를 탄핵하는 과정에서 김언신의 탄핵 내용과 너무도 비슷하다 하여 붕당 논의에 휘말렸던 유자광이었지만, 이미 도승지는 임사홍으로 교체되었고 정국은 새로운 문제를 두고 달아올랐다. 그런데 누구보다도 먼저 이심원과 남효온을 붕당이라고 몰아갔던 임사홍이 공격을 받으면서 일어난 소용돌이에 유자광도 휩쓸려 들어갔다.

그리고 보니 도승지 현석규 탄핵 문제를 야기한 최초의 사건, 즉 과부 조씨의 재혼 문제를 왕에게 보고하는 과정에서 당시 승지들이 서로 반목하였을 때 임사홍이 문제된 적이 있었다. 임사홍도 당시 승지로서 승정원 내부의 일로 봉합했어야 할 현석규와 홍귀달의 다툼 과정을 외부로 발설한 자라는 지목을 받았다.

성종 9년 4월 초하루, 흙비가 많이 내리자 조정에서는 이 흙비를 내린 하늘의 뜻을 두고 대책 회의가 열렸다. 그 대책의 하나로 왕은 구언을 청하는 교지를 내리고, 이 교지에 응하여 문제가 된 이심원과 남효온의 상소가 제출되기에 이른 것은 이미 언급한 바이다. 조선왕조와 같은 유교 국가에서 자연재이는 항상 인간의 잘못에 대해 하늘이 내리는 경계라고 해석하였다. 그러기에 이런 경우 왕은 흔히 천하의 대책을 묻는 교지를 내렸으며, 이 기회에 평시에는 차마 공개적으로는 말할 수 없던 정치적으로 매우 민감한 사안에 대해서도 과감한 견해가 제시되었다. 세조의 공신을 쓰지도 말고, 소릉을 복원해야 한다는 이심원과 남효온의 상소도 당시의 형편에서는 생각하기 어려운 현실 비판적 내용을 담은 것이었다.

이 둘을 처벌해야 한다는 주장이 있었어도 왕의 구언 교지에 따라 제출한 상소의 내용을 문제 삼는다는 것은 언로를 막으려는 행위라는 주장이 강하였다. 그러므로 임사홍이 이심원과 남효온을 붕당 죄로 본 것은 유교정치의 근본을 무시하는 행위로 간주되었다. 왕의 가장 측근에 있는 도승지의 신분으로 이 둘을 극형으로 몰고 갈지도 모를 붕당 죄로 단정한 임사홍이 전면적인 비판에 직면할 것은 당연하였다. 특히 이심원이나 남효온 같은 성리학자들의 비판은 참으로 격렬하였다.

그렇다고 해서 그의 비판자들이 생각하는 것처럼 임사홍이 아주 틀린 말을 한 것은 아니었다. 아직도 세조 대의 훈신들이 조선왕조의 중심부를 지키고 있는 상황에서 이들을 내몰아야 한다는 주장이 제기되면 이제 겨우 친정체제에 들어선 젊은 왕 성종의 치세가 크게 뒤흔들릴 수도 있었다. 이런 상황에서 이제 대간에서는 흙비를 통해 알게 된 하늘의 뜻을 실현하기 위해서는 사람들이 근신해야 하므로 왕이나 조정의 대신들이 술을 함부로 만들거나 마셔서는 안 된다고 주장하였다.

이들 두고 임사홍은 술이란 본래 사람이 먹고 마시는 것이며, 큰 재이를 만나 임금이 몸을 닦고 마음을 반성하며 술을 금해야 한다는 것은 말이 그렇다는 것이지, 이를 하나하나 그대로 지켜야 한다는 뜻은 아니라고 반박하였다. 또 자연재이라는 것은 천지의 돌아가는 이치로 말미암은 것이지 거기에 어떤 의지가 담겨 있는 것은 아니라고 주장하였다. 그러면서 이때에 내린 흙비도 그렇게 대단한 재이는 아니기에 대간의 말에 따라 술을 금할 필요는 없다고 단언하였다.[60] 임사홍은 현실적 입장에서 흙비 논쟁이 지나치게 민감한 정치 논쟁으로 가는 것을 막으려 하였던 것이며, 그의 처지에서는 충분히 그럴 수도 있는 사안이었다.

그러나 그와 다른 입장에서 본다면 이는 참으로 반유교적이며 왕과 권신에게 아첨하는 행위였다. 그래서 위의 사실을 기록한 《성종실록》의 말미에 사관은 임사홍의 발언을 놓고, "(이러한 임사홍의 주장은) 모든 (올바른) 이치에 어긋나는 것이며, 왕을 속이는 것이니, 예전 아첨하는 말을 늘어놓아 스스로 몸을 파는 자와 무엇이 다르랴?"라고 신랄하게 비판하였다.[61] 말하자면 당시 성종 대의 조정에는 임사홍을 아첨이나 일삼는 간신으로 몰아붙이려는 사람들도 있었던 것이다. 임사홍에 대한 비판자들은 여기서 멈추지 않고, 그를 계속 궁지로 몰기 위해 과거 임사홍이 도승지 현석규를 비판하던 일을 들추어내기 시작하였다.

사실 현석규와 홍귀달이 다툴 때 있었던 사정은 같은 승지들만이 알 수 있는 일이었는데 이것이 공론화하는 과정에서 임사홍이 대간 박효원

---

[60] 《성종실록》 권91, 9년 4월 21일 임자조(9-583, 25나6).
[61] 《성종실록》 권91, 9년 4월 21일 임자조(9-584, 26가좌4).

을 부추겼다는 의혹은 사라지지 않았다. 이 문제가 다시 거론되자, 임사홍은 당시 현석규가 홍귀달을 욕할 때 입에 거품을 물고 침이 튀는 지경에 이를 정도였다는 정황을 보고 분노를 참을 수 없었다고 말하면서 자신의 처사를 정당화하였다. 하지만 홍문관 교리 권건權健이 도승지 임사홍이 최근에 한 말들이 모두 "소인들이나 하는 짓"이라고 몰아붙이고 나섰다. 그러자 홍문관원 거의 전원이 권건에 이어 임사홍을 탄핵하였다. 이때 홍문관 교리 안침安琛, 부교리 권경우權景祐와 김흔金昕, 수찬 이창신李昌臣 등도 임사홍은 그 하는 말이나 행동이 모두 음험한 소인배라고 욕하면서 심지어는 임사홍의 아버지 임원준任元濬까지도 간사하고 탐욕스러운 자라서 사람들이 임사홍 부자를 일컬어 대임大任과 소임小任이라고 지목한다고까지 하였다.[62]

이렇게 임사홍에 대한 비판 과정에서 과거 현석규 탄핵사건까지 다시 문제가 되었다. 그러자 대사헌 유지柳輊는 당시 사헌부 지평이던 김언신이 현석규를 당나라 때의 노기와 송나라의 왕안석에 비유하였는데, 이 모두를 임사홍이 시킨 일임을 상기시키면서, 그때 유자광도 이들과 입을 맞추어 현석규를 탄핵한 사실을 끄집어내 거론하였다. 유지는 김언신이 임사홍과 가깝고, 또 유자광과도 서로 가까운 사이이므로 이들은 반드시 결탁하였을 것이므로 마땅히 국문해야 한다고 주장하였다. 일이 이렇게 되자 왕은 이들을 의금부에 내려 국문하라는 명을 내렸다.[63]

성종은 마지못해 국문하도록 명하긴 했으나, 이들 모두를 소인으로 몰아 치죄하는 것에는 반대하였다. 성종은 임사홍은 이미 승지를 거쳐 참

---

62 《성종실록》 권91, 9년 4월 30일 신유조(9-595, 48나2에서 49가좌1까지).
63 위의 사료, 9-595, 49가좌1에서 49나5까지.

의도 역임한 관료인데 그때는 아무 말 없다가 지금에 와서 이를 소인이라 하는 것은 이해할 수 없다고 하였다. 하지만 국문 결과 임사홍은 자신의 혐의를 반은 자백하였고, 무고죄로 몰린 사헌부와 홍문관의 관원들은 혐의가 없는 것이 드러났으므로 현직에 복직시키고자 하였다.[64]

이제 임사홍·김언신·유자광 등은 모두 소인배로 몰리고 붕당 죄를 쓰게 될 지경에 이르렀다. 특히 유자광은 언관이 아닌데도 불구하고 이들과 협의하여 현석규를 탄핵하였다는 잘못을 지적받았으며, 왕도 이를 인정하였다.[65] 이렇게 해서 유자광과 김언신이 현석규를 탄핵할 때 사전에 서로 협의하였는지 여부를 가려내기 위해 국문을 명하였다.[66] 유자광은 김언신과 함께 투옥되어 조사를 받았지만, 이 둘은 혐의를 완강하게 부인하였다.[67] 그러나 고문을 받게 되자 유자광은 혐의를 인정하였다.[68]

사실 유자광은 임사홍과는 깊은 관계가 없었으며, 성종 9년 흙비가 내린 것을 계기로 인해 벌어진 조정 내의 암투에서 이 두 사람이 동일한 보조를 취한 적도 없었다. 오히려 유자광은 이때의 시비에 관여하지도 않았다. 그보다는 이심원과 남효온의 상소가 문제되었을 때 임사홍이 도승지로서 이들의 주장을 비판하고 나서자 홍문관과 예문관의 관리들 20여 명

---

[64] 위의 사료, 9-595, 49나6에서 49나좌3까지.

[65] 위의 사료, 9-596, 50가좌4에서 50가좌1까지.

[66] 《성종실록》 권92, 9년 5월 1일 임술조(9-597, 1나6).

[67] 이 둘이 옥중에서 자신들의 혐의를 부정하고 결백을 주장한 내용은 《성종실록》 권92, 9년 5월 3일 갑자조(9-598, 3나6에서 9-599, 5가좌6)를 참조할 것.

[68] 유자광에게 고문을 가해야 한다는 명이 내린 것은 《성종실록》 권92, 9년 5월 4일 을축조(9-599, 5나3)를 참조. 유자광이 이에 자복했다는 것은 9년 5월 5일 병인조(9-600, 6가좌6)를 참조할 것. 유자광이 혐의를 인정했다는 것은 9-600, 6나7을 참조.

이 거푸 임사홍을 탄핵하고 나서면서 사태가 악화하였다. 이심원과 남효온이 성리학적 도덕정치의 구현을 주장하는 사람들을 대변하였다면, 임사홍은 그들의 공적으로 지목되었던 것이다. 예문관과 홍문관 관리들이 모두 나서 임사홍을 붕당 죄로 몰고 가는 과정에서 과거 현석규의 탄핵사건이 재론되었고, 여기에서 현석규를 소인으로 몰아붙인 과거 유자광의 상소가 다시 소환되었다.

임사홍을 탄핵하던 이들은 유자광을 추가하여 이들 모두를 소인배요 붕당이라 몰았던 것이다. 이 싸움에서 임사홍이 밀리자 유자광도 함께 조정에서 쫓겨나게 되었다. 이들의 처벌을 놓고 긴 논의가 있었지만 결국 성종 9년 5월 8일, 임사홍은 의주로, 유자광은 동래로, 김언신은 강계로 유배하는 것으로 사태는 일단 종식되었다.[69]

---

[69] 《성종실록》 권92, 9년 5월 8일 기사조 9–605, 16가7.

25

|||||

승자도 패자도 없는 싸움

유자광이 임사홍과 더불어 유배당했다는 것은 이심원과 남효온의 상소 내용을 지지했던 예문관과 홍문관의 승리를 의미했다. 그러나 문제는 그리 간단하지 않았다. 임사홍이 곤경에 처하게 되었을 때인 성종 9년 5월 6일, 그의 부인 이씨는 남편의 무죄를 주장하는 상소를 올렸다. 거기에서 이씨 부인은 남편인 임사홍을 모함하는 사람으로 이심원을 지목하였다.

사실 이심원의 아버지인 평성도정枰城都正 이위李緯는 임사홍의 처 이씨의 오라버니였다. 그래서 이씨 부인은 그의 오라버니요 이심원의 아버지인 이위의 말을 근거로, 조카인 이심원이 문제의 상소를 올린 것은 이창신李昌臣과 표연말表沿沫 등이 뒤에서 시킨 것이라고 주장하였다. 이씨 부인은 특히 이심원과 절친한 이창신이 배후에 있다고 믿고서, 그를 "종친과 교결하여 겉으로는 공의를 주장하나 실은 남의 허물을 모함"하는 소인배라고 격하게 비난하였다.

이씨 부인의 상소에 의하면 임사홍을 궁지로 몰았던 채수蔡壽는 이심원과 숙질간이며 이창신은 자신의 남편 임사홍과 동갑인 친척임을 아울러 강조하였다.[70] 그 이창신은 임사홍의 말은 모두 옛 문헌에나 나오는 전형적인 소인배의 아첨에 지나지 않는다고 비난한 사람이었으며, 채수는 흙비가 내리는 것은 재이가 아니라 자연의 이치가 그런 것이라 한 임사홍의 말이 "소인으로서 임금을 현혹하는 말"이라고 몰아붙인 자였다.[71] 이창신은 당시 홍문관 수찬이며, 채수는 홍문관 응교였다. 그러므로 이씨 부인은 이처럼 가까운 인척 관계에 있던 사람들이 평소에는 매우 가까운 척하다가 이처럼 돌변하여 배척할 수 있는지를 드러내고자 하였다. 그녀는 인정에 크게 호소하고 나선 것이었다. 이러한 이씨 부인의 상소는 상당한 반향을 불러일으켰다.

이씨 부인의 상소가 올라오자 그녀의 조카인 이심원의 처지가 매우 곤란해졌다. 성종 9년 5월 8일, 효령대군(1396~1486)은 자신의 증손자이기도 한 이심원이 그의 고모부 임사홍을 탄핵할 수 있느냐면서 임사홍을 석방하고 이심원을 처벌하라고 주장하였다. 거기에 더하여 이때 이심원이 병중에 있는 그의 아버지를 제대로 돌보지 않는다는 소문도 있었다.[72] 효령대군은 태종의 둘째 아들이요, 세종대왕의 형님이었으며 이때 그의

---

70 이씨 부인의 상소는, 《성종실록》 권92, 9년 5월 6일 정묘조(9-600, 7가좌5에서 9-601, 8가좌3) 참조.

71 《성종실록》 권91, 9년 4월 28일 기미조(9-588, 35가좌6에서 9-591, 40가3까지)에는 홍문관, 예문관, 그리고 대간에 속한 인사들이 임사홍을 소인이라고 비난하는 장문의 토론 기사가 있다. 그 가운데 이창신이 한 말은, 9-588, 35나7에서 9-589, 36가3까지이며, 채수의 말은, 9-589, 36가8에서 36가좌4까지임.

72 《성종실록》 권92, 9년 5월 8일 기사조(9-604, 15가6).

184

나이도 이미 팔십이 넘었다. 어느 모로 보더라도 종친 중의 으뜸이요 원로였다. 그러기에 종친 내부에서의 압력을 견디기가 쉽지 않았던 성종도 이 문제를 그냥 넘어갈 수가 없었다. 결국 성종 9년 5월 15일 성종은 다음과 같은 뜻을 종부시宗簿寺에 내리기에 이르렀다.

> 비록 멀고 가까움과 친하고 소원한 차이는 있을지라도 종친은 모두 같은 조종의 후손들이므로 (나라에서도) 한결같이 (서로를) 은혜와 예로써 대우하되, 일찍이 (종친에게 나라의) 일을 맡기지 않았다. 이는 곧 높은 이를 존경하는 의리이며, 가까운 친척을 가까이하는 도리여서, 무릇 (종친을) 대우하는 것이 보통 사람을 대우하는 것과는 다른 것이다. 요즈음 주계부정 이심원이 무뢰한 유생들과 친분을 맺고, 서로를 명망과 영예가 있는 자라고 높이면서, (심지어는 서로를) 공자·증자·자사·맹자라 칭하면서 사사로이 서로 청탁하여 그 하는 말이 조정의 정치에 미쳤으니 이러한 폐단을 자라게 둘 수는 없다. 이제부터 감히 이를 따라 하는 자가 있으면 즉시 탄핵하여 그런 (폐단이) 자라는 것을 막아야 할 것이다.[73]

이후 이심원에 대한 처벌을 놓고 많은 논란이 이어졌다. 4개월 후인 성종 9년 9월 5일 이심원이 종친들의 모임에서 할아버지인 보성군 이합李㝓에게 불손하고 도리에 어긋난 말을 했다는 것을 이유로 종부시에서는 이심원을 처벌해야 한다고 건의하였다. 이에 따라 왕은 이심원을 의금부

---

[73] 《성종실록》 권92, 9년 5월 15일 병자조(9-606, 19가 5).

에 하옥하도록 명하였다.[74] 이심원은 할아버지에게 불손하고, 아버지의 병환도 돌보지 않는 불효자로 몰린 것이다. 그의 발언 내용이 지니는 정치적 의미 따위는 더이상 중요하지 않았다. 이렇게 해서 이심원은 장단부에 유배되었다.[75]

이미 성종 9년 5월 초, 임사홍이 유자광 등과 함께 붕당 죄로 몰릴 때 당시의 대사헌 유지는, "남효온이란 자가 소학계를 만들어서 서로 붕당을 이루었다"라면서, 이 같은 무리는 반드시 징계해야 한다고 주장한 적이 있었다.[76] 임사홍과 유자광 등이 단죄되고 난 후 이때 이심원이 다시 처벌되었으니, 두 당사자 모두가 붕당 죄로 유배를 당한 셈이었다.

성종이 그 재위 7년에 대비의 섭정을 종식시키고 친정에 나섰을 때는 한명회와 같은 원로 훈신들이 원상이라는 이름으로 조정의 정치를 장악하고 있었다. 성종이 왕권을 세우고자 할 때는 불가피하게 이 원상제를 폐지하고 한명회와 같은 이들을 일선에서 물러나게 하지 않으면 안 되었다. 바로 그때 유자광이 한명회를 탄핵하고 나섰기 때문에 성종은 유자광을 매우 신임하였다.

그러나 유자광은 서자였기에 조정 대신들의 여론을 움직일 처지는 아니었다. 그는 성종의 치세를 뒷받침할 만한 세력을 이끌 수 없었다. 성종은 임사홍처럼 훈신의 자손이며 또 종친과 혼인을 맺은 인사를 요직에 앉

[74] 《성종실록》 권96, 9년 9월 5일 계해조(9-647, 1나좌1).

[75] 《성종실록》 권96, 9년 9월 10일 무진조(9-650, 6가5).

계승범 부기: 이심원을 처벌한 주요 근거가 정작 불효 죄라는 점은 흥미롭다. 이심원의 처벌 논의에 대해서는 김가람, 〈조선 전기 유교식 불효의 출현: 성종 대 이심원 불효 사건을 중심으로〉, 《한국사상사학》 71, 2022 참조.

[76] 《성종실록》 권92, 9년 5월 7일 무진조(9-603, 13가4).

혔지만, 그는 곧 예문관이나 홍문관에 포진한 젊은 유학자 관료들의 표적이 되어 유배되었으며, 이때 유자광도 일시 실각하였다. 새로운 바람을 일으킬 것 같았던 이심원과 남효원 같은 신진 지식인들이 연이어 단죄됨으로써, 성종 9년경의 조선 조정 내에는 왕이 의지할 세력이 전무하였다.

결국 살아남은 것은 한명회와 같은 세조 대 이래의 훈신들뿐이었다. 이들도 연로하였을 뿐 아니라 왕성하던 과거와는 같지 않았다. 결국 왕은 누구의 편도 아니며 누구의 힘도 빌릴 수가 없었다. 조정의 여러 정치 세력이 서로 대립하는 과정에서 누구도 완전한 승자가 될 수 없었다는 것은 왕의 입장에서 꼭 불리할 것도 없었다. 그런 팽팽한 경쟁 속에서 왕은 상대적으로 그 권위가 더 강해질 수도 있기 때문이었다. 하지만 여기서 왕은 자신의 의지로 그 어떤 정책도 강력하게 추진할 수 없었다는 점을 지적하는 것은 무의미하지는 않을 것이다.

나아가 성종 8년에서 9년까지 진행된 정치적 논쟁과 대립은 매우 사소하고 감정적이었으며, 이 모든 문제가 늘 상대방의 도덕성에 대한 시비로 발생하였다. 동시에 반대파를 공격할 때는 항상 붕당이라는 죄목이 동원되었지만, 이런 공격을 가하는 측도 결국은 붕당 죄로 쫓겨나고 말았다. 이미 성종 친정 초기에 서로의 반대파를 붕당으로 몰 수 있을 정도로 조선의 조정은 파당적인 제 세력간의 대결장이 되어 가고 있었던 것이다.

26

|||||

유자광의 복직

멀리 경상도 동래로 유배 간 유자광은 한때 반역을 꾀했다는 고발을 당하기도 했으나,[77] 고발자인 행사맹行司猛 임예林芮는 무고죄로 장 100대에 고신을 박탈당하는 중형을 받았다.[78] 오히려 유자광에 대한 복권 논의는 비교적 일찍 시작되었다. 성종 10년(1479) 4월, 왕은 유자광은 예종 조의 공신이므로 공신녹권을 돌려주는 것이 좋겠다는 의견을 표명하였다. 정승들 사이에 견해가 갈리긴 했으나 유자광의 죄는 종사에 관련되는 것은 아니므로 녹권을 돌려주어도 무방하다는 정창손의 건의를 받아들여 그

---

[77] 《성종실록》 권93, 9년 6월 24일 갑인조(9–620, 22가5).
[78] 《성종실록》 권94, 9년 7월 14일 계유조(9–623, 6나좌3).

대로 시행하였다.[79] 그러나 이에 대한 대간의 반대도 거세서[80] 왕도 공신 녹권을 돌려주라는 명이 있은 며칠 후 다시 이 조처를 취소하고 연기하라는 명을 내렸다.[81]

이렇게 해서 다시 3개월이 더 지난 성종 10년 7월, 유자광은 승정원에 투서 형식으로 왕에게 전달하는 봉서를 제출하였다. 투서가 들어 있는 봉투의 앞면에 "도승지 좌승지는 봉함을 열 것[都承旨左承旨開緘]"이라 명시되어 있어서 당시에 당직을 서고 있던 홍귀달이 개봉하니, 그 안에는 유자광이 쓴 상서 1통과 상봉사 1통이 들어 있었다. 홍귀달은 이 일을 왕에게 보고하면서, 죄인이 자신의 사면을 청하는 것이라면 노奴를 시켜 해당 관청에 청원서를 제출해야 하며, 만약 국가의 일에 대해 진술하는 것이라면 죄인의 신분으로는 그럴 자격이 없다고 말하였다. 그러나 왕은 유자광의 봉사封事를 내전으로 제출하라고 명하였다.[82]

이 봉사에서 유자광은 자신의 공신녹권을 되돌려주려고 한 왕의 배려에 사례한 후 자신이 유배 생활을 하는 동래부 인근의 지방 행정과 군진의 문제들을 가지고 시정책을 논하였다. 유자광은 기장 현감 노조경의 비리를 고발한다거나, 수령들이 백성들로부터 공물을 과도하게 징수하는 문제, 또는 대마도에서 오는 왜의 함선에 비해 조선 수군의 배가 취약한 점을 지적하기도 하였다. 또한 억울한 일을 당했을 때 백성들이 그 수령

---

[79] 《성종실록》 권103, 10년 4월 17일 계묘조(10-5, 9나8).

[80] 이때에 대간에서 유자광에게 공신녹권을 돌려주라는 왕명에 대해 거듭 강력하게 항의하였는데, 이에 대해서는 다음의 사료를 참조할 것. 《성종실록》 권103, 10년 4월 19일 을사조(10-6, 12가좌7), 10년 4월 21일 정미조(10-6, 12나좌4) 등.

[81] 《성종실록》 권103, 10년 4월 24일 경술조(10-8, 15나좌7).

[82] 《성종실록》 권106, 10년 7월 12일 병인조(10-33, 6나2).

을 고소하여 관찰사로 하여금 사실을 점검해 볼 필요가 있다는 등의 건의를 자신의 봉사에 담아 왕에게 전달하는 데[83] 성공한 것이었다.

이 봉사에서 유자광은 자신의 사면을 요청하지 않고 유배지에서 보고 체험한 동래부 인근의 지방 사정에 대해서만 그 대책을 논하였다. 현재 죄인의 몸으로 유배지에 있는 유자광이 자신의 존재를 왕에게 알릴 방법은 거의 없었다. 서자 신분이었던 그를 위해 특별히 사면을 요청해 줄 사람도 없었다. 이렇게 시일이 자꾸 흘러가면 그는 쉽게 잊히고 말지도 모를 일이었다. 그래서 그는 비상한 방법으로 승정원에 투서를 제출하고 결국 그 투서가 왕에게 전달되기를 바랐다. 왕이 이 봉사를 읽은 이상 그의 존재가 다시금 왕의 기억 속에 살아날 것은 당연한 일이었다. 게다가 자신의 사면을 요청하는 글일 것이라 짐작했을 왕에게 유자광은 자신의 처지를 잊고 여전히 나라의 일을 걱정하는 충성스러운 신하라는 믿음을 줄 수가 있었다.

유자광의 봉사는 성종 10년(1479) 7월 13일에 승정원에 당도하였다. 그로부터 1년도 더 지난 성종 11년(1480) 10월 28일, 유자광은 어머니의 병환을 이유로 자신의 유배지를 어머니가 계신 고향 남원으로 옮겨 줄 것을 청하였다. 이 상소에서 유자광은 자신의 나이가 42세이며 그 어머니가 이미 71세가 넘었음을 상기시키고, 자신의 두 동생인 유자형과 유자정이 모두 세상을 떠나 어머니를 섬길 사람이 없음을 강조하였다. 그러고 나서 그는, "엎드려 비오니 전하께서 특별히 넓고 큰 은혜를 내리시어, 저의 어머니가 계신 고향으로 (유배지를) 옮겨 주셔서 어머니를 봉양하여

---

[83] 《성종실록》 권106, 10년 7월 13일 정묘조(10-33, 7나3).

그 여생을 마치도록 해 주신다면, 모자간의 정이 살아서나 죽은 후에나 모두 아쉬움이 없겠습니다. 멀고 먼 곳에서 엎드려 대궐을 바라보니 혼백과 정신이나마 날아가고 싶은 마음이 너무도 간절하여 견디지 못하겠습니다"라고 썼다.[84]

왕은 이 문제를 논의하기 위해 중신들을 불렀다. 이 자리에서 심회나 윤필상 같은 이들은 마땅히 문을 닫고 죄를 뉘우치며 근신해야 할 죄인이 스스로 이런 청을 한다는 것은 있을 수 없는 일이라며 그 청을 들어주어서는 안 된다고 주장하였다. 그러나 정창손이나 노사신 같은 사람들은 예종 조에 유자광이 세운 익대翊戴의 공로를 상기시키면서, 늙은 어머니를 봉양하겠다는 그 효심을 살피지 않을 수 없다는 주장을 폈다.

그래서 왕은, "그대의 공로가 사직에 있으며, 어머니를 모시고자 하는 정이 지극히 간절하다. 그 죄가 비록 붕당에 관계되나, 효도로써 어머니를 봉양하고자 하는 뜻이 가상하니, 특별히 그대가 원하는 대로 너그러운 은혜로써 어머니 곁으로 유배지를 옮겨 천수를 마치게 하라"는 편지를 친히 내렸다.[85] 유자광의 청은 받아들여졌다. 이것으로 유배 생활이 끝난 것은 아니지만 유자광의 죄는 씻을 수 없는 것이 아니라는 점을 확인하는 계기는 되었다. 왕은 유자광에 대해 매우 동정적이었던 것이다.

유자광의 유배지를 옮겨도 좋다는 처분이 내려진 것은 성종 11년 (1480) 10월 28일이었는데, 그다음 달인 11월 8일, 성종은 숙의淑儀로 있

---

[84] 유자광의 상소 내용은,《성종실록》권122, 11년 10월 28일 갑술조(10-171, 12가6에서 12가좌2까지) 참조.

[85] 이상의 자료는 위의 사료 가운데, 12가좌2 이하를 참조할 것. 왕의 어서는 12나좌3 이하를 참조할 것.

던 윤씨를 세 번째 왕비로 책봉하였다. 성종의 첫 번째 왕후는 왕자 시절에 결혼하여 성종 5년에 세상을 떠난 한명회의 딸인 공혜왕후였다. 이후 성종 7년 8월 숙의 윤씨를 왕비로 책봉하였다. 이 이가 바로 연산군의 어머니로, 소위 폐비 윤씨로 더 잘 알려진 성종의 두 번째 왕비였다. 성종 10년(1479) 6월에 이 두 번째 왕비는 폐출되었으며, 3년 후에는 사사되었다. 그리고 성종 11년 11월 8일에 성종은 세 번째 왕비를 맞았으니 곧 정현왕후貞顯王后였다. 진성대군晉城大君 곧 중종의 어머니였다.

가족 관계를 중시하는 유교 문화 속에서 왕은 만인의 가장이었기에, 왕으로 있으면서 미혼 상태라는 것은 상상도 할 수 없는 일이었다. 그러므로 왕비가 죽거나 폐해지면 왕은 곧 새로운 왕비를 맞이하는 것이 당시의 유교적 법도였다. 아무튼 왕비의 책봉은 국가적 경사로 여겨졌기에 이때에는 각종 은사를 베푸는 것이 상례였다. 그런 은사 가운데 하나로 흔히 죄인들을 방면해 주는 경우가 많았다. 이번에도 성종은 왕비를 책봉한 것을 기념하여 바로 죄인들을 풀어 주라는 사면령을 내렸다.

이때 내린 사면의 명 가운데는, "이달 초8일 새벽 이전부터 모반대역과 모반, 자손으로서 조부모나 부모를 모살하였거나 때리고 욕한 것, 처첩으로서 지아비를 모살한 것, 노비로서 주인을 모살한 것, 고의로 사람을 죽인 것" 등을 제외하고, "이미 배류配流·도형徒刑·유형流刑·부처付處된 사람이나, 이미 발각되었거나 발각되지 않았거나, 이미 결정되었거나 결정되지 않았거나 모두 용서한다. 감히 이 유지宥旨 이전의 일을 가지고 서로 고발하여 말하는 자는 그 죄로써 죄를 줄 것이다"라는 내용이 들어 있었다.[86] 이는 유자광이나 임사홍 같은 사람도 사면 대상이라는 의미였다.

그러자 대간에서는 유자광과 임사홍 같은 자를 사면해서는 안 된다는 논계를 계속 이어 갔다. 그러나 왕은 물러서지 않았다.[87] 성종 9년 5월경에 임사홍 등과 함께 붕당을 이뤘다는 죄로 동래부로 귀양 갔던 유자광은 만 2년 반이 넘는 11년 11월에 이처럼 사면되었다. 그 전에 어머니 병환을 돌보아야 한다는 이유로 유배지가 동래부에서 고향인 남원으로 변경되긴 하였지만, 2년 반이 짧은 기간은 아니었다. 이렇게 성종 11년 한 해가 다 가고 그 이듬해 정월 초에 유자광은 남원에서 사면에 감사하는 전문을 왕께 올렸는데, 왕의 성덕에 이루 말할 수 없는 고마움을 금할 수 없다는 그의 장황한 이 글을 구태여 여기에 인용할 필요는 없을 것 같다.

생각해 보면 유자광은 임사홍이 주역이 된 정치적 대결장에 스스로 나선 적도 없었는데, 한꺼번에 붕당으로 몰려 유배형을 받았으니, 억울하였을 것이다. 사실 임사홍은 누대 고관을 지낸 집안의 후손이며 왕실과 겹쳐 혼인 관계를 맺은 사람이라,[88] 그가 면직된 직후부터 왕실 출신인

---

[86] 《성종실록》 권123 11년 11월 8일 갑신조(10-172, 2나5) 중에서 성종의 전교 내용은 2나8에서 10-173, 3가좌7까지임.

[87] 이에 관련된 사료는 너무 많아 일일이 다 열거할 필요는 없을 것 같다. 대표적인 것 몇 개만 들면 다음과 같다. 《성종실록》 권123, 11년 11월 12일 무자조(10-174, 5가1), 11년 11월 16일 경인조(10-174, 6가6), 11년 11월 21일 정유조(10-175, 7나1), 11년 11월 24일 경자조(10-175, 8가좌3) 11년 11월 25일 신축조(10-175, 8나좌3) 등.

[88] 임사홍의 아들 임광재任光載는 예종의 둘째 딸 현숙공주顯淑公主와 결혼하였으며, 임숭재任崇載는 성종의 둘째 딸 휘숙옹주徽淑翁主와 결혼하였다.

그의 부인과 공주인 그의 며느리들이 사면을 청하는 글을 올렸고,[89] 종친의 대부 격인 효령대군과 또 보성군 이합 같은 이들이 거푸 사면을 청하였지만, 유자광을 위해 그런 일을 해 줄 사람은 아무도 없었다. 왕의 관심을 끌고, 그에 따라 겨우 사면에 이른 것이었다. 그로서는 세조 13년(1467) 이시애 난 이후 조정에 진출한 이래 이러한 시련이 없었다. 이때의 경험이 그 후 그의 일생에 매우 큰 영향을 미쳤지만, 그런 일들은 그때 가서 다시 설명하기로 한다.

아무튼 이때 왕비 책봉을 기념하는 사면령으로 풀려나긴 했어도 곧 관직에 복귀한 것은 아니었다. 이로부터 또 5개월이 지난 성종 12년(1481) 5월에 가서야 공신녹권을 돌려주라는 왕명이 나올 정도였다.[90] 이왕명이 있은 지 1년 2개월이 더 지난 성종 13년(1482) 7월 하순에 가서야 비로소 유자광의 직첩도 환급하기에 이르렀다. 유자광이 임사홍과의 붕당에 연루되어 동래에 유배 조처된 지 만 4년이 지난 후였다. 이로부터 다시 1년 반 정도가 더 지난 성종 16년(1485) 1월에 가서 주계부정 이심원도 사면받았으며, 유자광과 이심원 모두의 서용이 결정되었다.

이로써 과부 조씨의 재혼 문제로 승정원 내부에서 불거진 현석규와 홍귀달의 대립으로 촉발된 사건이, 유난히도 심했던 흙비를 재이로 생각한 성종의 구언 교지로 이어졌고, 이 교지에 따라 이심원과 남효온의 상소가 제출되었으며, 이에 대한 임사홍의 비판이 거세지면서 관련자 모두

---

[89] 《성종실록》 권92, 9년 5월 6일 정묘조(9-600, 7가좌5)에 부인 이씨의 구명 상소가 있으며, 9년 5월 7일 무진조(9-603, 13가좌7)에 그의 며느리가 사면을 청하는 내용에 관련한 기사가 있다.

[90] 《성종실록》 권129, 12년 5월 21일 을미조(10-216, 13나1).

가 유배당하거나 삭직된 사건은 이로써 종결되었다.

　후대의 사람들이 이때의 일을 두고 무술지옥戊戌之獄이라 하였으니, 이는 본 사건이 본격적으로 벌어진 성종 9년이 무술년이었기 때문이다. 이때의 정황을 두고 한 번은 이기고 한 번은 졌다는 등의 말을 한 것은 이들의 공적公敵인 임사홍 일파가 제거된 것을 이긴 것으로 본 것이다. 그러나 이는 사태를 잘못 해석한 것이다. 뒷날 무오년(연산군 2년, 1496)의 사화를 기억하던 사람들에게 임사홍과 유자광은 용서할 수 없는 원수요 간신이었기에 성종 9년, 즉 무술년의 사태에서도 임사홍과 유자광이 공모했다고 짐작한 것에 지나지 않는다. 지금까지 서술한 대로 이 당시 유자광은 임사홍과 전혀 공모하지도 않았으며 그 사태에 어느 형태로든 직접 개입하지도 않았다.[91]

[91] 《연려실기술》에 의하면, "무술년의 옥사는 올바른 사람들이 간사한 무리를 공격했다"는 〈유자광전〉을 인용하면서도 이때의 일을 자세하게 상고할 수는 없다고 하였다. 그만큼 이때의 일이 복잡하게 얽혔기 때문이었다. 《연려실기술》 제6권 〈성종조 고사본말〉 중 "임사홍욕제현석규任士洪欲擠玄錫圭" 조의 맨 끝부분의 협주를 참조할 것. 더욱이 현석규 문제보다는 이심원과 남효온의 상소를 비판한 것으로 무술년의 사태가 확대된 것을 이긍익 자신도 알지 못했던 것 같다. 아마도 실록 자료를 상세하게 검토할 수 없었던 때문이라 생각한다.

4부

성종 후반기

맹호복초猛虎伏草,
1485~1494

• **성종 16년(1485) 5월** – 숭정대부 행지중추부사.

6월 – 조정 논의에서 아들의 과거 응시 자격 허용.

• **성종 17년(1486) 10월** – 정조사正朝使의 정사로 사행.

• **성종 18년(1487) 2월** – 북경 사행을 마치고 귀국 후 사행단의 복색을 통일하자고 건의.

3월 – 특진관 자격으로 경연 참여.

6월 – 한성판윤에 임명했으나, 대간의 거센 반대로 취소됨.

– 숭정대부 지중추부사.

10월 – 등극하례사의 부사로 사행(정사는 우의정 노사신).

• **성종 19년(1488) 윤2월** – 귀국 후 왕께 복명.

5월 – 의주 방어책을 상세히 적은 상소.

6월 – 의주 방어책을 강조한 2차 상소. 요동과 광녕 등지의 지도도 제출.

• **성종 20년(1489) 10월** – 노모를 한양으로 모셔 와 봉양.

– 장악원 제조에 임명. 대간의 거센 반대를 성종이 누름.

• **성종 23년(1492) 4월** – 사옹원 제조에 임명.

27

||||||

서자 신분이 다시 문제되다

유자광이 사면되자 이어 공신녹권과 직첩을 돌려주었다. 대간의 지루한 반대 탄핵이 이어졌지만, 성종은 개의치 않았다. 성종 16년(1485) 5월 유자광은 숭정대부 행지중추부사行知中樞府事에 임명되었다.[1] 이후 성종이 세상을 떠날 때까지 한 10여 년간은 유자광의 생애에서 가장 평화로운 시기였다. 그래도 그가 서자 출신이라는 사실은 항상 그를 따라다녔으며, 이때도 이 문제가 다시 그를 괴롭혔다.

성종 16년 5월 16일, 파산군巴山君 조득림趙得琳은 그의 아들 조성趙成이 과거시험에 응시할 수 있도록 허용해 달라는 청원을 제기하였다. 왕은 이를 허용하려 했지만, 당시 왕의 자문에 응한 승정원에서는 이를 반대하

---

[1] 《성종실록》 권179, 16년 5월 6일 을묘조(11-15, 2나5).

였다. 조성은 조득림 전처의 아들인데, 그 어머니가 천민이라는 이유 때문이었다.[2] 조득림은 세조가 왕위에 오를 때 공을 세웠다 하여 천민의 신분임에도 불구하고 좌익공신에 봉해진 인물이었다. 사간원에서는 "우리나라는 정실부인과 첩의 구분이 너무도 명백하기 때문에" 유자광이나 조득림 같은 자의 아들에게 과거 응시 자격을 부여해서는 안 된다고 주장하였다.[3] 그 아버지가 비록 공신일지라도 유자광은 서자요, 조득림은 천민이기 때문이었다. 이들은 서자나 천인 신분의 사람이 공을 세워 벼슬길이 허용되었다면, 그것은 어디까지나 본인 당대에만 효력이 미치는 것이라는 주장을 내세운 것이다.[4]

이때 대사간 한언韓堰은 《경국대전》의 규정을 들어 서얼이나 노비 자손이 과거 보는 것을 반대하였다.

과거의 법은 매우 존엄한 것이어서, 우리나라에서도 예로부터 이 법을 가장 중요하게 여겼습니다. (과거 응시자가) 처음 이름을 기록할 때 4관四館[성균관·예문관·승문원·교서관]이 모여 의논해서, (응시자의) 4조[증조·조·부·처부]를 상고하고, 또 내외 족친의 보증을 상고하였습니다. 만일 4조 안에 높이 벼슬한 사람이 없으면 본관 경재소에 물어 상고하여, 작은 하자라도 있으면 (이름을 명부에서) 빼고 기록하지 않았습니다. 과거의 법이 중요함이 이런 것입니다. 더구나 서얼의 자손이거나 노예의 자손이면 어떠하겠습니까? 지금 유자광과 최적은 서자이고, 조득림은

2 《성종실록》 권179, 16년 5월 19일 무진조(11−18, 8나4).
3 《성종실록》 권179, 16년 5월 28일 정축조(11−19, 10가좌5).
4 위와 같음.

노예입니다. 비록 한때의 공로로 고관에 오르긴 하였지만, 서얼과 노예의 자손이 과거에 응시하지 못한다는 것은 《경국대전》에 규정되어 있습니다. 어찌 한두 사람의 연고가 있다 하여 나라가 지켜야 할 만세의 법을 무너뜨릴 수 있겠습니까?[5]

사실 《경국대전》을 완성하여 실제로 적용하기 시작한 것은 바로 성종 16년부터였다. 실제로 성종은 15년 4월에 《경국대전》을 감교勘校한 후에는 일체 어지러이 고치지 못하게 명하고, 함부로 고치기를 청하는 자도 죄로 다스리도록 하던 터였다.[6] 곤란해진 왕은 선왕 대에 공신으로 봉해진 사람의 자식들을 모른 척 할 수는 없음을 강조하면서[7] 이들의 아들들이 과거에 응시하는 것을 허용하였다.

그러자 대사간 한언은 다시 왕의 처사를 비판하였다.

제가 듣건대 《역경》에 이르기를 "위에는 하늘이 있고 아래에는 못이 있듯이, 군자는 이로써 상하를 분별하여 민의를 정한다"라고 하였습니다. 무릇 상하의 분별이란 마치 하늘은 높고 땅은 낮은 것과 같아서 바꿀 수가 없습니다. 만약 상하의 분별이 한번 무너지면 사람의 뜻은 정해지지 않고 국사는 날로 잘못되어 나갈 것이니, 어찌 진실로 두렵지 않겠습니까? 우리나라는 기자가 봉함을 받은 이래 예의를 숭상하여 상하의 구분을 엄하게 하고, 귀천의 질서를 분별하여, 존엄함과 비

---

5 《성종실록》 권179, 16년 5월 29일 무인조(11-20, 11나좌2).

6 《성종실록》 권165, 15년 4월 8일 갑자조(10-583, 2나좌4).

7 《성종실록》 권179, 16년 5월 29일 무인조(11-20, 12가7).

천함의 질서가 칼로 자른 듯 분명하여 문란하지 않았습니다. 고려왕조에서도 모두 이 법을 써서 500년의 수명을 누렸으며, 지금까지도 중국 같은 나라에서 (우리나라를) 예의의 나라라고 일컫는 것도 모두 이 때문입니다.

우리나라는 개국한 초기부터 특별히 적자와 서자의 구분을 엄하게 하여 관직을 내릴 때도 등급의 한계를 정한 바 있어, 비록 자급 한 단계나 벼슬 반 등급일지라도 건너뛰지 못하였습니다. 하물며 (지금) 과거 (응시 자격을) 의논하는 때이겠습니까? 부패한 관리와 음탕한 부녀자의 자식과 서얼과 천민·노비의 자식은 과거에 응시할 수 없다는 것이 이미 법전에 실려 있습니다. (그런데) 이제 유자광과 조득림의 아들을 특별히 과거에 응시하도록 하시어 우리나라의 오랜 예의와 법도를 하루아침에 무너뜨리셨습니다. 이것이 과연 풍속과 교화에 합당하다고 하겠으며, 또 (베푸시는 정치가) 모두 옛 (성현의) 법도를 따랐다고 하겠습니까? (그래서) 이를 후손들에게 드러내 보일 수가 있겠습니까?[8]

서얼이나 천인은 나라에 아무리 큰 공을 세웠다 하더라도 그에 대한 보상은 당대에 그쳐야 하기에, 그들의 자손은 결코 과거에 응시할 수 없다고 하였다. 나아가, 그는 나라가 나라답기 위해서는 상하·귀천·존비의 질서를 엄하게 세워야 하며, 이 질서가 바로 하늘이 마련한 도리요 성현들이 가르치는 예와 법도이기에, 이를 떠나서는 교화의 정치가 이루어질 수 없다고 보았다. 아울러 이미 우리나라는 고려 때부터 지금에 이르기까

---

[8] 《성종실록》 권180, 16년 6월 1일 경진조(11−21, 1가7).

지 바로 이런 예의와 법도를 엄격하게 지켜 왔다는 점을 엄숙하게 말하였다. 그러므로 적서의 구별은 엄하게 하지 않을 수 없다는 것이 한언의 주장이었다.

유자광 본인의 과거 응시가 문제된 세조 때에도 논란이 없지 않았지만, 적서 구별이 나라의 기본 질서요 누구라도 결코 훼손해서는 안 되는 도리라는 점을 이 정도로까지 심각하고 정연하게 말한 적은 없었다. 상하·귀천·존비·적서의 구별이 위에는 하늘이 있고 아래는 땅이 있는 것처럼 절대 부동의 질서라는 대사간 한언의 말은 성리학적 질서가 이후 확대되어 갈수록 사대부들 사이에서 보편적으로 인정한 진리였다. 이것이 조선 사회의 계서적 질서를 유지해 가는 이념이었다. 그러므로 이런 원칙에는 왕도 따라야 한다는 것이었다.

왕이 수긍하지 않자 홍문관 부제학 안처량安處良은 "유자광은 향리의 딸과 결혼하여 아들을 두었는데, 향리의 딸은 사족도 혼인하고 있으므로 구애될 것이 없습니다. 그러나 조득림의 아내는 내수사의 노비였으니, 천인의 자식을 어찌 과거에 허용할 수가 있겠습니까?"[9]라고 절충안을 냈다. 사실 유자광은 함양 호장 박치인의 딸과 결혼하였으며, 그의 아들은 그 소생이었다. 안처량은 사대부들도 간혹 향리의 딸과 혼인한다는 점을 들어 유자광의 아들에게는 과거 응시 자격을 부여해도 좋다고 보았다. 그러나 어머니도 내수사의 노비인 조득림의 아들은 허용할 수 없다는 것이다. 소위 천한 신분은 어머니 쪽을 따른다는 원칙을 들어 이런 안을 내놓

---

[9] 《성종실록》 권180, 16년 6월 10일 기축조(11−24, 7나7) 이하에 안처량과 왕이 이 문제에 대해 논의하는 기록이 있다. 위에서 인용한 안처량의 말은 11−25, 8가5 이하에 있다.

은 것이라 하겠다.

이런 제안에 신료들 대부분이 찬성하였다. 왕이 조득림과 유자광의 경우가 정말 다르다 할 수 있는지를 물었을 때, 영의정 윤필상과 좌의정 홍응, 대사헌 이세좌, 대사간 한언 등 모두가 "유자광은 원래 재상의 첩이 낳은 아들로 향리의 딸을 아내로 삼았습니다. 향리의 자식은 통하지 않는 곳이 없습니다. 그러나 조득림은 본래 천인인데 또 천인의 딸과 결혼하였으니, 유자광과는 큰 차이가 있습니다"라고 답하였다. 이렇게 해서 조득림의 아들은 과거에 나갈 수 없었지만, 유자광의 아들은 허용되었다.[10]

이 문제가 처음 제기되었을 때는 유자광의 아들이든, 조득림의 아들이든 모두 과거에 허용할 수 없다는 주장이었다. 그런데도 이런 결론에 이른 것은 과거를 허용하려는 왕의 뜻이 강하였기 때문이다. 그러했기에 신료들 쪽에서 향리의 자손은 어디에도 통한다는 것을 근거로 절충안을 낸 것이며, 이에 왕도 즉각 수용하였다. 당시 이 문제를 논의한 유학자 관료들이 유자광을 위하여 그런 예외를 찾아내려 한 것은 결코 아니었다. 그러므로 이런 문제는 상황이 바뀌면 또다시 재론될 여지가 충분하였다.

---

[10] 의정부 대신들과 대간의 수장들이 왕과 더불어 이런 논의를 벌인 기록은, 《성종실록》 권180, 16년 6월 12일 신묘조(11-25, 9가7) 이하에 있으나, 위에서 인용한 대목은 9나2 이하에 있다.

28

||||||

중국에 사신으로 가다

성종 17년 10월 2일 왕은 서울의 서쪽 교외인 양주 홍복산으로 사냥(강무講武)을 나갔으나 비가 내려서 진을 파하도록 명하였다.[11] 하지만 왕은 계속 사냥을 나가고자 하는 생각을 지니고 있었다. 당시 사냥이란 놀이이기도 하지만, 왕이 산야에 직접 나가는 것이어서 여러 가지 목적으로 많은 군사를 동원해야 했다. 그러므로 사냥이란 군사 훈련의 성격을 지니는 것이기도 하였다. 군사의 훈련에서는 늘 왕이 최고의 통솔자였으며 상징적 존재였기에, 사냥이라는 이름으로 많은 군사를 동원하는 것은 왕의 권위를 내외에 과시하는 수단이기도 하였다. 그 자신이 무인이었거나 무인 기질이 강하게 남아 있던 조선왕조 개국 초의 왕들은 자주 사냥에 나갔다.

[11] 《성종실록》 권196, 17년 10월 2일 계유조(11−146, 1가3).

바로 그런 이유로, 유교적인 문인 관료들은 왕이 군사를 이끌고 사냥을 나가려 할 때마다 항상 반대하기 일쑤였다.

성종이 이때 경기도 양주 홍복산으로 사냥을 나간 것에도 정치적 의도가 있었다. 그래서 당시 유학자 관료들도 이를 반대하고 나섰다. 이런 때 유자광은 왕이 사냥 나가는 지역의 지형과 짐승들의 종적을 잘 알고 있을 경기도 과천·금천·광주 등지의 농민 중에서 이미 하번下番한 군사들을 동원하여 왕의 사냥을 성대하게 만드는 것이 좋다고 건의하였다.[12] 왕은 "사냥은 짐승만을 잡기 위한 것이 아니라 군졸을 훈련하기 위한 것이니 무령군[유자광]의 말이 옳지 않겠느냐?"라고 반문하면서 그대로 시행하고자 하였다.[13]

그러자 대사헌 이경동李瓊同은 왕의 말이라면 무조건 옳다고 하면서 왕을 즐겁게만 하는 것은 아첨하는 신하라는 점을 지적하면서 유자광을 국문에 처해야 한다고 주장하였다.[14] 이로 인하여 유자광의 처지가 곤란해지고 왕의 뜻도 관철하기 어렵게 되었다. 이에 왕은 이듬해 신년을 하례하는 정조사로 유자광을 임명하여 북경에 가도록 명하였다.[15]

서울에서 명나라 서울 북경까지 가는 길은 대략 2개월 정도의 시간이 걸렸으니 왕복에 4개월 남짓 걸렸다. 유자광이 당시 사행의 대표인 정조사로서 부사 이계동李季仝과 관압사 안침安琛 등을 대동하고 북경에 갔을

---

[12] 《성종실록》 권196, 17년 10월 5일 병자조(11-146, 1가좌3).

[13] 위와 같음.

[14] 《성종실록》 권196, 17년 10월 8일 기묘조(11-149, 7가4). 이를 이어 대사간 김수곤도 유자광을 죄로 다스려야 한다고 주장하였다. 《성종실록》 권196, 17년 10월 10일 신사조(11-150, 9가좌4).

[15] 《성종실록》 권196, 17년 10월 21일 임진조(11-152, 14나4).

때는 명나라 헌종 성화成化 21년(1485)이었다. 유자광이 북경에서 어떻게 지냈는지 무엇을 했는지에 대해서는 자료가 없어 알 길이 없다. 그런데 해가 바뀌어 성종 18년 2월 28일에 귀국하자 유자광은 그곳에서 겪은 일을 가지고 북경 사행에 관해 새로운 제안을 올렸다.

중국 조정의 관리들은 모두 공복·조복을 입었는데, 우리나라 사신은 흑의黑衣와 사모紗帽를 갖추었을 뿐이며, 따라간 수행인들의 복색도 모두 (이것저것) 뒤섞여서 야인들과 다름이 없었습니다. 이후로 북경에 사신으로 가는 자는 모두 공복과 조복을 갖추어 가도록 하고, 수행한 사람들의 복장 색깔도 모두 청색으로 통일하는 것이 어떻겠습니까?[16]

처음으로 북경에 가 본 유자광은 조선 사신 일행의 복장이 통일되지도 않고 위엄도 없어서 야인들과 구별이 안 될 정도였다는 점을 알게 되었다. 그러나 한명회나 윤필상과 같은 원로 훈신들을 위시해 모든 관리가 오랜 관례를 바꿀 수는 없다고 반대하여 유자광의 건의는 받아들여지지 않았다.[17] 그런 관례가 어떻게 만들어졌는지는 알 수 없으나, 조선 사신들의 복장이 좀 더 세련되어 중국 주변의 다른 지역에서 온 사신들과 차별성을 갖는 것이 좋겠다는 유자광의 건의는 생각해 볼 여지가 있는 것이었다. 그는 관례에 익숙한 전통적 관료들과는 확실히 다른 눈을 가지고 있었다.

중국 사행을 다녀온 뒤 유자광은 특진관 자격으로 경연에도 참석하였

[16] 《성종실록》 권200, 18년 2월 28일 무술조(11-192, 15가3).
[17] 《성종실록》 권200, 18년 2월 28일 무술조(11-192, 15가좌7) 이하를 참조할 것.

으며,[18] 이후 곧 숭정대부 한성판윤에 임명되었다.[19] 유자광이 중요한 직책에 임명될 때마다 그랬던 것처럼 이번에도 곧 집요한 반대에 봉착하였다. 그가 한성판윤에 임명된 다음 날인 성종 18년(1487) 6월 9일, 사헌부지평 윤파尹坡는 유자광은 본래 서자이며, 과거 임사홍 사건에 휘말려 삭훈된 적도 있었던 사실을 들어 그 임명을 취소할 것을 요구하였다.[20] 그러나 왕은 "유자광이 비록 서자라고는 하나 이미 도총관에 임명된 적이 있고, 또 중국에 사신으로 다녀온 적도 있다. 그 재주로 보아 (한성판윤의) 임무를 감당할 만하다"[21]고 하며 유자광을 두둔하였다.

반대가 거듭되자 왕은 유자광을 한성판윤에 임명한 것은 왕이 결정할 문제라는 점을 강조하며 뜻을 굽히지 않았다.[22] 그러자 이번에는 대사간 이덕숭이 유자광은 서자이며 과거 중죄에 연루되었을 뿐만 아니라, 무엇보다 지난 20년 동안 구체적 임무를 맡지 않았던 사람인데, 그를 한성판윤처럼 중요한 직책에 임명할 수는 없다고 주장하였다. 나아가 이러한 생각은 공론이므로 왕도 따라야 함을 강조하기까지 하였다.[23]

사실 유자광은 이시애 난 당시 세조에게 발탁되어, 예종 때는 공신에까지 올랐다. 성종 즉위 이후에도 무령군에 봉해지는 등 조정 정사에 항상 참여하였다. 그러나 조정의 중요한 직책을 맡지는 못하였으니, 그런 관직에 임명될 때마다 서얼 출신을 그런 자리에 임명할 수 없다는 관료들

---

[18] 《성종실록》 권201, 18년 3월 18일 무오조(11-197, 8나8).

[19] 《성종실록》 권204, 18년 6월 8일 병자조(11-221, 6나좌3).

[20] 《성종실록》 권204, 18년 6월 9일 정축조(11-222, 7가4).

[21] 위의 사료 중 7가좌7 이하 참조.

[22] 위의 사료 중 7나2 이하를 참조.

[23] 《성종실록》 권204, 18년 6월 10일 무인조(11-222, 7나4).

의 심한 반대에 봉착했기 때문이었다. 오위도총관이 되었을 때도 그런 시비에 휘말려 곧 사임하지 않을 수 없었으니, 지금 대사간 이덕숭이 지난 20년간 구체적 직임을 맡지 않았다고 한 것은 이를 두고 한 말이었다.

이런 반대는 계속 이어졌다.[24] 그러자 왕도 더는 고집하지 못하고 물러서지 않을 수 없었다.[25] 결국 유자광의 한성판윤 임명은 취소되고 그 대신 숭정대부 지중추부사에 임명되었다.[26] 조선시대에 중추부는 아무런 실질적 임무와 권한이 없는 곳이었다. 그러자 왕은 유자광을 다시 북경 사행으로 파견하였다. 성종 18년(1487), 명나라 왕력으로는 헌종 23년 8월에 헌종이 죽고, 그 뒤를 이어 효종이 즉위하였다. 새 황제가 즉위하자 조선에서는 예에 따라 등극하례사登極賀禮使를 파견하였다. 그 사행의 중요성 때문에 우의정 노사신을 정사로 삼고, 유자광으로 하여금 그를 수행토록 하였다.[27]

성종 18년(1487) 10월 16일경에 서울을 떠난 사신단 일행은 성종 19년 윤정월 18일 왕 앞에 나아가 중국에 다녀온 보고를 하였다. 이때 왕은 새 황제의 즉위 시에 있었던 명나라의 정치적 상황을 궁금해했다. 아울러 조선 북쪽 변경지역, 즉 요동 방면 야인들의 동정에 대해 알고 싶어 했다.

이에 대해 노사신은 효종 즉위 초에 있었던 외척 만씨萬氏와 일부 환관들의 숙청 사실에 대해 보고하면서 자신이 파악한 명나라 조정의 사정에

---

[24] 《성종실록》 권204, 18년 6월 11일 기묘조(11-223, 10가8)에는 의정부의 반대하는 기사가 있으며, 같은 날의 실록 기사 가운데 10가좌5 이하에는 대사간 이덕숭의 반대 상소가 실려 있다.

[25] 《성종실록》 권204, 18년 6월 11일기묘조(11-224, 11가5) 이하 참조.

[26] 《성종실록》 권204, 18년 6월 13일 신사조(11-224, 12나4).

[27] 《성종실록》 권208, 18년 10월 16일 임오조(11-254, 7가4).

대해 진언하였다. 효종 즉위 직후 명나라에서는 환관 이자성李孜省과 태감 양방梁芳 및 외척 만희萬喜와 그 일당을 숙청하였으며, 이어서 우통정 임걸任傑과 시랑 괴강蒯鋼 등 천여 명을 숙청하였다고 아뢰었다.[28] 또한 명나라에 사신으로 온 건주위 야인의 사신을 만나 명나라와 건주위 사이에 있었던 군사적 충돌에 대해 나눈 내용도 언급하면서, 명나라에서 조선 사신들을 특별히 대우했다는 점도 보고하였다.[29] 이런 논의 과정에서 유자광이 어떠한 발언을 하였는지는 실록에 기록되어 있지 않아 알 수 없다.

그래도 최근 두 차례나 중국을 다녀오면서 조선 북방의 변경 사정을 목격한 유자광은 이 지역의 군사적 상황에 대해 깊은 관심을 가졌다. 성종 19년(1488) 5월 유자광은 압록강 변의 국경 요충지이며 중국 사행이라면 반드시 거쳐야 하는 의주의 방어책에 대해 특별한 대책을 건의하였다.

---

[28] 《명사明史》 권15, 본기15, 효종 즉위년 9월 정미조 및 동 10월 정묘조 참조.
[29] 《성종실록》 권212, 19년 윤정월 28일 계사조(11-305, 26나2).

29

||||||

의주 방어책을 올리다

저는 타고난 성격이 어리석고 거칠며 모자랄 뿐 아니라 지식도 모자라고 미천한 출신인데도 이름은 공신 명부에 들고 지위는 높은 품계에 이르렀으니, 평민으로서는 이보다 더할 데 없는 출세를 한 셈입니다. 나라에서 받은 은혜가 분에 넘치므로 (저는) 항상 나라에 보답하려는 뜻을 가지고 잠시도 그 생각에서 벗어난 적이 없었습니다. 그러므로 일을 당하면 (앞뒤를 생각하지 않고) 그 대책을 논하게 되는데, 입에서 말이 떨어지기가 무섭게 저를 비방하는 말이 몰려듭니다. 아아! 차라리 할 말을 하고서 비방을 받아 죽는 것을 저는 달게 여기며, (비방이 무서워) 할 말을 않고서 외로운 매미처럼 세상에 이리저리 휩쓸리는 것은 제가 할 수 없는 일입니다. 더구나 지금 저는 특진관이 되어 경연에서 전하를 가까이 모시는 위치에 있지 않습니까?

엎드려 생각하건대, 전하께서는 문무의 덕이 뛰어난 하늘이 내신 성군으로 여러 임금 중에서도 단연 뛰어나십니다. (그런데) 미천한 제가 어찌 성덕의 만분의 일이라도 보답하겠습니까? 그러나 요사이 경연에서 제가 보고 들은 것으로 성덕을 어지럽힌 것이 8, 9차례나 됩니다. 그 일을 물러 나와서 붕우들에게 들으니, 어떤 이는 저에게 지위를 벗어난 (주제넘은) 말이라 하고, 어떤 이는 미친 짓이 아니면 망령된 짓이라고 말했습니다. 그러나 이미 재상의 녹을 먹은 이상 알고 있는 것은 말하지 않음이 없어야 하는 것이 바로 재상의 직분을 다 하는 것이라고 저 스스로 생각하였습니다. 어찌 꼭 언관의 직임을 띤 다음에라야 말할 수 있겠으며, (저의 직책이) 그렇지 못하니 말할 자격이 없다고 하겠습니까?

또 스스로 생각해 보니, 옛사람이 조정의 윗자리에 있으면 백성을 근심하고, 강호江湖에 물러나 있으면 임금을 걱정한다고 했습니다. 임금과 백성을 근심하는 까닭은 하늘이 내리신 충성스러운 마음에 격동되어 그런 것입니다. 저를 미치광이라거나 망령되다고 하는 것에 대해서는 조금도 개의치 않습니다. 이미 스스로 생각한 바가 있으므로 다시 의주에 관련된 일을 진술하여 감히 전하를 번거롭게 하오니, (이에) 깊은 관심을 기울이시옵소서.

대개 의주는 본래 요나라의 포주抱州입니다. 고려 예종 조에 금나라 군사가 침공하여 요나라의 개주開州를 취하고 내원성來遠城을 습격하였습니다. 그때 (요나라의) 자사刺史 상효손常孝孫이 내원과 포주 두 성을 들어 우리나라에 귀부하였습니다. 그러다가 그 무리를 거느리고 바다를 건너 도망하였습니다. 이에 예종이 포주를 고쳐서 의주라 하고 압록강을 경계로 삼았던 것입니다. 현종 대에는 거란이 다리를 만들고 그 다리를 사이에 두고 동서로 성을 쌓았습니다. 문종 대에는 거란이 포주성 동쪽 들에 궁구문弓口門을 세우고 문밖에다 우정郵亭을 설치하고, 또 각장推場을 설치하였습니다. 문종이 그것을 근심하여 철거하도록 청하였으나 거란의 임금이 따르지 않았습니다. 또한 수나라·당나라 군대와 소손녕蕭遜寧의 군대, 삼별초 및 (고려 말에는) 유관劉關의 군대가 모두 의주를 통해 쳐들어왔습니다. 따라서 압록강은 참으로 우리에게는 천연의 요해지라 하겠습니다.

그런데도 의주의 성은 높이가 한 길 정도에 지나지 않고 둘레도 협소하여, 마치 아이들이 장난으로 모래를 모아 만든 성곽과 같습니다. 거기다가 그곳을 지키는 장수가 태만하여 갑옷은 입을 수 있을 만큼 견고한 것이 없고, 활은 당길 만큼 강한 것이 없으며, 저축한 군량도 1천 명의 군사가 수개월 동안 먹을 수 없으니, 군국의 대계를 꾀하면서 어찌 당시에 사방이 무사하다는 것만을 믿고는 다른 날 예기치 않은 (사태에) 대비하지 않으면 어떻게 되겠습니까?

천하의 형세를 잘 살피는 사람은 병을 잘 고치는 의사가 (환자의) 병을 보는 것과 같습니다. 바야흐로 편안하고 아무런 일이 없을 때 사람들에게 뒤에 반드시 큰 우환이 있을 것이라고 말하면, 여러 사람이 반드시 놀라고 비웃을 것입니다. 그러나 아주 사소한 징조라도 미리 살펴 아는 사람은 그 조짐을 미리 알고서 아무 일이 없을 때 미리 걱정할 것입니다.

의주는 나라의 서문西門인 큰 진이며 중국 사신이 왕래하는 길목입니다. 그래서 엄하게 지키지 않을 수 없습니다. 그런데도 성곽은 저렇게 협소하고 거주하는 백성들도 저렇게 쇠잔하며, 입을 수 있을 만큼 견고한 갑옷과 당길 수 있을 만큼 강한 활이 없는 것이 저와 같고, 천 명의 군사가 수개월 동안 먹을 수 있는 식량조차 비축하지 못한 것이 저와 같습니다. 만에 하나라도 중국에 변고가 있으면 의주에서 맨 먼저 군대를 맞게 됩니다.

　지금 중국에서 이미 애양포靉陽鋪를 설치하여 많은 군대를 주둔시켰으며, 요성遼城으로부터 뻗어 광녕廣寧까지 긴 담을 쌓아 야인들이 오랫동안 요동 지역에 들어갈 수 없었습니다. 그래서 개주開州 이북에는 많은 사람이 살게 되었습니다. 그러자 지난해에는 개주에 성을 쌓았습니다. 앞으로는 탕참湯站에 또 성을 쌓을 것입니다. 개주는 의주에서 100여 리의 거리이며, 탕참에서는 6, 70여 리가 됩니다. 탕참에 성을 쌓으면 또 반드시 파사부婆娑府에 성을 쌓을 터인데, 의주와의 거리는 겨우 30여 리입니다.

　파사부에 성을 쌓으면 (저들이) 반드시 압록강 삼도三島의 토지까지 경작할 것인데, 이것이 오늘날 우리의 걱정거리입니다. 이를 그대로 남겨 두어 뒷날의 근심이 되게는 할 수 없습니다. 그리고 동팔참東八站은 수백 년 동안 사람이 살지 않던 지역인데 (이곳에는) 이미 백성들이 많이 살게 되었습니다. (그래서) 평안도에 사는 백성은 날로 더욱 줄어드니, 의주를 (그저) 거진巨鎭이라 여기고 여기에 의지하여 적을 방어할 수 있다고 믿을 수는 없습니다.

　신은 듣건대, 산에다 집을 짓는 사람은 사나운 짐승이 해를 끼칠 것을 미리 알고 반드시 울타리를 높게 하고 또 함정을 만들어 (집) 밖을 지킵니다. 도회지에 집을 짓는 사람은 담을 뛰어넘거나 벽을 뚫는 도적이 있을 것을 미리 알고 반드시 담장을 높이 쌓고 문에 자물쇠를 달아 안을 튼튼하게 합니다. 이런 것은 부녀자들도 알 수 있는 것으로, 굳이 남보다 뛰어난 지혜가 있어야만 그렇게 할 수 있는 것은 아닙니다.

　예로부터 천하의 화근은 더이상 할 일이 없다고 하는 것보다 큰 것이 없으며, 물자와 힘이 부족한 것은 그다음입니다. 더이상 할 일이 없다고 여기는 자는 적이 쳐들어와도 모르지만, (단지) 물자와 힘이 부족할 뿐이라는 자는 일에 앞서 그것을 생각하므로 그 결과에 차이가 있는 것입니다. 국가의 물자와 힘이 비록 부족하다 하더라도 평안도에 관해서는 일이 닥치기 전에 미리 그것을 생각하지 않을 수 있겠습니까?

삼가 원하건대, 전하께서는 사방이 무사하다고 해서 장차 의주에도 큰 걱정이 없다고 하지 마십시오. 거기에 거주하는 백성이 정말 쇠잔하다면, 모름지기 올해 남쪽의 백성 400~500호를 옮겨서 채우고 명년에 또 그렇게 하며, 근방의 대여섯 군현에도 남쪽의 백성들을 많이 옮겨서 그곳에 채워 백성들이 많이 살게 하십시오. 성곽이 정말 협소하다면 모름지기 당장 그 터를 더 넓혀서 성을 쌓되, 금년에 한 면面을 쌓고 명년에 한 면을 쌓게 해서 4년이면 공역功役을 마칠 수 있습니다. 이렇게 4년만 공을 들이면 실로 만세의 이익이 될 것입니다.

갑옷과 무기가 정말 튼튼하고 예리하지 않다면, 당장 평안도의 평사評事와 우후虞候의 감독하에 수선하여 해마다 이를 기록하여 아뢰게 하십시오. 그러면 무기와 갑옷이 틀림없이 튼튼하고 예리해질 것입니다. 정말 비축한 군량이 없으면, 당장 시가로 곡식을 사들이되, 금년에 수천 석을 얻고 명년에 또 수천 석을 얻어 7, 8년에 이른다면 군량이 천만 석에 이를 것입니다. 이미 남쪽의 백성들을 옮겨서 살게 했으니, 압록강의 3도三島는 (우리가) 경작하지 않을 수 없을 것입니다.

전에 장맹창張孟昌·우공禹貢·허형손許亨孫 등이 의주의 수장이 되었을 때, 군사의 일에 어두워 적의 징후를 잘 살피지 않다가 한번 적이 쳐들어오자 조정에서 논의하여 3도를 버려두었던 것입니다. 그것이 세조대왕의 본뜻은 아니었습니다. 그래서 얼마 안 되어 세조께서 다시 경작하려고 하였으나, 조정의 의논이 아직 정해지지 않았을 때 세조께서 병으로 자리에 누우셨으므로 하는 수 없이 활과 칼을 내려놓을 수밖에 없었습니다.

아아! 지금 의논하는 자가 3도를 경작하는 것이 좋을지 어떨지는 의주의 백성들을 찾아서 물어 봐야 한다고 했습니다. 이는 절대 그렇지 않습니다. 백성들은 비록 경작하려고 하지만 관리들이 혹시라도 변고가 있을까 염려하여 좋다고 대답하지 않는데, 누가 감히 좋다고 하겠습니까? (그러니 만약 백성들에게 물었을 때) 백성들도 그곳을 경작하지 않으련다고 한다면 그만두시겠습니까? 큰일을 꾀하는 사람은 마땅히 그 일이 이로운 일인가 해로운 일인가를 따져 결단해야 합니다. 일을 시행한 결과로 (장기적으로) 이익이 많으면, 지금은 불편하다고 말하겠지만 뒤에는 모두 편하다고 말할 것입니다.

한나라 때 선령先零[종족 이름]이 크고 강하여 여러 강족羌族과 더불어 주변의 약한 종족들을 약탈하고 변경에 침입하는 우환이 있었습니다. 그때 조충국趙充國이 급히 금성金城에 이르러 오랑캐와 상대하면서 더 멀리 적의 동정을 살피는 데에다 힘을 기울였습니다. 마침내 둔전의 계책을 올려, 파견된 기병을 혁파하고 보졸을 머물게 하였습니다. (이들을) 요해처에 나누어 주둔시키고 도랑을 치도록 하여 사람마다 20묘畝를 주어 경작하면서 경비하게 해서 군량을 충당하였습니다. 그리하여 끝내 패하거나 손상된 것이 없었습니다.

더구나 의주는 건주建州와는 거리가 멀지만 애양포는 (압록강의) 상류에 진수하고 있으니, 우리의 창성昌成과는 서로 바라볼 수 있는 거리입니다. 창성에서부터 의주까지에는 구령仇寧과 방산方山 두 진이 있습

216

니다. 만약 척후를 멀리하고 봉화를 조심스럽게 한다면 야인이 감히 압록강가에 와서 말에게 물을 먹이지 못할 것입니다. 그렇다면 어찌 3도에서 밭가는 백성에게 돌을 던질 수 있겠습니까? 이것을 생각하지 않고 기름진 토지를 내버려두어 물고기와 자라가 노니는 장소로 만든다면, 조정의 의논이 계책을 잃은 것입니다. 만약 중국에서 파사부에 성을 쌓고 경작한다면 큰 근심거리는 없겠으나, 후회하여도 미치지 못할 바는 과연 없겠습니까?

또 제가 (기병의) 말을 기르는 제도의 폐단을 살펴보았습니다. 말을 기르는 자는 자기의 말[馬]을 가지는 것이 아니고 갑의 말을 을이 가지는 것인데, 항심이 없는 자는 자기 말도 제대로 기르지 않습니다. 그런데 갑의 말을 을이 어찌 마음을 다하여 먹이며 기르겠습니까?

또 요동에 이르면 중국 물건을 탐하여 조석의 계책을 생각지 아니하고 그 자루에 가득 사들이는 자까지 있습니다. 개가죽 한 장은 얼음과 눈 위에 깔고 자기 몸을 보호하는 것인데도, 심한 자는 중국 물건에 눈이 멀어 자기 몸을 보호하는 것이 중한 줄도 모르고 그 개가죽을 팔아서 중국 물건을 사기도 합니다. 어찌 사람이면서 그 몸을 아끼지 않는 자가 있겠습니까? 중국 물건을 탐하여 사들이는 데 마음이 쏠려 자기 몸이 있다는 것을 알지 못하는 것입니다. 그러니 어찌 갑의 말[馬]이 (제대로) 있음을 알겠습니까? (그 말에 짐을) 잔뜩 무겁게 싣고 이틀 동안 갈 길을 하루에 가니, 피곤한 말이 길에 쓰러져 살아서 돌아오는 것이 거의 없습니다.

만약 의주와 근방의 군현에 남쪽에서 옮겨 온 백성들의 살림이 넉넉해지면, 원래 살던 백성들과 해를 번갈아 가며 휴식하게 하고 각각 말을 가지게 해서 타기도 하며 싣기도 하여 돌아가면서 왕래하게 하되, 정주定州 이남의 백성은 타거나 싣지 못하게 한다면, 평안도 백성들이 오래도록 말을 기르는 고생 때문에 유망流亡하는 폐단이 거의 제거될 것입니다.

　일을 만약 시행하되 세월을 기약해서 5, 6년까지 수해나 가뭄과 질병의 재해가 없는데도 제가 말씀드린 대로 되지 않는다면, 제가 망령되게 속인 벌을 받겠습니다. 엎드려 생각하건대, 전하께서 깊이 유의하신다면 나라의 억만년 대계를 위해 이보다 더 다행스러운 일이 없을 것입니다.[30]

　유자광은 국경의 요충지로서 중국과 왕래하는 길목이며 또 역사적으로도 북방 민족이나 중국이 침략할 때는 반드시 경유하였던 의주에 성을 더욱 견고하게 쌓고 군비를 강화할 여러 방책을 상세하게 진술하였다. 그러나 이 의주 방어책에 대해 조정에서는 아무런 반응이 없었다. 그러자 유자광은 성종 19년 6월 초 또다시 의주성을 강화하고 인구를 늘려야 한다는 장문의 상소를 제출하였다.[31] 그 내용은 앞의 상소와 크게 다르지 않으므로 여기서 거듭 인용할 필요는 없다. 그래도 불과 열흘도 안 되는 사이에 의주 방어를 강화해야 한다는 상소를 두 차례나 제출했다는 점은 기억해 두어야 할 필요가 있을 것이다.

　그리고 나서 유자광은 의주 및 동팔참·요동·광녕 등지의 산천과 도로 및 형세를 살펴 그린 지도를 바쳤다.[32] 이 지도를 유자광이 그린 것인지 아니면 어디서 구한 것인지는 알 길이 없지만, 의주 지역의 방어책에 대해 그가 남달리 깊은 관심을 갖고 있었음은 이로써도 잘 알 수가 있다. 최

[30] 《성종실록》 권216, 19년 5월 27일 경인조(11-340, 18나7에서 11-342, 21가6까지).
[31] 《성종실록》 권217, 19년 6월 4일 병신조(11-345, 5가좌3에서 11-346, 7가7까지).
[32] 《성종실록》 권217, 19년 6월 11일 계묘조(11-348, 10나1).

근 두 차례에 걸친 북경 사행을 통해 그는 국경의 요새지인 의주의 방어책에 대해 많은 생각을 하였다. 유자광의 판단으로는 당시 의주의 성곽이나 인구 그리고 여러 가지 군사적 대비책이 매우 미흡하였기에, 그는 이의 강화를 주장하였다. 그러나 이 당시 누구도 이 문제에 대해 귀를 기울인 사람은 없었다.

30

||||||

다시 논란이 된 장악원 제조 임명

성종 20년(1489) 10월, 유자광은 그 어머니 최씨가 팔십을 넘은 것을 이유로 향리인 남원에 돌아가기를 청하였다.[33] 그러나 왕은 아들이 늙은 어머니를 봉양하려는 뜻은 좋으나 대신을 그렇게 대접할 수는 없다고 하면서 유자광이 향리로 내려가는 대신 그 어머니를 서울로 맞아 봉양하도록 명하였다.[34] 그리고 유자광을 장악원 제조掌樂院提調에 임명하였다.[35]

  이때 대간에서는 윤필상이나 허종처럼 덕망 있는 대신이 이어서 받던 장악원 제조에 "비록 무예와 글재주를 지닌 사람이기는 하나, 전국시대

---

[33] 《성종실록》 권233, 20년 10월 16일 경자조(11−526, 11가2).

[34] 《성종실록》 권233, 20년 10월 19일 계묘조(11−527, 12가좌5).

[35] 《성종실록》 권233, 20년 10월 28일 임자조(11−531, 20나6)에 있는 사헌장령 정석견의 발언을 통해 유자광이 이때 장악원 제조가 되었다는 것을 알 수 있다.

의 협객과 같은" 유자광을 임명할 수는 없다며 반대하였다.[36] 그러자 왕은 유자광은 재능 있고 아무런 하자가 없는 사람인데 장악원 제조를 맡지 못할 이유가 없다고 말하면서, 유자광이 서자 출신이기 때문에 반대하는 것이냐고 반문하였다. 그러자 이 문제를 처음 제기한 사헌부 장령 정석견鄭錫堅은 "장악원 제조는 재능만 있고 덕이 없는 사람이 차지해서는 안 되는 자리"이기에 반대하는 것이라고 답하였다.[37]

장악원은 최고 책임자인 정6품의 전악典樂이 관장하는 하위의 관청이라 할 수 있다. 조선시대에 원로 대신들은 전임관으로서가 아니라 제조라는 이름으로 장악원과 같은 하위 관청의 업무를 겸직하는 정도였다. 따라서 지금 유자광이 장악원 제조가 되는 것은 그다지 중요한 사안이 아닐 수도 있었다. 그런데도 대간에서는 유자광이 비록 문무에 걸친 재능이 있어도 그는 덕성이 없는, "전국시대의 협객"과 같은 사람이어서 제조가 될 수 없다고 반대한 것이다. 이에 유자광은 왕에게 장악원 제조의 임명을 취소해 줄 것을 스스로 청하였다. 그러자 왕은 이 문제를 영돈녕 이상 및 의정부에서 논의하기를 청하였다. 이에 심회·윤필상·노사신 등은 모두 유자광이 다방면에 지식이 해박하므로 이 직을 맡는 데 아무런 이상이 없다고 답변하였다. 그래서 왕은 그 임명을 취소하지 않았다.[38]

그러나 대간에서는 유자광의 장악원 제조 임명을 계속 반대하였다.

---

[36] 《성종실록》 권233, 20년 10월 28일 임자조(11-531, 20나6) 이하.

[37] 이상의 논의는 《성종실록》 권233, 20년 10월 30일 갑인조(11-531, 21가좌3) 이하 참조. 그 가운데 왕의 반문 내용은 21나8 이하이며, 이에 대한 정석견의 대답은 21나좌5 이하임.

[38] 《성종실록》 권234, 20년 11월 1일 을묘조(11-532, 1나좌1) 이하 11-203, 2나3까지를 참조할 것.

성종 20년 12월 2일에는 사간 김종金悰과 지평 최호崔浩,[39] 12월 9일에는 집의 구숙손丘夙孫,[40] 12월 10일에는 장령 민효증閔孝曾이 연이어 반대하였다. 특히 민효증은, "조정에 가득 어진 신하가 많지 않은 것도 아닌데 첩 소생이며 인품이 경박한" 유자광을 그 자리에 임명할 수는 없다고 하였다.[41] 그러나 왕은 거듭된 대간의 요청에도 불구하고 이를 따르지 않았다. 그러자 민효증은 이렇게 완고한 왕을 "공의"를 따르지 않는다고까지 말하면서 유자광의 장악원 제조 임명을 더욱 강하게 반대하였다.[42] 이에 유자광은 다시 사직을 요청하기에 이르렀다.[43]

사실 대간이 제기한 논란은 유자광이 유달리 장악원 제조에만 부적합하다는 것은 아니었다. 유자광이 어떤 직책을 맡아서도 안 된다는 것이나 다름없었다. 과거에 한성판윤, 오위도총부 도총관 등 다른 직에 임명되었을 때도 대간에서는 항상 반대하였다. 그 반대가 관철되지 않을 때는 결국 그가 서자였다는 점을 들추어내어 임명 불가의 이유로 삼았다. 또다시 대간의 연이은 반대에 직면하자, 유자광은 두 차례에 걸쳐 사직서를 제출하였다. 그렇지만 그 자신의 심정이 좋을 리 없었다.

이때 그가 생각한 바는 세 번째의 사직서를 올릴 때 왕에게 드린 다음

---

[39] 《성종실록》 권235, 20년 12월 2일 을유조(11-549, 3가좌5).

[40] 《성종실록》 권235, 20년 12월 9일 임진조(11-551, 7가좌1).

[41] 민효증의 반대는 《성종실록》 권235, 20년 12월 10일 계사조(11-551, 8나좌6) 이하를 참조하되, 위의 간단한 인용문은 11-552, 9가5를 참조할 것.

[42] 《성종실록》 권235, 20년 12월 14일 정유조(11-554, 13나좌3) 이하에 민효증이 유자광의 장악원 제조 임명을 반대하는 발언이 실려 있다. 그 가운데 위에서 지적한 부분은 11-554, 14가좌6 이하를 참조할 것.

[43] 《성종실록》 권236, 21년 1월 5일 무오조(11-559, 5가좌1).

과 같은 말에 잘 드러난다.

저는 털끝만큼도 임금의 성스러운 덕에 보탬도 되지 못하면서 매번 뭇
사람의 비방만 일으켜 밝은 정치를 더럽혔으니, 깊은 산림에 물러나
몸을 감추고 사는 것을 당연히 여겨야 할 것입니다. 그러나 천 년에 한
번 올지 말지 한 시대를 만나 임금의 은총이 이미 망극한데, 아직 만에
하나도 갚지 못하였으니, 남산의 남쪽이건 북산의 북쪽이건 간에 제가
어디로 가야 하겠습니까? 문을 나서면 이리저리 배회하게 되고, 문을
열고 들어오면 크게 탄식하며 다만 눈물을 머금을 따름입니다.

　엎드려 생각건대 제가 비록 보잘것없는 사람이긴 하지만, 제가 마음
으로 쌓아 놓은 것까지 충효라 아니 할 수는 없습니다. 항상 옛사람의
강개함을 사모하고, 세속에서 남의 비위나 맞추고 사는 것을 비루하게
여겼습니다. 악을 원수처럼 미워하고 (해야 할) 일을 만나면 반드시 발
언하며 제 한몸을 생각지 않았습니다. (이렇게 하여) 성은에 보답하려 했
으니, 그 점에서야 제가 어찌 남에게 뒤질 수가 있겠습니까?[44]

유자광이 한때의 공로로 공신의 지위에 올랐으며 왕의 신임을 받았어
도 그는 아무런 중책도 맡을 수가 없었다. 그의 심정이 위의 사료에 매우
잘 나타나 있다. 남산의 남쪽으로도 북산의 북쪽으로도 갈 곳이 없는 그
의 처지는 그 몸에 깊이 낙인찍힌 것이었기에 이전과 마찬가지로 이후로
도 달라질 것이 없었다. 첩 소생의 서자였다는 신분적 제약을 벗어날 길

---

[44] 《성종실록》 권236, 21년 1월 8일 신유조(11-560, 6나1) 이하에 유자광의 발언이 실
려 있는데, 번역한 부분은 6나4 이하 6나좌6까지임.

이 없었기 때문이었다. 읽는 이의 마음을 상당히 움직일 수도 있는 사직의 변이었지만, 이후로도 대간의 탄핵은 줄을 이었다. 그런데도 유자광이 장악원 제조의 직을 지닐 수 있었던 것은 왕의 변치 않는 신임 때문이었다.[45]

[45] 《성종실록》 권265, 23년 5월 27일 병신조(12-185, 21가2)에는 유자광이 장악원 제조로서 중국 사신을 접대할 때 연주할 음악에 대해 건의하는 내용이 나온다. 이로 보아 대간의 탄핵에도 불구하고 유자광의 장악원 제조 임명은 취소되지 않았음을 알 수 있다.

31

||||||

성종의 죽음과 정치적 유산

성종은 13세의 어린 나이에 예종을 이어 왕위에 올랐으며, 20세가 되어서야 대비의 섭정을 끝내고 비로소 친히 정사를 돌보기 시작하였다. 그러나 성종 25년(1494) 12월 24일, 38세의 나이로 세상을 떠났으니, 햇수로 따져 그가 재위한 지 26년이 되던 해의 연말이었다. 성종 7년(1476) 그가 친정을 시작했던 때로부터 성종 9년 무술년의 옥사로 알려진 정치적 격랑을 겪은 후 그의 치세는 대체로 조용하였다. 그러나 조용하였다는 것은 무슨 의미일까?

성종 대는 조선 초기의 역사에서 또 하나의 세대 교체기였다. 특히 무단적이며 전제적이던 세조가 세상을 떠난 후, 예종은 그 남겨진 유산에 묻혀 아무것도 이루지 못한 채 너무도 일찍 숨을 거두었다. 그를 이은 성종은 불과 13세 소년이었다. 그는 세자로서 제왕학을 가다듬을 틈도 없었으며, 험난한 세상을 깊이 들여다볼 수 있는 연륜도 없었다. 결국 성종은 즉위했으나, 세조의 옛 공신들이 모든 정치권력을 다 장악하였다. 더욱이 성종의 첫 왕비였던 공혜왕후는 한명회의 딸이 아니었던가? 정희왕후의 섭정하에서 세조 대 공신들의 입장은 더욱 강화되었으며, 이는 자연 왕권을 제약하는 결과를 초래할 것이었다.

이에 성종은 대비의 섭정이 막을 내리고 자신이 친정을 시작하는 때를 기다려 새로운 인재들을 조정에 발탁하였다. 흔히 사림으로 불리는 이들은 과거의 정치적 유산을 청산하고 성리학의 가르침을 정치에 적극적으로 구현하려는 포부를 지니고 있었다. 이들의 눈에 세조 대 이래의 공신이며 성종 초의 정국을 죄다 장악한 원로 중신들은 성현의 가르침을 저버린 사람들로 보였다. 주로 대간 삼사에 진출한 이들이 공신집단에 대해 거침 없는 탄핵을 가한 것은 이러한 배경에서 이해할 수 있다. 이렇게 하여 성종 초 원로 중신들의 정치적 위상은 크게 손상되었지만, 그렇다고 이들을 비판하는 새로운 세력들이 정국을 다 장악한 것도 아니었다. 사실 성종은 이 둘 가운데 어느 한 편이 완전히 승리하기를 원하지도 않았으며, 오히려 양자 사이의 세력 균형을 통해 자신의 왕권을 안정시키려 하였다.

이러한 성종에게 유자광처럼 철저하게 왕권에 의존하는 관료는 매우 소중하였다. 서자였던 유자광은 한명회와 같은 원로 중신들에게나, 혹은 성리학으로 무장한 새로운 관료들에게나 모두 받아들여지지 않았다. 그래서 그는 세조와 예종에게 그랬던 것처럼 성종에게도 절대적인 충성을 바쳤다. 유자광이 한명회를 탄핵하는 모습에서 성종의 신임을 얻고자 하는 그의 절박한 모습을 발견할 수 있는 것도 그런 사정을 잘 말해 주고 있다. 유자광은 매우 야심만만하고 자신의 출세를 위해서는 어떤 수단이라도 쓸 정도로 냉혹한 정치가였다. 그런 유자광에게는 자연 정적이 많을 수밖에 없었다.

그런데도 성종은 유자광을 신임하였으며, 많은 정적의 공격으로부터 그를 지켜 주었다. 아마도 성종은 왕에 절대 의존하는, 아니 왕에 절대 충성하는 유자광과 같은 신하들을 거느리고 싶었을지도 모른다. 왕에 직속된 정치 세력을 거느리지 못한 성종과 같은 조선의 왕들은 왕권을 전제화하는 데 큰 제약을 받고 있었다. 성종이 유자광을 신임하였더라도 유교가 국가의 정통 교리로 굳어 가던 이때 서자 출신 유자광의 정치적 입지는 더욱 좁아질 수밖에 없었다.

성종은 어린 나이에 왕이 되었으나 세조 대 이래의 원로 중신들과 성리학의 이념에 의거하여 이들의 불충을 비판하는 새로운 정치 세력 사이에 경쟁 관계를 유지하는 것이 매우 중요하다는 것을 깨달았다. 그의 25년간에 걸친 치세 기간에 큰 정치적 사건으로 발전할 만한 심각한 대립의 여지는 상존했지만, 성종은 철저하게 이 경쟁으로 빚어진 정치적 균형을 유지하려 노력하였다.

유자광으로 본다면 이 사이에서 비교적 평화로운 시절을 보낼 수 있었다. 그가 서자였기에 정부 내의 중요한 관직에는 제대로 임명될 수 없었지만, 예종의 공신으로서 그는 나름대로 상당한 영향을 지닌 인물로 인정받을 수 있었다. 독자적인 정치 세력을 직접 거느릴 수 없는 성종이었지만 그래도 유자광처럼 양반 사대부의 정치 세력 어디에도 받아들여질 수 없는 인물을 자기 조정에 가까이 두고 싶어 하였다. 그러므로 유자광의 험난한 생애를 염두에 두고 본다면, 성종 대에 유자광은 비교적 안정되고 평화로운 시절을 보낼 수 있었다. 그러나 그 평화는 잠깐이었다.

성종이 세상을 떠나자, 가까스로 버티던 정치 세력 간의 균형이 급속히 무너지기 시작하였다. 연산군은 성종이 유지하던 균형의 추를 장악할 능력이 없었다. 그러면서 정치적 대립은 무한 투쟁의 장으로 번져 나가기 시작하였다. 대립적이긴 하지만 그래도 공존할 수 있었던 조선왕조의 정치적 균형은 이제 더는 평화적으로 유지될 수가 없었다. 여기에 더하여 연산군은 균형을 유지하여 왕조를 안정시키려던 성종의 역할에 만족해하지도 않았다. 그는 자신이 더 적극적으로 정국을 이끌어 가는 전제적 왕권을 구축하려 하였다. 이러한 요인들이 겹쳐 무오사화가 발생하였다. 사실 이러한 사대부 세계에서 진행되는 정치적 균열에 유자광은 아무런 책임도 질 이유가 없었다. 서자였던 그를 어느 쪽에서도 크게 환영하지는 않았기 때문이다.

그러나 무오사화(1496)가 일어나 정치적 숙청이 난무하였을 때, 연산군은 유자광을 심문관으로 삼아 정치적 추궁을 엄하게 하도록 하였다. 서자 출신으로 그를 보호해 줄 정치적 그늘이 전혀 없었던 유자광은 항상 왕에 절대 충성함으로써 조정 내에서 자신을 지켜 올 수 있었다. 이번에도 그는 연산군의 명을 참으로 충실하게 따르는 것 이외에는 달리 생각할 도리가 없었다.

그래서 무오사화에서 희생당한 사람들, 후세에 성리학이 조선왕조의 절대이념으로 자리하게 되었을 때 그 이념의 순교자로 추앙받던 사람들을 죽음으로 몰아간 악역을 담당한 유자광은 이 세상에 설 자리가 아예 없게 되었다. 더욱이 유자광은 서자였기에, 그 심판은 더욱 가혹하였다. 사실 성리학의 이념에 따르는 사대부 세계에서 서자라는 신분은 용납될 여지가 전혀 없었다. 유자광이 무오사화에서 맡은 악역이 아니었더라도, 조선왕조에서 성리학 이념이 더욱 확고하게 자리해 가는 과정에서 그의 입지는 나날이 좁아질 수밖에 없었다.

그런 처지였기에 무오사화에서 희생자들을 가혹하게 처형장으로 몰아간 유자광은 성리학의 빛이 강할수록 그의 삶에 드리운 그늘도 길고 짙

었다. 오로지 왕의 총애에 의해서만 유교왕조의 조정에서 그런 지위를 지
닐 수 있었던 유자광이었기에, 그에게는 선택의 여지가 너무도 좁았으
며, 사실 그는 다른 선택을 생각하지도 않았다.

정치적 공간을 최대한 넓혀 공존의 틀을 유지하려 한 성종과는 달리,
연산군은 그 공간을 좁혀 자신의 의지로 채우고자 하였다. 이런 시점에서
유자광은 더욱 모난 돌처럼 솟아났다. 이것이 유자광의 비극이었다. 뒷
날 연산군이 쫓겨났을 때 유자광이 살아남기 어려울 것이라는 점은 짐작
하기 어려운 일이 아니다. 그가 재빨리 연산군을 버리고 중종반정의 쿠데
타 대열에 참여하였더라도 유자광의 실각과 죽음은 눈앞에 와 있었던 것
이다.

5부

연산군 전반기

권토중래 捲土重來, 1494~1498

• **성종 25년(1494) 12월** – 모친상.
• **연산군 즉위년(1494) 12월** – 모친상 중에 성종의 국상에 참예하게 해 달라는 상소.
• **연산군 원년(1495) 1월** – 국상에 참예함이 옳음을 논하는 상소.
　　　　　　　　 5월 – 모친상을 너무 화려하게 치렀다는 탄핵에 반박하는 상소.
• **연산군 3년(1497) 1월** – 탈상하고 상경. 특진관으로 경연에 참석하기 시작.
　　　　　　　　 6월 – 대간의 말이라도 시비를 가려야 한다고 발언.
　　　　　　　　 7월 – 노사신과 함께 대간의 무차별 탄핵 풍조를 비난함. 대간과 정면충돌.
• **연산군 4년(1498) 7월** – 윤필상·노사신·한치형과 함께 사초 문제를 왕께 비밀리에 보고함.
　　　　　　　 – 〈조의제문〉의 의미를 상세히 풀어서 왕께 보고.
　　　　　　　 – 〈화도연명술주시和陶淵明述酒詩〉의 서문을 상세히 풀어서 왕께 보고.
　　　　　　　 – 오위도총부 도총관에 임명. 대간의 반대 없었음.
　　　　　　　 8월 – 노사신과 함께 사마소 혁파와 '죽림칠현' 처벌을 건의.
　　　　　　 12월 – 인혜대비(예종의 계비) 능역 조성을 위한 산릉도감 제조에 임명.
　　　　　　　　　　　　　　　　　 대간의 반대를 연산군이 누름.

32

||||||

모친상 중에 닥친 국상

성종 25년(1494) 12월 24일 성종이 승하하였을 때 유자광은 마침 어머니의 상중이었다. 성종보다 며칠 먼저 세상을 떠난 어머니의 상을 당하여 유자광은 이미 빈소를 차려 놓은 상태에서 성종의 국상 소식을 들었다. 유자광은 조선왕조 고위 관료로서 유교적 예법에 어울리는 부모의 상례를 치르고 있어야 할 때 국상이 생겼으니, 어떻게 하는 것이 예법에 맞는지 판단하기 쉽지 않았다. 그래서 그는 성종이 승하한 지 이틀 후인 12월 26일, 이 문제에 관하여 다음과 같은 상소를 올려 합당한 답을 요청하였다.

저의 어머니가 돌아가셔서 이미 빈소를 차렸습니다. 삼가 《예경》을 살펴보니, 증자께서 (공자께) 묻기를 "대부大夫와 사士가 부모의 상을 당하면 마땅히 그 복을 마치기까지 예를 다 해야 할 것인데, (부모의 상을 마치기 전에) 임금의 상을 당하면 어떻게 부모의 상을 마쳐야 합니까?"라고 하였습니다. 공자께서는 "지금 국상을 치르는 중이라면 감히 자기 부모의 상을 치르기 위한 복을 입을 수는 없는 법인데, 또 무엇을 따진단 말인가?"라고 답하셨습니다. 이 대목의 주에는, "임금은 중하고, 부모는 경하므로, 이 의로움 때문에 (부모에 대한 사적인) 은혜를 끊는 것이다"라고 하였습니다.

증자께서 다시 묻기를 "임금의 상이 출관을 할 무렵에 신하가 그 부모의 상을 당하면 어떻게 해야 합니까?"라고 하였습니다. 공자께서는 "(집으로) 돌아가 곡을 마치고 다시 돌아와 임금의 상을 마쳐야 한다"라고 답하셨습니다. 그 주에 이르기를 "(집에) 돌아와서 부모의 상에 곡하고 다시 가서 임금의 상을 마친다"라고 하였습니다. 또 "부모가 돌아가셔서 이미 빈소를 차렸는데 그 후에 임금이 돌아가셨다면 임금의 빈소로 찾아가야 하며, 부모의 상이 한창 진행 중이면 집으로 돌아오되 아침저녁으로는 항상 임금의 빈소에 있어야 한다"라고 되어 있습니다.

증자께서 다시 묻기를 "부모의 상에 이미 발인하여 길에 나섰는데, 이때 임금이 돌아가셨다는 소식을 들으면 어떻게 해야 합니까?"라고 하였습니다. 공자께서는 "부모의 산소에 봉분하기를 마친 후에 옷을 갈아입고 임금의 빈소에 가야 한다"라고 대답하셨습니다. 그 주에 이르기를 "감히 사사로운 부모의 상복을 입고 임금의 빈소에 나아가서는 안 된다"라고 하였습니다.

이 《예경》에 실린 말씀이 그대로 저의 경우에 해당합니다. 지금 제가 어머니의 상복 때문에 임금[성종]의 상복을 입지 못한다면 이것은 신하로서 임금의 복을 입지 않는 것입니다. 그러면 이는 (임금이 아니라) 어버이가 중하고 임금이 경한 것이 되어 《예경》의 가르침에 어긋나고

대의를 일그러뜨리는 일이 될 것입니다.[1]

이런 유자광의 상소가 올라오자 노사신과 같은 중신들은 고례가 있으니 유자광이 청한 대로 들어주자고 하였다. 하지만 예조에서는 《경국대전》에는 부모상 중에 임금의 상을 당했을 때의 규정이 없음을 들어, 유자광의 청을 들어주지 말도록 주장하였다.[2] 이런 논란이 제기된 다음 날인 12월 27일, 왕은 승정원에 전교를 내려, 다시 한번 이 문제를 논의할 것을 명하였다. 원로 중신들과 예조의 견해가 다르기 때문이었다. 그러나 이번에는 중신의 대표 격인 윤필상이 예조의 견해대로 유자광의 청을 기각해야 한다고 주장하고 나섰다. 그래서 왕은 "선왕을 위한 (유자광의) 정성은 참으로 갸륵하나, 국가에는 정한 법이 있으므로 (그 청을) 들어줄 수가 없다"라고 최종 단안을 내렸다.[3]

그러나 유자광은 여기서 단념하지 않고 다시 이 문제를 제기하였다.

신하가 부모의 상을 치르는 중에 임금의 상을 당했을 경우, 다시 임금을 위하여 부모의 상복을 벗어야 한다는 것은 《예경》에 적혀 있습니다. 그런데 (지금) 예조에서 저는 어머니 상중이므로 임금의 상복을 입어서는 안 된다고 하였습니다. (그러나) 어머니의 상을 먼저 당했는데 이어 아버지의 상을 당한다면 아버지를 위하여 새로 상복을 입어야 하지 않겠습니까? 《예경》에 적힌 바는 곧 천지의 큰 가르침이요, 군신간

---

[1] 《연산군일기》 권1, 총서(12–623, 2가8~2가1).
[2] 《연산군일기》 권1, 총서(12–623, 2나1~2나7).
[3] 《연산군일기》 권1, 즉위년 12월 27일 임오조(12–624, 4가좌6~4가좌2).

에 지켜야 할 의리이며, 사람이라면 누구나 반드시 지켜야 할 도리여서 만세가 지나도 결코 바뀔 수 없는 대경대의大經大義라 하겠습니다.

제가 애통하여 울부짖는 사이 (성종의) 상기가 닥쳤기에 미처 (조정에) 아뢰지 못하고 이미 어제 집에서 어머니의 상복을 바꾸어 임금의 상복을 입었습니다. 제가 임금의 상복을 입은 채로 어머니의 상여를 따라가 봉분을 하고 돌아와 임금의 장사를 따르고자 청하였습니다. 지금 예조에서 저의 청이 그르다 하니, 저는 예조의 관원과 마주 대하여 옳고 그른 것을 따지기를 바랍니다. 만약 제 말이 그르고 예조 관원의 의논이 옳다면 저는 마땅히 법을 어지럽힌 죄를 받겠습니다.[4]

이미 임금의 상복을 입지 말라고 명한 바 있던 왕은 이런 유자광의 상소를 보고 조금 당황하였다. 그러면서 다시 원상들에게 사후 처리 문제를 의논토록 하였다. 그러자 윤필상은, 그 전에 유자광의 청을 들어주어도 무방하다는 견해를 밝혔음에도 불구하고, 이 경우는 왕명을 어기고 임금의 상복을 사사로이 입었으므로 유죄라는 견해를 냈다. 그러나 노사신은 유자광이 대궐에 나올 처지가 아니어서 사사로이 임금의 상복을 입은 것이므로 무방하다고 주장하였다. 이렇게 원상 내에서도 주장이 엇갈리자 왕은 "(왕에게) 고하지 않고 사사로이 (임금의 상복을) 입은 것은 잘못이다. 그러나 이미 입었다면 좌상[노사신]이 말한 대로 하는 것이 좋겠다"라는 결론을 내렸다.[5]

이로부터 3개월 정도가 지난 연산군 원년(1495) 3월 28일, 유자광은

---

[4] 《연산군일기》 권2, 원년 1월 1일 을유조(12−628, 1가좌2~1나5).
[5] 《연산군일기》 권2, 원년 1월 1일 을유조(12−628, 1가5~1가8).

다시 서계를 올려 고향인 전라도 남원에 어머니를 장사지내고 국장에 참여코자 상경하였다고 보고하였다. 이에 연산군은 또 이런 선례가 있었는지를 물었다. 예조에서는 이런 선례는 없었지만 유자광의 성의가 가상하므로 허락해 주되, 다만 반열에 따를 수는 없고 따로 예를 행하게 하는 것이 좋겠다는 견해를 냈다. 그러나 왕은 그런 예를 만들 수는 없다고 하여 유자광의 청을 기각하였다.[6]

모친 상중에 성종의 국상을 당한 유자광이 제기한 문제는 이 정도에서 끝나는가 싶었다. 그런데 이때 사간원 정언 이자견李自堅은 유자광을 탄핵하고 나섰다. 천한 서얼 출신의 유자광이 그 어미의 장례에서 예를 무시하고 과도하게 사치스럽게 하였다는 것이 이유였다. 심지어 그는 유자광을 국문해야 한다고 주장하였다. 이자견은 유자광이 모친 상중에 다시 임금의 상복 입기를 청한 것은 임금을 위하는 것이므로 죄를 줄 수는 없다는 점을 분명히 했지만,[7] 유자광의 문제 제기가 세간의 비웃음을 사고 시빗거리가 되었다는 당시의 정황도 잘 보여 주었다.

이런 탄핵을 받자 유자광은 자신의 처지를 변호하는 상소문을 올렸다. 내용 중 모친상을 치르는 과정이 무척 흥미롭기도 하고 서자 유자광이 자신을 변론하는 데 얼마나 열중하였는지를 잘 보여 주기에 그 전문을 아래에 옮겨 본다.

제가 (어머니의) 묘를 지키며 남원에 있을 때 사간원에서 제가 어머니의
장례를 치른 일로 저를 논박하며 죄 주기를 청하였다는 말을 듣고 물

---

[6] 《연산군일기》 권4, 원년 3월 28일 신해조(12–658, 9나1~9나4).

[7] 《연산군일기》 권4, 원년 4월 9일 임술조(12–659, 12나7~12나좌3).

러나 죄를 기다리고 있었습니다. 그러나 참으로 마음이 편치 아니하여 바로 길을 재촉하여 (서울로) 올라왔습니다. 그러나 (사간원의) 논박 가운데, "(제 어머니의) 상여를 예에 어긋날 정도로 크고 화려하게 만들었다"라고 한 것은 제가 마음속으로 원통하게 여기는 바입니다. 단지 무명과 보통의 명주로 꾸미고, (서울에서 남원까지 내려가는) 먼 길에 부러지고 상할 것을 걱정하여 상여의 얼개를 매는 틀을 크고 튼튼하게 만들어 좀 무거웠을 뿐인데, 어찌하여 참람하다 하는지 저는 마음속으로 원통하게 생각합니다. (상여는) 66명이 메고 갔는데 왜 100여 인이라 하였는지, 그 점도 원통하게 생각합니다. 도중에 역귀를 쫓는 의식은 의당 그렇게 하는 것인데 왜 그럴 수 없다고 하는지, 그것도 원통합니다.

저는 경기에서 남원에 이르는 연로의 각 역에 미리 양식을 마련해 놓았으며, 양성·공주·연산·은진·여산·임실에는 저의 토지와 장원이 있고 머무는 곳에는 노복들이 있어서 필요한 것을 다 마련하였습니다. 그래도 모자란 것이 있을까 걱정하여 수레 두 차에 여러 물건과 쌀·콩·소금·장 등을 다 싣고 갔습니다. 따라간 자는 상여를 멘 사람들뿐 아니라 일가권속이 다 따라갔으니, 그 수가 많기는 하였지만 넉넉지 못한 고을에서 어찌 이를 다 먹이고 보조할 수가 있었겠습니까? 그중에 약간의 쌀과 콩 그리고 말먹이를 준 곳도 있고, 혹은 상하청의 약간 명에게 음식을 제공한 자도 있고, 혹은 길거리에서 상을 설치하고 애도한 자도 있었습니다. 이것은 제가 요구한 것이 아니지만, 그것을 물리치지 않은 것은 저의 죄라 하겠습니다.

그러나 이것은 제가 가는 길에서만 있는 일이 아니라, 모든 사대부가 부모의 영구를 모시고 동서 사방으로 가는 곳마다 다 그런 형편입니다. 이것은 모두 자식으로서의 정리와 다른 사람의 부모상을 애도하는 뜻에서 하지 않을 수 없는 것이기도 합니다. 실정이 이러한데 제가 사람을 많이 거느리고 가서 각 고을에서 식사를 대도록 한 것처럼 말한 것은 무슨 까닭인지, 참으로 저는 원통하게 생각합니다.

　제 어머니는 원래 남원에 사셨기에 (남원으로) 돌아가 어머니를 봉양하기를 청원하니, 성종대왕께서 특별히 병조에 명하여 군인을 보내어 (어머니를) 서울로 모셔 오게 하시고는 항상 궁중의 진귀한 반찬을 내려주시곤 하셨습니다. 저의 어머니가 돌아가실 때 85세였는데, 죽음이 가까웠을 때 성종께서도 건강이 좋지 않으셨습니다. 그런데도 저의 어머니의 병을 걱정하여 자주 음식을 내리시고 병세를 직접 물으시곤 하셨으니, 융숭한 은혜를 잊을 수가 없습니다.

　(제 어머니가) 세상을 떠나자 남원까지 먼 길을 내려가는데 제 한 집안의 인력으로는 모시고 가기에 넉넉지 못하므로 이에 제가 (나라의 도움을 청하는) 사유를 갖추어 올렸습니다. 성종대왕께서 저의 청원을 보시고 곧 병조에 명하여 특별히 군인을 내려주셔서, 저의 어머니가 서울에서 죽어 고향 남원으로 돌아가 선산에 묻힐 수가 있었으니, 성종대왕의 크신 은혜는 살아서나 죽어서나 크고 두터우시어 천지간에 망극할 따름입니다. 저의 어머니는 정부인에 봉해졌으므로 그에 걸맞은 예를 갖추어 장례를 지내 (아들로서) 저의 효도를 다하려고 생각하는 것은 지극히 당연한 일인데도, 이를 두고 다른 사람들이 비방하고, 간원에서는 죄 주기를 청하게 될 줄을 어찌 미리 알 수가 있었겠습니까?

　생각이 여기에 미치니 저의 죄는 죽어 마땅합니다. 저의 죄는 저 스스로 지은 것이니 죽임을 당하더라도 결코 한이 없습니다. 그러나 제가 두려워하는 것은 저의 죄가 각 고을과 각 역의 어리석고 우둔한 아전들에게까지 미치는 것입니다. 바야흐로 농사철을 당한 때에 많은 사람이 옥에 갇히고, 죄 없는 사람이 목숨을 잃게 된다면 그 원통하고 억울함이 이 세상의 평화로운 기운을 손상하여 재앙을 불러올지도 모릅니다.

　생각이 여기에 미치니 저의 죄는 죽어 마땅합니다. 제가 지금 말씀 드리는 것은 사정을 있는 그대로 말하여 조금도 숨김이 없습니다. 저는 보잘것없는 사람이지만 어찌 감히 위로 임금의 총명을 속이겠습니까? 전하께서는 이를 불쌍히 여겨 살펴 주시기 바라나이다.[8]

　이후에 이 문제가 어떻게 결말을 보았는지 실록에 기록이 없어 더이상 살펴볼 수는 없다. 그러나 성종의 장례에 참여한다는 것은 신하의 도리이며, 또 앞으로의 정치적 장래를 기약할 기회이기도 하였다. 유자광이 굳이 이에 참여하려는 것은 너무도 당연한 일이었다. 그러나 이 논쟁 과정에서 드러난 것을 보면, 서자 출신 유자광을 성종의 장례에 끼워 주지 않으려는 조정 신료들의 의도를 명백히 읽을 수 있다.

　예조에서 《경국대전》에 규정이 없음을 이유로 유자광의 국상 참여를 허용해서는 안 된다고 하였지만, 본시 《경국대전》이라는 법전은 그러한 모든 경우를 예상하고 상세하게 법조문을 마련해 놓은 그런 책은 결코 아니기 때문에 예조의 이유는 온당하지 않다. 차라리 유자광이 말한 대로 《예경》의 한 대목이 《경국대전》보다 상위의 규범이라고 보는 것이 옳다. 그러므로 유자광은 사대부 세계에서 부당한 취급을 받는 자신의 처지를 잘 알고 있었으며, 그럴수록 집요하게 자신의 입장을 정당화하였다.

　더욱이 성종의 국상에 참여한다는 것은 새 왕의 치세가 시작하는 때

---

[8] 《연산군일기》 권5, 원년 5월 3일 을유조(12-665, 3나5~4가좌5).

에 얼굴을 알릴 기회를 아울러 확보한다는 의미도 있었다. 자신의 신분적 제약 때문에 과거에도 왕의 총애에 더욱 의지할 수밖에 없던 유자광이 이런 기회를 소홀하게 흘려버릴 리가 없었다. 그러나 위의 국상 참여에 관한 유자광의 청원으로 야기된 논쟁을 살펴보면, 연산군은 즉위 초에 유자광에 대해 특별한 관심을 보이지는 않았다.

33

||||||

성종의 장례 문제[9]

유자광이 성종의 장례에 어떻게든 참예하려고 애쓰던 것과는 별도로, 조정은 장례 예식 문제로 벌집 건드린 듯이 시끄러웠다. 불교 의식을 거행해서는 안 된다는 논의가 비등했기 때문이다. 안에서는 대간이 논의를 이끌었고, 밖에서는 성균관 등 관학 유생들이 호응하였다. 그러나 젊은 새 왕은 꿈쩍도 하지 않았다. 되레 대간의 논계를 아예 들이지 말라 명한다거

---

[9] 이 33장은 계승범이 집필하여 이곳에 배치하였다. 정두희 선생 유고의 마지막 장 제목은 〈유자광과 무오사화〉인데, 시작하자마자 미완성으로 끝났다. 따라서 선생께서 완료한 초고는 32장까지다. 유자광을 집필하면서 어서 무오사화를 다루고 싶은 마음에 선생께서는 무오사화를 조금 앞당겨 집필하기 시작하신 듯하다. 하지만 조금 운을 떼시다가 더는 원고를 진행하지 못하셨다. 마지막 문장도 미완성이었다. 마음이 다소 급하셨을 선생님의 심정을 행간으로 느끼며, 가슴이 뭉클하고 눈앞이 흐려지고 조용한 전율마저 느낌을 금할 수 없다.

나, 일부 유생을 체포하여 국문하기까지 하였다. 이제 성종의 장례 문제는 언로言路를 보장하고 사기士氣를 진작해야 한다는 논쟁으로 비화하였다.

새 왕은 왕의 권위보다 성현의 말씀을 중시하는 유학자들의 거센 물결과 정면으로 충돌하였다. 노사신 등 일부 원로 대신들이 중재에 나섰으나 역부족이었다. 성종은 재위하는 동안 자신이 직접 어떤 충돌의 한 편에 서지는 않았다. 대각에 자리한 언관들과 의정부·육조에 포진한 대신들 사이에 알력이 발생하면 성종은 국왕으로서 적절히 중재하는 데 솜씨를 발휘하였다. 그런데 새 왕은 처음부터 아예 본인이 선봉에 서서 언관들과 대립하기를 서슴지 않았다. 웬만하면 중재 역할을 맡아야 할 국왕이 직접 전장을 달리자, 조정은 바로 격랑에 휩싸였다.

불교식 제례에 반대하는 논의는 세자가 아직 즉위도 하지 않은 상태에서 터져 나왔다. 사헌부 장령 강백진康伯珍과 사간원 정언 이의손李懿孫이 첫 깃발을 들었다. 선왕께서 본래 불교를 좋아하지 않은 점과 새 왕이 정치를 펼 때는 사도邪道를 버리고 예문을 따라야 함을 두 가지 반대 근거로 제시하였다. 홍문관에서는 부제학 성세명成世明 등이 불재佛齋를 위한 소疏를 홍문관에서 지을 수는 없다며 불교식 제례 중지에 목소리를 높였다. 그러나 세자[연산군]는 수륙재 등의 거행은 국초 이래의 전통이며, 선왕께서도 불교식 제례를 중지하라는 유언을 특별히 내리지 않았음을 강조하며 모두 거절하였다.[10]

양사에서 시작한 반대 논의는 홍문관을 거쳐 예문관으로까지 번졌다. 이로부터 며칠간 하루에도 두어 차례씩 날선 공방이 이어졌다. 재소齋疏

---

10 《연산군일기》 권1, 즉위년 12월 26일 신사(5). 괄호 안 숫자는 해당 일자의 기사 순서를 가리킨다.

를 짓는 임무를 맡은 홍문관 수찬 손주孫澍는 아예 글을 짓지 못하겠다며 거듭 버티었다.[11] 홍문관 관원들은 논계하기 위해 다들 대궐로 들어가면서 공관을 비우기 일쑤였다.[12]

이때 한 어전회의에서 좌의정 노사신은 다음과 같이 건의하였다.

일에는 늦출 것과 서두를 것이 있는데, 지금 재를 지내는 일이 나라의 흥망 같은 중대한 일이라면 (대간이) 말하는 것이 옳습니다. 그러나 선왕을 위하여 재를 지내는 것은 조종조의 고사故事이니, 이것을 가지고 불교를 숭상한다고 할 수는 없습니다. (전하께서는 지금) 곡위哭位에서 애달프시므로 일을 논할 때가 아닌데도 (대간은) 할 일을 저버리고 대궐에 모여서 논란하여 마지않습니다. 신은 매우 그르다고 생각합니다. 큰일 외에 이런 일은 반드시 답할 것도 없다고 생각합니다.[13]

나라의 고례를 따라 재를 올리는 일을 지나치게 반대하는 삼사 관원들의 행태를 비판하고, 사소한 일이니 아예 일일이 대꾸할 필요도 없다는 강한 발언이었다. 이 발언으로 노사신은 결국 대간의 집중포화를 받았다. 그러나 새 왕은 중신을 보호하였다.

수찬 손주가 재소 작성을 누차 거부하자 새 왕은 노사신의 견해를 받아들여 일단 일이 급하니 승정원에서 대신 짓도록 하였다. 그러자 이번에는 좌부승지 강귀손姜龜孫이 나섰다. 승정원의 생각도 다르지 않은데, 어

[11] 《연산군일기》 권1, 즉위년 12월 27일 임오(6), 28일 계미(4).
[12] 《연산군일기》 권1, 즉위년 12월 28일 계미(1).
[13] 《연산군일기》 권1, 즉위년 12월 28일 계미(1).

떤 승지가 즐거이 글을 작성하겠느냐며 거부 의사를 표하였다. 그래도 어
명이 지엄하자, 승정원에서는 향실에 입직한 정자正字를 시켜 예전에 쓰
던 소문을 베껴서 제출하였다.[14] 승지 여섯 명 모두가 글짓기를 거부한
모양새였다. 승정원이라는 기구의 특성상 논계에 참여하지는 못했으나,
불교식 제례를 반대하는 생각은 4관[사헌부·사간원·홍문관·예문관]과 처
음부터 같았음을 드러낸 셈이었다.

　이후로도 7일마다 돌아오는 소문疏文 작성은 글 좀 쓴다는 관원에게는
마치 '폭탄 돌리기'와도 같았다. 승정원조차도 다른 관청의 관원이 작성
을 거부하면 승지더러 대신 쓰라 하니 부당하다면서 기피하였다. 이에 내
섬시정內贍寺正 이균李均이나 시강원 보덕 이거李琚 등이 마지못해 짓는 지
경이었다.[15] 그래도 2재는 진관사津寬寺, 3재는 봉선사奉先寺, 4재는 정인
사正因寺 등지에서 차질 없이 거행하였다.[16]

　조정에서 벌어진 논쟁 1라운드는 이렇게 새 왕의 판정승으로 끝났다.
즉위식을 거행하던 날 수륙재를 결국 강행하였으며, 선왕을 위한 재도 7
일마다 차질 없이 올렸다. 불교를 가리켜 사도邪道라 칭하는 패기 어린 유
학자 관료들이 즐비한 조정과 도성에 불경 소리가 은은히 번져 가는 광경
은 이후 연산군 대 조정에서 벌어질 끝없는 충돌 양상을 예시하기에 충분
하였다.

　그런데 젊은 새 왕의 말 한마디가 논쟁 2라운드를 열었다. 앞으로 재
를 올리는 문제를 거론하는 대간의 논계는 아예 들이지 말라는 명령이 발

---

[14] 《연산군일기》 권1, 즉위년 12월 28일 계미(4).
[15] 《연산군일기》 1년 1월 12일 병신(4), 19일 계묘(1).
[16] 《연산군일기》 1년 1월 7일 신묘(1), 14일 무술(2), 21일 을사(1).

단이었다. 그런 건의를 노사신이 진언했다는 소문을 들은 홍문관은 노사신을 탄핵하며 들고일어났다. 왕이 그런 결정은 스스로 했다면서 진화에 나섰으나, 양사에서는 합계하여 진위를 가려야 하니 당시 어전 대화를 기록한 《승정원일기》를 공개하라며 버티었다. 몇 차례 공방 끝에 노사신이 마지못해 일기를 공개해도 무방하다고 아뢰자, 왕은 그제야 일기를 공개하도록 허락하였다.[17]

《승정원일기》를 열람하자마자 대간은 노사신을 본격적으로 탄핵하였다.

엎드려 생각하건대, 금중禁中은 낮에도 엄하게 지키니 옥좌는 하늘처럼 멉니다. 언로가 트이면 하정下情이 통하여 나라가 다스려지고, 언로가 막히면 임금의 귀가 가려져서 나라가 위태로워집니다. 평시에도 그러한데, 하물며 즉위하신 처음이니 하늘이 지혜를 명하고, 길흉을 명하고, 역년歷年을 명할 지금이야 오죽하겠습니까? 지금 국상이 새로나서 전하의 정이 애통하시어 무릇 국사를 다 대신에게 의탁하시니, 대신이 된 자는 마땅히 착한 도리를 여쭈어 충성을 다해 보좌하고 인도하여 이윤伊尹과 주공周公을 본받아야 할 것입니다.

그런데 노사신은 정승의 자리에 있으면서 전하께서 위임하신 뜻에 맞추지 못하고서, "부처에게 재를 드리는 것이 국가의 흥망에 관계되지 않으며, 그것은 조종조의 전례이지 불법을 숭상하는 것이 아니다"라고 아첨하였습니다. 부처에게 재를 드리는 것이 불법을 숭상함이 아

---

[17] 《연산군일기》 권2, 1년 1월 1일 을유(5).

니고 무엇이겠습니까? 노사신은 심지어 논계한 사람들을 그르다고 하면서 전하께는 답할 필요가 없다고 아뢰어 바른 의논을 막아서 통하지 못하게 하였습니다. 그 마음이 지극히 간사하고 그 죄가 지극하니, 어찌 용서할 수 있겠습니까? 엎드려 바라옵건대, 그 죄를 밝히 다스려서 신민의 이목을 쾌하게 하옵소서.[18]

새로 즉위한 왕을 직접 공격할 수는 없으니, 좌의정 노사신에게 모든 죄를 돌린 탄핵이었다. 왕이 거듭 나서서 자신이 결정했노라 변명하였으나, 대간은 물러서지 않았다. 불교식 장례 문제로 시작한 논쟁이 이제는 언로 문제로 비화한 것이다. 그러나 역시 왕의 단호함을 꺾을 수는 없었다.

논쟁 3라운드는 성균관 유생들이 열었다. 세자[연산군]가 정식으로 보위에 오른 바로 그날 조유형趙有亨 등은 비슷한 이유를 거론하며 장문의 상소를 올렸다. 아마 이는 연산군이 정식으로 즉위하고 국왕으로서 처음으로 읽은 상소일 것이다. 유생들은 이 글에서 재를 드리는 일은 "하늘에 계신 (불법을 싫어하시던) 선왕을 속이고, 어리석은 백성들의 사망邪妄하는 마음을 열어 주기에 알맞다"라는 극언도 서슴지 않았다.[19] 이들은 왕으로서는 짜증이 날 정도로 거의 매일, 어떤 날은 하루에도 두 번이나 비슷한 내용의 상소를 올렸다. 언사도 갈수록 과격해졌다.

그런데도 왕은 별다른 반응을 보이지 않았다. 이는 선왕의 초상 27일이 지나면 공식적으로 정사를 보기 시작하므로, 그날까지는 기다리겠다는 의미였다. 아니나 다를까. 공식적으로 정사를 보기 시작한 바로 그날

---

[18] 《연산군일기》 권2, 1년 1월 1일 을유(5).
[19] 《연산군일기》 권1, 12월 29일 갑신(5); 권2, 1년 1월 1일 을유(5), 2일 병술(2).

왕은 상소에 이름을 올린 조유형 등 유생 157명 전원을 체포하여 의금부에 가두고 패역한 말을 누구에게서 들었는지 그 배후를 캐라며 국문을 지시하였다. 이때 왕이 특히 문제 삼은 내용은 이러하였다.

생원 조유형 등 157인을 의금부에 하옥시키라고 명하였다. (그들의) 상소문 가운데 "사왕嗣王이 아직 어리시매 양전兩殿은 뜻을 이루셨고, 노사신은 불경을 해독하여 거의 광릉光陵[세조]을 그르치더니, 이제 또한 그 방법으로 전하를 우롱하옵니다. 세조께서 불교를 믿으시어 역신이 난리를 선동하였습니다. 중의 무리가 서로 길에서 축하하면서, 우리의 도가 부흥한다고 합니다"라는 등의 말을 어필御筆로 표시하고 이르시기를, "(이런 말을) 어디에서 들었는지, 반드시 그 실정이 있으리라. 지금도 이 같은 역신이 있단 말인가? 추국하여 아뢰라"라고 하였다.[20]

왕이 친히 표시했다는 이 부분이 바로 왕이 노한 핵심 이유였다. 양전이 뜻을 이루었다 함은 불교를 좋아하는 두 (대왕)대비가 불교식 장례를 성취하였다는 의미였다. 노사신에 대한 말은 불교에 심취한 그가 세조뿐만 아니라 새로 즉위한 왕까지 그르친다는 탄핵으로, 중신에 대한 직접 공격이었다. 또한 세조가 불교를 중시하자 역신이 일어났으며, 선왕의 장례를 불교식으로 거행하자 이제는 중들이 서로 길거리에서 자축한다는 얘기였다.

이런 상소를 며칠이고 연이어 올린 것은 단순히 불교식 장례를 반대

---

[20] 《연산군일기》 권2, 1년 1월 22일 병오(7).

하는 차원을 넘는 처사였다. 특히 새 왕의 할아버지인 세조와 그 왕후를 싸잡아 조롱한 어투였다. 그뿐 아니라, 세조 이래 나라의 중신에 대한 모욕이자 새 왕 자신에 대한 능멸로도 읽힐 수 있었다. 왕은 그저 고례에 따라 불교식 제례를 거행했을 뿐인데, 마치 새 왕이 불교를 장려하니 중들이 좋아한다는 식으로 과도하게 표현했기 때문이다.

포졸들이 성균관에 난입하여 유생 157명을 체포해 간 이 사건은 일파만파로 번져 갔다. 삼사에서는 서로 앞 다투어 유생의 처벌이 불가함을 연일 논하였다. 육조의 신료들도 선비의 기풍을 꺾지 말고 너그럽게 용서할 것을 건의하였다. 이들의 면면을 보면 병조판서 성준成俊, 호조판서 홍귀달, 예조판서 성현成俔, 병조참판 권건, 이조참판 안침, 병조정랑 권수平權守平 등이었다.[21] 의정부를 포함하여 이때 유생을 처벌해야 한다고 주장한 이는 아무도 없었다.

그러나 왕도 단호하였다. 그는 형신을 가해서라도 최초로 발언한 자를 밝히도록 엄히 명하였다.[22] 의금부의 조사 결과를 보고받고는 곧바로 정희량鄭希良·이목李穆·이자화李自華 3인은 외방에 부처付處하고, 조유형 등 21인은 한시적으로 과거 응시 자격을 박탈하는 정거停擧로 처결하였다.[23]

주동한 유생들을 엄벌에 처한 이유는 왕의 발언을 통해 그 대강을 파악할 수 있다. "유생이라면 (무조건) 너그럽게 용서해야 한다는 법이 있는가?"라는 반문이나, "내가 직언 듣기를 싫어하는 것이 아니라 단지 위를

---

[21] 《연산군일기》권2, 1년 1월 30일 갑인(1, 2), 2월 1일 을묘(4), 2일 병진(4).

[22] 《연산군일기》권2, 1년 1월 25일 기유(1).

[23] 《연산군일기》권2, 1월 26일 경술(4, 5).

능멸하는 풍습을 놔둘 수 없기 때문"이라는[24] 대답은 왕의 마음을 잘 보여 준다. 유생들의 집단행동을 능상凌上 행위로 본 것이다.

> 선왕께서 유생을 죄 주지 않았으므로, 이처럼 위를 능멸하는 풍습이 일어났다. 일마다 수의收議한 뒤에야 처리한다면, 임금의 권한은 어디에 있는가?[25]

이 말은 유생 처벌 불가 논의를 이끈 홍문관에게 왕이 답한 내용이다. 유생의 처벌 하나도 대간의 말을 들어야 하고, 대간의 극론도 일일이 다 수용해야 올바른 정사를 펴는 것이라면, 과연 왕은 누구이며, 왕이라는 자리는 왜 필요한가라는 강한 역공이었다.

성종의 49재가 결국 새 왕의 의도에 따라 마무리되면서, 불교식 장례 문제로 불거진 왕과 유학자 신료들의 충돌도 일단은 막을 내렸다. 유자광은 이 장면에 전혀 등장하지 않았지만, 이 논쟁은 이후 그가 사림의 공적으로 지탄받는 일과 불가분의 관련이 있었다. 서자 출신이라는 신분을 딛고 그가 출세할 수 있는 길은 국왕의 총애를 받는 것뿐이었다. 세조와 예종 그리고 성종 등 3조를 겪으며 그가 보인 처신이 바로 그런 행보였다. 연산군 때라고 다를 것이 없었다. 어떻게 해서라도 성종의 장례에 참예하려던 그의 태도는 차라리 '처절한 몸부림'이라 해도 무방할 정도로 절실하였다. 따라서 어떤 식으로든 연산군의 관심을 받을 수만 있다면 그는 무슨 일이라도 마다하지 않을 형편이었다.

[24] 《연산군일기》 권2, 1년 1월 24일 무인(2).
[25] 《연산군일기》 권2, 1년 1월 30일 갑인(3).

그런데 연산군은 성종과는 사뭇 달랐다. 대신과 언관 사이에서 중재 역할을 하면서 유교를 장려한 성종과는 달리, 연산군은 부친보다는 증조부인 세조와 성향이 비슷하였다. 정식으로 보위에 오르기도 전부터 유학자 신료들과 '1차전'을 치르며 드러난 연산군의 태도는 매우 고압적이었고 웬만해서는 타협하지 않는 모습이 확연하였다. 따라서 유자광으로서는 왕에게 충성을 다할지라도 이전과는 다른 분위기에 휩싸일 수 있었다. 이전까지만 해도 거의 모든 신료가 유자광의 출신을 문제 삼아 냉대하였지만, 대개는 그런 선에서 끝나는 정도였다. 그런데 이른바 사림과 전면전을 펼칠 연산군에게 충성한다는 것은 그 자체만으로도 그가 사림에게는 '공공의 적'이 될 수 있는 환경이 무르익었던 것이다.

유교화에 가속도가 붙던 시기가 바로 이즈음이었던 점도 주목할 필요가 있다. 선왕의 불교식 장례 문제로 온 조정이 이렇게 난리법석이었던 적은 이전에 없었다. 그렇다면 왜 하필 성종 대(1469~1494)를 막 지난 이때는 이처럼 큰일로, 심지어 "나라의 흥망이 걸린" 매우 중차대한 사안으로 떠올랐을까? 시대 분위기가 바뀌었기 때문이다. 유교적 가치를 타협 없이 현실 정치에 적용하려는 유학자 관료군이 세조 때보다는 훨씬 더 늘어났고 목소리도 매우 커졌다. 이런 점도 연산군 대 정국의 소용돌이와 그 속에서 헤엄쳐야 했던 유자광의 처지를 이해하는 데 중요한 변수라 할 수 있다.

34

|||||

삼년상 후 정계 복귀[26]

성종의 국상 문제로 조정이 시끄러울 때, 유자광은 남원에서 거듭 국상 참예를 호소하였지만, 끝내 허락받지 못하였다. 이후로는 실록에서 당분간 그의 이름을 찾을 수 없다. 아마도 모친의 삼년상을 치르면서 남원에 있었던 것 같다. 연산군 3년(1497) 정월에 탈상하자마자 유자광은 바로 정계에 복귀하여 특진관으로서 경연에 참여하기 시작하였다.

연산군 3년(1497) 6월 28일, 마침 정전正殿에 벼락이 떨어진 일로 그날 경연 자리는 매우 소란스러웠다. 하늘이 내린 경고의 내용을 놓고 대간과 왕 사이에 설전이 벌어졌다. 대간에서는 왕의 실덕 때문이라 못 박았다. 구체적으로는 임사홍의 자급資級을 한 단계 올려 준 일과 왕비의 오빠인

---

[26] 이 34장도 계승범이 집필하여, 선생의 미완성 장 〈유자광과 무오사화〉[35장] 바로 앞에 배치하였다.

신수근愼守勤을 도승지로 삼은 일 등, 주로 왕의 측근에 대한 특혜 인사를 추궁하였다. 그러나 왕은 이번 벼락이 임사홍의 가자加資 때문은 아닐 것이라며 버티었다.

이 논쟁 중에 유자광은 "지금 대간은 기필코 윤허를 받고서야 물러갈 것입니다. 원하건대, 먼저 옳고 그름을 확정하고 나서 강단剛斷하소서. 우유부단함은 제왕의 미덕이 아닙니다"[27]라는 소수 의견을 냈다. 대간의 말이라 해도 시비는 분명히 가려야 하며 왕으로서 우유부단하지 말라는 유자광의 조언은 혹시라도 대간의 거센 반발에 밀려서 가자 명령을 취소해서는 안 된다는 의미였다. 왕의 본심에 지극히 충실한 발언이었다. 임사홍을 직접 두둔한 말로 들릴 소지도 매우 컸다. 실제로 훗날 대간은 유자광을 탄핵할 때면 바로 이 발언 곧 대간의 말이라 하여 무조건 따르지 말라는 내용을 문제 삼았다.

임사홍의 가자 문제는 대간에서 이미 일 년 전부터 지루하리만치 논계하던 사안이었다. 연산군 2년(1496) 7월에 왕은 공신의 적장嫡長으로서 품계에 합당한 관직에 있는 자에게는 가자하고, 그렇지 못한 자에게는 합당한 관직에 임명하라고 명하였다. 모두 41명이 여기에 해당하였는데, 당시 행부호군行副護軍이던 임사홍도 가자 대상이었다.[28] 조정이 상대적으로 조용하던 때에 갑자기 나온 이런 조처는 왕이 공신과 그 후손을 우대하며 그들과 함께 정치에 임하겠다는 선언과 다름없었다.

이에 대간이 들고 일어났다. 이때부터 줄기차게 가자를 취소하라며 간쟁하였는데, 흥미롭게도 40여 명의 가자 대상자 가운데 대간의 핵심

[27] 《연산군일기》 권24, 3년 6월 28일 무술(1).
[28] 《연산군일기》 권16, 2년 7월 25일 경오(1, 2).

공격 대상이 임사홍이었다. 그 이유는 다음과 같은 대간의 지적 속에 잘 드러난다.

임사홍은 간교함이 끝이 없고 흉험함이 견줄 데가 없습니다. 일찍이 승지였을 때 경연을 마친 후 다른 사람들이 물러나기를 엿보아 비밀리에 세 가지 부족하다는 말을 아뢰어 임금의 총명을 속이고 가렸습니다. 또 현석규와 서로 맞지 않자, 모함하려고 몰래 대간과 결탁하여 사주하여 공격하다가 일이 발각되었습니다. (그때) 붕당을 결탁하여 조정의 정사를 어지럽게 (한 죄로) 장차 극형에 처하려 하였는데, 특별히 공주로 인하여 죽음에서 감면받아서 귀양 갔습니다. 이것이 이른바 간사하여 정사를 어지럽힌다는 것입니다.[29]

왕의 눈과 귀를 막고 붕당을 결성하는 등 죽을죄를 지었으나 왕실의 인척이라는 이유로 겨우 살아난 임사홍 같은 자에게 어떻게 가자할 수 있느냐는 항변이었다. 여기서 임금의 총명을 가렸다 함은 무술년[성종 9년, 1478]에 흙비가 내려 성종이 구언했을 때, 당시 승지였던 임사홍이 지금의 흙비는 자연적인 현상이지 재변이 아니라고 아뢴 일을 가리킨다. 이 발언으로 임사홍은 언관들로부터 "소인 중에서 더욱 심한 자小人之尤者也"로 낙인찍혔다.[30] 임금에게 아첨하는 간신 중의 간신이라는 이미지가 이후 평생토록 확고하였다.

왕은 강하게 버텼으나, 대간의 간쟁도 워낙 심하였다. 대신들도 일단

---

29 《연산군일기》 권17, 2년 8월 5일 기묘(1).
30 《연산군일기》 권17, 2년 8월 9일 계미(1), 9월 16일 기미(1).

가자를 취소하는 편이 좋겠다고 건의하는 바람에 왕도 물러섰다. 이 문제는 이렇게 일단 대간의 승리로 끝나는 듯하였다. 그러나 가자 회수 조처를 왕이 취소하면서 조정은 다시 벌집 쑤신 듯이 시끄러웠다. 왕이 "(임사홍 등에 대한 가자를) 도로 거두라는 명은 나의 실수였다. 들어주지 않겠다"라며 다시 강하게 나왔기 때문이다.[31]

대간과 왕 사이의 공방은 넉 달을 더 끌었다. 그래도 왕의 뜻에 변함이 없자, 언관은 차라리 이럴 것이라면 삼사를 모두 혁파하라는 극언까지 하면서 모두 사직하기에 이르렀다.[32] 이에 대해 왕은 이렇게 답하였다.

대의로 말하건대, 위에 군상君上이 있고, 다음에 삼공三公이, 그다음에 육경六卿이 있어 각각 등급이 있다. 아래에서 위에 진언하는 데에도 반드시 자세히 헤아린 후에 말하는 것이 가한데, 이제 사헌부·사간원·홍문관을 혁파하라고 하니, 이런 말이 가한가? 이것은 의정부·홍문관·승정원을 복심腹心으로 삼아서, 자기가 잘못하는 말이 있더라도 그들이 반드시 구원해 줄 것이라 (믿는 구석이 있기에) 시비도 가리지 않고 경솔하게 말한 것이다. 내가 직무에 복귀하도록 명했는데도 경들은 사퇴하며 상하가 서로 버티어 여러 달 동안 풀리지 않으니, 사체事體가 어찌 되겠는가? ……[33]

아래 직급의 대간이 물불 안 가리고 말을 함부로 한다는 질타였다. 이

[31] 《연산군일기》 권21, 3년 1월 23일 을축(4).
[32] 《연산군일기》 권23, 3년 5월 8일 기유(1).
[33] 《연산군일기》 권23, 3년 5월 10일 신해(2).

어 곧바로 대간 전원을 파직하였다. 그러자 승정원까지 대간의 편을 들면서 왕에게 간하였다. 중외가 모두 대간의 말이 옳다고 하는데, 현직 대간을 파직해 봐야 후임 대간도 모두 같은 간쟁을 할 것이라며 왕을 설득하였다. 그래도 왕은 꿈쩍하지 않았다. 국가 행정이 마비상태에 이를 정도로 격쟁이 이어졌지만, 임사홍 등의 가자 회수를 철회한 지 여섯 달이 되도록 타협의 조짐은 없었다.

이런 상황에서 다른 궁도 아닌 정전에 마침 벼락이 떨어진 것이었다. 이에 왕도 어쩔 수 없이 1품직의 재상, 의정부·육조의 관원, 대간 등을 모두 불러들였다. 이 자리에서 가자를 다시 회수하라는 건의가 이구동성으로 터져 나왔다. 원로 대신들은 지금의 이 가자 문제가 나라의 중대사는 아니니 일단 대간의 말을 따르는 것이 좋겠다고 건의하였다. 이에 왕도 체면은 구겼지만, 임사홍 등의 가자를 모두 회수하라고 명하였다. 임사홍의 가자 문제를 두고 벌어진 두 번째 격쟁도 이렇게 대간의 승리로 끝났다. 바로 앞서 다룬 유자광의 발언 곧 "우유부단함은 제왕의 미덕이 아니라"는 건의는 바로 이날 인견引見 자리에서 나온 거의 유일한 반대 의견이었다. 대간의 반발에 밀려 왕이 두 번이나 명령을 취소하는 우유부단함을 보이면 안 된다는 강경 발언을 유자광 홀로 제기하였던 것이다.

임사홍의 가자 문제로 벌어진 대결에서 '2연승'을 거두었음에도, 대간의 탄핵은 멈추지 않았다. 어전에서 누군가 조금이라도 왕의 생각에 동의하는 발언을 하면 대간은 바로 그에게 화력을 집중해 공격하였다. 당시 주요 표적은 노사신과 유자광이었다.

격론이 끝난 지 열흘 남짓 지난날 한 경연 석상에서 대간은 특정 인물의 수령직 임명이 부당하다며 지적하였다. 그러자 왕은 "(문신일지라도) 만약 재주만 믿고 망령되게 행하고 마음을 잡아 칙려飭勵하지 못하는 자라면, 어찌 문신이라 하여 덮어 놓고 어질고 능하다 할 수 있겠는가? 비록 배우지 않은 사람이라도 마음을 잡고 법을 지키는 자가 있다[34]"라고 반박하였다. 그러자 특진관 유자광이 바로 왕을 변호하는 발언을 했다.

…… 이로써 말하자면 인사고과만으로 사람의 현부賢否를 알 수는 없습니다. 비록 학문의 공이 없을지라도, 만약 청렴하고 개결介潔한 자라면 백성을 다스림에 무엇이 어렵겠습니까? 문에 능한 자는 홍문관 출신이 제일입니다만, (후에 외직으로) 나가서 수령이 된 자 가운데 간혹 청렴하지 못하다는 비난을 듣습니다. 진실로 성상의 가르치심과 같이 한갓 문신이라 해서 어질고 능하다 이르는 것은 불가하옵니다.[35]

현대인의 시각으로 보자면, 지극히 합당한 말이다. 그러나 유학자 문신이 모든 기득권을 독점하던 당시에, 그것도 어전에서 왕의 발언을 바로 받아서 이렇게 아뢴 행위는 '심각한 아첨'일 수밖에 없었다. 아니나 다를까. 바로 그 자리에서 사간 홍식洪湜은 유자광을 가리켜 "유자광의 말이 과합니다. 저 불학무식한 사람에게는 작은 일은 맡길지라도, 만일 큰일이라면 쓸모를 알 수 없습니다"[36]라면서 면전에서 "불학무식한 사람不學無識人"이라는 모욕을 서슴지 않았다. 앞에서도 유자광이 올린 상소문을 두루 살폈듯이, 그의 학문은 결코 수준 이하가 아니었다. 오히려 상당한 수준이었다. 비록 세조의 특은 덕분이기는 했어도 공식적으로는 문과에

---

[34] 《연산군일기》 권25, 3년 7월 11일 경술(1).
[35] 《연산군일기》 권25, 3년 7월 11일 경술(1).
[36] 《연산군일기》 권25, 3년 7월 11일 경술(1).

당당히 급제한 인물이었다. 그런데도 이런 모욕이 어전이라는 공개석상에서 수시로 가능한 까닭은 그가 서출이라는 점 때문이었다.

노사신도 비슷한 발언을 하였다. 수령 직에 문신을 임명해야 한다는 대간의 발언에 대하여 "온갖 집사執事를 문신만 쓸 수는 없습니다. 무릇 사람의 재질이 각기 달라서 글을 잘하는 자라도 혹 판결 능력이 모자랍니다"라거나, "조금이라도 대간의 뜻과 같지 않으면 곧 사私가 꼈다며 논박하니, 이런 폐단이 자라나서는 안 되며, 이런 풍습을 바로잡지 않을 수 없습니다"라며 당시 대간의 행태를 노골적으로 비판하였다. 유자광도 "아랫사람이 윗사람을 경홀히 여기는 버릇이 여기에서 일어날까 걱정이며, 임금은 의당 사람의 과실을 덮어 주어야 하고, 대간도 역시 마땅히 참작해서 논박해야 한다"라며 맞장구를 쳤다.[37]

이때부터 노사신과 유자광은 일종의 '패키지'로 묶여 대간의 집중포화를 받았다. 양사는 기회만 생기면 "전일에 대간이 노사신을 논박하니, 그가 유자광과 아뢰기를 "이런 풍습은 빨리 고쳐야 합니다"라고 하였습니다. 유자광이야 족히 헤아릴 것도 없지만 노사신은 대신으로서 말이 이와 같으니 (전하께서는 그런 자를) 어떻게 좌우에 두고 자문을 받겠습니까?"[38] 라면서 불을 뿜었다. 이에 노사신은 한발 물러나 대개 말을 아꼈으나, 유자광은 그렇지 않았다. 대간의 문제를 더욱 공격적으로 받아쳤다.

옛날의 대간은 사람의 과실을 말하기를 부끄러워하고 악은 숨기며 선은 들추었습니다. 대간으로서 사람의 과실을 말하기를 부끄럽게 여기

37 《연산군일기》 권25, 3년 7월 15일 갑인(1).
38 《연산군일기》 권25, 3년 7월 17일 병진(1).

지 않는다면 장차 어디에 쓰겠습니까? 임금의 과실이라도 (그것을) 끝까지 말하며 꺼리지 않으니, 하물며 재상에 대해서이겠습니까?[39]

이 발언은 왕과 노사신을 온몸으로 옹호했을 뿐만 아니라, 대간의 행태에 대한 정면 돌파를 의미하였다. 거의 모든 중신이 대간의 공박이 무서워 웬만하면 말을 아끼던 상황에서, 특히 노사신조차도 더는 말을 섞지 않던 차에, 유자광이 단기필마로 대간을 들이받은 모습이었다. 이처럼 대간을 싸잡아 공격함으로써 이제 그는 '돌아올 수 없는 다리'를 건넌 셈이었다.

이제 유자광은 노사신 등과 함께 임사홍을 두둔하고 임금의 눈과 귀를 막고 간관을 배척했다는 이유로 대간의 공적으로 떠올랐다. 아래 인용문은 양사가 이 둘을 거듭 탄핵하면서 거론한 내용이다.

지금 우리 전하께서 영특하신 자질로 영성盈成한 운수를 만나 정사에 임하여 잘 다스리려고 한 지가 3년입니다. …… 그러나 간녕奸佞의 괴수인 노사신 같은 자가 오히려 좌우에 있으니, 신 등은 하늘에 순응하는 실상이 혹 지극하지 못한가 합니다. 노사신은 심지가 여러 겹이고 행동이 난측합니다. 문학文學으로 장식하여 그 간사한 꾀를 잘 쓰므로 그른 것을 옳다 하고 옳은 것을 그르다 합니다. 흑백을 변란變亂하여 임금의 귀를 현혹하며, 조정을 경멸하고 전하를 기만합니다. 그 죄상은 진실로 용서할 수 없는데, (전하께서는) 오히려 난색을 표하며 추국을

[39] 《연산군일기》 권25, 3년 7월 18일 정사(1).

허락하지 않으시니, 신 등이 이것이 통분해서 여러 날을 논박한 것입니다. …… 노사신의 간사하게 아첨하고[奸佞] 오만방자함[驕傲]과 …… 그런데도 그를 조석으로 경연에 친근히 두어, 사술邪術을 펼쳐 시비를 변란하고 생각을 앞질러 인도하게 하시니 …… 끝내는 전하를 그릇되게 하지 않겠습니까? 결코 좌우에 친근히 있게 해서는 안 될 터입니다. ……

근년 이래로는 (특진관의) 간택이 꼼꼼하지 않아 현우賢愚의 구분이 없습니다. …… 그중에도 불가한 자는 유자광입니다. 그는 본시 호협하지만 종의 얼자[孽子]인데 지나치게 발탁이 되자 제 붕류를 끌어들여 조정을 어지럽혔습니다. 그런데도 공이 있다 하여 사형을 면제하고 남쪽 변방으로 귀양을 보냈습니다. 그러나 그는 천 리 밖에서도 상소하여 제 어미를 봉양하게 해 달라고 애걸했습니다. 성종께서는 어필로 특별히 허락하기를 "죄는 비록 종사에 관련되었으나 효성의 마음씨가 가상하니, 어미 있는 곳으로 옮겨 주어 천수를 누리게 하라"고 하셨습니다. 성종께서 죽이지 않은 것이 어찌 (그를) 수용하려 함이었겠습니까? …… 이런 소인을 가까이 두어서는 안 됩니다. 일전에도 경연에서 여러 가지 말을 늘어놓아 대간을 헐뜯었습니다. 심지어 이르기를 "대간이란 악을 숨기고 선을 들추어야 한다"라고도 하였습니다. 지난날의 정사를 어지럽힌 간사한 태도가 지금도 사라지지 아니한 것이오니, 마땅히 특진관을 엄정히 선택해서 입시하게 하고, 유자광 같은 자는 잠시라도 그 속에 있게 해서는 안 되옵니다.[40]

---

[40] 《연산군일기》 권25, 3년 7월 30일 기사(2).

노사신에 대해서는 문학의 재주를 가졌으나 간사하다고 하였다. 그런데 유자광에게는 계집종의 몸에서 태어난 천출이라는 점을 부각하였다. 같은 '간신' 짓을 하더라도 명문가 출신의 문신과 서얼 출신 사이에는 도저히 함께할 수 없는 깊은 강이 흐르고 있었던 것이다.

노사신과 유자광을 표적으로 삼은 대간의 탄핵은 집요하였다. 그러나 왕도 물러서지 않았다. 대신들도 대개는 대간의 논핵이 지나치다며 노사신을 두둔하였다. 유자광도 여기에 함께 묻어서 보호를 받았고, 특진관의 직임을 계속 유지할 수 있었다. 유자광의 살길은 왕의 신임과 함께 노사신 등의 중신들과 친근한 관계를 유지하는 것이 최선인 형국이었다.

성종 재위 중 승정원에서 분란이 발생했을 때, 유자광은 도승지 현석규를 탄핵하면서 일시적으로 임사홍과 일부 대간의 논조에 보조를 맞춘 적이 있었다. 그러나 그것은 실패작이었다. 되레 붕당 죄로 몰려 유배를 떠나야 했다. 아마도 그런 경험은 이후 유자광이 이전보다 더욱 철저하게 왕과 대신들 편에 서는 데 큰 영향을 끼쳤을 것이다. 하지만 대신들도 유자광을 진정으로 받아들이지는 않았다. 이런 상황에서 그가 왕의 특별한 신임을 받기 위해서는 대간을 역공하는 선봉에 왕과 함께 서는 길이 가장 확실하였다. 왕의 확실한 우익이 되는 길뿐이었다. 신진 유학자 관료들을 적으로 돌릴지라도 왕과 원로 대신 편에 서는 길을 택한 것이다. 대간의 탄핵이 소강상태로 접어든 연산군 3년 8월 이때는 이른바 무오사화가 발생하기 11개월 전이었다.

35

||||||

유자광과 무오사화

연산군 초기 조선왕조의 정국은 불안정했다. 사실 새 왕이 즉위한 초기에는 항상 새로운 권력 구조의 개편을 앞두고 정치적 대립과 갈등이 극심하게 전개되게 마련이었다. 그런 점에서 연산군 초기의 정국이 유동적이었다는 것은 새삼스러울 게 없어 보인다. 그러나 모든 정파의 대립과 반목 가운데서 어느 한쪽에 치우치지 않으려 노력한 성종이 세상을 떠나면서 발생한 정치적 공백을 연산군이 어떻게 메워 갈지는 아무도 예측할 수 없었다.

성종의 장례에서 불교 의식을 따를 것인지를 놓고서도 왕실의 전통을 지켜야 한다는 원로 대신들과 성리학적 이념에 충실해야 한다고 주장하는 신진 관료 사이에 갈등이 심각하게 확대되고 있었다.[41] 약관의 연산군

---

[41] Edward W. Wagner, *Literati Purges: Political Conflict in Early Yi Korea* (Cambridge: East Asian Research Center, Harvard University, 1974).

은 이런 문제가 불거지지 않도록 눌러 놓을 수 있는 정치적 권위가 없었으며, 젊은 나이에 그러기 마련인 것처럼 끓어오르는 혈기가 참을성을 넘어서고 있었다. 그러므로 그가 어느 한쪽에 크게 기울게 되면 정국은 걷잡을 수 없이 파국으로 치달을 수도 있었다.

특히 대간을 장악한 신진 관료들은 성리학적 원리에 더 충실하였으며, 전통을 중요시하고 관례를 더 따르고자 하는 원로 대신들의 눈에 이들은 너무 과격해 보였다. 그러나 이미 성종 대부터 대간의 탄핵권이 조정의 권력 핵심에까지 마구 미치게 되었으며,[42] 연산군의 즉위와 함께 대간의 탄핵권은 더욱 확대되었다. 왕실의 관례에 따른 부왕의 장례조차 심한 반대에 직면한 연산군은 이러한 대간의 활동을 더욱 불경스럽게 여겼다. 이러한 일반적 상황들은 무오사화의 발생 원인을 설명할 때 흔히 거론되는 것이다.

그러나 유자광을 중심으로 무오사화를[43] 이해하는 시각이 당시 신진 유학자 관료 사이에서는 일반적이었다. 언로나 대간 등의 제도(시스템)를

---

[42] 정두희, 《조선 시대의 대간 연구》, 일조각, 1994, 94~123쪽.

[43] 정두희 선생의 유고는 이 장의 제목을 〈유자광과 무오사화〉로 정하고 세 문단을 집필한 후 네 번째 문단 첫 문장을 시작하다가 끝났다. 특히 밑줄 친 마지막 문장을 마무리하지 못한 채 타계하신 선생님의 심정을 생각할 때면, 나는 말을 잇지 못할 뿐만 아니라 눈앞이 흐려지면서 감정을 추스를 길 없다. 나는 이 미완성 한 문장을 어떻게 마무리해야 할지를 놓고 고민하면서 몇 년을 그냥 흘려보냈다. 물론 하루 이틀만에 문장을 완성할 수도 있었겠지만, 나로서는 결코 쉬운 일이 아니었다. 혹시라도 선생님께 누가 되지는 않을까 늘 조심스러웠다. 그래서 고민 끝에 되도록 짧은 문상으로 완성하였다. "⋯⋯이해하는 시각이 당시 신진 유학자 관료 사이에서는 일반적이었다"라는 27자를 쓰는 데 너무 오랜 세월이 흘렀다.

구조적으로 파악하기보다는 유자광이라는 한 개인의 '간신' 행위라는 시각에서, 곧 지극히 유교적 관점에서 이해한 것이다. 당시 그들이 조선왕조의 언급과 필筆을 주도하였으므로, 그들의 생각과 평을 고스란히 《연산군일기》에 남겼다. 그것을 먼저 살펴보자.

유자광은 부윤 유규의 얼자로 날래고 힘이 세었으며 높은 나무를 원숭이와 같이 잘 탔다. 어려서 무뢰자가 되어, 장기와 바둑을 두고 재물을 다투기도 했으며, 새벽이나 밤에 떠돌아다니며 길가에서 여자를 만나면 끌어다가 음간하였다. 소출이 미천한데다가 방종하고 패악함이 이러하니, 유규는 여러 번 매질하였으며 자식으로 여기지 않았다.

처음에 갑사에 소속되어 건춘문建春門에서 파수를 보다가 상소하여 자천自薦하니, 세조가 그 사람됨을 장하게 여겨 발탁하여 썼다. 또 무자년[예종 즉위년, 1468]에 고변한 공로로써 훈봉을 받아 1품의 품계로 건너뛰었다.

그는 일찍이 호걸지사라 자칭하였고, 성질이 음흉하여 남을 잘 해쳤다. 재능과 명예가 자기 위에 솟아난 자가 있으면 반드시 모함하려 하였다. 그래서 한명회의 문호가 귀성貴盛함을 시기하였다. 마침 간하는 말을 성종께서 기꺼이 받아들이는 것을 보고, 기발한 말로 왕이 좋아하는 바를 맞추고자 하였다. 마침내 한명회가 발호할 뜻이 있다고 상소하였는데, 왕이 죄로 여기지 아니하였다.

뒤에 임사홍·박효원 등과 더불어 현석규를 밀어내려다가 실패하여 동래로 귀양 갔다가 석방되어 왔다. 그러나 왕은 유자광이 국정을 어지럽히는 사람임을 알고 그저 훈봉만 회복시켰을 뿐 일을 다스리는 소임은 제수하지 않으셨다. 은택을 엿보며 못하는 바가 없이 꾀를 부렸는데도 마침내 팔리지 않으니, 그는 마음에 항상 불만을 품었다. 그러던 중, 이극돈 형제가 조정에서 권세를 잡는 것을 보고 그가 족히 자기 일을 성취시킬 만한 사람임을 알고 문득 몸을 기울여 아부하여 같이 결탁하였다.

일찍이 함양 고을에서 노닐며 시를 지어 수령에게 부탁하여 판자에 새겨 벽에 걸게 하였다. 그 후 김종직이 이 고을 원이 되어 와서 말하기를, "유자광이 무엇이기에 감히 현판을 한단 말이냐?" 하고는 즉시 명하여 철거하여 불사르게 하였다. 유자광은 성나고 미워서 이를 갈았으나, 김종직이 임금의 총애를 받아 한창 융성하므로 도리어 스스로 납교納交하였다. 김종직이 죽자 만사를 지어 통곡했으며, 심지어는 왕통王通과 한유韓愈에 비하기까지 하였다.

김일손이 일찍이 종직에게 수업하였고, (사헌부) 헌납이 되었다. 그는 말하기를 좋아하여 권귀權貴라고 기피하지 않았다. 또 상소하여 "이극돈과 성준成俊이 서로 모함하여 장차 (당나라 때) 우牛·이李의 당을 이루려 한다"라고 논하니, 이극돈은 크게 노하였다. 사국史局을 열자 이극돈이 당상이 되었다. (그때) 김일손의 사초를 보니 자기의 악한 것을 매우 상세히 썼고 또 세조 조의 일을 썼으므로, 이로 인하여 자기 원망을 갚으려고 하였다. 하루는 사람을 물리치고 총제관 어세겸魚世謙에게 말하기를 "김일손이 선왕을 무훼誣毁하였는데, 신하가 이런 일을 보고 주상께 주달하지 않으면 되겠는가? 나는 그 사초를 봉하여 아뢰어서 전하의 처분을 듣는 것이 우리에게 후환이 없을 것이라 생각한다"라고 하였다. 어세겸은 깜짝 놀라서 대답을 못하였다.

오래 있다가 유자광에게 상의하였다. 유자광은 팔을 내두르며 말하기를, "이 어찌 머뭇거릴 일입니까?"라고 하고는 즉시 노사신·윤필상·한치형에게로 갔다. 먼저 세조께 은혜를 받았음을 잊어서는 안 된다는 뜻을 말하여 그들의 마음을 감동시킨 뒤에 이 (사초) 일을 말하였다. 대개 노사신과 윤필상은 세조의 총신이요, 한치형은 궁액宮掖과 연줄이 닿으므로 반드시 자기를 따를 것으로 요량하여 말한 것인데, 과연 세 사람이 모두 따랐다.

그래서 차비문 안에 나아가 도승지 신수근愼守勤을 불러내어 귀에다 대고 한참 동안 말한 뒤에 이어서 아뢰었다. 처음에 신수근이 승지가 될 적에 대간과 시종은 외척이 권세를 얻을 조짐이라면서 불가함을 강력히 아뢰었다. (이에) 신수근이 원망을 품고 항상 사람들에게 말하기를 "조정이 문신들 손 안의 물건이니, 우리들은 무엇을 하겠느냐?"라고 하였다.

이때 이르러 뭇 원망이 서로 뭉칠 뿐 아니라, 왕 역시 시기하고 포학하여 학문을 좋아하지 않으므로 더욱 문사를 미워하였다. 종내는 이르기를 "명예만을 노리고 군상을 업신여겨 나로 하여금 자유를 얻지 못하게 하는 것이 모두 그 무리다"라고 하면서 항상 우울하고 즐거워하지 않아 한번 본때를 보이려 하였다. (다만) 미처 손을 쓰지 못하던 찰나에 유자광이 아뢴 바를 듣고는 나라에 충성하는 일이라 생각하였다. 그래서 장대奬待를 특별히 후하게 하고, 명하여 남빈청南賓廳에서 죄수를 국문하게 하였다. 내시 김자원金子猿으로 하여금 출납을 맡게 하니, 다른 사람은 관여하지 못하였다.

유자광은 옥사를 스스로 맡았다. 김자원이 교지를 전할 때마다 반드시 앞에 나아가 공근한 태도를 극진히 보였다. 전교의 사연이 만약 엄하고 심각할 때는 스스로 주상의 뜻에 맞는다 생각하여 다시 부복하여 마치 신사申謝하는 것 같이 하였다. 다 듣고 물러나와서 흔연히 자부하는 기색이 있어, 마침내는 좌중에 크게 말하기를 "오늘날은 바로 조정을 개배改排하는 때이니, 모름지기 이와 같은 큰 처치가 있어야 하며, 심상하게 다스려서는 안 된다"라고 하였다. 또 아뢰기를 "이 자들은 도당이 매우 성하여 변을 예측할 수 없으니, 방호를 엄밀하게 해야 합니다"라고 하고, 금위병을 뽑아서 궁정을 파수하여 출입을 엄금시켰다. 김일손 등이 국문을 받으러 갈 적에는 군사로 하여금 좌우로 붙잡고 다니게 했으며, 하옥할 때도 역시 마찬가지로 하였다.

유자광은 옥을 다스리는 일이 점점 해이하여 자기 뜻이 미진할까 걱정하여 밤낮으로 단련할 바를 꾀하였다. 하루는 소매 속에서 한 권의 책자를 내놓으니, 바로 김종직의 문집이었다. 그 문집 가운데서 조의제문과 술주시述酒詩를 지적하여 여러 추관들에게 두루 보여 주었다. 그리고 말하기를 "이는 다 세조를 지목한 것이다. 김일손의 악은 모두가 김종직이 가르쳐서 이루어졌다"라고 하고는 즉시 스스로 주석을 만들어 글귀마다 풀이를 하여 주상께서 알기 쉽게 하였다. 이어서 아뢰기를 "김종직이 우리 세조를 저훼詆毁함이 이에 이르렀으니, 그 부도한 죄는 마땅히 대역으로 논해야겠습니다. 그가 지은 글도 세상에 유전하는 것이 마땅치 못하오니, 아울러 다 소각해 버리소서"라고 하니, 왕이 좇았다. 그래서 김종직의 문집을 수장한 자는 이틀 안에 각기 자진 납상하여 빈청賓廳 앞뜰에서 불태우게 하였다. 여러 도道의 관우館宇에 유제留題한 현판도 현지에서 철훼하도록 하였다. 성종께서 일찍이 김종직에게 명하여 환취정기環翠亭記를 짓게 하고 미간楣間에 걸었는데 그것마저 철거할 것을 청하였다. 함양의 원한에 대한 보복이었다.

유자광이 왕이 노한 틈을 타서 일망타진할 양으로 윤필상 등에게 눈

짓하며 이르기를 "이 사람의 악은 무릇 신하된 자로서는 불공대천의 원수이니, 마땅히 그 도당을 추구하여 일체를 뽑아 버려야 조정이 바야흐로 청명해질 것이오. 그렇지 않으면 머지않아 나머지 도당이 다시 일어나서 화란이 다시 일어날 것이오"라고 하니, 좌우가 다 묵연히 말이 없었다. 유독 노사신이 손을 저어 말리면서 하는 말이 "무령武靈은 어찌하여 이런 말을 하오. 저 당고黨錮의 일을 들어보지 못했소. 금망禁網을 날로 준엄하게 하여 선비들로 하여금 족적을 용납할 곳이 없게 하다가 한나라도 역시 망하고 말았으니, 청론을 말하는 선비가 마땅히 조정에 있어야 하오. 청론이 없어지는 것이 국가의 복이 아니거늘, 무령은 어찌 말을 어긋나게 하시오?"라고 하였다. 무령이란 유자광의 봉호이다. 유자광은 노사신의 말을 듣고 조금 저지되기는 했으나, 뜻이 오히려 쾌하지 않았다. 무릇 옥사에 연결된 자는 반드시 끝까지 다스려 마지않으려 하였다. 노사신이 또 말리며 말하기를, "당초에 우리가 아뢴 것은 사사史事를 위함인데, 지금 지엽에까지 만연되어 사사에 관계되지 아니한 자가 날마다 많이 갇히고 있으니, 우리들의 본의가 아니지 않소?"라고 하니, 유자광은 좋아하지 않았다. 급기야 죄를 결정하는 날에 노사신의 논의가 유독 같지 아니하니, 유자광은 낯빛을 붉히며 힐책하다가 각기 두 가지 안을 아뢰었는데, 왕은 유자광 등의 의논을 좇았다.

이날 대낮이 캄캄하여 비가 물 쏟듯이 내리고, 큰 바람이 동남방에서 일어나 나무가 뽑히며 기와가 날아가니, 성 중 백성들이 놀라 넘어지고 떨지 않는 자가 없었다. 유자광은 의기가 만족하여 양양하게 제 집으로 돌아갔다. 이로부터 유자광의 위엄이 중외에 행해져서 조정이 독사처럼 보고 감히 그 뜻을 거스르는 자가 없었다. 유자광은 바야흐로 제 세상인 양 돌아보고 꺼리는 것이 없었으니, 이욕만 즐기는 염치 없는 무리가 따라붙어 노상 문에 가득하였다. 유림은 기가 죽어서 들어앉아 탄식만 하므로 학사學舍는 쓸쓸하여 몇 달 동안 글을 읽고 외우는 소리가 없었다. 부형들은 그 자제를 경계하기를 "공부는 과거에 응할 만하여 그만두어야 한다. 많이 해서 뭐하는가?"라고 하였다.

식자들이 탄식하기를 "무술년의 옥은 정류正類가 사당邪黨을 다스린 것이요, 무오년의 옥은 사당이 정류를 모함한 것이다. 20년 사이에 1승 1패를 하면서 치治와 난亂이 따랐으니, 애석하도다! 군자의 형刑 쓰는 것은 항상 관완寬緩에 치우치고, 소인이 원망을 보복함은 반드시 잔멸하고야 말도다. 만약 무술년의 군자들이 능히 그 율律을 다 썼던들 어찌 오늘의 화가 있었겠는가?"라고 하였다.[44]

꽤 장황한 글이지만, 당시는 물론이고 중종반정(1506) 이후 《연산군일기》 편찬에 참여한 사관들의 무오사화 인식을 생생히 보여 준다. 사실 이 글은 남곤南袞이 지은 〈유자광전〉을 사관이 그대로 전재한 것이다.[45] 위의 글이 무오사화에 대한 설명이라기보다는 오히려 '간신' 유자광 평전으로 읽히는 이유가 바로 이 때문이다. 중요한 점은 사관이 〈유자광전〉을 《연산군일기》의 무오사화 관련 기사 바로 뒤에 붙인 사실이다. 사관을 비롯하여 당시 일기청日記廳 관원들이 모두 유자광의 행위를 통해 무오사화를 인식하고 있었음을 잘 보여 주는 지점이다.

---

[44] 《연산군일기》 권30, 4년 7월 29일 계해(2).

[45] 여기서는 《수헌집》에 실린 〈유자광전〉을 참고하여 《연산군일기》의 사론과 대조하였다. 《睡軒集》, 부산대학교 점필재연구소, 2014, 444~452쪽 참조.

이는 나라의 공론을 주도하던 유림 곧 사림을 정류正類로, 유자광 등을 사당邪黨이라 표현한 점에서도 극명하게 드러난다. 정통과 이단을 나누는 데 병적으로 집착한 주자학자들이 득세하던 당시에 어떤 대립 구도를 정正과 사邪로 인식했다면, 그것은 이미 어떤 절충이나 타협도 불가능한, 그래서 불구대천의 원수요, 바로 척결해야 할 상대임을 뜻하였다.

또한 사건의 전말을 이해하는 방식이 쌍방 간의 문제를 구조적으로 분석하기보다는 천편일률적으로 당사자 간의 개인적 원한 관계에 치중한 점도 주목할 만하다. 법치보다는 인치를 중시하고 시스템(제도)보다는 개인의 인품 곧 군자―소인 프레임에 익숙한 유학자의 기본 시선이라 할 수 있겠다. 당시를 살던 사람이라면 연산군 즉위부터 하루도 멀다 않고 벌어진 '간쟁'과 '능상'의 대립 구도를 모를 리 없었건만, 이는 쏙 뺀 채 간쟁은 무조건 옳고 그래서 공론이고, 그런 대간을 억누르는 행위는 모두 간신이자 소인배의 짓거리로 매도하는 것이 당시 사림의 인식 수준이었다. 그래서 대간의 탄핵을 당한 일부 권귀·간신들이 유림에 대해 자행한 물리적 보복 행위로 무오사화를 규정하였다. 세조 대의 과거사 논란이나 대간과 왕·대신 사이의 알력이라는 인식은 위의 글에서 감지하기 어렵다.

그래서인지, 위의 글을 읽다 보면 과연 그럴까, 과연 사실일까, 라는 의문이 자연스레 드는 일방적 비방 내용이 적잖다. 한 예로, 앞 인용문 서두 밑줄 친 부분은 명백한 거짓이다. 앞에서 살폈듯이 성종은 유자광에게 관직을 주려 했는데, 대간이 거세게 반대하였다. 요컨대 위의 글에 나오는 유자광의 언행은 모두 사실과 부합할까? 혹시라도 무오사화를 계기로 더욱 폭넓게 형성된 유자광에 대한 부정적 인식이 그전의 기억까지 바꾸어 버린 면은 없을까? 이제 무술년의 옥사를 다시 찬찬히 살펴보자.

36

||||||

무술년의 옥사, 사림의 기억 조작

뒤에 (유자광은) 임사홍·박효원 등과 더불어 현석규를 밀어내려다가 실패하여 동래로 귀양 갔다가 석방되어 왔다. 그러나 왕은 유자광이 국정을 어지럽히는 사람임을 알고 그저 훈봉만 회복시켰을 뿐 일을 다스리는 소임은 제수하지 않으셨다. 은택을 엿보며 못하는 바가 없이 꾀를 부렸는데도 마침내 팔리지 않으니, 그는 마음에 항상 불만을 품었다.

식자들이 탄식하기를, "무술년의 옥사는 정류正類가 사당邪黨을 다스린 것이요, 무오년의 옥사는 사당이 정류를 모함한 것이다. 20년 사이에 1승 1패를 하면서 치와 난이 따랐으니, 애석하도다! 군자의 형刑 쓰는 것은 항상 관완寬緩에 치우치고, 소인이 원망을 보복함은 반드시 잔멸하고야 말도. 만약 무술년의 군자들이 능히 그 율을 다 썼던들 어

찌 오늘의 화가 있었겠는가?"라고 하였다.[46]

위의 두 문단은 바로 앞에서 살핀 사론史論[유자광전] 중에서 유자광이 현석규·임사홍 등과 얽힌 사안만 따로 뽑은 것이다. 이에 따르면, 유자광은 처음부터 임사홍 등과 결탁하여 현석규를 탄핵했다가 되레 유배를 당하면서 패퇴했다는 것이다. 그렇다면 무술년(성종 9, 1478년) 당시의 상황은 어떠했을까?

이 책의 III부에서 상세히 살폈듯이, 위의 글 둘째 문단에 나오는 무술년 옥사란 승지들 사이의 반목이 외부로 흘러나와 대간이 도승지 현석규를 탄핵하면서 불거진 일이 후에 옥사로까지 번진 사건을 가리킨다. 윗글 앞 문단의 첫 문장이 바로 이 사건에 대한 약술이다. 승정원 내부에서 발생한 일을 외부[대간]에 흘린 승지 임사홍도 궁지에 몰렸으나, 대간의 현석규 탄핵이 현안으로 떠오르면서 묻힐 수 있었다. 정작 문제는 2년 후 무술년에 임사홍이 도승지에 오르면서 대간과 정면으로 충돌한 점이다.

흙비가 내리자 성종은 구언의 교지를 내렸다. 사헌부에서는 흙비와 지진에 이어 도성 민가에 큰 화재가 일어났으니 하늘이 내린 경고에 응하여 당분간 술을 금하자고 건의하였고, 성종은 바로 허락하였다.[47] 일종의 금주령인 셈이었다. 그런데 이때 도승지 임사홍은 이렇게 아뢰었다.

신이 듣건대, 경연에서 대간들의 말로 말미암아 술을 금하였다고 합니다. 술이란 본시 사람이 먹는 것인데, 대개 임금이 큰 재변을 만난 후

46 《연산군일기》 권30, 4년 7월 29일 계해(2).
47 《성종실록》 91권, 성종 9년 4월 21일 임자(3).

에는 근신하며 금주함이 옳다고 합니다. 그러나 이 또한 한갓 문구文具일 뿐입니다. 이제 만약 가뭄의 징조를 (무조건) 재이라고 한다면, (현재 아직) 비가 마르지 아니하여 밀보리가 무성하니 가을에 그 수확이 있음을 미루어 알 수 있습니다. 만약 흙비를 재이라고 한다면, 예로부터 천지의 재변은 운수에 있으니 별똥별도 그 운수(에 불과합니다). 지금의 흙비도 때의 운수가 마침 그렇게 된 것인데, 어찌 재이라 하겠습니까? 만약 화재를 재변이라 한다면, 민가의 집들은 붙어 있고 담이 연하였습니다. (단지) 조심하지 않아서 불이 났는데 마침 바람이 불어 연달아 탄 것이니, 괴이한 일은 아닙니다. 무릇 이 몇 가지 일은 모두 분명한 재이가 아닌데도 갑자기 술을 금하는 것은 온당치 못합니다. …… 비록 (술을) 금할지라도 조사朝士는 적발되지 않고 소민小民만 죄를 받을 뿐입니다.[48]

요즘의 상식으로 보자면 임사홍의 건의 내용은 지극히 합리적이다. 그러나 자연재이나 재앙을 하늘이 내리는 경고라고 의심치 않던 유교 사회에서 임사홍의 저런 발언은 공론을 공격하며 왕의 환심을 사려는 심각한 아첨일 뿐이었다. 특히 대간의 발언권이 강해지던 당시 분위기로 볼 때 임사홍은 군주를 잘못 인도하는 소인배로 몰리기 십상이었다. 아니나 다를까. 같은 기사에 임사홍에 대한 사관의 평이 붙어 있는데 아래와 같다.

옛날에 충성으로 간하는 것을 비방이라 하고 깊은 계책을 내는 것을

---

[48] 《성종실록》 91권, 성종 9년 4월 21일 임자(4).

요언이라고 한 적이 있었다. 이미 충성스러운 간언과 깊은 계책을 비방이요 요언이라 한다면, 아첨하는 말로써 스스로 몸을 파는 꼴이다. 지금 임사홍이 가뭄의 징조를 비가 늦지 않는다 하고, 보리도 수확이 있다고 하며, 흙비는 운수로 그렇게 되는 것이라고 하였다. 큰 화재는 민가에서 실화하여 여러 집이 연달아 탄 것이니 괴이할 것이 없다고 하였다. 이로써 일체 이치에 어긋나게 성주聖主를 속였으니, 옛날 아첨하는 말로 자기 몸을 판 것과 무엇이 다르겠는가?[49]

한마디로 임사홍을 아첨을 일삼은 간신이라 낙인찍은 평이다. 《성종실록》을 편찬하면서 사관은 이런 혹평을 왜 하필 임사홍의 저 발언 바로 뒤에다 배치하였을까? 이는 바로 이 발언을 계기로 임사홍이 대간의 공적 명부에 올랐음을 시사한다.

문제는 유자광이었다. 임사홍은 애초 일부 승지와 도승지 현석규 사이에서 발생한 언쟁을 평소 친분이 있던 사간 박효원과 지평 김언신 등에게 알려 현석규를 탄핵하게 하였다. 때마침 유자광도 현석규를 탄핵하는 상소를 거듭 올렸는데, 현석규를 당나라 때 노기와 송나라의 왕안석에 견주어 소인이라 공격한 내용이 마치 미리 입을 맞춘 것처럼 김언신의 그것과 같았다. 특히 당나라 덕종이 노기의 인물됨을 놓고 대화를 나눈 신하인 이면李勉을 이필李泌이라 한 오류까지도 같았다. 이에 유자광은 김언신과 함께 붕당 죄로 몰려 형신을 당한 끝에 혐의를 일부 인정하였다. 임사홍과 김언신이 붕당 죄로 몰린 상황에서 유자광이 김언신과 입을 맞춘 점

---

[49] 《성종실록》 91권, 성종 9년 4월 21일 임자(4).

이 드러나자, 그도 함께 임사홍의 무리로 분류되었다. 이로써 유자광은 임사홍 등과 함께 유배당하였다.[50] 이것이 바로 무려 2년에 걸쳐 임사홍과 현석규 사이에 벌어진 싸움의 결말이자, 사관이 말한 무술년 옥사[戊戌之獄]였다.

그렇다면 유자광은 처음부터 임사홍 등과 결탁하였을까? 그렇지는 않다. 앞에서 상세히 살폈듯이, 유자광은 임사홍과는 직접 관련이 없었다. 그가 임사홍과 함께 붕당 죄로 몰린 유일한 근거는 현석규에 대한 탄핵 상소였다. 고문을 가하자 김언신과 미리 말을 맞추었다고 자백하였으나, 그 전이나 후에도 유자광이 김언신 등과 정치적 보조를 함께한 자취는 찾을 수 없다. 무술년 흠비를 계기로 구언 상소를 올린 이심원과 남효온을 놓고 조정이 시끄러울 때도 유자광은 전혀 개입하지 않았다. 임사홍이 붕당 죄로 실세할 때, 유자광도 2년 전 현석규를 탄핵한 일로 김언신과 함께 임사홍의 붕류朋類로 몰렸을 뿐이었다.[51]

사화를 일으킨 주범으로 유자광만을 부각한 점도 돌아볼 필요가 있다. 같은 《연산군일기》에 들어 있는 사관의 다른 평과도 일치하지 않기 때문이다. 애초에 김일손의 사초를 문제 삼았던 이극돈의 졸기 마지막은 "당시 사람들이 이르기를 무오년의 화는 이극돈이 수악首惡이라 하였다"라는 문장이다.[52] 그런데 앞서 살핀 사론[유자광전]은 처음부터 끝까지 유자광만 물고 늘어져서, 독자로 하여금 유자광이 사화의 원흉이라고 믿도

---

50 이에 대한 상세한 내용은 이 책의 20장과 24장 참조. 연구논문으로는 정두희, 〈조선 성종 9년 "무술지옥戊戌之獄"의 정치적 성격〉, 《서강인문논총》29, 2010 참조.

51 이에 대해서는 이 책의 24장을 참조.

52 《연산군일기》 권48, 9년 2월 27일 갑자(4).

록 기술하였다. 모순이다.

　무술년 옥사에 대한 사관의 이해에도 문제가 있다. 사관의 평에 따르면, 처음에 임사홍 등이 현석규를 공격하였는데 결국에는 자기들이 되레 유배형을 받았으니, 무술년 옥사는 정류가 사당을 내친 정당한 쾌거였다. 그렇다면 결과적으로 현석규는 정류 편에 속했던 자라 할 수 있다. 그러나 이 책의 17~18장에서 살폈듯이, 애초에 현석규를 탄핵한 쪽은 대간이었고, 도승지 현석규는 성종의 총신이었다. 당시 사림의 공론은 예의를 저버린 현석규에 대한 공격이었다. 성종이 외롭게 그[도승지]를 옹호하는 형국이었다. 당시 대간은 현석규를 공격함으로써, 현석규를 탄핵한 임사홍 등과 결과적으로 정치적 보조를 함께한 모양새였다. 성종이 마지못해 현석규를 도승지에서 해임하고 대사헌에 임명했을 때도 대간은 벌 떼처럼 일어나 끝내 그를 낙마시키는 데 성공하였다.

　이런 사실을 고려한다면, 무술년 옥사를 통해 정류가 사당을 내쳤다는 해석은 국왕의 총신이던 현석규를 정正으로, 그를 탄핵한 대간을 사邪로 전제하지 않고는 나올 수 없는 비평이었다. 심각한 자기모순이 아닐 수 없다. 요컨대, 후대에 발생한 무오사화를 계기로 의도적이건 아니건 무술년 옥사의 기억 조작이 발생한 점은 분명해 보인다.

　무술년 옥사를 정류 곧 사림의 1승으로, 무오년의 옥사를 1패로 인식한 것도 문제가 크다. 현석규를 탄핵하는 상소의 내용이 흡사한 탓에 김언신을 연결고리로 삼아 임사홍과 유자광 모두를 붕당을 맺은 혐의로 처벌하였지만, 그것은 대간의 논핵 내용이었을 뿐이지 증거가 확연히 드러나지는 않았다. 무엇보다도 옥사의 규모 면에서 이 둘을 바로 비교하기에는 무리가 크다. 이는 무오사화를 주관한 유자광에 대한 사림의 원한이 워낙 크다 보니, 그래서 유자광에 대한 최악의 이미지가 선명하다 보니,

그 이전 유자광이 관련된 모든 일에까지 소급하여 적용한 결과에 가깝다. 별로 중요하지도 않은 무술년 옥사를 크게 과장하여, 그때 사당邪黨의 무리를 척결하지 못하여 무오년의 비극이 발생했다는 한탄이 사림 사이에 편만했던 것이다. 이 또한 본의건 아니건 무술년 옥사에 대한 기억의 조작이라 할 수 있다.

요컨대, 중종반정(1506) 이후 〈유자광전〉을 《연산군일기》에 그대로 기록한 사관의 결정은 유자광에 대한 정형적 해석 행위였다. 별 관련도 없는 무술년 옥사와 무오년 사화를 하나의 연속된 사건으로 해석한 사림의 인식은 그들이 '만들어 낸 역사'이지 당시의 실제 상황은 아니었다. 1승 1패라고는 하지만, 무술년 옥사와 무오년 옥사 두 사건을 관통하는 주요 공통 요인은 거의 없었다. 후대에 새롭게 만들어진 기억이 실제 역사로 둔갑한 꼴이었다.

37
||||||
김일손의 사초를 최초로 공개한 사람

성종이 죽고 넉 달째 되던 연산군 1년(1495) 4월에 실록청을 설치하면서
《성종실록》편찬 작업은 돛을 올렸다. 연산군 4년(1498) 7월 초순 김일손
의 사초 문제로 무오사화가 발생할 당시에는 거의 완성 단계였다. 그 이
전에도 성종 때의 일을 상고할 필요가 있으면 '미완성'《성종실록》을 찾
아 볼 정도로 완성도가 높았다.[53] 실록청의 작업은 무오사화에도 별다른
타격을 입지 않았고, 이후 8개월이 지난 이듬해(1499) 3월에 최종 완성하
였다.[54] 세조 때의 일을 비판한 내용이 혹시라도 더 있는지 검토하는 일
이 마지막 주요 작업이었다.

---

[53] 예를 들어, 《연산군일기》 권18, 2년 10월 1일 갑술(1); 권23, 3년 5월 13일 갑인(1)
등을 참조.
[54] 《연산군일기》 권32, 5년 3월 10일 기사(2).

편찬 작업의 성격상 다양한 사초가 실록청에 들어왔다. 성종 때 사관을 지낸 적 있는 김일손도 자신이 기록한 사초를 실록청에 제출하였다. 그런데 실록을 거의 마무리하던 단계에서 그 내용이 왕에게 알려지면서 온 조정에 평지풍파를 일으켰다. 이른바 무오사화의 막이 오른 것이다. 그렇다면 누가 사초 내용을 최초로 발설하였을까?

35장에서 이미 확인한 사관의 논평 곧 〈유자광전〉 가운데 사초 문제가 드러나는 과정만 다시 살펴보자.

…… 사국史局을 열자 이극돈이 당상이 되었다. (그때) 김일손의 사초를 보니 자기의 악한 것을 매우 상세히 썼고 또 세조 조의 일을 썼으므로, 이로 인하여 자기 원망을 갚으려고 하였다. 하루는 사람을 물리치고 총제관 어세겸에게 말하기를 "김일손이 선왕을 무훼하였는데, 신하가 이런 일을 보고 주상께 주달하지 않으면 되겠는가? 나는 그 사초를 봉하여 아뢰어서 전하의 처분을 듣는 것이 우리에게 후환이 없을 것이라 생각한다"라고 하였다. 어세겸은 깜짝 놀라서 대답을 못하였다.

오래 있다가 유자광에게 상의하였다. 유자광은 팔을 내두르며 말하기를 "이 어찌 머뭇거릴 일입니까?"라고 하고는 즉시 노사신·윤필상·한치형에게로 갔다. 먼저 세조께 은혜를 받았음을 잊어서는 안 된다는 뜻을 말하여 그들의 마음을 감동시킨 뒤에 이 (사초) 일을 말하였다. 대개 노사신과 윤필상은 세조의 총신이요, 한치형은 궁액과 연줄이 닿으므로 반드시 자기를 따를 것으로 요량하여 말한 것인데, 과연 세 사람

이 모두 따랐다.[55]

사관의 설명에 따르면, 김일손이 제출한 사초의 내용에 문제가 있다
고 가장 먼저 인지한 사람은 이극돈이었다. 그는 세조를 비난한 김일손의
사초 내용을 먼저 어세겸에게 말하였다. 당시 어세겸은 좌의정이었는데,
너무 놀라 미처 확답을 주지 못하였다. 이에 이극돈은 "오래 있다가居久
之" 이 일을 유자광에게 알렸다. 유자광은 적극적으로 반응하여 노사신·
윤필상·한치형에게 알렸고, 마침내 이 일을 주상께 아뢰자는 동의를 얻
어 내었다. 참고로 당시 영의정은 공석이었고, 한치형은 우의정이었다.
노사신과 윤필상은 모두 부원군으로서 사실상 영의정 역할을 감당하던
'투톱'이었다.

이로써 보면, 이극돈이 최초의 발설자이기는 하지만, 원로 대신에게
만 알리고 의견을 자문한 것에 가깝다. 외부로 공개했다고는 할 수 없다.
유자광은 세 명에게 말했는데, 이 또한 원로들 내부의 의견을 조율하는
역할이라 할 수 있다. 독단적으로 외부에 발설하지 않은 점은 이극돈과
같다. 여기서 외부에 알린다는 것은 곧 왕에게 아룀을 의미한다. 그렇다
면 왕에게 직접 보고한 주체는 누구였을까? 위 인용문이 노골적으로 거
론한 유자광과 이극돈이었을까?

사안이 워낙 중대하였기에, 이 사초 문제는 누군가 홀로 왕에게 아뢰
기는 겁나는 사안이었다. 《연산군일기》의 기록에 따르면, 이 일을 비밀리
에 왕께 아뢴 자는 모두 네 명이었다. 윤필상·노사신·한치형·유자광 넷

---

[55] 《연산군일기》 권30, 4년 7월 29일 계해(2).

이 함께 왕께 나아갔다. 그들은 정전正殿의 문으로 가서 비사秘事를 아뢰기를 청하였고, 도승지 신수근에게 직접 출납을 관장하게 하였다. 사관의 참예도 막았다. 얼마 후 의금부 도사와 경력이 어명을 받들고 경상도로 급히 달려갔는데, 바깥사람들은 무슨 영문인지 알 수 없었다.[56]

그런데 왕에게 아뢰는 자리에 정작 이극돈[당시 좌찬성]은 없었다. 이극돈이 발설하고 유자광이 확대했다는 것이 당시 이래 지금까지도 통설처럼 굳어 있는데, 일단 이극돈의 실제 역할에 대해서는 다소 의문이 든다. 특히 무오사화를 마무리할 때 이극돈은 애초 사초 문제의 심각성을 인지하고도 바로 왕께 고하지 않았다는 이유로 좌천당하는 벌을 받았다. 이로써 보면, 무오사화를 이극돈이 유자광과 함께 시작하고 주도했다는 통설은 사실과 부합하지 않는 면이 있다.

위 인용문에 따르면, 이극돈은 처음에 어세겸과, 그리고 "오래 있다가 [居久之]" 유자광에게 사초 문제를 말하였다. 그렇다면 그 시간적 간격은 어느 정도였을까? 과연 얼마나 "오래" 지체하다가 유자광에게 말했을까? 옥사가 한창일 때 왕은 사초 문제를 처음 인지한 이극돈에게 왜 바로 보고하지 않는지 추궁하였다. 이에 이극돈은 장문의 상소를 올려 해명하였다. 요체는 이 사안은 아무리 실록청 당상일지라도 혼자서 결정할 수 없고 공의共議를 통해 아뢸 일인데, 실록청의 막바지 교정 업무가 과도하여 미처 공의를 끌어내지 못했다는 해명이었다.[57] 즉시 아뢰고 싶었으나 실록청 내부의 공의가 늦어졌다는 변명이었다. 사실일 수도 있겠으나, 듣기에 따라서는 의도적으로 사초 문제를 덮었다는 오해를 살 소지도 여

[56] 《연산군일기》 권30, 4년 7월 1일 을미(2).
[57] 《연산군일기》 권30, 4년 7월 19일 계축(2).

전한 해명이었다.

그렇다면 이극돈은 실제로 얼마나 지체하였을까? 그 답은 유자광의 발언에서 찾을 수 있다. 이극돈에 대한 의심이 여전하던 왕은 그의 해명 상소를 좌우에 내리면서 각자 의견을 물었다. 마침 입시해 있던 한치형과 노사신 그리고 유자광은 이구동성으로 이극돈의 진술이 사실이라 변호하였다. 이때 유자광은 상기喪期를 마치고 한양에 와서 사초 얘기를 듣고는 이극돈에게 직접 물었더니 그가 "아뢰려 한 지가 이미 오래지만, 다만 현재는 공의를 못한 상태이기에 아직 결과가 없다"라고 답했다고 아뢰었다.[58]

이 책의 34장에서 보았듯이, 유자광이 모친의 삼년상을 마치고 한양에 올라온 때는 연산군 3년(1497) 정월이었다. 이는 실록청을 설치한 지 1년 8개월이 지난 시점이었다. 유자광은 모친의 삼년상을 마치고 한양에 올라오자마자 윤필상이나 노사신 등 최고 원로들을 인사 차 두루 방문했을 것이다. 그때 그들로부터 사초 문제를 어떤 식으로든 전해 들었을 것이다. 위 인용문에서는 이극돈이 사초 문제를 말한 대상이 어세겸뿐이지만, 훗날 이극돈이 왕에게 해명한 진술에 따르면 윤필상·노사신·한치형은 사초 문제를 초기부터 이미 알고 있었다. 이극돈의 상세한 진술을 보자.

지난날[往者]에 신이 한치형과 더불어 의정부에 함께 앉았었는데, 한치형이 가만히 신에게 말하기를 "김일손의 사초는 세조 조의 중대한 사실을 썼다 하는데, 사실인가?"라고 하였습니다. 신은 그 사실을 알지 못하여 소릉 복구에 대한 일로만 대답하였습니다. 그러자 한치형은 신

---

[58] 《연산군일기》 권30, 4년 7월 19일 계축(9).

이 반드시 알지 못한다고 여기고 다시 말하지 않았습니다.

그 후[其後] 신종호申從濩가 신의 집에 와서 이 사실을 언급한 뒤에야 신이 비로소 알았습니다. (그래서 신은) 다시 한치형에게 이르기를 "저번에 말한 세조 조의 중대사란 바로 모종의 사건이 아닌가?"라고 하였더니, 한치형은 "그렇다. 어떻게 들었는가?"라고 하였습니다. 신은 신종호가 해 준 말을 말해 주었습니다. 또한 이르기를 "공은 척리 대신이니, 궁금宮禁이 아무리 치밀하다 할지라도 어찌 듣고 보는 일이 없겠는가? 나는 비록 외신이긴 하지만 선왕조의 근밀近密한 곳에 처하여 조석으로 승지의 출입에 앞서거나 뒤서고 하였는데, 만약 그런 사실이 있었다면 우리들이 반드시 먼저 들었을 것이 아닌가? 이 일을 듣고 마음이 아파서 견딜 수가 없으니, 종국에는 모름지기 포백暴白하고 말 것이다"라고 하였습니다. 그러자 한치형도 "내 생각도 역시 그렇다"라고 하였습니다.

그 후[其後] 신이 노사신의 집에 갔더니, 노사신이 신에게 말하기를 "사관이 세조 조의 궁중에 대한 일을 쓴 것이 있다고 들었는데, 그러한가?"라고 하였습니다. 신은 대답하기를 "나도 역시 김일손의 사초에 들어 있다는 것을 들었다"라고 답했습니다. 인하여 (신이 또) 말하기를 "내가 공과 더불어 날마다 근밀한 곳에 있었으니, 그런 일이 있었다면 우리가 당연히 먼저 들었을 것인데, 김일손이 나이 어린 미성한 사람으로서 어디에서 들었단 말인가?"라고 하였습니다. 노사신은 말하기를 "어찌 이런 일이 있었겠는가?"라고 하였습니다. 서로 더불어 마음 아파하기를 마지아니하여 마침내 눈물을 흘리기까지 하였습니다.

그 후[其後] 한치형이 그에 대해 처치할 일을 문의하기에, 신이 대답하기를 "실록에 실릴 리는 만무하지만, 그 본 사초는 으레 춘추관에 수장하여 만세를 전하는데, 이 어찌 작은 일이랴? 무릇 사초는 함부로 버리지 못하는 법이니, 만약 (주상께) 계달하지 않고는 버릴 수가 없으므로 본청에서 함께 의논한 후에 계달할 것을 이미 논의해 정했다"라고 하였습니다. 한치형도 말하기를, "매우 가한 처사이니, 빨리 함께 의논해야겠다"라고 하였습니다.

그 후[其後] 노사신이 신에게 이르기를 "전일의 일은 어떻게 낙착을 지었는가?"라고 하므로, 신은 한치형에게 한 말로 (똑같이) 답하였습니다. 노사신은 말하기를 "나와 그대는 세조의 은혜를 받은 것이 얇지 아니하니, 다른 사람이 만약 아뢰지 않는다면 우리들이 아뢰어야 한다"라고 하였습니다. 신이 대답하기를 "함께 의논하는 날에는 누가 감히 아뢰는 것을 불가하다 하겠는가?"라고 하였습니다. 노사신은 "마땅히 공의共議를 기다려서 해야 한다"라고 말하였습니다.

그 후[其後] 한치형이 또 신에게 말하기를 "이 일은 이미 공의했느냐?"라고 하므로, 신은 대답하기를 "…… 가까운 시일 내로 마땅히 인출해야 하는데 정서正書한 곳에 착오가 많기 때문에 다시 교정하느라 겨를이 없어서 미처 의논을 마치지 못했다"라고 하였습니다. 한치형도 말하기를 "공의한 뒤에는 나에게 말해야 한다"라고 하기에, 신은 그렇게 하겠다고 답하였습니다.[59]

위의 자료는 왕의 추궁을 받은 이극돈이 당시 상황을 상세히 진술한 내용이다. 신빙성은 매우 높다. 만일 거짓이 있다면, 진술에 등장하는 노

59 《연산군일기》 권30, 4년 7월 19일 계축(2).

사신이나 한치형 등이 즉각 반박할 것이 자명하였기 때문이다. 이극돈의 진술 내용은 매우 중요한 사실을 알려 준다. "지난날"[往者] 또는 "그 후" [其後]라고만 적은 탓에 그 시점을 정확히 특정할 수는 없지만, 일의 앞뒤 순서만큼은 확실하게 보여 준다. 그런데 "지난날"의 시점을 알 수 있는 단서가 위 진술 가운데 나온다. 바로 신종호라는 인물이다.

신종호는 예조참판으로서 실록청에 관여하던 중이었다. 어떻게 하여 사초 문제를 알게 된 신종호는 바로 이극돈에게 그것이 사실인지 물었고, 이극돈은 아직 문제의 본질을 정확히 인지하지 못했다. 그런데 신종호는 연산군 3년 3월 14일에 죽은 인물이다. 그것도 명나라에 사신으로 갔다가 돌아오던 중 한양을 코앞에 두고 개성에서 세상을 떠났다.[60] 예조참판이던 신종호는 연산군 2년(1496) 10월 12일에 정조사正朝使로 임명받고,[61] 그달 안으로 북경을 향해 출발하였다. 그렇다면 이극돈이 진술한 저 내용이 실제로 발생한 시점은 아무리 늦어도 연산군 2년 10월 이전이어야 한다. 그런데 유자광이 삼년상을 마치고 한양에 올라온 것은 연산군 3년 정월이었다.[62]

이런 시차는 유자광이 한양에 복귀하기 오래전에 이미 신종호가 김일손의 사초 문제를 인지했음을 의미한다. 또한 신종호보다도 먼저 이극돈에게 사초 문제를 물어본 우의정 한치형도 처음부터 사초 문제를 알고 있었음을 잘 보여 준다. 그런데 연산군 재위 초반의 실록 기사를 보면, 윤필상·노사신·한치형 등의 이름은 거의 늘 붙어서 나오며, 정치적 발언도

[60] 《연산군일기》 권22, 3년 3월 14일 병진(4).

[61] 《연산군일기》 권18, 2년 10월 12일 을유(2).

[62] 《연산군일기》 권21, 3년 1월 20일 임술(7).

거의 일치하였다. 그들은 당시 최고 원로의 반열에 있으면서 두터운 친분 관계를 유지하였다. 따라서 한치형이 아는 사초 문제를 윤필상과 노사신이 몰랐다고 보기는 힘들다. 아울러, 이 모두는 유자광이 한양에 올라오기 전의 일이었다.

이런 검증을 토대로, 당시 상황을 이렇게 재구성할 수 있다. 김일손의 사초 문제를 인지한 자는 이극돈만이 아니었다. 신종호는 물론이고 실록청에 관여하지 않던 한치형이나 노사신도 되레 이극돈보다 먼저 알고 있었다. 이런 정도라면 실록청 관원은 이를 나위도 없고 웬만한 조정 중신들 사이에는 사초 관련 소문이 아름아름 퍼져 있었다고 해야 솔직한 해석일 것이다. 사안이 워낙 중대하다 보니, 이극돈은 처음에 좌의정 어세겸에게 말했지만 이렇다 할 반응을 얻지 못하였다. 윤필상·노사신·한치형과 의논하였으나, 실록청의 의논을 거치는 일이 지연되자, 한치형 등은 공의가 나오면 반드시 알려 달라고 이극돈에게 당부하기까지 하였다.

이런 시점에 유자광은 삼년상을 마치고 한양에 올라오자마자 관례와 예법에 따라 조정의 최고 원로 대신들을, 이를테면 윤필상·노사신·한치형 등을 인사 차 두루 방문하였다. 그 자리에서 유자광은 누군가로부터 사초 문제를 들었을 것이 틀림없다.[63] 이에 그는 즉시 이극돈에게 가서 그것이 사실인지 확인하였다. 그러고는 바로 다시 윤필상·노사신·한치형 등을 방문하여 이렇게 심각한 사초 문제를 그토록 오래 쉬쉬하며 덮은 일을 질타하고 바로 행동에 옮기도록 강권했을 개연성이 매우 크다. 그러

---

[63] 중종반정 후, 유자광은 모친상을 마치고 상경했을 때 당시 병조참판 허침許琛에게서 사초 이야기를 들었다고 진술한 바 있다. 이에 관해서는 이 책의 49장에 상세하다.

286

자 윤필상·노사신·한치형 등도 유자광의 의견에 동의하였다. 비유하자면, 사초 문제의 심각성을 인지하고도 원로 대신들이 2년 가까이 머뭇거리던 상황에서 유자광이 일종의 '바람잡이' 역할을 한 셈이었다. 이에 마침내 김일손의 사초 문제가 왕의 귀에 들어간 것이다.

그래도 왜 정작 이극돈은 아뢰는 자리에 함께하지 않았는가라는 의문이 남는다. 이에 대한 답은 이극돈의 해명 상소에서 단서를 찾을 수 있다. 그는 의금부 도사가 김일손을 체포하려고 급히 도성을 떠나고 사흘이나 지난 후에야 사초 문제가 왕에게 들어간 사실을 감지하고 대책을 고민하였다. 그의 진술에 따르면 김일손의 사초 문제를 왕에게 아뢴 주체는 충훈부忠勳府였다.[64] 충훈부는 공신 관련 사무를 관장하는 관서로, 당상은 대개 1품직이 맡았다. 업무의 성격상 당시 충훈부의 당상은 모두 공신이었다. 그들은 누구였을까?

여기서 사초 문제를 왕에게 비밀리에 아뢴 네 명의 면면을 다시 살펴보자. 부원군 윤필상은 적개공신과 좌리공신이었다. 부원군 노사신은 익대공신과 좌리공신이었다. 우의정 한치형은 좌리공신이었다. 무령군 유자광은 익대공신이었다. 당시 충훈부 당상에 특별한 정원은 없었던 것 같다. 그렇다면 이 네 명 모두 충훈부 당상이었을 가능성이 크다. 적개공신과 익대공신이 모두 세조와 예종의 공신인 점을 고려한다면, 이들이야말로 세조를 찬탈과 시역의 장본인이라 비판한 김일손의 사초에 본능적으로 분노했을 가능성이 크다.

이극돈에게서 처음 사초 문제를 전해 들은 어세겸도 좌리공신[3등]이

---

[64] 《연산군일기》 권30, 4년 7월 19일 계축(2).

었는데, 그는 자기 의견을 분명히 피력하지 않았다. 이극돈 자신은 당시 공신이 아니었다. 신종호도 공신이 아니었으며, 그는 이미 죽은 상태였다. 요컨대, 이극돈이 공의 과정을 거쳐야 한다는 핑계로 사초 문제를 오랫동안 덮은 상황에서, 유자광의 의견에 동의한 충훈부가 이극돈을 제외한 채 비밀리에 움직였다고 보는 것이 기록으로 보나 정황으로 보나 최선의 해석이다. 사건의 이런 재구성은 후에 이극돈과 어세겸 모두 사초 문제를 알고도 바로 보고하지 않고 지체한 죄로 처벌받은 점만으로도 충분히 사실이라 할 수 있다. 이극돈으로서는 훗날 사림이 자기를 무오사화의 원흉으로 지목한 것이 억울할 법도 하였다.[65]

아울러 사관의 평에 따르면, 사초 문제를 공개하여 평지풍파를 일으킨 주범은 유자광이었다. 사론의 전체 내용이 〈유자광전〉을 전재한 것이므로, 시종일관 유자광을 주범으로 몰았다. 윤필상과 노사신 등에게 사초 문제를 처음 알리고 충동한 주범도 유자광이라 기록하였다. 이는 당시 이래 심지어 현재까지도 무오사화의 발단을 이해하는 통설로 통한다. 그러나 지금까지 교차 검증한 바에 따르면, 김일손의 사초 문제는 유자광이 알기 전에 실록청과 조정의 원로 대신들 사이에서는 공공연한 비밀이었다. 한치형 등은 이극돈에게 실록청의 공의를 속히 이끌어내라고 채근하기까지 하였다.

---

[65] 사초의 최초 누설자를 이극돈으로 보는 당대 및 기존의 이해에 반론을 제기한 연구로는 박병련, 〈조선 전기 사림-훈구 갈등과 사림 이데올로기의 정치적 정당화: 광원군 이극돈의 사례를 중심으로〉, 박병련·김학수 외, 《조선 중기 훈구·사림정치와 광주이씨》, 지식산업사, 2011 참조. 단 이 연구에서는 무오사화를 처음부터 끝까지 주도한 인물로 유자광을 지목함으로써 이극돈을 유자광으로 대체하는 선에 머물렀다.

한양에 올라와서 이런 상황을 감지한 유자광은, 이전에도 늘 그랬듯이, 왕에게 자신의 충성을 증명할 좋은 기회로 보고 충훈부의 원로 공신 당상들과 함께 왕에게 나아간 것이다. 바람을 잡은 것은 확실해 보이지만, 그렇다고 과연 유자광만이 주범이라고 단정하기는 어려운 정황이었다. 그렇다면 이후 무오사화의 진행에서 유자광은 실제로 무슨 역할을 하였을까?

38

||||||

무오사화의 추이와 유자광의 역할

연산군 4년(1498) 7월 1일 의금부 도사를 경상도로 급파한 지 열 이틀째 되는 12일, 청도에서 붙잡힌 김일손이 한양에 도착하였다.[66] 그날로 문초가 밤낮으로 이어졌다. 26일에는 최종 선고 판결을 내렸고, 다음 날 백관을 도열시키고 김일손 등을 참수하였다. 관례에 따라 종묘에 고하고 중외에 사면령을 내렸다.[67] 이후로도 뒤늦게 체포한 두어 명을 문초하고 처벌하였지만, 정범正犯의 사형 집행으로써 이른바 무오사화는 막을 내렸다. 역사적 중요성과 인지도에 비하면 옥사는 상대적으로 짧은 기간에 끝난 편이었다. 극형을 받은 사람도 이미 죽은 김종직의 부관참시를 제외한다면, 김일손을 포함하여 다섯 명에 불과하였다.

[66] 《연산군일기》 권30, 4년 7월 1일 을미(2), 12일 병오(1).
[67] 《연산군일기》 권30, 4년 7월 26일 경신(4).

대개의 옥사가 그러하듯, 무오사화는 시간이 흐름에 따라 새로운 죄목을 추가하며 수사 대상을 확대하는 추이를 보였다. 세조를 심하게 비방한 김일손의 사초 문제로 시작한 옥사는 세조의 비행을 김일손에게 알려준 허반許磐 및 사초 문제로 김일손에게 개인적으로 서신을 보낸 이목李穆과 권오복權五福 등 김일손의 주변 인물로 넓어졌다. 조의제문弔義帝文의 내용이 드러나자, 김종직의 문집을 편집하고 간행한 조위曹偉와 정석견鄭錫堅에게도 불똥이 튀었다. 도연명의 술주시述酒詩에 김종직이 화답한 글에서 노산군을 진晉나라 공제恭帝에, 공제를 찬시簒弑한 유유劉裕를 세조에 견준 정상이 추가로 드러나자, 김종직의 제자가 모두 수사 대상에 올랐다. 이런 과정에서 자연스레 붕당 결성이라는 죄목이 추가로 붙었다. 아울러 실록 열람에 반대하고 처벌을 완화하려던 대간에 대한 왕의 응징이라는 성격도 점차 또렷해졌다.

　　그렇다면 이 모든 것의 단서를 제공한 김일손의 사초 내용은 구체적으로 무엇이었을까? 무오사화는 종종 사화史禍로도 불리는 만큼, 문제가 된 사초의 내용을 정확히 파악하는 것이 중요하다. 바로 거기에 이 옥사의 본질과 성격이 들어 있기 때문이다. 다만 17세기 후반에 송시열 등이 출간한 김일손의 문집《탁영집濯纓集》에는 사초가 들어 있지 않다.[68] 김일손을 체포할 때 그의 집을 수색한 점과 그의 사초를 모두 불태운 점 등을 두루 고려하면, 무오사화 당시에 그의 사초는 이미 모두 없어진 것 같다. 따라서 현재로서는《연산군일기》에 나오는 김일손의 공초를 통해 사초의 주요 내용을 추려낼 뿐이다. 그것을 해당 사건이 발생한 시간 순으로 배

---

[68]　여기서는《國譯 濯纓先生文集》, 紫溪書院, 1994을 참고하였다.

열하면 다음과 같다.

① 권 귀인은 덕종의 후궁인데, 세조가 일찍이 불렀으나 권씨는 임금의 뜻을 받들지 않았다.[69]

② 황보인과 김종서가 절개를 지켜 죽었다.[70]

③ 탄坦 선사가 정분鄭苯의 시구屍柩를 지켜 보호하였다.[71]

④ 세조가 그들[박팽년 등]의 재주를 애석하게 여겨 신숙주를 보내 회유하였으나, 모두 따르지 않고 죽음에 나아갔다.[72]

⑤ 김종직이 과거에 붙기 전, 일찍이 꿈에 감응하여 조의제문을 지어 충분忠憤을 거론하였다.[73]

⑥ 소릉의 관을 파내어 바닷가에 드러내 놓았다.[74]

---

[69] 《연산군일기》 권30, 4년 7월 12일 병오(2). "權貴人乃德宗後宮 而世祖嘗召之 權氏不奉旨"

[70] 《연산군일기》 권30, 4년 7월 12일 병오(5). "皇甫金死之". 13일 정미(1)에는 "死節"로 나온다.

[71] 《연산군일기》 권30, 4년 7월 12일 병오(5). "坦禪護鄭苯屍柩" 사초의 원문은 알 수 없으나, 정분의 일화를 쓰면서 김일손은 그를 정몽주에 비유하였다. 같은 기사의 "以苯比前朝鄭夢周" 참조.

[72] 《연산군일기》 권30, 4년 7월 12일 병오(5). "世廟惜其才欲生之 遣申叔舟諭之 皆不從就戮". 사초의 원문을 확인할 수는 없지만, 김일손은 이른바 사육신 관련자들의 비사를 두루 적었다. 같은 기사의 "李塏崔叔孫相語事 朴彭年等事 金淡往河緯地家 辭以危邦不居事 李尹仁與朴彭年相語事" 참조.

[73] 《연산군일기》 권30, 4년 7월 13일(3). "宗直未釋褐 嘗感夢 作弔義帝文 以寓忠憤" 이렇게 쓰고는 바로 이어서 〈조의제문〉 전문을 사초에 게재하였다. 같은 기사에 나오는 김일손의 공초 중 "遂書宗直弔義帝文" 참조.

[74] 《연산군일기》 권30, 4년 7월 12일 병오(5). "發昭陵梓宮 曝之海濱".

⑦ 노산魯山의 시체를 숲속에 던져 버리고 한 달이 지나도 염습하는 자가 없어 까마귀와 솔개가 와서 쪼았다. 한 동자가 밤에 와서 시체를 짊어지고 떠났는데, 물에 던졌는지 불에 던졌는지 알 수 없다.[75]

⑧ 남효온이 졸卒하였다.[76]

이 밖에도 김일손이 쓴 사초는 더 있지만,[77] 국문 과정에서 문제가 된 것은 주로 위에 제시한 여덟 가지였다. 이는 모두 세조의 정통성 문제와 그의 만행을 부각한 내용이었다. ⑧번은 소릉 복구를 상소한 남효온이 유생이었음에도 그의 죽음을 사死라 하지 않고 졸卒이라 표현한 것으로, 넓은 의미에서는 세조의 만행과 연결되는 사안이었다.

김일손 외에도 사초의 내용으로 국문을 받은 자는 더 있었다. 권경유權景裕는 "김종직이 일찍이 조의제문을 지었는데, 충의가 분발하여 보는 사람이 눈물을 흘렸다. (그의) 문장 (실력은 오히려) 중요하지 않을 뿐이다"라고 썼다.[78] 권오복權五福은 "김종직이 일찍이 조의제문을 지었는데, 간절하고 침통하였다. 사람들이 (감히) 말하지 못하는 부분이었다. 사림이 (서로) 전하며 외웠다. 식자들은 말하기를 '제복帝服은 9장九章인데, 지금 7장七章이라 함은 무슨 까닭인가?'라고 하였다. 이는 반드시 뜻이 있어 그

---

[75] 《연산군일기》 권30, 4년 7월 13일 정미(3). "魯山屍身棄于林薄 旬月無斂者 烏鳶來喙 有一童行夜負屍而走 不知投諸水火".

[76] 《연산군일기》 권30, 4년 7월 13일 정미(2). "南孝溫卒".

[77] 사초의 내용을 모두 조사한 것으로는 이병휴, 《조선전기 사림파의 현실인식과 대응》, 일조각, 1999, 235쪽 참조.

[78] 《연산군일기》 권30, 4년 7월 17일. "宗直嘗作弔義帝文 忠義憤發 見者流涕 文章特其餘事耳".

렇게 지은 것이다. 크게 세교世教에 관계되므로 썩지 않게 남겨 둘 만하다"라고 좀 길게 적었다.[79]

또한 홍한洪瀚은 "세조가 화가위국化家爲國을 도모하여 몰래 무사들과 결탁하였다"라고 썼다. 신종호는 "노산魯山의 난 때 정창손이 (노산을) 베도록 가장 먼저 주창하였다. 노산이 비록 세조에게 득죄했을지라도 정창손이 몸소 (그를 임금으로) 섬겼었는데 (이제 와서) 베자고 주창함은 차마 못할 짓 아닌가?"라고 논하였다. 표연말表沿沫은 "소릉을 훼파한 일이 문종에게는 많은 근심거리가 되었다"라고 적었다.[80] 이 또한 모두 세조가 주도한 정변과 이후의 만행을 비평한 사초였다.

김일손은 특히 스승 김종직의 조의제문을 사초에 전재함으로써 옥사가 커지는 결정적 구실을 제공하였다. 항우에게 살해당한 초나라 의제의 일을 통해, 노산군을 의제에 비유하고 세조를 항우와 진시황에 견준 것이 조의제문의 요체였다.[81] 조의제문 서두에는 김종직이 이 글을 세조 3년(1457) 10월에 지었다고 나온다. 그런데 노산군이 유배지에서 죽은 날짜

[79] 《연산군일기》 권30, 4년 7월 19일 계축(7). "金宗直嘗著弔義帝文 懇惻沈痛 道人所不道處 士林傳誦 識者曰 帝服九章 而今云七章何也 此必有爲而作 大關世教 可垂不朽".

[80] 《연산군일기》 권30, 4년 7월 19일 계축(5). "實錄廳啓 洪瀚史草云 世祖謀欲化家 陰結武士 申從濩草云 魯山之亂 鄭昌孫首唱請誅 魯山雖得罪世祖 昌孫身事之 則忍唱言誅之耶 表沿沫史草云 毀昭陵等事 有負於文宗者多矣".

[81] 조의제문의 전문은 《연산군일기》 권30, 4년 7월 17일 신해(1) 참조. 후대에 간행한 김일손의 문집에도 나오는데, 연산군의 전교에서 끌어온 내용이다(《국역 탁영선생문집》 권6, 부록 〈戊午史禍事蹟〉 참조). 《점필재집》에 수록한 "무오사화사적"도 마찬가지다. 《佔畢齋集》 文集附錄 〈年譜〉 "戊午史禍事蹟" 및 《국역 점필재집》 III, 민족문화추진회, 1997, 313~321쪽 참조.

는 같은 해 10월 21일이었다.[82] 따라서 김종직은 노산군의 죽음을 전해 듣자마자 바로 조의제문을 지었음이 확실하다.

조의제문을 계기로 김종직의 문집에 대한 전면적인 검토가 이루어졌다. 김일손이 사초에 적지는 않았지만, 도연명의 술주시에 김종직이 화답하여 쓴 〈화도연명술주시和陶淵明述酒時〉의 서문이 김종직의 제자 전체로 옥사가 확산하는 데 결정적으로 기름을 끼얹었다. 진나라 공제는 유유에게 선위한 후에 살해당하였다. 김종직은 그것을 유유가 보위를 찬탈하고 공제를 시해한 것으로 적었다. 결과적으로 공제를 노산군에, 유유를 세조에 견준 셈이었다. 한마디로 세조가 찬시했다는 것이다.[83]

이로써 보면, 옥사의 발단이나 진행 및 확산 과정에서 본질 중의 본질은 역시 사초 문제, 더 정확히 말하자면 세조 시기의 역사를 어떻게 평가할지가 관건이었다고 할 수 있다. 요즘으로 말하자면 '과거사 바로잡기' 움직임이 피바람을 부른 셈이었다.[84] 세종 대를 지나면서 성리학적 가치

---

[82] 《세조실록》 권9, 세조 3년 10월 21일 신해(2).

[83] 김종직의 서문은 《연산군일기》 권30, 4년 7월 17일 신해(4)에 그 전문이 있다. 같은 기사에 따르면, 시는 없어졌다고 한다.

[84] 참고로, 무오사화를 훈구파와 사림파의 대립으로 이해한 초기 연구에 대한 간략한 정리로는 진상원, 〈조선왕조 정치범의 신원과 추존 문화〉, 박사학위논문, 동아대학교 대학원 사학과, 2007, 32~33쪽 참조. 국왕·대신과 대간의 충돌로 새롭게 파악한 수정주의적 해석으로는 Edward Wagner, "The Recommendation Examination of 1519: Its Place in Early Yi Dynasty History", 《朝鮮學報》 15, 1980; 〈정치사적 입장에서 본 조선 전기 사화의 성격〉, 《역사학보》 85, 1980; 김돈, 〈연산군 대의 군신 권력관계와 그 추이〉, 《역사교육》 53, 1993; 김범, 《사화와 반정의 시대: 성종·연산군·중종과 그 신하들》, 역사비평사, 2007 등을 참조. 대간과의 충돌보다는 사초 문제에 초점을 두고 그것을 "사림정치운동"으로 간략히 개념화한 연구로는 이옥선,

가 사실상 뿌리를 내린 시점에서 발생한 수양대군의 정변과 단종의 강제 선위 및 유배와 살해 등은 당시 조선의 조야에 큰 충격을 주었다. 세조와 성종 조의 대신들과 친밀한 교분을 쌓은 김종직조차도 속으로는 세조의 행위를 찬탈과 시해로 본 것이다. 그러니 학교에서 성리학적 가치와 의리를 공부하던 일반 유생들은 얼마나 충격을 받았을까? 남효온과 김일손이 성종 때 이미 위험을 무릅쓰고 소릉을 복권해야 한다는 상소를 연이어 올린 이유는 이런 맥락에서 봐야 제대로 이해할 수 있다.

이렇듯 옥사는 김종직의 제자 김일손으로 말미암아 시작하였고, 진행 과정에서 김종직의 제자들로 확대하였다. 그러다 보니, 그들에게는 자연스레 붕당이라는 죄목이 새롭게 붙었다. '과거사' 재평가 문제에서 비롯한 옥사가 붕당 문제로까지 비화한 것이다. 김일손의 집에서 이목과 권오복이 보낸 편지가 나온 데 이어 이목의 집에서 나온 임희재任熙載(임사홍의 아들)의 편지에서도 당시 세태를 비판하는 등 생각을 공유한 자들의 이름이 두루 나오자, 왕은 바로 붕당 혐의를 추가하였다.[85] 김일손 등에 대한 최종 처결을 건의하는 자리에서 대신들은 물론이고 대간에서도 붕당 죄

〈조선조 사화기의 권력구조에 관한 연구〉, 박사학위논문, 이화여자대학교 정치외교학과, 1990, 90~97쪽 참조. 사초 문제를 세조 때의 "어두운 과거를 치유하는 기억 운동"이라 간략히 풀이한 최근 연구로는 이종범, 〈점필재 김종직의 내면세계와 초기사림파〉, 부산대학교 점필재연구소 편, 《점필재 김종직과 그의 젊은 제자들》, 인문사, 2011 참조. 무오사화의 원인을 김종직 문도를 중심으로 일어난 세조 정권에 대한 대항 기억 활동으로 설명한 연구로는 김영두, 〈난언과 은거: 세조 정권에 저항하는 대항 기억의 형성〉, 《사학연구》112, 2013 참조.
[85] 《연산군일기》 권30, 4년 7월 14일 무신(6).

를 추가하여 논하였다.[86] 김일손 등 5인의 사형을 집행하고 종묘에 고한 고유문에서도 그들의 대역죄뿐만 아니라 붕당 죄를 함께 거론하였다.[87] 사형 집행 다음 날 왕은 승정원의 승지와 주서들에게 붕당을 결성하지 말라는 특명을 내릴 정도였다.[88] 왕은 이번 옥사를 세조에 대한 비방과 능상 외에도 사류士類가 붕당을 결성한 것으로 이해하였다.[89] 그 결정적 근거는 세조 시기의 역사를 보는 부정적 시각이 모두 같다는 점이었다. 그래서 사화史禍였다.

옥사 진행 중에 왕은 대간까지 공격하였다. 즉위하기도 전부터 성종의 장례 방식을 두고 대간과 일전을 치른 왕으로서는 이 옥사야말로 대간의 버릇을 바로잡을 절호의 기회였다. 옥사 초기에 왕의 실록 열람을 강하게 반대한 홍문관과 예문관 관원들을 국문하도록 지시한 것은 그 신호탄이었다. 양사에서 국문은 부당하다고 간쟁했으나 듣지 않았다.[90]

대간에 대한 공격의 백미는 조의제문 관련자의 처벌 수위 의견을 수합할 때 발생하였다. 대역죄이니 다들 부관참시나 극형에 해당한다고 의견을 냈는데, 유독 양사에서만 김종직은 이미 죽었으니 추탈과 자식의 출사를 금하는 폐고廢錮 정도로 건의하였다. 이에 왕은 대역죄인을 비호했다면서 양사 관원을 그 자리에서 끌어내어 형장을 가하라고 명을 내렸다. 나장들이 어전에 난입하여 대간들을 붙잡아 끌어내는 일이 벌어진 것

---

[86] 《연산군일기》 권30, 4년 7월 26일 경신(4/5).

[87] 《연산군일기》 권30, 4년 7월 27일 신유(1).

[88] 《연산군일기》 권30, 4년 7월 29일 계해(3).

[89] 《연산군일기》 권30, 4년 8월 3일 병인(1).

[90] 《연산군일기》 권30, 4년 7월 13일(4).

이다.[91] 옥사 중에 왕은 도승지 신수근에게 대간을 뽑는 기준을 지침으로 내렸다. 그 세 가지는 불초한 자, 연소한 자, 사체를 모르는 자는 대간에 의망하지 못하게 하라는 것이었다.[92]

또한 예전의 간쟁이나 상소 내용을 기억해 내어 그 의도를 추궁하는 문초도 이어 갔다. 예를 들어, 김종직의 제자 중에 이주李冑라는 이름이 나오자 왕은 예전에 간관으로서 그가 "성종은 나의 임금인데 어찌 지하에서 뵐까?"라고 말한 것을 기억해 내고는 국문하도록 명하였다.[93] 상소문 중에 세조 때의 구신舊臣을 서용하지 말라는 내용을 적었던 이심원도 다시 잡아들여 국문하였다.

이처럼 무오사화는 사초 문제가 시종일관 핵심을 이루되, 도중에 붕당 죄를 추가하고 간쟁 풍토에 대해 응징하는 등 확산 과정을 걸었다. 옥사는 김일손이 한양으로 압송되어 온 7월 12일에 시작하였는데, 김일손 등 5인의 참수형 집행과 논공행상 및 문제가 된 사초를 모두 불태우는 등의 마무리 작업은 26일부터 28일까지 시행하였다. 정확히 17일 동안 무오사화라는 광풍이 도성을 휩쓸고 지나간 것이다.

그렇다면 무오사화의 원흉으로 알려진 유자광은 옥사 당시 실제로 무슨 일을 하였을까? 실록청을 설치하면 사초를 바로 수합하는 것이 관례였으므로, 실록청 당상이나 낭청은 김일손의 사초 문제를 연산군 1년 (1495) 여름 무렵이면 이미 인지했을 가능성이 크다. 앞서 살핀 이극돈의 해명에서도 그런 정황은 잘 드러난다. 실록청 사람들뿐만 아니라 윤필

[91] 《연산군일기》 권30, 4년 7월 17일 신해(1).
[92] 《연산군일기》 권30, 4년 7월 24일 무오(1).
[93] 《연산군일기》 권30, 4년 7월 17일 신해(8).

상·노사신·한치형 등 핵심 원로 대신들도 이미 그 문제를 알고 있었다. 하지만 누구도 결정을 내리지 못한 채 시간만 흘러갔다.

유자광은 삼년상을 마치고 한양에 올라와서야 사초 문제를 인지했는데, 그때는 연산군 3년(1497) 정월이었다. 그가 바람을 잡았음에도 1년 반이 넘도록 공개하지 않다가 이듬해(1498) 7월 1일에서야 비로소 왕에게 보고가 올라갔다. 충훈부 당상 네 명이 비밀리에 왕께 아뢰었는데, 유자광도 윤필상·노사신·한치형 등과 자리를 함께하였다.

옥사의 진행 과정에서 유자광은 중요한 일을 하였는데, 주로 옥사를 강화하거나 확대하는 쪽으로 행동하였다. 그는 윤필상·노사신·한치형 등과 함께 움직이며 왕의 친국 현장에 입시하였으며, 사초의 내용을 조목조목 캐묻는 등 주도적 역할을 하였다.[94] 김일손의 공초에 나온 조의제문을 직접 분석하고는 그 의미를 왕에게 상세히 아뢰었다. 또한 김종직의 문집과 판본을 불태우고, 문집을 간행한 자도 국문하자고 아뢰었다. 이로써 왕은 조의제문의 심각성을 알게 되었다.[95]

피의자들 상당수가 조의제문의 내용이 어려워서 본뜻을 알지 못했다고 진술한 점으로 미루어 볼 때, 빤한 거짓이지만 그런 변명이 얼추 통할 정도로 조의제문의 내용은 은유가 심하고 어휘가 어려워 그 의미를 바로 파악하기가 쉽지 않은 글이었다. 그런데 그 심각성을 간파하고 왕에게 쉽게 풀어서 보고한 장본인이 바로 유자광이었다.

김종직의 죄를 논하는 전지傳旨를 작성하라는 어명이 떨어지자, 유자광은 자기가 직접 쓰겠다고 나섰다. 하지만 대사헌 강귀손姜龜孫과 여러

---

[94] 《연산군일기》 권30, 4년 7월 12일 병오(2/5).
[95] 《연산군일기》 권30, 4년 7월 15일 기유(4).

대신이 전지는 마땅히 승정원에서 써야 한다며 제지하자 머쓱하게 물러나기도 하였다.[96] 김종직 문제를 의논하라는 어명을 받고 윤필상 등은 그의 문집을 편집하고 간행한 자들도 국문해야 한다고 건의하였다. 그런데 대사헌 강귀손은 그들이 조의제문의 의미를 몰랐다면 어찌할 것이냐고 물으면서 반대 의사를 비쳤다. 그러자 유자광이 강귀손에게 왜 우물쭈물하느냐, 왜 머뭇거리느냐며 거듭 채근하였다.[97] 파편적 기록이지만 이런 사소한 행동들을 보면, 유자광은 이 옥사를 김종직 문집의 관련자로 확대하려는 의도가 분명했던 것 같다.

옥사가 한창일 때, 유자광은 실록청에서 다시 뽑은 사초에 누락이 있을지 모르니 다시 수검搜檢하기를 청하였다. 그러나 우찬성 성준과 대사헌 강귀손은 자기들이 모르는 일로써 입계入啓할 수는 없다며 반대하였다. 특히 강귀손은 남곤南袞을 시켜 좌중에 다음과 같이 크게 말하게 하였다.

지금 국옥鞫獄에는 위관이 있고 의금부도 있지만, 일찍이 그 일[사초 재검수]을 힘써 주장하지 않았습니다. 힘써 주장한 자는 오직 무령군[유자광]일 뿐입니다. 비사秘事라면 의당 단독으로 아뢰겠지만, 공사公事라면 마땅히 공의를 거쳐서 아뢰어야 합니다. 사초를 다시 초抄한 일은 좌중이 모두 모르고 무령군이 홀로 아뢰니, 적이 불편하다고 생각합니다.[98]

---

[96] 《연산군일기》 권30, 4년 7월 15일 기유(5).
[97] 《연산군일기》 권30, 4년 7월 16일 경술(1).
[98] 《연산군일기》 권30, 4년 7월 18일 임자(4).

이 내용을 보면 옥사 진행 과정에서 유자광이 돌출행동을 적잖이 한 것 같다. 또한 모두 옥사를 확대하려는 언동임도 분명해 보인다. 이로써 유자광과 강귀손은 김종직의 문집에 관여한 자로 옥사를 확대하는 문제로 부딪친 후에 또다시 정면으로 충돌한 꼴이었다. 그렇지만 결국 왕은 유자광의 건의 대로 세조 조와 관련한 사초를 빠짐없이 적발했는지 조사하라고 실록청에 명하였다.[99] 누락을 확인했는지는 기록이 없어서 알 수 없으나, 옥사를 강화하려는 유자광의 의도와 그것을 십분 이용하여 옥사를 강력하게 지휘한 왕의 이해관계가 잘 맞아떨어졌다고 할 수 있다.

다만 유자광은 혐의를 받는 자 일부를 변호하는 모습도 보였다. 왕이 김일손의 사초를 인지하고도 오랫동안 덮어 둔 실록청 당상들의 의도를 추궁하자 이극돈이 해명 상소를 올렸음은 37장에서 살폈다. 이때 유자광은 노사신·한치형 등과 함께 이극돈의 진술이 모두 사실이라며 옹호하였다.[100] 여기까지는 그 전부터 서로 아울리던 사이였으므로 그럴 수 있었다.

그런데 김종직 문집의 간행 책임자인 정석견을 변호하여 구한 일은 좀 특이하다. 붙잡혀 온 정석견은 김종직의 문집 원고를 일일이 살피지 못하여 그 내용을 모른다고 진술하였다. 이에 대해 왕이 좌우의 의견을 묻자, 윤필상 등은 그가 사무가 바쁜 자리에 있었으니 실제로 잘 몰랐을 것이라 아뢰었다. 이때 유자광은 함양에 김종직의 사당을 짓는 문제를 놓고 일전에 정석견이 자기에게 사당을 짓는다면 후세를 속이는 일이라면서 반대했음을 들어 김종직의 당이 아니라며 아뢰었다. 이에 왕도 정석견에 대해서는 문집을 잘못 간행한 일 외의 다른 죄목은 모두 무혐의 처리

---

[99] 《연산군일기》 권30, 4년 7월 19일 계축(1).
[100] 《연산군일기》 권30, 4년 7월 19일 계축(9).

하고 석방하였다.[101] 유자광과 정석견의 관계를 자세히 알 수는 없으나, 유자광이 삼년상을 치르면서 남원에 있을 때 그가 방문했다는 유자광의 말로 미루어 보면, 어느 정도 왕래하던 사이였던 것 같다. 흥미롭게도, 왕은 이때도 유자광의 변론을 거의 그대로 수용하였다.

무오사화 막바지에 유자광은 오위도총부의 도총관에 임명되었다.[102] 그는 성종 8년(1477) 친정 초기에도 도총관에 임명된 적이 있는데, 곧바로 대간의 집중 탄핵에 휩싸였다.[103] 하지만 성종의 보호를 받았다. 도총관 관련 다음 기사는 성종 9년 6월에 도총관 임원준任元濬이 올린 상소가 처음이다.[104] 《경국대전》에 도총관의 임기가 1년으로 나온 점으로 보아, 이런 터울이라면 유자광은 도총관 임기를 제대로 마친 것으로 보인다. 그 외에도 성종 대 유자광이 어떤 실직에 임명될 때마다 대간은 벌떼처럼 일어나 논박하곤 하였다. 얼자라는 미천한 신분이 반대론의 핵심이었다.[105]

그런데 이번에는 상황이 상황인지라 《연산군일기》 상으로는 대간의 반대가 전혀 없었다. 약 3년 후에도 그는 도총관에 다시 임명되었는데, 그때는 대간의 심한 반대를 또다시 겪었다. 이렇게 보면, 유자광이 대간의 반대 없이 실직을 받은 것은 무오사화 중에 도총관에 임명된 일이 유일할 것이다. 옥사 당시의 살벌한 분위기의 반영이었다.

이제 옥사 기간 중의 이런저런 기록들을 종합해 보면, 옥사의 확대에

---

[101] 《연산군일기》 권30, 4년 7월 19일 계축(10).

[102] 《연산군일기》 권30, 4년 7월 25일 기미(9).

[103] 《성종실록》 권77, 8년 윤2월 24일 임술(2)부터 권78, 8년 3월 1일 무진(4)까지 하루에도 두어 차례씩 탄핵 기사가 나온다.

[104] 《성종실록》 권93, 9년 6월 15일 을사(4).

[105] 이에 대해서는 16장과 27장에 상세하다.

유자광이 주요 역할을 했음은 부정하기 힘들다. 사림은 그의 이런 행동을 전형적인 간신이자 소인배로 치부하였다. 또한 35장에서 살폈듯이, 《연산군일기》의 사관은 무오사화가 막을 내린 바로 다음 날[29일] 기사에 유자광을 사화의 원흉이자 사림의 공적으로 낙인찍은 〈유자광전〉을 전재하여 일종의 사론으로 삼았다. 그런데 무오사화가 발생한 7월 기사를 보면, 유자광의 이름이 생각보다는 많이 나오지 않는다. 옥사 처리와 관련하여 강경 발언을 낸 주축은 오히려 노사신을 제외한 윤필상 등의 원로 대신들이었다. 물론 유자광도 거기에 들었지만, 옥사 자체를 유자광이 시종일관 주도한 것처럼 기술한 사관의 설명은 《연산군일기》의 다른 해당 기록과도 잘 부합하지 않는 면이 적잖다.

이를 유자광의 입장에서 보면 그의 출세 공식이 그대로 드러난다. 세조의 눈에 들어 발탁될 때부터 그의 유일한 방법은 국왕이 원하는 바를 포착하여 행동으로 보여 주는 것이었다. 세조의 눈에 든 이유가 그러하였고, 예종 때도 마찬가지였다. 성종의 의도를 잘못 읽고 현석규를 탄핵한 것을 제외하면, 친정에 임하는 성종에게 강렬한 인상을 심어 준 방법도 한명회라는 당시 최고 거물에 대한 노골적인 탄핵이었다. 연산군 초기에는 모친상 중이라 새 왕의 눈길을 사로잡을 일을 할 수 없었으나, 삼년상을 마치고 상경하자마자 접한 김일손의 사초 문제는 그로서는 천재일우의 기회를 다시 맞은 셈이었다. 그가 할 일은 세조를 비방한 사초 내용을 모두 적발하고 그 관련자들을 일망타진함으로써 왕의 가려운 곳을 확실하게 긁어 주는 것이었다.

34장에서 살폈듯이, 마침 유자광은 정계에 복귀하자마자 대간과 심각한 수준으로 충돌하였다. 이 또한 대간의 등쌀에 분노하던 왕의 심기를 제대로 읽고 자기가 몸소 나서서 대간을 비난했기 때문이었다. 널리 알려진 김종직에 대한 사감도 분명히 있었겠지만, 이 책에서 지금까지 살핀 유자광의 성향을 종합적으로 고려한다면, 김종직과의 불화가 본질이라 하기는 어렵다. 왕의 뜻에 최대한 따른다는 그의 출세 방식을 추구하되, 사초 문제 곧 과거사 문제를 통해 김종직이 옥사의 주요 과녁이 되었다고 보는 게 합리적일 것이다.

무오사화를 지나치게 이극돈과 김일손의 불화나 유자광과 김종직의 불화 등 개인적인 갈등 구도 때문에 발생했다고 파악한 당시 사림의 이해 는 이런 점에서 사실과 잘 맞지도 않을뿐더러, 현대 역사학에서 그대로 수용하기도 힘들다.

39

||||||

사화의 여진, 유자광의 '죽림칠현' 공격

김일손 등을 처형함으로써 옥사는 사실상 막을 내렸다. 다만 워낙 갑자기 벌어진 대규모 처벌이었기 때문에, 그 여운은 한동안 가시지 않았다. 혐의가 경미한 일부 피의자에 대한 심문을 모두 마무리하는 데에는 시간이 좀 더 필요하였다. 옥사가 터지자 피신했던 피의자에 대한 체포와 처벌도 속속 이루어졌다.[106] 향촌의 유생들이 옥사를 신랄하게 비난했다가 잡혀 와 처벌을 받거나, 향시에 김종직 관련 문제를 냈다가 처벌당하는 사례도 이어졌다.[107]

그런데 김일손 등 다섯 명을 처형한 지 보름도 안 되어 유자광과 윤필

---

[106] 예를 들어, 《연산군일기》 권31, 4년 8월 1일 갑자(1), 7일 경오(2), 10일 계유(1) 등 참조.

[107] 《연산군일기》 권31, 4년 11월 30일 임술(2), 윤11월 5일 병인(1).

상은 옥사가 이대로 끝나기를 바라지 않는 것 같은 모습을 보였다. 지방의 유생들이 고을에 설립한 사마소司馬所의 폐단을 신랄하게 지적하고, 이른바 죽림칠현을 자칭한 무리를 처벌하자는 건의를 올렸다.

윤필상이 아뢰기를 "유자광의 말에 따르면 외방의 생원·진사들이 (모이는 곳을) 사마소라 자칭한다고 합니다"라고 하였다. 유자광이 급히 나서며 "내가 아뢰겠다"라고 하면서 아뢰기를 "남원과 함양은 모두 신의 본관이므로 신이 친히 보았습니다. 생원과 진사들이 별도로 한 장소를 만들어서 사마소라 이름하고, 사사로이 서로 모여 술을 마시면서 빗나간 의논을 합니다. 서민이나 서리가 조금만 마음에 맞지 않으면, 갑자기 매질을 합니다. 유향품관留鄕品官들이 대개 늙고 열등하기 때문에 온 고을 인리人吏들이 유향소를 멸시하고 도리어 사마소에 아부하여 그 폐단이 적지 않습니다. 그런데도 수령들이 능히 금단하지 못할 뿐 아니라, 도리어 노비를 지급하고 식리殖利하는 곡식과 물화까지 맡깁니다. 국가에서 설립한 유향소 이외에 또 이들 무리가 사사로이 세운 사마소가 있는 것은 매우 불가하옵니다"라고 하였다.

윤필상은 아뢰기를 "칠국七國의 처사處士와 동한東漢의 당인黨人과 조송趙宋의 낙당洛黨 및 촉당蜀黨과 최근 김종직의 간당姦黨이 모두 떼로 모여서 빗나간 의논을 하는 데서 이루어진 것이오니, 이러한 풍조는 통렬히 개혁해야 하옵니다. 청컨대 팔도 감사에게 유서諭書를 내려 소위 사마소라는 것을 일제히 혁파하도록 하소서"라고 하였다.

유자광이 윤필상더러 이르기를 "홍유손洪裕孫의 일도 역시 아뢰어야 합니다"라고 하였다. 이에 윤필상이 아뢰기를 "남양부 공생貢生(향교의 유생) 홍유손이란 자가 있는데, 시문에 능합니다. 그러나 그 행동이 심히 괴이하여 나이 젊은 예닐곱 명과 당을 만들어서 아무개는 정자程子라 아무개는 주자朱子라 자칭하며, 이따금 강가의 인가에 모여 소요건逍遙巾을 쓰고 서로 더불어 떼 지어 술 마시며 (세상을) 비방합니다. 일찍이 과거를 보러 가서는 제술은 하지 않고 종일 술에 취해서 희어戲語를 쓰고 나오기도 하였습니다. 이들 무리가 오래 도성 아래 있으면 반드시 후생을 그르치고 말 터이니, 청컨대 잡아 내서 먼 지방으로 내치옵소서"라고 하였다.

전교하기를 "외간의 이런 일을 내가 어찌 들을 수 있겠느냐? 경들이 (이렇게) 아뢴 일을 내가 매우 아름답게 여긴다"라고 하였다. 드디어 의금부에 홍유손을 체포하라고 명하였다.[108]

위 기록에 따르면, 무오사화의 여운마저 흐릿해지던 때에 유자광과 윤필상은 앞서거니 뒤서거니 입을 맞추어 갑자기 사마소를 사당私黨을 결성했다고 단정하며 공격하였다. 아울러 죽림칠현을 자처하며 도성 주위를 떠도는 불순한 무리에 대한 처벌도 강조하였다. 사마소는 이후로도 상당 기간 존재했지만, 죽림칠현에 대한 국문은 바로 시작했다.

국문은 주로 유자광이 주도하였는데, 홍유손·안응세安應世·김굉필金宏弼·이윤종李允宗·남효온·강응정 등을 7현 또는 10철哲의 주요 인물로 파악하였다. 특히 이들 모두를 김종직과 남효온의 당으로 낙인찍고 강응정이 예전에 주도한 소학계小學契로 수사 대상을 확대하려는 조짐마저 있었다.[109] 그러나 수사망을 확대하는 도중에 그만 유자광의 아들 유방柳房

---

108 《연산군일기》 권31, 4년 8월 10일 계유(2).
109 《연산군일기》 권31, 4년 8월 14일 정축(1), 16일 기묘(1/2/3).

이 홍유손의 무리에 연루되었다는 혐의가 나오자 유자광은 왕에게 아들은 무관하다는 소를 직접 올렸다. 이 때문에 또 대간의 공격을 받았다.[110] 이후로 이 사건의 추이를 알려 주는 기록이 더는 보이지 않는 점으로 보아, 유자광도 아들의 연루 때문인지 공격을 멈추었고, 일은 흐지부지 끝난 것 같다. 새로운 옥사로 나가지는 못한 채 무오사화의 여진 정도로 그친 것 같다.

무오사화뿐만 아니라 사마소 공격이나 죽림칠현 체포 등 일련의 사건에서 드러난 유자광의 태도는 매우 분명하였다. 국왕이 원하는 바가 무엇인지 정확히 간파하고는 바로 자기가 선두에 서서 그것을 성취하는 데 온 힘을 기울였다. 이는 세조 말년에 처음으로 발탁되어 중앙 정계에 들어설 때부터 그가 보인 처신의 기본 패턴과 같았다. 즉위하면서부터 대간 및 유생들과 한바탕 전쟁을 치른 연산군의 이해관계에 유자광은 십분 부응하였다. 세조를 바라보는 시각도 그러하였다. 당시 대간의 행태와 사습士習에도 몹시 부정적이었다.

김일손과 김종직이 바로 그런 세조의 비행과 만행을 노골적으로 사초에 적어 기록으로 영원히 남기려 했으니, 무사할 수 없었다. 무오사화는 당시 정국의 흐름과 관련하여 연산군과 유자광의 이해가 잘 맞아떨어진 절호의 사건이었다고 할 수 있다. 사림은 '과거사 바로잡기'를 너무 일찍 서두르다가 철퇴를 맞은 셈이기도 하였다. 이로써 유자광의 권토중래는 유효 사정거리 안으로 완전히 들어온 것처럼 보였다.

---

[110] 《연산군일기》 권31, 4년 8월 23일 병술(1), 24일 정해(1).

使其為嵩許明失

一持子諭書者凶繫拮留觀察使角

度使許琮呀逡之人亦皆阻碳使朝廷未知聲息其党謀荖

一施愛等既曰吳㭬與孝文同謀欲盡殺本道人民若凝荖

有是心則聞賊舩來泊欲其盡死豈肯移文諸邑使孝家發

政避之乎此皆造言感狼也明矣同謀賞州件典前峰諭邑軍民孝同

㮮甲士柳子光上書曰臣下番在南原晚聞孝施愛事方

寬乗七著繼以郡縣督臣録名徵兵文卷中臣素以引飼自

是術夜不寐奮然窮謂國家錐戒嚴四方以整兵卒豈盡懲野

闈之蹕躇倚馬待行留次數日未有郡縣督行定日之令臣

方之兵然後可討一施愛乎臣既籍名甲士常欲立功邊野

一死況當國家有腹心之賊臣何心随行逐隊列於徵㱏

安庸遠方而甘於眠食乎故臣本月初六日發自南原㤀

6부

연산군 후반기

불중지결不重之結,
1499~1506

- **연산군 5년(1499) 1월** – 조사 차 함흥 방문. 생전복을 진상한 것으로 대간의 탄핵 받음.
  2월 – 서거정의 수직론守職論을 앞세운 대간의 거센 탄핵으로
       산릉도감 제조와 도총관에서 해임됨.
- **연산군 7년(1501) 8월** – 오위도총부 도총관에 임명. 대간의 거센 탄핵.
  9월 – 수직론을 정면으로 반박하며 대간의 탄핵에 반격.
  10월 – 수직론을 반박하는 2차 상소. 이후 석 달 이상 대간의 탄핵.
- **연산군 9년(1503) 5월** – 사옹원 제조로서 당상관과 당하관에게 제공하는
       점심의 밥 분량을 동일하게 고침. 윤허.
- **연산군 10년(1504) 1월** – 왕의 무거운 소반小盤을 작은 소반 둘로 바꾸자고 건의. 왕이 노함.
  윤4월 – 이극균과 친했다는 이유로 파직. 임사홍과 함께 충군充軍과
  장형杖刑의 처분을 받았으나 충군은 취소되고 장형은 속贖으로 대체.
- **연산군 12년(1506) 1월** – 복직하라는 어명.
  9월 – 성희안의 권유로 반정에 적극 참여. 거사 당일 군대를 지휘함.

40

||||||

서거정의 수직론과 유자광의 실각

무오사화라는 풍파가 지나고 두어 달 만에, 곧 왕의 총애를 받아 권력의 핵심으로 떠오를 즈음에 유자광은 다시금 대간의 집중포화에 시달렸다. 어떤 사건의 조사 차 함경도에 갔다가 생전복[生鰒]과 굴[石花] 등을 왕에게 사적으로 진상한 사실이 대간의 레이더망에 잡혔기 때문이다.[1] 당시 조선에서 공식 절차를 밟지 않은 사진私進은 왕에게 아부하려는 부정 행위로 지탄의 대상이었다. 특히 한양까지 싱싱하게 보내기 위해 우수한 역마를 자의로 이용한 사실로 집중타를 맞았다.

　무오사화 때 김종직의 문도로서 사초사건에 휘말린 사람들 가운데 이종준李宗準이란 자가 있었다. 그는 함경도 부령으로 머나먼 유배 길을 가

---

[1] 《연산군일기》 권32, 5년 1월 10일 경오(2).

던 중 단천군 마곡역에 머물 때 벽에다 시를 한 수 적었다. 옥사의 부당함과 세태를 조소한 내용이었다.[2] 이 일과 함께 무고죄까지 겹치면서 이종준은 끝내 죽임을 당하였다.[3] 유자광은 바로 함경도 현지에서 직접 사건을 확인하고 조사하기 위해 다녀온 것이다.

이 사건이 불거지기 전에도 유자광의 행보에 제동을 거는 대간의 탄핵은 여전하였다. 한 예로, 어명에 따라 추국에는 대간도 참석하지 못하는데 유자광은 위관도 아니면서 참여하는 것은 부당하다며 논계하였다.[4] 예종의 계비인 인혜대비仁惠大妃가 죽고 그 능역 조성을 감독할 산릉도감山陵都監 제조에 유자광을 임명하자, 대간은 또 그 불가함을 외쳤다.[5] 그래도 이런 사례는 왕이 단호하게 유자광을 보호함으로써 시일을 오래 끌지는 않았다. 그런데 함경도에서 개인적으로 진상한 사건은 그 파장이 매우 컸다.

연산군 5년(1499) 1월 10일에 시작한 대간의 탄핵은 2월 23일까지 달포 가까이 줄기차게 이어졌다. 윤필상 등 정승들과 왕은 유자광은 사옹원 제조로서 마침 함경도에서 좋은 물건을 발견하고는 직무를 보듯이 진상한 것이므로 문제가 없다며 대간의 탄핵이 지나치다고 입을 모았다.[6] 그러자 홍문관이 바로 가세하여 반발하였다. 장문의 상소를 올렸는데, 그 일부는 이렇다.

---

[2] 《연산군일기》 권30, 4년 7월 26일 경신(6), 27일 신유(1); 권31, 4년 11월 11일 계묘 (1).

[3] 《연산군일기》 권32, 5년 3월 2일 신유(5).

[4] 《연산군일기》 권31, 4년 12월 6일 정유(1).

[5] 《연산군일기》 권31, 4년 12월 25일 병진(1).

[6] 《연산군일기》 권32, 5년 1월 17일 정축(1).

…… 비단 이뿐이 아닙니다. 그가 (함경도로) 나갈 때 녹사錄事를 대동하였습니다. 국가 제도에 오직 삼공만이 출사하면서 녹사를 대동하며, 그 나머지는 아무리 1품이라 할지라도 대동할 수 없습니다. 유자광은 분수를 헤아리지 않고 나라의 법을 무시하고 삼공의 의식을 훔쳤으니 그 교만하고 참람함이 극에 달하였습니다. 유자광의 이런 행위에 어찌 까닭이 없겠습니까? 근래 전하께서 약간 신임하는 단서를 보이셨습니다. 또한 (유자광 본인도) 경상卿相을 따르는 반열에 오른 후로 옥사 심리의 중대사에도 참여하면서, 한계를 능멸하고 분수를 뛰어넘는 마음이 여기서 움텄습니다. 또 신 등이 듣건대, 당초 그 해물을 채취할 때에 그 도의 찰방들을 함부로 차출하여 각 고을에 수송을 독촉함으로써 온 도가 소란하였다고 합니다. 법을 농락하고 백성을 소요한 죄는 당연히 응징해야 합니다. 전하께서 오히려 이를 징벌하지 않으심은 허물이 적으니 책할 것이 없다는 뜻 아니겠습니까? 대저 나라를 그르치는 간사한 자가 어찌 갑자기 패역한 짓을 하여 임금을 위태롭게 하겠습니까? 반드시 겉으로는 충당忠讜하되 속으로는 사흉詐譎을 써서 임금으로 하여금 그 허물을 보아도 노여워할 줄 모르게 한 연후에 그의 뜻을 이루고 국사를 그르치는 법입니다. ……[7]

이렇듯 홍문관은 유자광의 사진私進 행위와 규례를 무시한 월권 행위를 크게 문제 삼으면서 양사의 탄핵에 힘을 보태었다. 위의 내용을 참고하면, 유자광이 함경도 현지에서 무슨 일을 벌였는지 충분히 상상할 수

[7] 《연산군일기》 권32, 5년 1월 17일 정축(3).

있다. 한양을 나설 때부터 녹사를 대동한 유자광이 현지에서 그곳 관원들을 동원하여 패류를 채취하고 그 생물을 한시바삐 왕에게 진상하려고 한양에 이르는 길의 역마를 차출한 일은 불법임이 분명하였다. 무오사화를 지나면서 가뜩이나 사림과 대간의 공공의 적으로 자리매김한 유자광으로서는 변명하기 힘든 빌미를 제공한 꼴이었다. 사옹원 제조로서 본능적으로 직무를 수행하려는 마음이 앞섰을 뿐이라는 변명은 왕에게는 통할수 있어도,[8] 대간에게는 어림없었다.

삼사의 열화 같은 논계에도 왕이 꿈쩍도 하지 않자, 대간에서는 갑자기 서거정이 예전에 쓴 글이라면서 수직론守職論을 들고나왔다. 탄핵 상소에 그 전문을 인용하고, 서거정이 유자광을 지목하여 그 글을 썼음을 강조하였다. 그렇다면 수직론은 무슨 내용이었을까?

무릇 모든 것에는 각각 그 직분이 있다. 소는 밭갈이를 직으로 하고, 말은 사람 태움을 직으로 하며, 닭은 새벽을 알리는 것을 직으로 하고, 개는 밤에 도둑 지키는 것을 직으로 한다. 능히 그 직분을 직으로 함을 수직守職이라 하며, 그 직을 직분으로 하지 아니하고 다른 직으로 대신함을 월직越職이라 한다. 월직하면 이치에 어긋나고, 이치에 어긋나면 화를 입는다.

이제 예를 들어 비유하자. 닭이 새벽에 울지 않고 밤에 울면, 사람들은 모두 놀라 괴이하게 여겨 책양禳禳(재앙을 피하려고 희생을 제물로 잡는 일)할 것이다. 이것이 월직의 화 아니겠는가? 또 보건대, 사대부가 집에

8 《연산군일기》 권32, 5년 1월 12일 임신(1).

거하면서, 남자 종은 밭갈이를 여자 종은 베 짜기를 직으로 삼아서 그 가사를 다스린다. 만약 남자 종이 베를 짜고 여자 종이 밭을 간다면, 사람들은 모두 놀라 괴이하게 여길 것이다. 어찌 책양의 화가 아니겠는가?

나라를 다스림에, 공경재집公卿宰執은 공경재집의 일을, 근시대간近侍臺諫은 근시대간의 일을, 설어복종褻御僕從(내시와 궁노)은 설어복종의 일을, 부사서도府史胥徒(부관과 이서)는 부사서도의 일을 각각 직으로 한다. 곧 각각 그 직분을 직으로 하면, 관청의 일과 나라가 (제대로) 다스려진다. 만약 설어복종이 공경재집의 직분을, 부사서도가 근시대간의 직분을 직으로 하거나, 공경재집과 근시대간이 그 직분을 직으로 하지 아니하고 생각이 그 직위를 벗어난다면, 이는 월직으로 이치에 어긋나며 불길함이 막대하다. ……

근래 아무개는 미천한 신분에서 연줄과 요행으로 충훈부에 참여하고 관직이 1품에까지 올랐다. 그의 직책은 대간이 아닌데도 대간의 직분을 직으로 하였다. 그는 상소로써 인물 공격하기를 좋아하였다. ① 그는 일찍이 상소하여 한 대신을 논핵했는데 극구 비난하되, 곽광霍光과 양기梁冀에 견주어 서너 차례나 소장을 올렸다. ② 그는 싫증도 모르고 또 상소하여 삼공과 육경을 차례로 비난하여 조정에 온전한 사람이 없었다. 그는 조정을 무시하고 진신搢紳을 치고는 계획을 이루었다고 흡족해하였다. 또 ③ 상소하여 한 근시를 논핵함에 보잘것없는 소인이라 극언하고, 심지어 이임보李林甫·노기盧杞·가사도賈似道·한탁주韓侂冑 등에 견주었다.

그는 궐문에 엎드려 용안을 무릅쓰고 굳이 논쟁함이 대간보다 더 심했다. 서거정이 이를 듣고 웃으며 이르기를, "아무개는 어질다면 어질고, 재사라면 재사며, 문장이라면 문장이다. 그러나 직분을 뛰어넘어 일을 논하기 좋아하니, 닭이 밤에 울다가 아마도 책양의 화가 일어날 것이다"라고 하였다. ④ 얼마 되지 않아서 조정의 사대부는 붕당을 지어 난정亂政하였다며 처벌당하였고, ⑤ 당을 결성하여 권력에 붙은 자는 남의 죄를 얽어 거짓을 꾸며 상소하다가 훈적에서 삭제되고 먼 변방으로 유배되었다. 사람들은 모두 이것이 월직越職한 화라고 하였다. 그러니 군자는 수직守職을 중히 여긴다.[9]

위의 글은 서거정의 수직론을 그대로 옮긴 것이다. 이는 유교의 분수론分數論이라 할 수 있다. 상하 위계질서와 출신이나 지위에 따른 분수를 극단적으로 강조한 유교의 명분론과도 판박이다. 서거정(1420~1488)과 거의 동시대를 살았으나, 정치적으로는 전혀 다른 길을 걸은 김시습金時習(1435~1493)의 명분론과도[10] 상통하는 글이다.

이런 분수·명분론은 15세기 후반만 해도 웬만한 유학자라면 이미 다들 공유하던 상식이었다. 그런데 서거정이 수직론에서 지칭한 아무개는 바로 유자광이었다.[11] 얼자 출신 유자광이 출세 좀 했다고 자기 분수를 모르고 날뛰며 사류를 붕당으로 몰아 쫓아냈다가 끝내는 자신이 책양의 화를 당했다는 것이다. 유자광을 직설적으로 조롱하며 경계한 글과 다름 없었다.

서거정이 유자광을 간신·소인배로 취급하며 수직론을 지어 멸시한

<hr>

[9] 《연산군일기》 권32, 5년 1월 22일 임오(1).

[10] 《매월당문집梅月堂文集》 권20, 〈명분론〉. 한국고전번역원 온라인 공개자료.

[11] 《연산군일기》 권32, 5년 1월 22일 임오(1).

것은 성종 7년(1476)에 유자광이 연이어 올린 상소와 관련이 있었다. 밑줄 친 ①은 유자광이 성종의 친정을 반대한 한명회를 심하게 탄핵한 상소를 가리킨다. 그런데 이 상소에서 유자광은 대개 한명회만을 겨냥하였으며, 상소를 전후하여 대간에서도 한명회를 집요하게 탄핵하였다.[12] 따라서 이 상소가 서거정의 심기를 직접 건드렸다고 보기는 힘들다.

문제는 밑줄 친 ②의 상소이다. 같은 해 7월, 한 달 이상 가뭄이 이어지자 성종은 구언의 교지를 내렸다. 이에 유자광은 상소를 올려 지금의 가뭄은 왕 때문이 아니라 공경대부의 사치풍조와 부정부패가 만연하기 때문이라며, 전체 관료 사회를 향해 직격탄을 날렸다. 또한 그런 풍조를 전혀 문제 삼지 않는 대간에게도 신랄한 비판을 가하였다. 성종의 눈에는 확 들어온 상소였으나, 유자광으로서는 조정의 거의 모든 관료를 적으로 돌려세운 결정적 계기이기도 하였다.[13]

이 상소의 파장은 컸다. 일단 유자광의 탄핵을 받은 의정부·육조·대간의 관원은 형식일지라도 모두 사직하지 않을 수 없었다. 그러면서도 유자광이 겨냥한 공경대부가 누구인지 구체적으로 적시할 것과 증거 제시를 요구하며 강하게 나왔다. 성종이 유자광을 비호함으로써, 문제가 더 확산하지는 않았다. 그러나 논의 중에 서거정의 발언이 눈에 띈다. 신하가 왕에게 진언할 때는 실명을 들며 구체적인 정황을 함께 아뢰어야 하는데 유자광의 상소는 그렇지 않으니 도리에 맞지 않는다는 주장이었다.[14]

---

[12] 유자광의 상소 전문은 《성종실록》 권64, 7년 2월 19일 계사(2) 및 이 책의 12장 참조. 이 상소의 의미에 대해서는 이 책의 13장에서 상세히 다루었다.

[13] 이 상소의 내용과 해석은 이 책의 14~15장에 상세하다.

[14] 《성종실록》 권71, 7년 9월 3일 계묘(2).

당시 명문가 출신으로 문장으로 이름이 높던 우찬성 서거정도 공경대부에 들었으므로, 유자광을 대하는 그의 시선이 고울 리 없었던 것이다.

밑줄 친 ③은 승정원 내부의 반목이 불거져서 일부 승지와 대간이 도승지 현석규를 탄핵하던 상황에서 유자광이 현석규를 탄핵한 상소를 가리킨다. 당시 친정을 갓 시작한 성종으로서는 현석규를 도승지에 계속 두고 싶었으나, 빗발치는 여론에 밀려 체면을 구겼다.[15]

그런데 약 1년 반이 더 지난 성종 9년(1478) 4월에 올라온 이심원과 남효온의 구언 상소를 도승지 임사홍이 문제 삼으며 일부 유생과 대간을 붕당 죄로 몰았다. 밑줄 친 ④는 이를 가리킨다. 그러나 이내 임사홍이 역으로 탄핵당하는 일이 발생하면서, 근 2년 전에 임사홍이 현석규를 탄핵한 일이 다시 도마 위에 올랐다. 현석규를 탄핵할 때 유자광이 임사홍의 측근인 김언신과 미리 입을 맞춘 정황이 드러나면서 상황은 급변하였다. 유자광은 임사홍 등과 한데 묶여 붕당의 죄를 입고 귀양을 떠나야 했다.[16] 밑줄 친 ⑤는 이 일을 꼬집은 것이다.

임사홍과 유자광 등의 무리에 대한 최종 판결을 논의하는 자리에는 의정부와 육조의 당상을 비롯하여 대간도 자리하였다. 붕당 죄는 극형에 해당하지만 이번 일이 종묘사직에 관계되는 일은 아니니 사형은 적절하지 않다는 의견과 마땅히 처형해야 한다는 의견으로 나뉘었다. 이 자리에서 성종은 윤계겸과 정창손의 견해를 수용하여 사형에서 감하는 결정을 내렸다. 그러나 반대 의견도 만만치 않아, 논의는 더 이어졌다. 노사신·이극균·강희맹 등은 사형을 감하고 결장決杖도 속하게 하자며, 성종의 판

---

[15] 이에 대해서는 이 책의 17~20장에 상세하다.
[16] 이 전말에 대해서는 이 책의 21~25장에 상세하다.

결에 동의하였다. 그러나 한명회는 처음부터 사형을 주장했다가, 성종의 뜻이 굳음을 알고는 사형을 감하더라도 공신에서 삭적하고 결장을 실제로 집행하자는 의견을 내었다. 이때 서거정은 한명회와 마찬가지로 이렇게 피력하였다.

> 유자광이 붕당을 결성하고 생각이 그 지위를 벗어나서 함부로 외람되게 글을 올려 임금을 속였으므로, 죄를 범한 것이 지극히 큽니다. 그런데도 지금 사형을 감하였으니, 성은이 깊고 중합니다. (그래도) 공신을 삭적削籍하고 결장하는 것이 어떠하겠습니까?[17]

왕의 뜻이 굳어서 유자광의 처형이 어렵다면, 곤장 100대는 꼭 때리자는 의견이었다. 조정의 공경대부를 모두 적으로 돌려세운 유자광의 상소사건은 채 2년이 안 되어 도리어 부메랑이 되어 본인이 맞고 말았는데, 이 과정에서 특히 서거정은 수직론을 써서 유자광을 멸시하고 조롱한 것이다. 서거정이 이 수직론을 언제 지었는지는 알 수 없다. 다만 내용으로 보아, 성종 9년 5월 이후, 곧 유자광이 유배당한 직후에 작성했을 가능성이 크다.[18]

서거정의 수직론을 인용한 후로도 대간의 유자광 탄핵은 그칠 줄 몰랐다. 이후로도 한 달 가까이 이어진 대간의 탄핵으로 유자광은 결국 모

---

[17] 《성종실록》 권92, 9년 5월 6일 정묘(7).

[18] 수직론은 서거정의 문집인 《사가문집보유四佳文集補遺》 권2, 5~6쪽에도 〈수직守職〉이라는 제목으로 나온다. 다만 거기에도 〈수직〉을 지은 연도나 날짜 정보는 없다. 여기서는 한국고전번역원 온라인 자료를 참고하였다.

든 실직에서 밀려났다. 대간의 탄핵이 심해지자 왕은 "유자광은 처음부터 죄가 없는데, 너희 대간이 강경하게 말하니 마지못해 따를 뿐"이라며, 산릉도감 제조에서 유자광을 해임하였다.[19] 그래도 대간의 탄핵은 그치지 않았다. 사사로이 진상한 문제는 끝까지 유자광의 발목을 잡았다. 윤필상·한치형·성준 등은 대간의 탄핵에도 일리가 있으나, 공신인 점을 들어 유자광을 옹호하였다. 그러나 대간의 탄핵에 싫증을 느꼈는지 왕은 유자광을 특진관과 도총관에서 모두 해임해 버렸다.[20]

연산군 4년 7월 말로 무오사화가 끝난 지 불과 7개월 만에 유자광은 이처럼 아무런 관직이 없는 몸으로 다시 돌아가고 말았다. 모친의 삼년상을 치르고 중앙 정계에 복귀한 지 2년 2개월 만의 일이었다. 이전에는 대간에서 유자광을 탄핵할 때 그의 출신 성분이 주요 공격 대상이었다. 그의 불법 행위나 간사한 짓을 빌미로 공격하더라도 그 기저에는 그가 얼자 출신이라는 점이 크게 작용하였다. 이번에도 겉으로는 유자광의 사진 행위가 빌미를 제공했지만, 그의 미천한 출신 문제는 역시 물밑에서 강하게 복류伏流하였다. 탄핵 중에 대간이 서거정의 수직론을 불쑥 꺼내 들어 유자광을 조롱한 것은 좋은 증거이다. 무오사화에서 왕의 뜻에 부응하여 상당한 공을 세웠음에도, 또한 왕 자신도 대간의 논계를 싫어하는 성향이 강했음에도, 서출 유자광이 안심하고 다리를 뻗을 곳은 어디에도 없었다.

<hr>

[19] 《연산군일기》 권32, 5년 2월 2일 임진(3).
[20] 《연산군일기》 권32, 5년 2월 23일 계축(2).

41

|||||||

수직론을 반박하고 대간과 전면전을 벌이다

이후 유자광은 약 2년 4개월 동안 정계에 복귀하지 못하였다. 물밑에서 숨을 고르던 그는 연산군 7년(1501) 8월 오위도총관에 임명되어 세상에 다시 나왔다. 그러나 늘 그랬듯이 대간의 집중포화를 받았다. 대간의 공세에 한 달가량 침묵하던 유자광도 마침내 칼을 빼들었다. 그것은 바로 서거정의 수직론을 조목조목 비판하는 상소로 나타났다. 대간이 서거정의 수직론을 들어 공격했듯이, 유자광도 대간에 대한 반격을 수직론으로 시작하였다.

삼가 생각하건대, 서거정이 저술에서 신이 한명회의 부도不道한 죄를 다스리기를 청한 일에 대하여 갖은 말로 신을 헐뜯었습니다. 잘 모르겠으나 (그렇다면) 서거정은 감히 한명회에게 부도의 죄가 없다는 것입니까? 그 저술에 어째서 도리어 신이 속여서 상소했다고 하는 것입니까? 한명회는 성종을 가리켜 신하로서는 도저히 입 밖에 낼 수 없는 크나큰 부도의 말을 했고, 정희왕후에게 청하여 정권을 성종께 돌려서는 안 된다고 했으니, 그의 죄는 죽어 마땅합니다. 그때는 한명회의 권세가 두려워서 비록 대간일지라도 감히 의견을 남김없이 말하여 처벌하기를 청하지 못했는데, 신이 홀로 분연히 몸을 돌아보지 않고 누차 글을 올려서 법에 의해 조치하기를 청했던 것입니다. (그때) 성종께서도 신에게 죄가 있다고 하지 않았고 대간 또한 신을 그르다고 하지 않았습니다. 옛날에 공자는 벼슬을 그만두고 노나라에 살면서도 오히려 목욕을 하고 이웃 나라의 도적을 토벌할 것을 청하였습니다. 하물며 신은 하찮은 공로가 있어 나라와 더불어 휴척休戚을 함께하므로, 한명회의 죄를 다스리는 것은 본래 그 직분입니다.

무오년[1498]에 윤필상·노사신·한치형과 신 등이 김종직과 김일손의 변란을 고하였습니다. 난신적자의 부도한 죄를 반드시 대간이어야 말할 수 있습니까? 서거정이 신에게 군상을 속이는 상소를 했다며 저술로 신을 헐뜯은 것은 서거정이 한명회와 더불어 어릴 때부터 함께 유학遊學했고 그 교분이 매우 가까워서 한명회가 있는 것만 알고 조정이 있는 것은 몰랐기 때문입니다. 서거정이 저술로 신을 헐뜯은 마음은 한명회의 부도한 마음과 부합합니다. 만약 서거정을 옳다고 한다면, 군부君父에게도 부도한 사람이 무엇인들 두려워하겠습니까? 서거정의 글을 증거로 하여 신의 죄를 얽는 사람들 또한 서거정·한명회가 있는 것만을 알고 조정 군신의 분의分義를 모르는 자들입니다.

삼가 원하옵건대, 전하께서는 서거정이 한명회의 마음으로 자기 마음을 삼아서 저술로 신을 헐뜯은 것이 바른지 그른지 가리소서. 바르고 그른 것이 이미 가려지면 한명회의 부도한 죄와 서거정 저술의 잘못이 자연히 환하게 드러날 것입니다. 누가 능히 옳은 것을 그르다고 하고 그른 것을 옳다고 하여 신의 죄를 꾸며 법망에 끌어넣을 수가 있겠습니까? 대체로 (대간에서) 신의 죄를 꾸며 만드는 것은 모두 이와 비슷하니, 신은 적이 원통합니다.

서거정의 저술에, 또 신더러 권세에 붙어 요행히 충훈부에 참여했다고 말한 것은 무슨 일입니까? 무자년(1468)에 신이 병조참지로 있었고 신승선愼承善이 참판이었습니다. 그해 9월에 세조께서 승하하여 재궁梓宮이 빈소에 있었습니다. 남이가 몰래 흉도들과 결탁하고, 강순康純은 전조[고려] 때 반신叛臣 정중부鄭仲夫의 전기를 찾아 읽고서 조정을 침몰시키려 하였습니다. 계획한 날이 임박했는데, 뜻밖에 그 계략이 신에게 누설되었습니다. 신은 반역 사실을 듣고 곧 창황히 말을 달려 빈소 옆에서 상주하였으니, 그때가 2경이었습니다. 그날 밤에 신승선이 마침 내병조內兵曹에 입직하였는데, 예종께서 놀라고 동요하여 신과 신승선에게 명하여 대궐 안에 경계를 펴고 시위군을 조처하여 남이 등의 일당을 매우 많이 잡았고, 모두 법에 따라 죄를 다스렸습니다. 예종께서는 논공할 때 신을 첫째로 삼았고, 신승선을 그다음으로 삼으셨습니다.

신이 권세에 붙어 요행으로 맹부에 참여하지 않았음을 무릇 귀와 눈이 있는 경향의 온나라 사람들이 어느 누가 이를 몰랐겠습니까? 산천과 귀신 또한 응당 이 사실을 알았을 것이며, 하늘에 계신 종묘사직 열성조의 신령도 환하게 내려다보셨을 것입니다. 하물며 인수대왕대비께서도 몸소 이 변란을 겪으셨습니다. 알지 못하겠습니다만, 서거정은 어떤 간사한 사람이기에 신을 가리켜 권세에 붙어 요행으로 맹부에 참여했다고 저술에 기록하여 후세 사람들로 하여금 공론이라 핑계하고 신의 죄를 꾸며 만들게 하는 것입니까? 삼가 원하옵건대, 전하께서는 서거정 저술의 사정邪正을 가리소서. 옳고 그름이 가려지면 신이 죄 없이 당한 원통함을 풀 수 있을 터이니, 삼가 바라건대 전하께서는 살펴주옵소서.

신이 전복을 진상한 것은 다름이 아니라 미나리를 바치는[獻芹] 정성이 마음과 머리에서 용솟음쳤기 때문입니다. 신이 사용원의 노신으로서 우연히 공무로 출행했다가 대낮에 전복을 가지고 진상한 것입니다. 신은 듣건대, 조종 때에도 대신들이 모두 사사로이 진상했다고 합니다. 세조 때의 정승 구치관具致寬은 청백과 도덕이 그보다 나은 사람이 없었으나 집에서 빚어 만든 맛있는 술을 끊임없이 진상하였습니다. 세종 때의 대제학 변계량卞季良은 문장과 도덕이 세상에 모범이었으나 사사로이 두부를 진상했다 합니다. 그것이 모두 심술의 욕심에서 나와 세종과 세조께 무엇을 바라느라고 그렇게 하였겠습니까? 그 당시에도 구치관과 변계량의 심술이 바르지 못하다고 논박한 일이 없었으니, 전하께서 살펴주시기를 삼가 바라옵니다.

신은 나이가 지금 63세이므로 죽을 날이 머지않습니다. 밤중에 자지 못하고 손가락을 꼽아 가며 평생 일을 세어보았습니다만, 가정에서는 불효한 행실이 없었고 나라에서는 불충한 사실이 없었습니다. 다만 타고난 성질이 고지식하므로 나라의 은혜에 감격하여, 젊었을 때부터 늙을 때까지 남의 악한 것을 보면 숨김없이 말하고 남의 잘못을 들으면 숨김없이 알렸습니다. 이런 까닭으로 혼자서 행하여 형상이 외롭고 남이 싫어하는 데를 부딪쳐 원수가 많습니다. 그리하여 천안 지방 사람들은 김종직·김일손의 옥사가 신으로 인하여 일어났다고 생각하여 칼과 화살로 신을 쏘려고 하는 지경에 이르렀습니다. 그 밖의 원수들이야 어찌 이루 다 말할 수 있겠습니까? 신은 매양 마음이 싸늘해집니다.

만약 성명聖明이 위에 계시지 않았더라면 신이 어찌 지금까지 성명性命을 보존할 수 있었겠습니까? 삼가 원하건대, 전하께서는 서거정 저술의 옳고 그름을 가리소서. 신을 논박하는 사람들(대간)이 만약 한명회의 부도한 죄를 죄가 아니라고 하고, 서거정의 저술이 본받을 만하다고 말하거나, 또 구치관과 변계량의 심술이 바르지 못하다고 말한다면, 신은 마땅히 할 말이 없겠습니다. 전하께서는 삼가 살펴 주옵소서.[21]

이는 유자광이 도총관을 제수하고도 한 달가량 숨을 죽이다가 단단히 작정하고 올린 상소의 내용이다. 그동안 관직을 제수할 때마다 대간의 집중포화를 받은 유자광이었는데, 이번에는 그냥 넘어가지 않고 왕에게 누가 옳고 그른지 시비를 분명히 가려 달라며 공세로 전환하였다. 대간이 아닌 자가 직분을 뛰어넘어 탄핵을 일삼는다는 서거정의 지적에는 공자의 일화를 거론하며 정면으로 반박하였다. 특히 김종직·김일손 같은 난신적자의 죄악을 대간만 말할 수 있느냐며 반문하였다. 사초 문제로 격노하였던 연산군의 기억을 소환하여, 당시가 매우 위급한 상황이었음을 역설한 셈이었다. 또한 한명회를 탄핵했을 때 성종과 대간에서도 자신을 그르다 하지 않았다는 말은 한명회의 불충 대역죄를 분명히 함으로써 수직론에서 한명회를 두둔한 서거정을 한명회 일당으로 치부한 글쓰기 전략이라 볼 수 있다. 권세가에 영합하고 요행으로 충훈부 당상에 올랐다는 조롱에 대해서는, 자신이 세조 사망 후 어수선하던 정국에서 남이의 역모 사실을 급히 알려 당당히 익대공신의 반열에 올랐음을 들어, 요행이 아니

---

[21] 《연산군일기》 권41, 7년 9월 17일 임진(1).

었음을 역설하였다.

유자광의 이런 반박은 꽤 논리적이었다. 만약 서거정이 살아 있어서 대질시켰다면 반론하기가 만만치 않을 정도였다. 성종의 친정을 한사코 만류한 한명회는 유자광의 상소를 전후하여 당시 대간으로부터도 극심한 탄핵을 받았다. 성종도 유자광을 그르다 하지 않았다. 익대공신의 부당성을 감히 주장할 수 없던 연산군 당시 상황에서, 자신은 요행이 아니라 당당히 공신에 올랐다는 유자광의 주장을 서거정이 법리적으로 반박할 길 또한 솔직히 없어 보인다.

전복을 진상한 일에 대해서도 유자광은 그런 사진은 세종과 세조 때 대신들도 관례로 행하였다는 구체적 사례를 제시하며 논박하였다. 그러고는 자신의 인생을 회고하며, 남의 악행과 잘못을 즉시 지적하는 성격 때문에 적을 많이 만들었지만, 오로지 왕의 총명한 판단에 의지할 수밖에 없는 처지를 절절하게 호소하였다.

그러나 문제는 여기서 끝나지 않았다. 유자광이 한명회를 탄핵할 당시 상황을 놓고 대간(서거정)과 유자광의 말이 전혀 다르다 보니, 왕은 섣불리 판단하기 어려웠다. 이에 왕은 당시 상황을 알 만한 정승들에게 정황을 물었다. 어떤 증언을 하는가에 따라 대간과 유자광 가운데 한쪽이 결단날 수 있는 중차대한 순간이었다. 사태의 심각성을 눈치챈 윤필상은 정확히는 모른다면서 자세한 답을 피하였다. 그래도 왕이 거듭 촉구하자, 차라리 당시의 《승정원일기》를 상고해 보자며 가장 확실한 방법을 제시하였다.[22]

---

[22] 《연산군일기》 권41, 7년 9월 30일 을사(2).

대간에서도 더욱 목소리를 높였다. 거짓으로 왕을 속이는 유자광을 국문할 것과 《승정원일기》를 상고하자며 더욱 강하게 나왔다.[23] 유자광도 가만히 있지 않았다. 자기를 도총관에서 몰아내면 통쾌해 할 대간이야말로 김종직·김일손의 족당이라며 정면으로 들이받았다. 또한 자기가 전복을 진상한 것과 조의제문의 뜻을 알면서도 김종직이 반역하지 않았다고 우기는 대간의 죄 중에서 어느 것이 더 중하겠느냐며 직격탄을 연이어 날렸다. 아울러, 죄인이라 해도 대간은 어떤 이는 논박하되 어떤 이는 하지 않아 편파적이며, 유독 자신에 대해서만 사소한 것까지 들추어 끝내 관직에서 쫓아내려 한다며, 왕이 직접 시비곡직을 가려 달라고 호소하였다.[24] 대간의 탄핵을 받으면 일단 사직서를 올리면서 왕에게 억울함을 호소하는 것이 당시 관례였는데, 유자광은 이제 그런 형식적인 관례를 따르기보다는 대간과의 전면전을 선택한 것이다.

이런 유자광에게 유일한 희망이자 무기는 왕의 판단뿐이었다. 본인 스스로 진단했듯이, 당시 조정에서 유자광은 대간의 최고 공격 대상이었다. 대신들 가운데 일부가 대간으로부터 유자광을 옹호하기는 했지만, 의례적인 발언으로 그치는 일이 많았다. 상황 전개에 따라 그들은 언제라도 유자광에 대한 옹호를 철회할 수 있는 문신 관료들이었다. 세조 말년에 특채로 발탁된 이래 유자광이 기댈 것은 오로지 왕의 신임뿐이었다. 이런 상황에서 그는 서거정의 수직론을 다시 새롭게 조목조목 반박하는 장문의 상소를 올렸는데, 그 말미에 당시 자신의 처지를 이렇게 적었다.

---

23 《연산군일기》 권41, 7년 10월 7일 임자(1).
24 《연산군일기》 권41, 7년 10월 11일 병진(3).

…… 그런데 대간이 서거정 저술의 무망誣罔 두 글자를 따다가 억지로 〈신의〉 작은 허물을 들추어내어서 반드시 신을 괴롭히리라고 어찌 생각했겠습니까? 하물며 서거정의 말은 성인의 말이 아니요, 서거정의 망령된 저술은 조정의 율령이 아닙니다. 그런데도 지금 서거정의 저술을 가지고 신을 배척하여 무망하고 간사하고 음험하다고 하니, 신은 참으로 마음이 쓰라립니다. <u>신과 같이 고립되고 도와 줄 이가 없어 도마 위 죽은 고기 같은 사람을 누가 다시 가련하게 여기겠습니까? 다만 해와 달과 같은 전하의 밝음을 믿을 뿐입니다.</u>[25]

밑줄 친 부분은 자신의 처지를 왕에게 호소하는 내용인데, 실제로도 당시 유자광이 기댈 수 있는 대상은 국왕뿐이었다. 또한 왕이 대간이 아니라 자기 손을 들어 주리라는 확신이 있었기에, 대간과의 전면전을 감행했다고 볼 수 있다. 성종 때 왕의 의중을 그만 잘못 판단하여 현석규를 크게 탄핵했다가 임사홍의 붕당으로 몰려 귀양살이까지 했던 그로서는 더더욱 왕의 의중을 파악하는 데 신중했을 것이 분명하다. 아울러 충분히 싸울 만하다는 판단이 섰던 것이다. 앞서 인용한 두 개의 상소 내용을 보면, 당시 유자광의 심리상태와 타오르는 전의를 생생히 느낄 수 있다.

이제는 왕이 직접 나설 차례였다. 이 사안을 최종 정리할 수 있는 권위를 보유한 자는 국왕뿐이었다. 그런데 왕을 측근에서 보필하던 윤필상·한치형·이극균·성준 등은 모두 유자광의 상소에 무망한 점은 없으며, 서거정의 수직론이 문제라는 의견을 내었다. 특히 《승정원일기》를 살펴본 결

25 《연산군일기》 권41, 7년 10월 12일 정사(2).

과, 당시 한명회와 현석규 사안에 대해서는 당시에 유자광만이 아니라 대간도 탄핵한 사실을 확인해 주었다. 왕은 당연히 이 의견을 수용하였다.

그러나 대간은 여기서 물러서지 않았다. 《승정원일기》를 통해 사실이 드러남으로써, 서거정의 수직론을 놓고 벌어진 격전에서 논리적으로나 사실적으로나 대간이 패하였음은 자명하였다. 그래서인지 이후로 대간에서는 수직론을 더는 거론하지 않았다. 그러나 그들은 말을 바꾸며 유자광을 계속 탄핵하였다. 유자광의 상소에 나오는 다른 언설을 꼬투리 잡아 싸움을 이어갔다.

> ······ 하물며 유자광은 다섯 가지 큰 죄가 있는데, 전하께서는 조그만 과실로 생각하십니까? 신들은 청컨대 그 죄를 헤아려 보겠습니다. ① 서거정 저술의 뜻을 뒤집어서 천총天聰을 속인 것이 그 죄의 첫째입니다. ② 신들에게 군신의 분의를 모른다면서 언관의 기세를 꺾어 욕보인 것이 그 죄의 둘째입니다. ③ 임사홍에게 붙어서 현석규를 공박하다가 성종께 그 간사함이 직접 적발되어 마침내 붕당을 만들어 정사를 어지럽혔다는 죄를 받은 (일을 두고) 곧 재상의 할 일이라고 말하고는 오히려 굳이 항변하여 굴복하지 않은 것이 그 죄의 셋째입니다. ④ 반역한 사람을 상소의 첫머리에 써서 대간을 모함한 것이 그 죄의 넷째입니다. ⑤ 어떤 일은 논하고 어떤 일은 말하지 않는다면서 대간을 협박하여 탄핵하지 못하게 한 것이 죄의 다섯째입니다. ······[26]

---

[26] 《연산군일기》 권41, 7년 10월 22일 정묘(3).

위의 인용문은 대사헌 한사문韓斯文과 대사간 최관崔灌을 필두로 양사가 유자광을 탄핵한 내용의 골자이다. 대간이 유자광을 끈질기게 물고 늘어지는 이유를 다섯 조목으로 알기 쉽게 기술한 문단이기에 분석하기에 편한 점이 있어서 인용하였다. 일견하면, 수직론 자체보다는 유자광이 대간을 직접 공격한 내용을 주로 거론하며 그것을 심각한 죄로 판정한 탄핵임을 쉽게 간파할 수 있다. 좀 더 상세히 살펴보자.

①은 서거정의 수직론을 공박한 유자광의 행위를 임금을 속인 죄로 몰아붙였다. 다만 왜 그것이 왕을 속인 행위인지를 입증하는 구체적 증거나 논리는 제공하지 않았다. 유자광이 수직론을 비판하면서 제시한 중국 역사의 사례에 대한 논박도 없었다. 물론 여기에 인용한 단락은 유자광 범죄의 요체만 적었으므로, 위의 기록만으로 구체적 논증이 없다고 단정할 수는 없다. 하지만 당시 대간의 다른 탄핵 상소를 두루 살펴보아도 구체적 증거 제시가 없기는 마찬가지다.

유자광이 중국의 사례를 다양하게 끌어와 수직론을 비판한 데 비해, 대간의 반박은 아무래도 궁색한 편이었다. 성종의 친정을 한명회가 극구 반대한 행위나 조의제문과 같이 반역에 해당할 수도 있는 일을 알았다면 굳이 대간만이 아니라 누구라도 속히 아뢰어야 한다는 것은 유교 사회에서도 일반 상식이었다. 이 점에서 월직 행위를 지나치게 원론적 명분론으로 몰아간 서거정의 수직론은 말은 멋있었을지 몰라도 논리적으로는 애초부터 유자광을 당하기에 역부족이었다. 대간이 이 문제를 구체적으로 끈질기게 논박하지 못한 이유도 논리적 열세가 명확했기 때문이라 할 수 있다.

②와 ⑤는 유자광이 대간의 탄핵과 간쟁이 공평하지 않다고 한 데 대한 원론적인 반박이라 할 수 있다. 대간의 역할을 매우 중시하던 당시 시대 분위기로 볼 때, 이 점은 유자광에게 불리하였다. 하지만 이때 유자광은

사생결단이라도 하듯이 대간과 전면전을 불사하였다. 또한 당시 대간의 탄핵이 유독 유자광에게만 격렬한 점은 사실이었으며, 누구는 탄핵하고 누구는 그냥 넘어가는 일은 당시에도 비일비재하였다. 따라서 이 문제는 왕이 판단할 수밖에 없는 사안이었다.

③은 성종 때 임사홍과 함께 붕당 죄로 처벌받은 사실을 적시하였다. 따라서 이 문제도 유자광에게 불리하였다. 다만 유배형을 내린 당사자인 성종이 몇 년 후에 유자광을 완전히 복권시킨 것도 엄연한 사실이므로, 유자광으로서도 반론의 여지가 얼마든지 있었다. 문제는 아무리 복권을 받았을지라도 붕당 죄라는 '전과'가 있다 보니 이후 관직 제수에 큰 걸림돌로 작용했음은 분명하다. 다만 이 문제도 역시 최종 인사권자인 왕이 판단할 일이었다. 다만 여기서 흥미로운 점을 하나 발견할 수 있다. 정작 중요한 것, 바로 유자광이 한명회를 신랄하게 탄핵한 일을 대간이 거론하지 않은 점이다. 《승정원일기》의 상고를 통해 당시 대간에서도 한명회를 극렬하게 탄핵한 사실이 백일하에 드러나자 유자광을 논죄하면서 한명회 탄핵 건은 의도적으로 슬그머니 뺐다고 볼 수 있다.

④에서 "반역한 사람"이란 김종직·김일손을 가리키는데, 대간에서는 실명을 적지 않았다. 또한 그들이 반역죄로 처벌받았음은 인정하였다. 무오사화가 잘못이었다고 말할 수 없는 당시 분위기인지라 이런 우회적 표현은 부득이한 선택이었다고 할 수 있다. 하지만 사화 당시 사초 문제와 김종직 문도라는 이유 등으로 걸려들어 처벌받은 자 가운데 대간이 적잖이 포함된 사실까지 함께 고려하면, 이 문제는 거론하면 할수록 대간에게 불리한 사안이었다. 그래도 유자광으로부터 그런 공격을 당한 이상 어쩔 수 없이 유자광의 모함이라며 두루뭉술하게 지적했다고 보는 것이 합리적이다.

대간의 탄핵 상소 전문을 보면 유자광을 가리켜 미천한 서얼 출신이라거나, 소인배라거나, 간사하다거나, 사특하다거나 음흉하다는 등의 유교 스타일의 인물평이 대부분임을 쉽게 간파할 수 있다. 유자광에 대한 탄핵은 그칠 줄 몰랐으나, 탄핵의 근거는 구체적 사실보다는 점차 주관성이 강한 추상적인 인물평으로 서서히 바뀐 정황을 간파할 수 있다. 대간과 유자광 사이의 논쟁이 이런 방향으로 흐를수록 왕의 판단은 더욱 중요해질 수밖에 없었다. 유자광으로서는, 어떤 상황에서도 오로지 왕의 선처에 기댈 수밖에 없는 구조였던 것이다.

그런데 왕은 웬일인지 판결을 즉시 내리지 않았다. 대간의 유자광 탄핵은 이후로도 한 달가량 이어졌고 조정은 늘 시끄러웠다. 양사는 단체로 직무를 거부하며 논핵에 전력하는가 하면, 홍문관은 유자광을 소인이라 비난하면서 양사와 합세하여 공격 나팔을 불어 댔다.[27] 왕은 대간에게는 직무에 복귀하라고 하였지만, 분위기는 경직되고 있었다. 대간과 유자광의 전면전이 대간과 국왕의 싸움으로 번질 조짐마저 어른거렸다. 석 달 가까이 이어지던 싸움판을 뒤집을 발언은 왕의 입에서 나왔다.

대간의 유자광 탄핵이 근 석 달이 되어 올 때 왕은 대간의 강론强論이 부당하다는 생각을 피력한 후 이 문제의 처리를 주위에 물었다. 이때 이극균이 왕의 의중을 정확히 짚은 발언을 하였다. 대간은 본래 인물 탄핵이 주요 임무이지만 홍문관은 그렇지 않으며, 사습士習을 바꾸는 일은 전적으로 왕에게 달려 있다는 것이 골자였다.[28] 이는 홍문관이 자꾸 양사 편을 들어 간쟁하는 것은 서거정이 수직론에서 말한 일종의 월직 행위임

27 《연산군일기》 권41, 7년 11월 6일 경진(2), 16일 경인(2).
28 《연산군일기》 권41, 7년 11월 11일 을유(3).

을 행간으로 에둘러 말한 셈이었다. 또한 당시에 매우 민감하던 사습을 바꾸는 문제를 거론함으로써 무오사화의 기억을 떠올리게 할 수 있는 폭발력 있는 발언이었다.

이에 왕은 드디어 칼을 뽑아 들었다. 본연의 직무에서 벗어나 간쟁한 홍문관 관원을 모두 옥에 가두고 의금부에서 심문하라고 명하였다. 그러고는 이 사안에 대하여 다시 좌우에 물었다. 이번에는 이극균 외에도 성준·윤필상·한치형 등이 모두 홍문관의 행태가 잘못이라며 입을 모았다. 특히 이극균과 성준은 홍문관이 양사에서 작성한 탄핵 상소를 검열하여 그 내용이 약하다며 퇴짜를 놓는 등 대간을 위압할 뿐만 아니라 삼사 관원들도 사적 이해관계로 연결되었다는 폭탄 발언을 하였다.[29] 이제 바야흐로 왕과 대간의 '전쟁'으로 확산할 조짐이 커졌다.

삼사도 만만치 않았다. 부교리 권홍權弘은 홍문관에서 유자광을 논핵하는 날 마침 병가를 내고 집에 있었는데, 이제 다른 관원들과 함께 옥에 갇히기를 원한다며 상소하였다.[30] 양사의 관원들도 앞서거니 뒤서거니 사직하면서 불만을 토로하였다. 장령 정인인鄭麟仁은 홍문관 관원에 대한 국문은 부당하다며 간쟁했다가, 그들을 국문하라는 어명을 거역했다는 죄로 그 또한 옥에 갇히는 신세가 되었다.[31] 왕이 이렇게 강하게 반응한 것은 정인인의 홍문관 두둔 상소를 대간이 홍문관을 두려워하는 단적인 증거로 여겼기 때문이다. 사헌부 장령마저 옥에 갇히자, 양사에서 그 부

---

29 《연산군일기》 권41, 7년 11월 16일 경인(2).

30 《연산군일기》 권41, 7년 11월 17일 신묘(1).

31 《연산군일기》 권41, 7년 11월 17일 신묘(4/5).

당함을 격렬하게 논계하였다. 그러나 왕은 움직이지 않았다.[32]

양사에서는 홍문관과 양사의 직무를 곡해하여 아뢴 중신들에게도 총구를 겨누었다. 그러자 이극균·성준·한치형·윤필상 등의 원로 대신들도 탄핵을 받고는 직무를 볼 수 없다면서 모두 사직서를 올렸다. 이에 왕은 대신들의 사직을 만류하는 한편, 의금부에서 실토하지 않는 홍문관 관원에게 고문하기를 청하자, 고문은 하지 말고 다시 심문하라며 꽤 누그러진 태도를 보였다.[33] 이를 계기로 대간과 유자광의 전면전은 석 달이 넘어서야 잠잠해졌다. 일종의 '휴전'상태로 들어선 셈이었다.

대간을 향한 큰 옥사로 발전할 조짐을 보이다가 연산군이 홍문관 관원에게 최소한의 예우를 보임으로써, 곧 고문은 가하지 말라는 명령 및 한 명만 파직했을 뿐 나머지 관원은 다른 관서로 전보시키거나 용서함으로써 확전은 일어나지 않았다. 하지만 서거정의 수직론에서 비롯한 대간과 유자광의 전면전은 무오사화 이후 언제라도 다시 터질 수 있는 왕과 대간의 충돌을 예시하는 사건이라 할 수 있다. 그만큼 당시 정국은 마치 살얼음판을 걷듯이 불안정하였다. 유자광과 대간이 바로 그 한복판에 있었다.

---

[32] 《연산군일기》 권41, 7년 11월 17일 신묘(1/4/5).
[33] 《연산군일기》 권41, 7년 11월 23일 정유(2).

42

|||||

총신 그러나 균열의 시작

갑자사화(1504)가 발생하기 전 2~3년의 기간은 왕과 유학자 관료들의 대립이 다시 격화하고, 왕은 왕대로 매우 강력한 '전제 왕권'을 추구하며 실천하던 시기였다. 물론 전제 왕권이라는 역사학 전문용어의 개념과 연산군이 국왕으로서 보인 행태가 얼마나 부합하는지는 이론의 여지가 있다.

연산군의 정치를 제도적 뒷받침을 수반한 전제 왕권 또는 절대군주제 absolute monarchy라고 보기는 힘들다. 국왕 개인의 생각과 기분에 따라 신하들을 겁주고 모욕하고 처벌하는 일이 거의 전부였기 때문이다. 막판에 홍문관을 폐지하고 양사의 관원을 대폭 줄이는 등 제도(법)를 건드린 것처럼 보일지라도, 그 내면을 보면 역사학에서 말하는 제도적 변화와는 거리가 멀었다. 대간이라는 제도를 몹시 불편해하였지만, 그것을 어떤 식으로든 제도적으로 조정하려는 의식이 연산군에게는 없었다. 엄밀히 말해, 연산군의 정치는 전제 왕권이라는 개념보다는 역사에서 흔히 볼 수 있는 일반적인 폭정despotism 정도로 이해하는 편이 사실에 가까울 것이다.

더욱이 이 시기에 연산군은 정신적으로도 꽤 불안정하였다. 신하의 사소한 실수를 침소봉대하여 능상으로 몰아 중벌에 처하는가 하면, 실수의 수준이 더 높은 사례인데도 그때의 기분에 따라 상대적으로 쉽게 넘어가는 일도 적잖았다. 총애하는 대신에게 상을 내리다가도 마음이 바뀌면 아주 사소한 일로 트집을 잡아 과거의 일까지 일일이 소환하여 바로 국문을 명하는 패턴이 반복해 나타났다.

한 예로, 이세좌李世佐에 대한 과도한 처벌을 들 수 있다. 공식 연회에서 왕이 친히 내린 술을 이세좌가 실수로 어의에 쏟은 사건이었다. 왕조국가에서 이런 일은 당연히 큰 잘못이었다. 그럴지라도 대신을 바로 유배형에 처할 사안은 아니었다. 왕이 직접 술을 따라 준다면, 이는 그 신하를 매우 신임한다는 표현이었다. 그런데 이미 몇 순배가 돈 상황에서 술을 흘린 일로 유배형에 처하는 일은 꽤 이례적이었다.

인간사로 볼 때, 아랫사람은 윗사람의 행동 패턴을 예상할 수 있을 때 대개 안정을 느낀다. 이해관계에 따른 선택이겠지만, 이른바 충성심의 발현도 그런 환경과 불가분의 관계라 할 수 있다. 만약 윗사람이 도무지 예측할 수 없는 행동을 일삼고 예상을 초월하는 '이상한' 결정을 거듭 내린다면, 아랫사람은 처신에 혼란을 느껴 평소보다 더 조심하며 말을 최대한 삼가게 마련이다. 갑자사화 발발 전 2~3년간이 바로 이런 상황이었다.

세조와 예종 그리고 성종은 상식이 통하는 군주였다. 그래서 신하로서는 왕의 반응을 예상하기 쉬운 편이었다. 그러나 무오사화 이후의 연산군은 사뭇 달랐다. 아무리 측근일지라도 왕의 심기를 정확히 읽어 내기가 힘들었다. 아무리 아부에 가까운 말로 왕의 비위를 맞출지라도, 연산군은

'아' 다르고 '어' 다른 사소한 표현 하나로도 벼락처럼 격노하였다. 오로지 왕의 신임을 통해서만 정치무대의 핵심에 자리할 수 있었던 유자광에게 연산군의 이런 돌출적 행보는 양날의 검이었다. 왕의 가려운 곳을 잘 긁어 총애를 받을 수도 있겠으나, 언제라도 뜻밖의 사소한 일로 곤경에 처할 수도 있는 상황이었기 때문이다. 흥미로운 점은 그렇게도 주요 실직을 원하던 유자광이 이런 '불확실성의 시대'에는 꽤 조용히 지낸 점이다.

대간과 '휴전'상태에 들어선 후로 갑자사화가 발생하기 전까지 약 2년 4개월 동안 유자광은 정치적 목소리를 내지 않은 채 왕과의 사적인 관계를 돈독히 쌓았다. 이 시기에 그는 도총관의 1년 임기를 무사히 마쳤으며, 사옹원 제조의 직임은 계속 유지하였다. 공신이자 1품인 유자광에게 충훈부 당상은 일종의 종신직이었으므로 역시 아무런 문제가 없었다.

다만 이 시기 《연산군일기》에 별다른 기사가 없는 점으로 보아, 유자광은 조정의 원로 대신 반열에는 서지 못한 것 같다. 왕의 일상적인 자문에 응하는 대신들의 명단에도 유자광은 보이지 않는다. 이런 상황에서 예전의 유자광이라면 폭탄급의 상소를 올려 왕의 관심을 끌게 마련이었다. 그러나 이 시기에, 그는 예전과는 달리 민감한 정치 문제로 상소하지 않았다. 유자광이 정치적 발언을 하지 않자, 대간도 더는 유자광을 괴롭히지 않았다. 양자의 협정에 따른 결과는 아니었지만, 일종의 휴전은 그런대로 잘 지켜졌다.

그래도 이 기간에 대간의 공격이 한 차례는 있었다. 다만 유자광의 아들 유방柳房에 대한 가벼운 탄핵이었다. 사간원에서 그의 기사관記事官 임명이 부당하다며 제동을 걸었다. 사관은 출신에 흠이 없어야 하는데, 그 아비 유자광이 서출이니 안 된다는 논리였다.[34] 왕은 유방을 의망한 이조에 자초지종을 물었다. 이조판서 김수동金壽童의 문제없다는 회계에 뒤이어 윤필상·성준·이극균 등의 원로 대신도 이구동성으로 문제가 없다고 아뢰었다. 유자광이 서출이지만 이미 은총을 입어 1품의 반열에 오른 공신이므로 그 자식의 출신을 문제 삼을 수 없을 뿐만 아니라, 유방은 이미 유자광의 적출 숙부 유자환柳子煥의 후사로 들어갔으니 유자광의 계보가 아니라는 논리가 핵심이었다. 또한 유방은 이미 사헌부의 감찰監察(정6품)까지 역임하였는데 왜 춘추관만 안 된다고 대간이 논핵하는지 이해할 수 없다고 덧붙였다.[35] 이후로 기록이 없는 점으로 보아, 사간원에서는 이 문제를 더는 문제 삼지 않은 것 같다.

적자가 없을 때 서자에서 후사를 정할 수 있다는 조문을 명시한《경국대전》이 이미 반포된 당시 상황에서 대간의 유방에 대한 탄핵은 논리적으로나 법리적으로나 억지에 가까웠다. 대신들이 유자광의 본래 출신에는 흠이 있어도 지금은 아무런 문제가 없다고 한목소리로 의견을 낸 것도 바로 이런 이유 때문이었다. 좀 확대하여 보자면, 인식과 법령 사이의 문제라 할 수 있다. 대간이 주자학자로서의 가치 인식을 중시한 데 비해, 대신들은 법령[규정]에 기초하여 판단한 것이다.

흥미롭게도, 유자광이 돌출행동을 하지 않고 조용히 지내던 이 시기에 왕이 유자광의 집에 쌀을 특별히 하사했다는 기록이 더러 나온다. 세 번에 걸쳐 모두 35석을 내렸다.[36] 왕이 유자광에게 이렇게 특별히 신경

[34] 《연산군일기》 권48, 9년 1월 2일 경오(3).
[35] 《연산군일기》 권48, 9년 1월 2일 경오(3), 5일 계유(3).
[36] 《연산군일기》 권46, 8년 10월 26일 을축(2); 권48, 2월 26일 계해(5); 권50, 9년 7월

쓴 이유는《연산군일기》에 나오는 사관의 설명을 통해 짐작할 수 있다.

유자광은 성품이 음흉하고 교활하여 항시 왕의 뜻을 엿보아서 반드시
먼저 영합하여 왕의 뜻을 맞추었다. 그 당시 내총內寵이 대단하여 옹주
와 여러 군君들이 피병避病하는 집에 하사하는데 절도가 없었다. 유자
광이 나인과 인연을 맺고 왕의 자녀를 그의 집에서 치료하겠다고 청하
였기 때문에 이를 내려주었다.[37]

중종반정 이후의 평가이므로 일부 과장의 가능성을 인정하더라도, 사
관의 주관적인 평을 제외하고 읽으면 당시의 정황을 파악하기가 어렵지
는 않다. 당시에는 왕의 자녀가 병에 걸리면 사가에 나가서 치료하는 관습
이 있었는데, 유자광이 먼저 자기 집으로 모시기를 청했다는 것이다. 지금
까지 이 책에서 살핀 유자광다운 처신이라 할 수 있다. 그런데 정작 여기
서 중요한 것은 왕이 그 청을 들어준 점이다. 이는 유자광에 대한 신임 없
이는 힘든 일이었다. 그만큼 왕의 총애가 깊었다고 해도 지나치지 않다.
　다만 여기서 무심코 간과하지 말아야 할 점이 있다. 당시의 의술 수준
이 열악했음을 고려하면, 왕자와 옹주의 피병을 신하가 자청하는 일은 자
칫하면 부메랑이 될 수도 있었다. 치유할 방도가 없이 시름시름 앓다가
한참 후에 죽을 수도 있지만, 공교롭게도 사가로 거처를 옮긴 지 얼마 안
되어 갑자기 죽을 수도 있었기 때문이다. 특히 그 죽은 자가 왕이 아끼는
자녀라면 문제가 완전히 달랐다. 이런 이유로, 신하가 먼저 피병을 자청

30일 갑오(2).
[37] 《연산군일기》 권46, 8년 10월 26일 을축(2).

하는 일은 흔치 않았다. 대개는 왕이 신하들 가운데 신임하는 자를 지명하는 것이 관례였다. 그런데도 유자광이 피병을 적극적으로 자청하고 나섰다면, 지금까지 살아온 그의 인생이 보여 주듯이, 항상 어떤 위험 부담을 일정 부분 감수하면서도 왕의 총애를 받으려 했던 그의 삶의 궤적과 상통한다고 볼 수 있다.

이런 정황은 유자광이 사옹원 제조로서 관례를 바꾼 사례를 통해서도 잘 드러난다. 조선왕조에서는 등청한 관원들에게 점심을 제공하였는데, 이는 바로 사옹원 소관이었다. 유자광이 사옹원 제조로 부임하기 전까지는 밥을 공기에 담을 때 당상관은 수북하게 담고, 당하관은 평평하게 담았다. 밥그릇의 크기는 같아도, 품계에 따른 위계를 중시하여 밥의 양으로 차등을 둔 것이다. 그런데 유자광은 그런 차등을 없애고 모두 한 되를 제공하도록 규정을 고쳤다. 당연하게도 이런저런 불만과 잡음이 뒤따랐다.

유자광은 제조이므로 아무런 불편이 없었으나, 현장에서 밥을 담아 주는 반공飯工으로서는 고관대작의 이런저런 불만에 제대로 대처할 수 없었다. 이때 유자광이 나섰다. 그는 이 문제를 상전尙傳을 시켜 왕에게 아뢰었으며, 왕은 "원래 살펴서 (새로) 정하였으니, 다시 (쉽게) 고칠 수는 없다. (규정에 따라 밥을 덜어 주는) 반공에게 침폭侵暴하는 자를 금단하는 규정[事目]을 의논하여 아뢰라"라고 하면서, 유자광의 손을 확실하게 들어주었다.[38]

그런데 이 일화를 기록하면서 사관은 이런 평을 적었다.

유자광은 성질이 본래 시기하고 사나웠으나, 재예는 조금 있었다. 하

---

[38] 《연산군일기》 권19, 9년 5월 13일 무인(1).

지만 조정에서는 얼자라 배척하여 (주요) 직책을 맡기지 않았다. (이에 그는) 항상 분한 앙심을 품고 적발摘發하여 일을 일으키기를 좋아하여 왕의 뜻에 한 번 들어맞기를 바랐다. 하지만 그가 맡은 직무가 충훈부의 당상이나 사옹원의 제조뿐이어서, 무슨 일을 가지고 그 술책을 부릴 수 없었다. (그래서 그는) 사체事體에 맞지 않음에도, 반공飯工들의 원망을 빙자하여 분을 풀었다. 그의 사납고 강퍅함이 이러하였다.[39]

누가 봐도 이 사론은 상식과 논리 면에서 허점이 많다. 무엇보다도, 밥의 양에 차등을 두어 제공하던 관례를 유자광이 당상·당하 모두 평평하게 고침으로써 왕의 뜻에 영합했다는 것이 핵심이다. 그러나 이 일 이후로 유자광이 이전보다 왕의 총애를 더 받았다거나, 주요 관직을 받았다는 기록은 전혀 없다. 그런 '술책'을 부려서 유자광이 왕으로부터 얻어낸 것이 무엇인지 아무런 설명이 없다는 것이다. 또한 조정의 당상관들은 예전의 한명회나 서거정 정도를 제외하고는 유자광에게 그다지 박하지 않았다. 경연에도 함께 참석하였으며, 대간과의 갈등에서도 대체로 유자광과 견해를 같이하였다. 그런데 유자광이 그런 원로 대신을 포함한 당상관들에게 분을 풀기 위해 점심밥의 양을 줄였다는 설명은 일단 개연성이 크게 떨어진다. 이런 식의 추상적이고 주관적인 인물평은 시대를 초월하여 《조선왕조실록》에 무수하다. 구체적 증거보다는 이미 형성된 유자광에 대한 부정적 기억의 산물이라고 볼 수밖에 없는 평이다.

유자광이 이 선반을 문제 삼은 타이밍을 통해 그 의도와 결과를 확인

---

[39] 《연산군일기》 권49, 9년 5월 13일 무인(1).

하는 방법도 의미 있을 것이다. 하지만 현재로서는 이런 접근법도 힘들다. 이 일 전후로 어떤 식으로든 조금이나마 연관 지을 만한 기사가 아예 없기 때문이다. 말 그대로 일회성의 에피소드로 보는 것이 현재로서는 가장 타당하겠다.

그런데 같은 사옹원 제조로서 올린 유자광의 다른 건의는 전혀 다른 결과를 초래하였다. 연산군 10년(1504) 정월 초하루에 그는 사옹원 제조로서 다음과 같은 계사를 올렸다. "음식을 올리는 큰 소반이 매우 무거워 들기 어려우니, 두 소반에 나누어 차려 드리기 편하게 하옵소서."[40]

왕께 올리는 소반이 너무 크고 무거워서 실제로 음식을 '서빙'하는 재부宰夫 등 사옹원의 하급 관원이 힘들어하니, 같은 양의 음식을 더 작은 소반 두 개에 나누어 담아 올리는 것이 어떻겠느냐는 건의였다. 이런 건의를 한 2~3년 전에 했다면 모르겠으나, 이때는 갑자사화가 발생하기 불과 석 달 전이었다. 대신들의 능상 풍조에 대하여 왕이 매우 예민하게 반응할 때였다. 아니나 다를까. 왕은 매우 격노하여 이런 명령을 하달하였다. "신하로서 왕 앞에서 공경하고 조심한다면 어찌 들기 어렵겠는가? 유자광의 말은 부당하다. 승지도 (이런 소를 들였으니) 부당하다. 유자광을 국문하라."[41]

사옹원의 '사소한' 규정 변경 건의일지라도, 당상관과 당하관의 점심 식사량을 같게 하는 사안은 신분제 위계 사회이던 조선에서도 납득할 수 있는 여지가 적잖았다. 그런데 사옹원 하급직의 육체적 고단함을 피하려고, 왕께 올리는 소반의 크기를 바꾸자는 건의는 완전히 다른 차원의 문

40 《연산군일기》 권52, 10년 1월 1일 계해(2).
41 《연산군일기》 권52, 10년 1월 1일 계해(2).

제일 수밖에 없었다. 이 책의 주인공 유자광은 바로 여기서 한 번 더 실수를 범한 것이다. 더욱이 당시 연산군이 왕의 권위에 거의 병적으로 집착했음을 고려한다면, 유자광의 저런 건의는 정말로 큰 패착이었다. 유자광도 연로해지면서 정황 파악과 판단력이 예전보다는 다소 흐려졌다고 볼 수도 있는 중대 사안이었다.

이런 것이 바로 유자광의 고민이었다. 당시 연산군은 이미 유자광이 생각하는 상식적 군주의 범주에서 상당히 벗어난 상태였기 때문이다. 《연산군일기》가 전하는 바로는, 유자광이 실제로 국문을 받았는지, 혹은 그런 어명은 내렸을지라도 대충 흐지부지 벗어났는지 알 수 없다. 다만 넉 달 후 갑자사화로 온 조정이 들끓던 때에도 그는 충훈부 당상으로서 피의자의 처벌 수위를 논하는 어전회의에 참석하였다.[42] 이로써 보면, 유자광을 국문하라는 어명은 왕이 그때의 기분으로 내린 즉흥적 명령이었고, 그래서 그저 명령으로만 그쳤던 것 같다.

그래도 연산군이 유자광을 국문하라는 어명을 내린 사실 자체에 주목할 필요가 있다. 만약에 비슷한 발언을 부지중에라도 또 한다면, 유자광의 현재와 미래도 전혀 보장할 수 없음을 의미하기 때문이다. 왕에게만 충성하면 모든 일이 된다는 경험을 무기로 장착한 유자광에게 무오사화 이후 국왕 연산군의 행보는 새로운 고민거리를 안겨 주었다고 할 수 있다. 이전과는 분위기가 완전히 바뀐 것이다.

---

[42] 《연산군일기》 권53, 10년 윤4월 13일 계유(5).

43

|||||

폐비 윤씨의 처우를 둘러싼 논란

갑자사화의 발발 내지는 확대 동인으로 폐비 윤씨 문제를 **빼놓**을 수 없다. 대간이라는 제도의 문제이건, 국왕 개인의 폭군적 기질이건, 세조 이래 성종 대까지 조선왕조에 쌓인 정치적 유산의 문제이건, 어떤 식으로 보더라도 갑자사화의 기폭제로 폐비 윤씨 문제만큼 중요한 요인은 없었다. 능상의 문제와도 밀접하게 연동된 사안이기에 더욱 그러하다.

다만 폐비 윤씨의 '비극' 자체가 중요한 변수는 아니었다. 그것이 정치무대에서 평지풍파를 일으키려면 여러 요인이 복합적으로 맞아떨어져야 했다. 이를테면 연산군의 타고난 기질이나 성격, 신하들에 대한 왕의 인식과 경험, 당시 시대 분위기 등등 허다한 요인이 어떤 식으로 상호작용하는지에 따라 큰 옥사는 발생하지 않을 수도 있었다. 단적인 예로, 만약 연산군이 그다지 강한 기질의 군주가 아니었다면, 그 한 가지 이유만으로도 갑자사화 같은 대규모 옥사를 벌이기는 결코 쉽지 않았을 것이다. 대간이 즉위 초부터 새 왕의 행보에 그렇게까지 집요하게 반대하지 않았다면, 무오년(1498)에 사화史禍가 발생하지 않았다면, 갑자년(1504)에 대규모 피의 숙청이 과연 일어났을까라는 자문自問도 그다지 어색하지는 않다. 따라서 새 왕이 폐비 윤씨를 새롭게 '기억'해 간 방식과 국왕으로서 쌓은 정치적 경험 등을 두루 고려하여 갑자사화에 접근할 필요가 있다.

《연산군일기》에 따르면, 새 왕은 즉위 초 성종의 지문誌文을 읽고 생모가 폐위당한 후 사사되었음을 비로소 인지하였다.[43] 의문을 품은 왕은 성종이 내린 왕비 폐위 교서와 사사하는 전지傳旨까지 모두 꼼꼼히 읽었다.[44] 생모가 폐위를 당한 이유와 끝내 죽음에 이른 공식적인 이유를 확실히 파악한 것이다. 하지만 그뿐이었다. 부왕이 죽은 지 100일이 갓 지난 시점에서, 또한 생모가 죄인의 처지로 죽음을 맞은 공식 이유를 분명히 인지한 상황에서, 아무리 왕이라 해도 생모를 위해 즉각적으로 모종의 조치를 내리기는 사실상 어려웠다. 한 예로, 폐비의 기일(8월 15일)을 맞아 추존하는 문제를 논의하게 하였으나,[45] 예조의 반대 등 의견이 일치하지 않으면서 일단 수면 아래로 가라앉았다. 아직은 시기상조였다.

약 8개월이 지난 연산군 2년(1496) 윤3월에 왕은 생모의 묘소를 옮기는 것과 추숭하는 일을 본격적으로 거론하였다. 당시 무슨 특별한 일이 있었기 때문은 아니었다. 다만 문종의 신주를 익실翼室로 옮기는 묘제廟制

---

[43] 《연산군일기》 권4, 1년 3월 16일 기해(3).
[44] 《연산군일기》 권4, 1년 4월 11일 갑자(1).
[45] 《연산군일기》 권8, 1년 8월 15일 을축(1).

관련으로 큰 논의가 있은 지[46] 여드레 만에 나온 뜻밖의 전교인 점을 고려할 때, 아마도 묘제 문제로부터 어떤 영감을 받았을 가능성은 있다.

이때 왕이 주문한 것은 묘소를 옮긴 후 제사를 올리는 일이었다. 아무리 죄인의 몸으로 처형되었을지라도, 아들의 도리로 볼 때 이장 자체를 반대할 명분은 매우 약했다. 그래서 묘소를 옮기는 천장遷葬까지는 대신들의 지지를 받아 큰 무리 없이 결정할 수 있었다. 논란이 있었다면, 제문에서 왕이 생모를 부를 호칭 문제였다.

홍문관에서는 자친慈親 또는 선비先妣를 추천하였다. 폐비는 이미 선왕께 죄를 입어 종사에서 끊어졌으므로 일체의 추숭이 불가하지만, 보위를 이은 왕의 생모임도 엄연하니 귀천을 가리지 않고 사람들이 존칭으로 통용하는 자친이나 선비로 부르면 충분하다는 것이었다.[47] 왕실과는 무관하게 개인의 효성을 드러내는 선에서 끝내려는 의도를 드러낸 셈이었다. 이때 왕은 일단 "국왕이 자친 윤씨에게 고합니다"라는 정도로 수용하였다.[48] 예조에서는 폐비가 성종의 죄인이므로 '친親'도 불가하다며 반대하였으나, 윤필상 등 정승 및 다수 논의에 따라 '친'을 그대로 쓰기로 결정하였다.[49]

하지만 천장 문제는 매끄럽게 끝나지 않았다. 정언 권균權鈞이 천묘도감의 당상과 낭청은 명년에 차출해도 늦지 않는데 왜 굳이 벌써 인선하느냐며 시비를 걸었기 때문이다. 이에 왕도 가만히 있지 않았다.

[46] 《연산군일기》 권14, 연산 2년 윤3월 5일 임자(1).

[47] 《연산군일기》 권14, 2년 4월 2일 기묘(1).

[48] 《연산군일기》 권14, 2년 4월 3일 경진(2).

[49] 《연산군일기》 권14, 2년 4월 4일 신사(3), 5일 임오(1).

폐비에게 죄가 있어서 성전盛典을 거행하지는 못한다. 그래도 묘를 옮기는 일은 할 만하다. 명년에 묘를 옮기자면 금년에 미리 관원을 정하여 그 일을 맡겨야 한다. 권균이 감히 논하니 반드시 그 저의가 있을 것이다. 만약 대간이라 하여 매번 너그러이 받아들인다면 권력이 위에 있지 않은 것이다. 대개 요즘 사세를 살펴보건대, 만약 승정원을 국문하면 사헌부가 반드시 논계하고, 만약 사헌부를 국문하면 사간원에서 또 반드시 논계하니, 이것이 어찌 옳은가? ……

권균이 스스로 제 뜻으로 말했는가? 아니면 장관과 함께 의논하고서 말했는가? 그가 만약 위에 임금이 있다고 생각한다면, 어찌 감히 이같이 말하겠는가? 반드시 나를 어린 임금이라 하여 그렇게 한 것이니, 의금부에 내려서 국문함이 옳다. ……

근자에 대간의 형세를 보니, 비록 들어줄 수 없는 일일지라도 굳이 말하여 그치지 않고, 만약 청한 대로 되지 않으면 반드시 내가 간쟁을 거절했다고 말한다. 내가 즉위한 지 겨우 1년인데, 늘 언로가 막혔다고 말한다. 한 정언正言을 국문하는데 사람들이 입을 다물게 될 것이라 하니, 나는 무슨 말인지 모르겠다. 대간 역시 신자臣子인데, 꼭 임금으로 하여금 그 말을 다 듣도록 하는 것이 옳은가? 그렇다면 권세가 위에 있지 않고 대간에 있는 셈이다. 사람들이 입을 닫는 폐단을 권력이 대간으로 돌아가는 폐단에 비교한다면 경중이 어떠하겠는가? 내 생각으로는, 나라가 위태로워짐은 권세가 아래로 옮겨 가는 데 있다. 그러니 권균의 저의를 묻지 않을 수 없다.[50]

---

[50] 《연산군일기》 권15, 2년 5월 6일 임자(2).

위는 승정원과의 대화에서 왕의 발언만 따온 것이다. 내용을 보면, 정언 권균이나 국왕이나 모두 지나치게 반응한 점을 쉽게 간파할 수 있다. 어차피 조정의 중지를 모아 천장을 결정했는데, 아무리 대간이라도 굳이 당상과 낭청 선정이 이르다며 간쟁할 일은 아니었다. 그렇다고 왕으로서 권균을 국문하라고까지 과민하게 대응할 사안도 아니었다. 물론 즉위 초부터 다양한 문제로 대간과 수시로 충돌을 빚은 점을 고려할 때, 왕의 강력한 대응을 이해하지 못할 바는 아니다. 그래도 지나친 점 또한 부인할 수 없다.

대간을 갑자기 국문하라는 어명이 내리자 바로 양사가 나섰다. 요즘으로 보자면 "나도 잡아가라"라는 식의 간쟁이 잇따랐다. 권균 홀로 논계한 것이 아니니 우리도 옥에 들어가겠다는 사간원 관원들에게 왕은 그렇다면 모두 옥으로 들어가라는 독설도 서슴지 않았다.[51] 다만 왕이 국문을 명했지만 실제로는 그저 설전으로 끝난 것 같다. 무엇보다도 국문한 기록이 전혀 없을 뿐만 아니라, 이로부터 불과 이레 후에도 권균이 계속 정언으로서 발언하는 기사가 나오기 때문이다. 그래도 이 폐비 추숭 문제는 언제라도 왕과 대간 사이의 충돌로 발전할 소지가 다분했음을 보여 주는 좋은 사례라 할 수 있다.

좀 잠잠해지는가 싶던 폐비의 추숭 문제는 새 묘소에 사당을 짓고 새 신주를 만들어 모시는 문제 곧 입주立主·입묘立廟를 거행하고 추숭하는 문제를 놓고 다시 불붙었다. 요체는 어느 선까지 예법상 가능한지였다. 천장으로 충분하며 그 이상의 어느 것도 불가하다는 주장은 주로 홍문관

---

[51] 《연산군일기》 권15, 2년 5월 7일 계축(1/2).

과 양사 그리고 예조에서 나왔다. 그 선을 넘는 조처에는 강력히 반대하였다. 이를테면 천장을 주관할 임시 관부에 도감이라는 명칭 불가, 신주 불가, 사당 불가, 빈嬪의 격식에 따른 장례 불가 등이 논쟁거리였다.[52] 이런 격식과 절차는 생모가 죄인이 아니어야 가능하였기에, 이를 그대로 거행한다면 사실상 생모에 대한 복권과 추숭의 확실한 신호탄이라 할 수 있었다. 그런 만큼 반대도 극렬하였다.

하지만 윤필상·노사신·정문형鄭文炯 등의 원로 대신들은 이구동성으로 왕의 추숭 계획에 동의하였다. 그런데 이들은 모두 폐비를 추숭하지 말라는 성종의 유교遺敎를 받든 인물들이었기에 삼사의 집중 공격을 받았다. 선왕의 유교를 받은 자들이 어떻게 이제 와서 새 왕의 뜻에 영합하는가라는 탄핵이었다.[53] 삼사가 논핵하자, 노사신 등도 정면으로 반박하고 나섰다.

> …… 폐비가 비록 선왕께 득죄하였을지라도 전하를 낳아 길러서 일국의 임금이 되게 하였으니, 그 공덕이 어찌 끝이 있겠습니까? (아들은) 왕으로서 일국을 다스리는데, 어머니가 서인庶人을 면하지 못함은 정으로 보나 예로 보나 어찌 이런 이치가 있겠습니까? 신이 예를 상고하여 보니, 한나라 소제昭帝와 위나라 명제明帝는 그 어머니가 죄를 받아 죽었으나 즉위한 뒤에 곧 봉숭封崇하였습니다. 그래도 당시에 다른 의논이 없었고 후세에도 또한 그르다 하지 않은 것은 정과 예에 당연하기 때문입니다.

[52] 《연산군일기》 권15, 2년 6월 3일 무인(3), 5일 경진(2), 8일 계미(1/2).
[53] 《연산군일기》 권15, 2년 6월 5일 경진(2), 8일 계미(2).

전하께서 어머니를 위하여 존봉尊奉하는 예는 본디 정성을 다할 바입니다. 지금 의논하는 자들이 폐비는 선왕과 의리가 끊어졌으므로 추숭은 부당하다고 합니다. 신의 생각으로는, ① 선왕(이 내린) 한때의 유교를 어기는 것은 그 과실이 적고, 모후를 서인으로 대우하는 것은 그 과실이 큽니다. 관계되는 바가 어찌 중하지 않습니까? 신이 듣자오니, 그때에 폐비를 별전에 거처시키자고 청하는 이가 있었습니다. 성종께서 전교하시기를 "별전에 거처시킨다면 견책하는 뜻이 없다. 만약 그 아들이 임금이 된다면 사리 상 추봉할 것이다"라고 하셨으니, 성종의 뜻을 알 수 있습니다.

또 예관이 말하기를 "신주를 만들고 사당을 세우지 못할 것이요, 다만 묘에 제사 지내자"라고 하였습니다만, 어떤 예문에 의거한 것인지 알지 못하겠습니다. 옛사람이 이르기를 "신주를 만드는 것은 신神으로 하여금 의지할 곳이 있게 하는 것이다"라고 하였으니, 신주가 없으면 신이 어디에 의지하겠습니까? 제사를 지내자면 반드시 신주가 있어야 하고, 신주가 있다면 반드시 사당이 있는 법입니다. 비록 작은 벼슬을 한 사람이라도 반드시 신주를 만들고 사당을 세워서 그 선대를 제사 지냅니다. 서인庶人은 비록 사당을 세우지 못하나 또한 정침正寢에서 제사 지내되 신주 없이 제사 지내는 것은 아닙니다. ② 지금 만약 신주를 만들고 사당을 세우지 않는다면 이는 서인만도 못한 것이니, 예에 어긋나고 정에 거스름이 이보다 심함이 없겠습니다.[54]

---

[54] 《연산군일기》 권15, 2년 6월 8일 계미(2).

이로써 보면, 대신들의 견해는 이렇게 정리할 수 있다. 폐비가 죄인으로 죽었을지라도 이제 아들이 보위에 올랐으니, 추숭은 불가피하다. 예조와 삼사에서는 신주를 만들고 사당을 세우는 일조차 반대하는데, 그렇다면 임금의 생모인데도 일반 백성만도 못하게 모시는 꼴이다. 그러니 사대부의 집에서 하듯이 신주를 만들고 사당을 지음으로써 일반 서인과는 분명히 구분하여 모셔야 한다는 것이었다. 선왕에게 죄를 지은 폐비는 영원히 죄인이라고 하는 예조·삼사와는 분명히 결이 달랐다. 위에서 밑줄 친 ①과 ②에서 양측의 견해가 완전히 달랐던 것이다.

이런 발언을 한 노사신 등 대신이 곧바로 대간의 집중포화에 휩싸인 것은 매우 당연한 수순이었다. 대간은 노사신을 국문하라고 논계하면서 그를 가리켜 망령이 들었거나 실성했다는 등의 직설적인 언사를 서슴지 않았다. 홍문관에서는 노사신이 간사하게 성종의 유교를 거짓으로 아뢴다며 이렇게 논계하였다.

······ 노사신과 윤효손尹孝孫 등이 성종께서 "아들이 임금이 되면 추봉할 것이다"라고 말씀하셨다고 운운하지만, 이는 그렇지 않습니다. 신 등이 실록 편찬에 참여하였으므로 (당시) 그런 교지가 있었음은 압니다. 그러나 그것은 기해년[성종 10년, 1479] 6월 폐위할 때의 것입니다. 신하들이 말리니 곧 그런 전교로 답하신 것입니다. (그런데) 3년 만에 죄를 정하셨고, 또 8년 만인 기유년[성종 20년, 1489] 5월에 (폐비를 사사하고) 제의祭儀를 정하셨습니다. 이에 전교하시기를 "다만 제의를 정한 것이지 어찌 명호가 있으랴. 만약 명호가 있다면 이는 추숭하는 것이다. 득죄한 사람이 제사만 받으면 족하니, 단연코 명호로써 높일 수 없다"라고 하셨습니다. 이것이 성종께서 결정하신 명입니다. 노사신 등

이 당초에 확정하지 않은 전교를 가지고 뒤에 (최종) 결정한 명을 무너뜨리려 하니, 그 간사함이 심합니다.[55]

곧 성종의 유교遺敎 운운하는 것은 성종의 마지막 유훈을 의도적으로 외면한 채 초기의 말씀 하나만 침소봉대하여 왕을 그른 길로 인도하는 간사한 행위라는 지적이었다. 그래도 생모를 추숭하겠다는 왕의 마음은 흔들리지 않았다. 그의 마음은 이미 입주·입묘를 통한 추숭으로 굳혀 있었다. 노사신이 말한 ①의 내용이 왕에게는 부왕의 유교를 범하는 짐을 덜어 주었고, ②야말로 왕이 추숭을 고집한 핵심 이유였다.

그러나 대간도 완강하였다. 반대 목소리를 더욱 높였다. 조정은 거의 매일 이 문제로 시끄러웠다. 예조도 삼사의 편에 섰으며, 예문관까지 합세하였다.[56] 때때로 왕은 추숭은 하더라도 부왕의 삼년상 후에나 거행하겠다거나, 생각해 보겠다거나, 추숭은 안 하겠어도 신주와 사당은 포기할 수 없다는 식으로 대간과의 대화를 완전히 끊지는 않았다.[57] 그러나 약 석 달이 넘도록 계속되는 간쟁에 일일이 반응하지 않는 식으로 신주와 사당을 고수하였다.

이런 상황은 처음 추숭 문제가 터진 후로 6개월이 넘도록 이어졌다. 간쟁이 관철되지 않는다는 이유로 대간은 사직하기 일쑤였고, 다른 인물

---

[55] 《연산군일기》 권15, 2년 6월 8일 계미(2).

[56] 《연산군일기》 권15, 2년 6월 13일 무자(3), 19일 갑오(8).

[57] 이런 태도에 대해서는 《연산군일기》 권15, 2년 6월 13일 무자(3), 17일 임진(3), 19일 갑오(6) 참조.

로 대간을 채우면 또 간쟁하다가 사직하는 일이 몇 달 동안 이어졌다.[58] 몹시 팽팽하고도 지루하게 이어지던 대립은 같은 해 9월부터 왕이 경연에 꽤 자주 참석하면서 '대면' 논쟁으로 불붙었다. 대간뿐만 아니라 정승들도 경연에 다수 참석하였으므로, 어전에서 설전이 오갈 정도로 뜨겁게 타올랐다.

이 과정에서 대사헌 김제신金悌臣이 왕을 송나라의 왕안석에 견주는 바람에 논쟁의 성격이 다시금 왕과 대간의 충돌로 비화할 위기도 있었다. 왕의 발언을 보자.

왕안석은 신하 중에서도 소인인데 나에게 비하니 매우 유감이다. …… 이것이 어찌 우연히 생각하고 한 말이겠는가? 우연히 생각하였다는 것은 간곡奸曲한 말이다. 대간의 직책은 부월을 피하지 않는 법이다. (한나라의) 주운朱雲 같은 이는 난간을 부러뜨리면서까지 조정에서 다투었으니, 모두 말할 데에서 말한 것이다. 지금은 다만 입묘의 가불가 (의견만) 말할 뿐인데, (왕을) 지목해 배척함은 불가하다. 또 (왕의) 잘못을 바로잡아 구원하되 악을 숨기고 선을 드러내는 것이 신하의 직책이다. 더구나 신진 선비가 학문만 알고 사체는 모르면서, 스스로 내가 대간이 되었으니 말이 지나치더라도 손상이 없을 것이라 하여 금수를 임금에 비하기까지 하였다. 이것은 권세가 대간에게 있는 것이니, 국가가 오래갈 수 있겠는가? 이것은 나라를 그르치는 일이다. (다들) 물어보아라.[59]

---

58 《연산군일기》 권18, 2년 10월 5일 무인(2).
59 《연산군일기》 권18, 2년 10월 6일 기묘(1).

위에서 보듯, 무조건 국문하라는 신경질적인 태도를 보이지는 않았지만 왕의 뜻은 분명하였다. 대사헌의 '망발'을 지적하며, 이 사안을 나라의 권세가 왕에게 있지 않고 대간에 있음을 보여 주는 사례로 지적한 것이다. 승정원에서 대사헌을 변호하자, 왕은 승정원까지 한통속으로 몰았다.

> 승정원이 대간과 더불어 하나가 되어, 나를 어린 왕이라 하여 모든 일을 하나 같이 모두 거역하기를 반복한다. 장차 권세가 아래로 옮겨 갈까 염려된다. 이와 같으면, 나라가 앞으로 점점 잘못될 것이다.[60]

이에 대사헌 김제신은 자신의 잘못을 인정하고 변명하였다. 재조지은再造之恩을 내려 달라고 말하면서까지 납작 엎드렸다.[61] 이런 태도 때문인지는 몰라도, 왕은 이 일을 더는 문제 삼지 않았다. 그 대신, 왕은 생모를 새 묘소로 모시고 마침내 신주를 만들고 사당을 세워 친제를 올릴 수 있었다.

이후로 폐비의 추숭 문제는 한동안 수면 위로 떠오르지 않았다. 8월 15일 생모의 기일이 돌아오거나 언뜻 생각이 나면 왕이 자잘한 명령을 내리는 정도였다. 이를테면, 기일에 형 집행을 중지한다거나, 천묘도감遷墓都監의 일을 잘 수행한 임사홍에게 가자한다거나, 회묘懷墓(새 묘소의 명호)의 기일이더라도 국기國忌는 아니라고 스스로 인정한다거나, 폐비 윤씨의 두 오빠를 승진시키고 가자하는 등의 조처가 있었다.[62] 회묘와 효사

---

60 《연산군일기》 권18, 2년 10월 6일 기묘(1).

61 《연산군일기》 권18, 2년 10월 6일 기묘(1).

62 《연산군일기》 권31, 4년 8월 13일 병자(1); 권32, 5년 2월 19일 기유(2); 권34, 5년 8

묘孝思廟(사당 이름)에 아침저녁으로 음식을 올리는 일을 문소전文昭殿의 예를 따르면 안 되고 급을 낮춰야 한다는 양사의 논의가 있기는 했으나,[63] 대체로 조용히 지나갔다.

폐비 문제가 조정에 평지풍파를 몰고 온 것은 갑자사화 초기였다. 이미 왕의 폭정이 도를 넘은 상황에서 폐비가 죽던 상황을 임사홍에게서 생생히 전해 들은 왕은 이성을 상실한 채 관련자를 엄벌하기 시작하였다. 동시에 생모에 대한 추숭도 브레이크 없는 열차처럼 치달았다. 추숭으로만 좁혀 보자면, 묘호를 능으로 승격하는 문제를 시작으로,[64] 완벽한 왕후로 추숭하는 절차가 일사천리로 진행되었다. 45장에서 상세히 다루겠지만, 당시 왕은 거의 광적으로 예조판서 이세좌 및 그 집안 전체를 어육으로 만들 뿐 아니라, 이세좌의 처벌이 너무 가볍다고 논하지 않은 대간까지 죄다 국문하여 곤장을 때려서 유배하던 참이었다. 이런 살벌한 분위기에서 아무런 이의도 나오지 않았다. 마침내 연산군 10년(1504) 3월 하순에 시호를 제헌왕후齊獻王后로, 회묘를 회릉懷陵으로 정하였다. 아울러 제헌왕후 추숭교서도 중외에 반포하였다.[65] 또한 효사묘도 혜안전惠安殿으로 개명하였다.[66] 이로써 연산군의 생모는 1479년에 폐위당한 지 25년 만에 완벽한 왕후의 지위로 당당히 올라섰다. 그러나 불과 2년 5개월여 만에 연산군이 폐위당하면서 다시 폐출되고 말았다.

월 16일 계묘(1); 권39, 6년 9월 26일 정축(2).

[63] 《연산군일기》 권45, 8년 7월 29일 기해(4).

[64] 《연산군일기》 권52, 10년 3월 23일 갑신(4).

[65] 《연산군일기》 권52, 10년 3월 24일 을유(3), 25일 병술(7).

[66] 《연산군일기》 권52, 10년 4월 1일 임진(4).

갑자사화 도중 대신들은 성종이 왕비를 폐위하고 사사할 당시에 무슨 역할을 했는지에 따라 생사가 갈렸다. 폐비나 사사 당시(1479~1489)에 조정 논의에 참예하여 발언할 수 있을 정도의 지위에 있던 자라면, 갑자사화 당시(1504)에는 대개 조정의 원로이거나 대신의 반열에 오른 연배였다. 윤필상·노사신·한치형·노공필·성준 등 연산군 재위 10년 동안 조정의 원로 대신 역할을 담당한 이들이 무더기로 극형을 받은 결정적인 이유였다. 그들의 예전 행위를 왕은 자신에 대한 능상으로 간주하였다. 원로 대신들만이 아니었다. 연산군 즉위 2년 생모의 추숭 문제로 7개월 동안 왕과 대간이 대립할 당시 예조나 삼사에 속하여 추숭에 심하게 반대했던 자들도 화를 피하기 어려웠다.

이런 점에서 볼 때, 이 책의 주인공 유자광은 매우 운이 좋았다. 성종 친정 초기에 도승지 현석규를 탄핵한 일 때문에 붕당 결성으로 몰려 임사홍 등과 함께 귀양을 간 것이 오히려 전화위복인 면이 있었다. 유자광은 유배에서 풀린 후에도 대간에서 그의 출신 문제와 유배 경력을 들어 집요하게 반대하는 바람에 요직에 오르지 못했는데, 이것도 일종의 새옹지마였다. 만일 그때 무령군이자 1품 공신으로서 경연에 참석했다면, 폐비나 사사 문제에서 그는 당연히 성종의 뜻에 십분 부응했을 테고, 그 때문에 갑자사화에서 목숨을 잃었을 것이다.

연산군 2년 폐비 윤씨의 추숭 문제가 중대 현안으로 떠올랐을 때도 유자광은 한양에 없었다. 남원에서 모친의 삼년상 중이었기 때문이다. 삼년상 중임에도 성종의 장례에 그렇게 참예하고 싶다고 한 그의 상소를 연산군이 수용하여 그를 한양으로 불러올렸다면, 이후 논쟁에서 그는 윤필상 등의 원로들과 함께 추숭에 찬성했을 가능성이 매우 컸다. 아니, 어쩌면 누구보다도 왕의 뜻에 부응하여 최고의 추숭을 주장했을지도 모른다.

모친의 삼년상이 그에게 행운인지 아쉬움인지를 선뜻 가리기는 어렵다. 그래도 매우 민감한 폐비 문제가 조정을 덮을 때마다 그는 공교롭게도 논쟁의 한복판에서 멀리 떨어져 있었다.

34장과 38장에서 살폈듯이, 유자광은 삼년상을 마치자마자 연산군 3년 (1497) 정월에 정계에 복귀하여 대간과 전면전을 치르고, 이듬해 무오사화를 통해 왕의 신임을 얻는 데 성공하였다. 그렇다면 6년 후 갑자사화에서 그는 무슨 일을 하였을까? 먼저 갑자사화의 추이와 성격부터 간략히 살펴보자.

44
|||||
갑자사화의 실상과 성격

어디서부터 갑자사화의 시작으로 볼 것인지는 역사가들 사이에서도 분명한 합의는 없다. 흔히들 임사홍이 폐비의 죽음에 얽힌 비화를 연산군에게 고한 때를 시작점으로 보지만, 이는 대개 《연산군일기》의 중종반정 관련 기술이나 《연려실기술》의 내용을 그대로 수용한 이해일 뿐이다.[67] 그전에 연산군은 이미 예조판서 이세좌와 경기 감사 홍귀달洪貴達을 불공不恭으로 몰아붙이며 가혹하게 처벌하던 중이었다.[68] 불공·불경·능상이라는 단어가 왕의 입에서 나오는 것만으로도 온 조정이 벌벌 떨던 상황이었

---

[67] 《연산군일기》 권63, 12년 9월 2일 기묘(1); 《연려실기술》 권6, 〈燕山朝故事本末〉, 甲子士禍 참조.

[68] 이런 상황에 대해서는 김범, 《연산군: 그 인간과 시대의 내면》, 글항아리, 2010, 221~230쪽 참조.

다. 따라서 임사홍의 폐비 관련 밀고는 갑자사화의 '시작'이라기보다는 '확대'로 볼 여지가 충분하다.

갑자사화를 과연 사화士禍라는 개념어로 명명할 수 있는지도 의문이다. 갑자사화의 주요 희생자가 대개 그동안 대간보다는 왕의 편에 섰던 원로 대신들이었기 때문이다. 대간을 비롯하여 이전 무오사화의 피해자들이 추가로 처벌당했지만, 사화의 진행 과정을 보면 그들이 왕의 핵심 공격 목표는 아니었다. 불경죄를 범한 대신들을 다스리면서 예전의 기억을 떠올려 대간에게도 대신 탄핵을 제대로 하지 않았다는 죄목을 더하여 처벌하는 패턴이었다. 《연려실기술》의 갑자사화 기록을 전체적으로 보아도 쉽게 간파할 수 있다. 《연산군일기》의 갑자사화 시기 기사를 통독해도 마찬가지다. 이로써 보면, 갑자사화에서 대간 등 이른바 사림 일부가 또 피해를 본 사실만으로 왕이 처음부터 작정하고 대간을 집중적으로 공격했다고 이해하면 곤란하다. 대신들을 정면으로 공격하는 김에 평소에 대간을 싫어하던 왕이 분풀이한 형국에 더 가까웠다. 대간으로서는 일종의 유탄을 맞은 셈이었다.

이렇듯 갑자사화는 그 전개 양상과 성격 모두 이전의 무오사화와는 사뭇 달랐다. 그뿐만 아니라, 옥사의 시종始終을 적시하기도 쉽지 않다. 연산군 4년(1498) 7월 한 달 안에 모든 것이 일어나고 끝나 버린 무오사화와는 달리, 갑자사화는 시작과 끝이 상대적으로 불분명하였다. 보기에 따라서는 2년이 넘도록 꽤 장기간에 걸쳐 지속한 처벌의 연속이었다.

피해자 그룹도 특정하기 어려울 만큼 다양하였다. 사초 문제 관련자들을 집중적으로 처벌한 무오사화와는 달리, 갑자사화는 처벌의 명분이 능상·불경죄였으므로 왕 주변의 거의 모든 사람이 언제라도 형틀에 묶일 수 있었다. 원로 대신도 예외가 아니었다. 아니, 오히려 그들이 주요 '타

깃'이었다. 심지어 자신이 총애하던 내관이라도 약간의 실수를 침소봉대하여 곧바로 곤장을 치거나 처형하기 일쑤였다. 이런 점에서, 갑자사화를 과연 사화士禍로 규정할 수 있는지 의문이 들 수밖에 없다. 이성을 상실한 왕이 전체 신하들을 상대로 무차별 폭력을 행사한 폭정 그 이상도 이하도 아니었기 때문이다. 이런 점을 고려하면, 후대에 사림이 이 일련의 사건을 사화士禍로 명명한 것은 자기들 중심의 이해일 뿐이지, 당시 사실과는 잘 부합하지 않는다.

그렇다면 갑자사화를 전체적으로 볼 때, 연산군이 가장 집요하고도 철저하게 처벌한 신하는 누구였을까? 이런 질문은 중요하다. 왕이 좌충우돌하면서 엄청난 숙청을 장기간에 걸쳐 진행했을지라도, 왕이 가장 증오하고 가장 철저하게 처벌한 자가 누구인지 파악함으로써 이 대규모 옥사의 성격을 새롭게 파악할 수 있는 실마리를 얻을 수 있기 때문이다. 왕이 가장 집요하고도 잔혹하게 공격한 자와 그 죄목을 통해 옥사의 본질에 좀 더 가깝게 접근할 수 있다는 것이다.

극형을 당한 자가 수십 명을 넘었지만, 당사자를 처형한 후에도 옥사 내내 왕이 병적으로 집착하여 추가 처벌을 그치지 않고 집요하게 물고 늘어진 대표적 인물은 단연 예조판서 이세좌와 좌의정 이극균이었다. 이 둘은 폐비 문제와 무관하게 왕의 증오를 산 공통점이 있다. 물론 이세좌는 폐비 윤씨를 사사할 때 금부도사로서 사약을 들고 간 장본인이었다. 하지만 왕이 이세좌를 논죄할 때 죄명의 대부분은 자기 권세를 믿고 불공·불경하고 능상했다는 죄목이었다. 심지어 조정에 만연한 능상 풍조의 원흉으로 이세좌를 지목할 정도였다.[69] 무엇보다도, 이 모든 일은 폐비 문제가 불거지기 전에 이미 심각한 수준으로 발생한 상태였다. 폐비 사사와 관련한 죄목은 이후에 추가로 붙었을 뿐이다.

좌의정 이극균 역시 폐비 문제와는 관련이 없는데도 연산군의 분노를 샀다. 어떤 면에서는 이세좌보다도 더 처절하게 화를 당했다. 갑자사화의 허다한 피해자 가운데 이극균보다 더 심하게 온 집안이 어육을 당한 사례는 없었다. 그토록 심하게 처벌한 계기는 이세좌의 처벌 수위를 논의할 때 이극균이 조카 이세좌를 감형하자는 발언으로 옹호했기 때문이다.[70] 이때부터 왕의 분노는 이세좌에서 이극균으로 빠르게 옮겨 갔으며, 그만큼 처벌도 엄중하였다. 따라서 폐비 문제를 갑자년 옥사의 주 원인이자 발단으로 쉽게 단정하기에는 문제가 적지 않다.

요컨대, 갑자사화의 핵심 동인이자 옥사의 본질은 능상 풍조의 박멸이었다. 능상이란 신하가 군주에게 하는 최고의 불충 행위다. 그런데 당시 조정 신료는 크게 대신과 대간 두 그룹으로 나뉜 상태였다. 즉위하면서부터 왕의 권한을 강조한 연산군은 먼저 대간과 충돌하였다. 성종 대를 거치면서 나타난 대간의 발언권 강화와 연산군의 제왕적 통치 스타일은 애초부터 상극이었기 때문이다. 하지만 연산군도 대간의 간쟁을 모두 능상으로 간주하지는 않았다. 제도로서의 간쟁은 인정하였다. 무오사화에서 대간을 일부 처벌했음에도 그 핵심 이유가 능상은 아니었다. 세조에 대한 비방 곧 세조 대의 역사를 보는 시각 문제, 요즘으로 말하자면 과거사 인식 또는 '과거사 바로잡기' 문제였다. 말 그대로 사초 때문에 일어

[69] 《연산군일기》 권52, 10년 3월 14일 을해(5), 16일 정축(4).
[70] 《연산군일기》 권52, 10년 3월 17일 무인(7), 28일 기축(1).

난 사화史禍였다. 대간의 지나친 간쟁 풍조에 대한 제재는 이후에 파생된 부산물에 가까웠다.

문제는 대신들이었다. 이들은 대개 대간과는 다른 의견을 개진하면서 왕의 편을 들었지만, 연산군이 보기에는 대신의 언행도 얼마든지 능상의 범주에 들어올 수 있었다. 대간과는 달리 대신은 간쟁의 의무가 전혀 없었고, 그래서 간쟁은 대신의 권한도 아니었다. 그런 대신이 만일 왕의 생각에 반하는 의견을, 예를 들어 재변을 맞아 공구수성恐懼修省하라는 '간언'을 거듭 제기한다면, 무오사화 이후의 연산군이 보기에는 능상에 다름 아니었다. 이세좌와 이극균을 상상 이상으로 집요하게 추가 처벌한 이유도 여기에 닿아 있었다.

대간은 아무리 심한 말을 하더라도 그것을 바로 능상으로 단죄하기 어려웠다. 연산군이 대간을 국문한 이유도 주로 누구의 사주를 받았는가 내지는 사심에 따라 누구는 탄핵하고 누구는 봐준다는 편당偏黨 혐의였다. 그러나 대신은 그렇지 않았다. 내관도 그렇지 않았다. 측근에서 왕을 충심으로 보위해야 할 대신과 내관이 왕의 뜻과 다른 말을 할 때 연산군은 더욱 격노하였다. 능상으로 간주했기 때문이다.

이런 패턴은 갑자사화 발발 1년 전부터 더욱 두드러졌다. 이를테면 왕으로서 근신하며 솔선수범하라거나, 내수사內需司의 씀씀이를 절약하라거나, 그런 일로 대간을 죄 주지 말라거나, 경연에 참석하라거나, 시폐時弊를 조목별로 지적한다거나, 어명 수행을 지체한다거나 하는 등의 언행은 모두 왕이 마음먹기에 따라서는 언제라도 능상 죄가 될 수 있었다. 왕에게는 그것이 모두 대간의 간쟁처럼 들렸기 때문이다.

갑자사화에 해당하는 《연산군일기》의 기록을 통독하면 갑자사화 내내 왕이 격노한 핵심 키워드가 '능상'이었음을 쉽게 간파할 수 있다. 이세좌와 이극균이야말로 바로 이 능상 문제에 제대로 걸려들어 본보기로 처벌당한 셈이었다. 무오사화 때와 마찬가지로, 대간은 이번에도 유탄을 맞은 것에 가까웠다.

45

||||||

이세좌와 이극균

잘 나가던 예조판서 이세좌가 왕에게 시쳇말로 '찍힌' 결정적 계기는 왕이 내린 하사주를 흘린 일이었다. 대비전에서 열린 한 연회에서 이세좌는 다른 대신들처럼 왕에게 술을 손수 따라 올렸고, 그것을 마신 왕도 손수 술을 따라 술잔을 접시로 받쳐서 이세좌에게 주었다. 그런데 이세좌는 그만 몸의 중심을 잃으면서 술잔의 절반 이상을 쏟았고 그 술이 공교롭게도 어의를 적셨다.[71] 이때부터 이세좌에 대한 왕의 격노는 일반적인 통념을 훨씬 넘어설 정도로 엄하였고 극단적이었다. 술을 쏟은 이세좌가 현장에서 보인 태도에 대해서는 아무런 기록이 없어서 정확히 알 길이 없다. 다만 쏟은 후의 태도를 왕이 문제 삼지 않은 점으로 보아, 왕의 격노는 하사

---

[71] 《연산군일기》 권50, 9년 9월 11일 갑술(1).

주를 쏟은 일 그 자체였다고 할 수 있다.

하지만 단지 그것 때문이었을까? 술을 쏟기 전까지는 이세좌를 총애하다가 그 일을 계기로 갑자기 극도로 분노하였을까? 왕이 이미 그를 조금씩 의심하던 차에 이세좌의 결정적 실수가 나왔고, 왕은 그것을 빌미로 이세좌에 대한 이전의 불편한 기억을 모조리 소환하여 '패키지' 분노를 쏟아부었다고 보는 것이 훨씬 더 사실에 가깝다.

그렇다면 술사건 전에 연산군이 이미 이세좌를 마음속으로 찍은 계기는 무엇이었을까? 사건 발생 전 왕은 이미 이세좌에 대한 불편한 심기를 몇 차례 드러내었다.

전하께서는 관대히 처결하여 비록 죽을죄라도 반드시 죽어야 한다고 하지 마시고, 마땅히 살릴 길을 찾아 측근 신하에게 두루 물은 다음 결정하시는 것이 좋겠습니다. 신이 엎드려 살펴보건대, 근래에 국가에서 변방을 튼튼히 하는 일을 중하게 여겨 죄 지은 사람들을 모두 변방으로 옮깁니다. 그러나 죄를 결정할 때는 법에 근거하여 실정을 참작하여 반드시 세 번 생각한 뒤에 결단해야 합니다. 근일의 처결은 경솔한 듯하니, 이처럼 하지 마시기를 청하옵니다.[72]

이 인용문은 왕이 너무 엄중한 즉결 처분을 남발하니 신중히 생각하고 처리하라며 왕에게 간한 예조판서 이세좌의 발언이다. 신하라면 누구라도 왕에게 호생지덕好生之德을 건의할 수 있었다. 그만큼 일반적인 내용

---

[72] 《연산군일기》 권44, 8년 5월 12일 계미(2).

이었다. 또한 건의가 마음에 들지 않으면 왕은 대개 넘어가는 것이 상례였다. 그런데 이때 왕은 이를 바로 논박하였다.

이세좌가 범죄자를 변방으로 옮길 때는 자세히 살펴야 한다고 말하였다. 내 생각에는, 죄가 없는 자도 (필요하면) 당연히 변방으로 옮기는데, 하물며 죄가 있는 자이겠는가? 근일의 산동山同 등에 관한 일이 (발생하는 이유도 바로 법을 느슨하게 적용하자는) 이런 (풍조) 때문이다. 무릇 아래에서 나온 사안은 (제대로) 논하지 않고 위에서 나온 일은 바로 논하니, 이 무슨 연고인가?

일반 백성이라도 나라에서 필요하면 변방으로 옮기는 법이 엄연한데, 범죄자를 옮기는 일에 무슨 신중함이나 정상참작이 필요한가라는 질타였다. 아랫사람[대간]은 무슨 말을 해도 널리 봐주자고 하면서, 윗사람[왕]에게는 왜 이다지도 박한가라는 반문이기도 했다.

산동은 궁노인데, 대궐의 물건을 도둑질한 죄로 마침 왕과 대신들이 처벌 수위를 논하던 중이었다. 왕은 산동 같은 아랫것들조차 궁궐의 지엄함을 모르고 날뛰니, 이런 풍조의 원인을 이세좌와 같은 생각을 품은 자가 조정에 가득하기 때문이라며 확대해석하였다. 이세좌가 바로 잘못을 시인하면서, 이 일은 조용히 지나갔다. 하지만 왕에게 이런 노골적인 지적을 당했으니, 이세좌는 왕의 과격한 기질을 십분 고려하여 앞으로 매우 조심할 필요가 있었다. 하지만 그렇지 않았다.

지평 방유령方有寧은 일반 사노私奴를 빼앗아 내수사에 소속시키는 폐단을 이렇게 논의하였다.

막동莫同을 내수사에 소속시키거나 그 주인에게 돌려주거나 신 등에게 무슨 상관이 있겠습니까? 다만 군주의 일은 반드시 정도에서 나온 후에라야 아랫사람들이 믿고 (따르는) 법입니다. 만약 시비를 가리지 않고 (막동을 내수사에) 소속시켜 버리면, 아랫사람들은 부득이 의심할 수밖에 없습니다. 나라의 일을 그르치는 것과 같습니다.[73]

막동이 본래 다른 주인의 사노였으니 지금 무조건 내수사에 소속시켜서는 안 되며, 그래도 소속시킨다면 나라에서 먼저 국법을 어기는 셈이라는 지적이었다. 평소에도 신하가 내수사 문제를 건드리는 것을 병적으로 싫어하던 왕은 발끈하여 이렇게 명하였다. "막동의 일은 국가에 관련되지 않는데도 지평 방유령은 반드시 국가라고 말을 하니, 이것은 나를 (가리켜) 그르다는 것이다. 그를 국문하라."[74]

말 한마디 잘못했다고 대간을 국문하라는 지시였다. 승정원이 나서서 방유령의 본뜻을 해명했으나 소용없었다. 의정부에서도 방유령 처벌 불가를 논하였다.[75] 대신 중에서는 이극균이 가장 적극적으로 처벌의 부당함을 거듭하여 아뢰었다.[76] 이때 이세좌도 거들었다.

대간은 말이 비록 적절치 못해도 또한 마땅히 너그러이 용서해 주어야 합니다. 신 등은 방유령 한 사람을 아껴서가 아니라, 언로에 방해가 될

---

73 《연산군일기》 권48, 9년 1월 25일 계사(1).

74 《연산군일기》 권48, 9년 1월 25일 계사(2).

75 《연산군일기》 권48, 9년 1월 29일 정유(4).

76 《연산군일기》 권48, 9년 2월 1일 무술(1).

까 봐 그렇습니다.[77]

이 또한 지극히 일반적인 논의였다. 말이 과격할지라도 대간을 처벌
하면 언로가 막힌다는 아주 일반적인 발언이요, 지당한 건의였다. 그런
데 이때 왕은 이 사안의 본질을 확대하는 발언을 하였다.

근래에 대간이 일을 논하면 홍문관·승정원·육조·의정부가 반드시 서
로 변명하여 구하려 한다. 이런 버릇이 풍습이 되어 나 같은 용렬한 임
금으로서는 갑자기 고칠 수 없다. 언로에 방해가 된다니 (이번에는) 특
별히 너그럽게 논하겠다. 그러나 (방유령을) 대관臺官에 있게 함은 마땅
치 않다.[78]

대간과 대신이 모두 한통속이 되어 왕에게만 이래라저래라 하니, 나
는 왕이지만 이런 풍조를 뜯어고치기에 역부족이라는 토로였다. 실제로
왕은 방유령을 다른 곳으로 전보하는 선으로 후퇴하였다. 직접적인 인과
관계를 증명하기는 어려워도, 이날 조정의 격한 논의에서 공교롭게도 이
극균과 이세좌가 함께 적극적으로 나서서 대간의 처벌을 말린 일은 기억
해 둘 만하다.
　이런 사례 외에도 이세좌는 이극균과 함께 왕의 심기를 건드릴 내용으
로 어전에서 적잖이 발언하였다. 왕의 장인인 신승선의 시호를 바꾸려 했
을 때, 예조판서 이세좌는 선왕께서 내리신 시호를 함부로 바꿀 수 없다며

---

[77] 《연산군일기》 권48, 9년 2월 1일 무술(1).
[78] 《연산군일기》 권48, 9년 2월 1일 무술(1).

강력히 반대하였다.[79] 또한 왕이 듣기 싫어하던 궁중 경비나 내수사 경비의 절감 및 민생 문제를 종종 이극균과 함께 건의하였다.[80] 이런 일련의 발언은 이세좌가 어의에 술을 쏟기 몇 개월 전에 이미 여러 차례 있었다.

대신의 불경과 능상 풍조를 객관적으로 증명하기는 매우 어렵다. 어느 정도 선을 넘어야 능상인지는 왕의 판단에 달렸으며, 왕의 그런 판단조차도 여러 환경 요소에 따라 얼마든지 가변적이었다. 그런데 이세좌의 술사건은 왕이 그것을 빌미로 곧바로 능상으로 몰아가기에 적격이었다. 왕조 국가에서 신하가 어의에 술을 쏟은 일은 누가 보아도 최소한 '태도 불손' 곧 불공不恭이라는 단죄를 벗어날 수 없었다. 하물며 왕이 그것을 가리켜 불경이자 능상이라고 규정할 때, 아니라고 대담하게 이견을 제시하기도 사실상 힘들었다.

공교롭게도 이세좌는 왕이 가뜩이나 대신들의 능상 풍조에 대하여 속으로 분노를 키워 갈 때, 그것도 마침 백관이 참석한 공개 석상에서 왕이 내린 술을 쏟았다. 왕이 이를 불공·불경·능상이라며 집중포화를 가할 때, 이세좌를 변호할 논리가 마땅치 않았다. 윤필상 등 원로 대신들이 이세좌가 고의로 쏟았겠냐며 변명했으나,[81] 그뿐이었다. 왕이 고의라고 하면 고의일 수밖에 없었다. 이제 이세좌의 불경 행위를 증명할 확실한 증거를 손에 쥔 왕은 마치 브레이크 없는 기관차처럼 이세좌를 몰아붙였다. 가뜩이나 이미 능상 풍조에 민감하게 반응하던 왕은 백관이 모인 자

[79] 《연산군일기》 권46, 8년 10월 23일 임술(2).

[80] 예를 들어, 《연산군일기》 권48, 9년 2월 13일 경술(1); 권49, 9년 4월 3일 기해(1) 참조.

[81] 《연산군일기》 권50, 9년 9월 16일 기묘(2).

리에서 이세좌가 범한 실수야말로 자신의 평소 생각과 감정을 단번에 풀 수 있는 절호의 기회였다.

왕의 분노는 그의 기억에도 생생히 각인되었다. 이세좌라고 하면 능상이라는 단어가 핵심 키워드로 떠오르는 심리 구조가 왕의 뇌리에 확실하게 뿌리를 내렸다. 능상의 본보기로 이세좌를 처벌한다는 말을 공개석상에서 누차 서슴지 않았다.[82] 이세좌를 처형한 후에도 그에 대한 왕의 분노는 가시지 않았다. 심지어 자결하라는 어명을 내린 후, 금부도사가 돌아와 보고하자 왕은 이세좌가 죽음에 직면하여 표정이 어떠했는지를 가장 먼저 물었다. 신하를 처형하면 그만이지, 왕은 왜 굳이 이세좌의 마지막 표정까지 알고 싶었을까? 죽음에 직면한 이세좌의 표정이 평소와 같이 의연하였다는 보고를 들은 왕은 시쳇말로 "뚜껑이 열리듯이" 격노하였다. 울면서 자기 잘못을 뉘우쳐야 정상인데, 왜 의연했는가가 분노의 이유였다.[83] 그래서 이세좌는 죽으면서도 능상이었고, 사건은 그의 죽음으로 끝나지 않았다. 이런 식의 심리상태라면, 현대의 심리학이나 정신의학으로 볼 때 왕은 이미 심각한 상태의 환자였다.

한편, 이극균이 왕의 분노를 산 계기는 조카 이세좌의 처벌 수위를 논할 때 감형으로 논하여 그를 옹호한 혐의였다. '간흉' 이세좌를 조카라 하여 사정私情으로 감쌌으니 나라를 저버리고 임금을 등진 능상 행위라는

---

[82] 《연산군일기》권51, 10년 3월 12일 계유(4), 14일 을해(5). 이세좌 처벌에 대해서는 한희숙, 2009, 〈조선 전기 이세좌의 생애와 갑자사화〉,《조선시대사학보》50도 아울러 참조. 이 논문에서는 이세좌의 처벌을 갑자사화의 시작으로 보았다.

[83] 《연산군일기》권52, 10년 4월 9일 경자(1).

것이었다.[84] 이때부터 왕의 분노는 이극균으로 향하였다. 이극균을 사사한 후에도 이어진 후속 처벌의 수위로 보자면 이세좌보다 훨씬 더 처참하였다. 왕은 이전의 모든 기억을 되살려 이극균과 그의 족친을 어육으로 만들며 처절하게 짓밟았다.

이세좌를 편든 혐의 외에도 이극균에 대한 왕의 생각은 이러하였다.

어진 재상이 지금 몇 사람이나 있는가? 인군人君이 어찌 아랫사람을 다 알 수 있으랴? 지금 정승을 임명해야 하니, 지조와 행실이 있고 충성으로 인군을 공경하는 자를 택해야 하겠다. 인군을 속이거나, 위를 능멸하거나 교결交結하는 마음이 없으며, 청렴결백하여 재물을 모으지 않고 살림살이를 힘쓰지 않아 풀이 문간이나 뜨락을 덮어도 손질하지 않고, 사알私謁을 받지 않으며, 지위가 높다고 그것을 믿고 인군을 업신여기는 일이 없어야겠다. 재물을 모은 윤필상이나 발호한 이극균과 같지 않은 자를 제수하는 것이 좋겠다.

이극균은 스스로 정승이라 하여 말하지 않는 것이 없고, 매번 절약하는 것과 쌀·베의 비용, 내수사 관리의 불법 등을 말하니, 이 역시 인군을 업신여김이다. 재상들은 대개 재물 모으는 것만 생각하고 국가는 돌아보지 않는다. 만일 재물 모으는 정성으로 인군을 섬긴다면, 걸桀·주紂 같은 임금이라도 요堯·순舜이 되게 할 수 있을 것이다. 어제 수의收議할 때에도 모두 이극균을 두려워하여 (그 처벌 수위를) 바르게 논하지 않았다. 정승이 된 자는 본래 생각하는 것을 다 말하여야 한다.[85]

---

[84] 《연산군일기》 권52, 10년 3월 28일 기축(1/4); 권53, 10년 윤4월 12일 임신(2).
[85] 《연산군일기》 권53, 10년 윤4월 13일 계유(1).

이 인용문은 갑자사화로 정승 자리가 많이 비자, 후임을 선정하는 기준을 놓고 왕이 이조에 특별히 내린 지침이었다. 윤필상과 이극균을 함께 비난하면서도, 왕의 비난은 이극균에게 집중되었다. 왕이 특히 듣고 싶지 않은 내수사의 절약을 논하면서 오히려 자기는 치부했다는 비난이었다. 틈만 나면 내수사의 불법 행위를 논하니, 그 자체로 능상이라는 논리였다. 이쯤 되면 이제 왕의 사리 분별력은 심각하게 떨어졌다고 봐야 할 것이다. 인간의 심리는 이성을 잃을수록 감정에 휩싸이며, 그것이 분노의 감정이라면 어떤 식으로든 집요하게 화를 분출하게 마련이다. 더욱이 무소불위의 권력을 쥔 왕이라면 이를 나위도 없다.

그렇지 않아도 불타오르던 왕의 분노에 기름을 끼얹은 사건이 또 일어났다. 바로 이극균이 어명을 받아 유배지에서 자결하면서 남겼다는 말이었다. 이극균의 죽음을 지켜 본 의금부 경력이 돌아와 보고한 내용은 이렇다.

> (죽기 전 이극균이) 신에게 말하기를 "신의 나이 칠십이 다 되고 몸에 병이 쌓여 있으니, 죽어도 다른 생각이 없겠습니다만, 신이 소시부터 변방에서 일하였으며, 나랏일에는 크고 작은 것 없이 모두 진심으로 전력하였습니다. 신은 반복해 생각해 보아도, 한 가지 죄도 없습니다. <u>이 말을 주상께 전하기 바랍니다</u>"라고 하고는 곧 목매어 죽었습니다.[86]

이 발언으로써 온 집안에 평지풍파가 일 것임을 익히 짐작할 수 있었

---

[86] 《연산군일기》 권53, 10년 윤4월 18일 무인(3).

을 텐데, 이극균은 왜 굳이 이런 폭탄 발언을 하고 죽었을까? 더욱이 왕에게 꼭 전하라는 당부까지 하였을까? 이극균의 의도를 정확히 알 수는 없지만, 추정은 가능하다. 그 단서는 바로 밑줄 친 부분이다. 이 말을 죽는 마당에서까지 왕과 다투자는 의미로 보기는 힘들다. 혹시라도 자신의 억울함과 당당함을 청사에 길이 남기려는 의도는 없었을까? 왕에게 보고가 올라가야 사관이 그것을 후에라도 실록에 남길 터였기 때문이다.

이제 왕의 분노는 마치 식지 않는 용광로와도 같았다. 가뜩이나 사리분별력을 적잖이 상실한 왕은 이제 자신의 감정을 이극균을 공격하는 데 쏟아부었다. 이미 죽은 이극균의 머리를 베어 평소 그와 친하게 지낸 자들에게 보이고, 백관에게도 보이고, 8도에 돌리게 했으며, 목이 없는 시신을 능지하라고 명하였다.[87]

5년 전 이극균이 좌찬성일 때 작성한 시폐 10조를 기억해 끄집어내어, 당시 거기에 서명한 대신들까지 싸잡아 처벌하였다. 마침 당시 우의정이었고 아직 살아 있던 성준成俊은 노쇠하여 병든 몸으로 질질 끌려와 온갖 수모를 당하고는 형장의 이슬로 사라졌다. 눈도 흐릿하고 몸도 못 가누는 성준 앞에서 왕은 이극균이 작성한 시폐 10조 전문을 들려주게 하고는 그것을 능상이라 못 박았다.[88]

시폐 10조의 내용은 특별하지 않았으나, 왕이 싫어할 내용투성이였다. 왕의 근신과 학문 연마 그리고 내수사의 비리와 낭비를 조목조목 아뢰었다. 평상시라면 누구라도 올릴 수 있는 내용이었지만, 이극균의 최후 발언 때문에 속된 말로 "뚜껑이 열린" 왕에게는 이극균의 능상 조짐이

[87] 《연산군일기》 권53, 10년 윤4월 26일 병술(6), 27일 정해(7), 28일 무자(2/4),
[88] 《연산군일기》 권53, 10년 5월 3일 임진(3).

오래전부터 팽배했음을 보여 주는 결정적인 증거일 뿐이었다. 왕은 아예 시폐 10조를 《승정원일기》와 춘추관 시정기에서도 완전히 삭제하라고 명할 정도였다.[89] 심지어 시폐 10조에서 내수사 문제를 집중적으로 거론했을 때 그것에 동의한 자들의 명단을 작성하라며,[90] 전선을 확장하였다. 이런 과정에서, 이극균이 문신이면서도 변방의 군무에 능하고 무사들과도 친분이 두터운 점마저[91] 왕을 더욱 자극하였다.

이극균을 처형한 지 몇 달이 지나도 왕의 분노는 가시지 않았다. 그의 친족 조카들을 줄줄이 변방으로 축출하는가 하면, 이극균이 시폐 10조를 작성할 당시 한양에 있었던 족친을 모두 체포하여 고문하며 조사하라는 명까지 내렸다.[92] 작성 내용을 사전에 함께 의논했을 가능성이 조금만 있어도 발본색원하겠다는 광적인 의지의 발현이었다. 그래도 분이 안 풀렸는지, 이극균과 이세좌의 아비 형제까지 추가로 부관참시하였다.[93] 처족까지 잡아서 곤장을 쳐서 도성 밖으로 쫓아냈다.[94] 급기야는 이극균의 해골을 분쇄하여 그 가루를 강물에 뿌리게 하였다.[95]

이극균의 추천을 받은 관리도 이 광풍을 피해 갈 수 없었다. 한 예로, 이극균의 추천을 받은 혐의로 이장곤李長坤은 졸지에 고문을 당하고 섬으로 유배되었다. 그러나 도주하여 왕의 심기를 극도로 건드렸다. 이장곤

[89] 《연산군일기》 권53, 10년 5월 4일 계사(3).

[90] 《연산군일기》 권54, 10년 8월 8일 을축(4).

[91] 《연산군일기》 권53, 10년 윤4월 29일 기축(10).

[92] 《연산군일기》 권56, 10년 10월 22일 기묘(3/4)

[93] 《연산군일기》 권56, 10년 11월 11일 정유(4).

[94] 《연산군일기》 권56, 10년 11월 21일 정미(2).

[95] 《연산군일기》 권56, 10년 12월 15일 신미(1).

을 고문하고 정배하고 지명수배하고 체포를 위해 군사를 동원하는 과정에서 왕이 보인 태도는 거의 병적이었다.[96] 이장곤 문제로 왕이 마지막으로 전교를 내린 날은 연산군 12년(1504) 8월 18일이었는데, 이는 중종반정이 일어나기 불과 14일 전이었다. 이런 점만 보아도, 이극균의 '파생상품'에 불과한 이장곤에 대한 왕의 병적인 집착이 어느 정도였는지 어렵지 않게 알 수 있다.

요컨대 갑자사화를 처음부터 끝까지 장기적으로 관통한 최대의 공통분모는 불경·능상이었고, 최악의 능상 죄인은 이세좌와 이극균이었다. 능상 여부를 보여 주는 객관적 증명은 필요하지 않았다. 왕조 국가에서 왕이 그렇다면 그런 것이었다. 그래도 의문은 남는다. 당시 연산군의 시각으로 보자면 능상 죄를 범한 대신이 한둘이 아니었는데, 왜 하필 이세좌와 이극균에 대하여 그렇게도 병적인 집착 증세까지 보이며 분노하였을까? 이에 대한 답을 구하기 위해서는 먼저 이세좌와 이극균의 광주廣州 이씨 집안을 간략히 일견할 필요가 있다.

갑자사화 이전 세조~연산군 시기(1455~1504) 조선왕조의 한 기둥이라 해도 지나치지 않을 정도로 권세를 누린 광주 이씨 집안의 인물에게서 능상의 혐의를 느낀 연산군은 그 때문에 분노가 더 컸던 것 같다. 아버지 이인손李仁孫(1395~1463)은 세조 때 우의정을 역임했으며, 다섯 아들 가운데 넷째까지 모두 세조 대의 공신이었다. 막내 이극균까지 포함하여 아들 다섯이 모두 문과에 급제하였다. 세조는 그것을 족당의 발호로 보기는

---

[96] 《연산군일기》 권56, 10년 10월 23일 경진(9), 24일 신사(4/7), 11월 5일 신묘(5), 6일 임진(1/4); 권57, 11년 2월 9일 을축(2); 권58, 11년 5월 22일 병오(3); 권63, 12년 7월 6일 계미(2), 8월 17일 갑자(5), 18일 을축(2/3).

커녕 오히려 축하하며 사은품을 내렸다.[97] 이극균 다섯 형제는 삼정승 외에도 이조판서와 병조판서를 번갈아 역임하며 성종 대 이래 연산군 때까지 주요 인사권을 행사하는 자리를 역임하였다. 품계와 관직이 높은 가족 구성원이 조정에 워낙 많이 포진하다 보니, 상황에 따라서는 조정의 논의를 주도할 수도 있었다. 이세좌가 유배를 떠날 때만 해도 그의 두 아들은 예문관 한림과 홍문관 부수찬이었다.[98] 부자지간 3인이 대신과 사관史官과 대간에 모두 포진한 상태였다.

이렇듯 광주 이씨 집안은 성종 즉위(1469)부터만 보아도 갑자사화(1504) 전까지 30년 넘도록 조선왕조를 받치던 대표적 집안이었다. 공신이면서 거족이었다. 동시대 판서와 대제학을 역임한 성현成俔도 《용재총화慵齋叢話》를 집필하면서 당대 최고의 문벌로 광주 이씨 집안을 꼽았다.[99] 연산군도 처음에는 이들 광주 이씨를 신임하였다. 그러나 갑자사화를 통해 결국에는 할아버지 세조가 조정에 부식해 놓은 공신 집안을 능상이라는 명목으로 걸어서 발본색원하였다. 다른 원로급 피해자도 모두 쟁쟁한 공신이나 명문거족 출신이었다. 왕조는 물론이고 국왕 자신을 받쳐주던 대신들이 중벌을 받아 정치무대에서 사라졌다.

세조는 조선왕조에서 최고의 왕권을 누린 군주였지만, 그 이면을 보면 소수의 공신 그룹에 의존한 면도 강했다.[100] 측근의 공신 그룹을 통해 왕권을 구축하고 행사한 구조였다. 연산군도 대간을 중심으로 한 신진 사

---

[97] 《세조실록》 권31, 9년 윤7월 13일 경오(1).

[98] 《연산군일기》 권50, 9년 9월 19일 임오(2).

[99] 《용재총화》 권2, "當今門閥之盛 光州李氏爲最 其次莫如我成氏".

[100] 정두희, 《조선 초기 정치지배세력 연구》, 일조각, 1983, 195~261쪽.

류와 격돌하려면 공신을 포함한 원로 대신들의 지원이 절대적으로 필요했는데, 그는 말년에 이 점을 제대로 파악하지 못하였다. 자신의 왕권을 받쳐 줄 대신들을 능상으로 과격하게 처벌한다면, 과연 누가 연산군을 왕으로 모시며 충성을 바칠까? 갑자사화를 통해 연산군이 보인 행보를 이런 시각에서 조명하는 일도 의미 있을 것이다.

아무리 유교적 군위신강君爲臣綱과 군신유의君臣有義 등으로 포장할지라도 정치무대에서 왕과 신하는 이해관계가 맞아떨어져야 서로 협력하며 왕조의 권력을 공고히 하기 마련이었다. 조선시대 여러 군주를 일견하면, 왕도 그런 점을 잘 알고 있었다. 연산군도 무오사화를 일으킬 때만 해도 그러하였다. 그러나 갑자사화 1~2년 전부터는 그런 균형 감각을 심각하게 잃어 갔다. 그의 모든 관심은 늘 자기가 왕이라는 점에만 근시안적으로 집착하였다. 여기에 조금이라도 이의를 제기하면 곧 능상이었다. 유자광이 무오사화 때와는 달리 상대적으로 매우 조용하게 갑자사화를 통과한 이유도 여기에 닿아 있다고 할 수 있다.

46

||||||

몸을 낮춘 유자광

갑자사화와 직접 관련된 일로 유자광은 《연산군일기》에 고작 대여섯 차례 파편적으로 등장한다. 하나는 죄인들의 처벌 수위를 논하는 자리에서 중벌을 건의한 발언이다. 나머지는 이극균과 친했다는 이유로 유자광 자신이 처벌을 받는 과정에 등장한다. 이로써 보자면, 유자광은 갑자사화의 가해자는 전혀 아니었다. 굳이 분류하자면 피해자에 좀 더 가까웠다. 하지만 전체적으로 보면 유자광은 갑자사화 기간 내내 최대한 몸을 낮추고 조용히 관망했다고 볼 수 있다. 왕의 행동을 상식선에서 예측하기 힘든 상황에서 최선의 보신책은 발언을 삼가고 몸을 낮추는 일이었다.

원로 대신들이 줄줄이 처벌을 받는 상황에서 유자광은 충훈부 당상으로서 어전회의에 참석하였다. 이는 그가 새롭게 왕의 총애를 받았다기보다는 대신들의 자리에 워낙 공석이 많다 보니 1품 당상으로서 자연스레 참석한 듯하다. 딱 한 번 나오는 이 기록에서 유자광은 이미 처형당한 이세좌 등의 자손을 공신녹권에서 모두 삭제하자고 아뢰었다. 마침 그 자리에서는 윤필상 등의 처벌 수위를 논의 중이었는데, 유자광은 윤필상이 공신일지라도 중형에 처해야 한다는 의견을 피력하였다.[101]

전후 발언 기록이 없는 탓에 유자광이 어떤 맥락에서 저렇게 건의했는지 확인할 수는 없다. 일단은 과거 친밀한 관계를 유지했을 뿐만 아니라 때때로 자기를 옹호하기까지 한 윤필상과의 오랜 정리를 저버리고 왕에게 아부했다고 볼 수도 있다. 하지만 당시 상황은 그렇게 단순하지 않았다. 갑자사화의 절정에 달하던 당시에는 온 신료들이 왕의 처벌 기준에 토를 달지 못하던 때였다. 왕의 생각과 같거나 더 강한 처벌을 건의해야 그나마 보신을 할 수 있던 분위기였다.

조정에서 유자광의 유일한 의존 대상은 당연히 국왕이었다. 세조에게 특별히 발탁된 이래 30년이 넘도록 그 스스로 경험하며 절실히 느낀 바가 그랬다. 성종 재위 중 한때 왕의 의중을 잘못 읽고 현석규를 탄핵한 후 폭풍을 온몸으로 뼈저리게 느낀 체험도 있었다. 무슨 주요 관직에 임명될 때면 서출이자 간신이라며 벌떼같이 공격하던 대간의 모습도 생생하였다. 그런 와중에서도 그나마 자기를 끼워 준 그룹은 윤필상과 노사신 같은 대신 그룹이었다.

그런 유자광이 왜 윤필상을 중벌에 처하라고, 곧 극형에 처하라는 의견을 냈을까? 이것은 영달을 위한 것이 아니라 자기 보호 본능으로 보는 것이 합당할 것이다. 지금 줄줄이 사형당하는 원로 대신들은 대개 세조와 성종 대의 공신이었다. 따라서 충훈부 당상으로서 유자광은 좌불안석이

---

[101] 《연산군일기》 권53, 10년 윤4월 13일 계유(5).

었을 것이다. 왜냐하면 그동안 자기편이라 생각한 왕이 역시 자기편이었던 공신 재상들을 줄줄이 처형하는 판국이었기 때문이다. 지금 왕은 이성을 잃고 마구잡이로 조선왕조의 공신 원로들을 죽이는 상황이었다.

유자광은 혹시라도 "충훈부에서는 왜 죄인들의 공신녹권 회수를 강력히 논하지 않는가? 충훈부 당상도 한통속이다. 국문하라"는 어명이 상상으로라도 귓가에 쟁쟁했을 것이다. 그래서 자기 보호 차원에서 공신 관련 일 처리를 먼저 건의한 것 같다. 《연산군일기》로 보자면, 유자광의 처벌 수위 운운은 이뿐이었다. 그는 충훈부 당상으로서 공신 관련으로 최소한의 의견을 냈을 뿐, 갑자사화 관련 다양한 논의에는 참여하지 않았다. 의도적으로 몸을 사린 것이다.

오히려 이극균이 왕의 분노를 한몸에 받는 상황이 벌어지자, 유자광은 더더욱 조심하였다. 하지만 이극균이 죽으면서 "나는 한 가지 죄도 없다"라고 한 일로 왕의 격노가 일반적 상상을 넘어서자, 사헌부에서는 바로 유자광과 임사홍이 이극균과 친하게 사귀었다면서 참대시斬待時에 해당한다고 논계하였다. 당시 왕의 광폭 행보로 보자면 당연히 참수형에 처해야 했으나, 왕은 3,000리 유배형을 속贖으로 바치게 하되 직무는 계속 보라고 하였다.[102] 아마도 임사홍에 대한 신임이 워낙 두터웠기 때문이었던 것 같다.

그래도 유자광은 좌불안석이었을 것이 눈에 선하다. 이극균과 친했다는 말이 어전에서 나온 이상, 이성을 상실한 왕의 생각이 언제라도 바뀔 수 있었다. 여차하면 죽임을 당할 수도 있었다. 아니나 다를까. 왕은 불과

---

[102] 《연산군일기》 권53, 10년 윤4월 26일 병술(1).

이틀 만에 마음을 바꾸어, 임사홍과 유자광을 경기도에 충군充軍하라고 명하였다.[103] 그런데 또 다음날, 임사홍은 폐비 당시 울며 간한 공이 있다면서 충군을 취소하고 장형을 속贖하고 파직하라며 크게 감형하는 쪽으로 바꾸었다. 유자광도 이에 묻어서 충군이 취소되었으며, 장형도 속으로 대체할 수 있었다.[104]

이런 과정을 보면, 유자광은 끝까지 왕의 눈 밖에 나지는 않았다. 왕의 신임에도 이렇다 할 큰 변화는 없었다. 갑자사화의 광풍이 한풀 꺾인 상황에서 왕은 갑자기 유자광을 이렇게 언급하였다.

> 유자광은 이미 만년이 되었으니 석화石花와 생복生鰒을 바침에 반드시 은총을 바라는 생각이 없었을 것이다. (따라서) 그때의 대간이 이처럼 논간한 것은 반드시 자신은 지체 높은 집안의 자제이고, 유자광은 천례賤隸에서 기신起身하였다고 업신여긴 것이다.[105]

장기간에 걸친 갑자사화 내내 왕의 일반적 행동 패턴 가운데 하나는 신하들에 대한 과거의 기억을 일일이 소환하는 일이었다. 이세좌와 이극균이 일반적인 예상을 훨씬 초월하여 어육을 당한 이유 중 하나도 바로 이런 기억의 소환 때문이었다. 그런데 유자광에 대한 왕의 기억은 좋은 편이었다. 아무래도 무오사화 때의 '수고'가 왕의 뇌리에 강하게 입력되었기 때문인 것 같다. 나라의 원로 대신들까지 능상으로 몰아 마구 숙청

---

[103] 《연산군일기》 권53, 10년 윤4월 28일 무자(5).
[104] 《연산군일기》 권53, 10년 윤4월 29일 기축(12).
[105] 《연산군일기》 권57, 11년 3월 2일 정해(3).

하는 광폭 행보를 보이던 왕으로서는 오히려 서출 유자광에 대하여 자못 특별한 관심을 보인 것 같다. 실제로, 유자광을 좋게 보는 왕의 발언은 이후로도 이어졌다.

"유자광은 그 죄가 다른 자들과는 다르니 복직시켜라."[106] 연산군 12년(1506) 정월 초하루의 전교였다. 근 2년 만에 갑자기 유자광을 복직시킨 것이다. 아마도 충훈부 당상으로 복귀한 듯하다. 유자광의 복직은 이제부터 그가 어전회의에 참여할 수 있는 자격을 다시 갖추었다는 의미였다. 이극균 본인은 이를 나위도 없고 조금이라도 관련된 자들을 일망타진하듯이 그토록 처절하게 짓밟은 왕의 처결이라고 보기 힘든 특별한 대우였다.

그런데도 유자광은 발언을 삼갔다. 갑자사화 이래 그의 이름이 《연산군일기》에 나오는 상황은 모두 왕이 베푼 연회나 존호를 받는 등의 중요한 공식 행사에 참여한 신료들의 명단에서나 찾아볼 수 있다. 일부 당상이 왕의 만세를 비는 자리였는데도 왜 유자광의 발언은 없었을까? 물론 《연산군일기》의 사관이 기록을 남기지 않았을 수도 있다. 그러나 당시 현장에서 유자광이 발언했다면 당연히 왕이 듣기 좋은 내용이었을 것이다. 또한 《연산군일기》를 편찬할 당시는 중종반정 후 유자광이 이미 대간의 집중포화를 받고 유배지에 있던 때였다. 그렇다면 사관은 유자광의 아부 발언을 족집게처럼 수집하여 실록에 실었을 것이다. 그런데도 없는 점으로 보아, 당시 유자광이 실제로도 별로 발언을 하지 않았다고 보는 것이 합리적이다.

---

[106] 《연산군일기》 권61, 12년 1월 1일 신사 1.

무오사화에서 유자광이 주요 역할을 맡았다면, 갑자사화에서는 임사홍이 핵심 인물이었다. 이극균과 친하다는 논계에도 불구하고 왕이 이 둘을 끝까지 신임한 것은 바로 이런 점과도 관련이 있었을 것이다. 그러나 임사홍과는 달리, 유자광의 마음은 이미 왕에게서 떠났다. 상황을 신중하게 지켜 보면서 되도록 발언을 삼가고 몸을 낮추었다.

물론 당시 유자광은 무슨 일을 하더라도 임사홍과 여전히 함께 묶이는 처지였다. 성종 초기에 도승지 현석규를 탄핵하면서 임사홍과 유자광이 붕당 죄를 범했다는 기억은 특히 사림 사이에서는 매우 강고하였다.[107] 하지만 유자광은 정작 임사홍과 긴밀한 관계에 있지 않았다. 반정이 일어나던 날 밤 반정군의 행동도 그 둘의 관계 및 일반 사람들의 인식이 꽤 달랐음을 시사한다. 임사홍은 아예 베어 버린 데 비해, 유자광에게는 동참을 권유한 분명한 차이가 있었다. 또한 참여를 권유받았을 때 유자광이 선뜻 동의하고 반정 대열에 합류한 사실은 그의 평소 마음이 이미 왕에게서 떠난 상태였음을 강하게 시사한다.

[107] 이에 대해서는 이 책의 20장과 24장에 상세하다.

7부

중종 초기

고성낙일 孤城落日, 1506~1512

• 중종 원년(1506) 9월 - 정국靖國공신 1등에 오름.
12월 - 폐조(연산군 때)의 일로 탄핵하지 못하게 하자고 왕께 건의. 대간의 집중포화 받음.
• 중종 2년(1507) 2월 - 낙향하겠다며 사직 상소.
4월 - 정국공신(1등) 박영문의 청탁으로 인사 관련 로비했다가 대간의 집중포화 받음.
강원도 평해군에 유배. 정국공신 2등으로 강등. 자·손·사위도 모두 유배.
7월 - 김일손의 사초 문제를 최초로 전해준 자가 당시 병조참판 허침이라고 유배지에서 진술함.
• 중종 3년(1508) 4월 - 유자광의 자·손을 해배하자는 왕의 논의를 삼사에서 격렬히 반대.
• 중종 5년(1510) 3월 - 유자광의 손자를 해배하자는 왕의 논의를 삼사에서 격렬히 반대.
• 중종 6년(1511) 4월 - 유자광의 손자 이배移配 상소를 왕이 윤허했으나 삼사의 반대로 취소.
• 중종 7년(1512) 6월 - 유배지에서 사망.
대신들은 익대공신녹권 돌려주자고 했으나 삼사의 반대로 무산. 손자 두 명은 해배.
• 중종 8년(1513) 2월 - 공신회맹에서 유자광의 익대공신 돌려준다고 결의했으나, 삼사의 반대로 무산.
11월 - 대신과 왕이 익대공신 환급을 논의했으나, 삼사의 반대로 무산.
• 중종 9년(1514) 1월 - 유자광의 익대공신 환급 여부를
수의收議에 붙였으나, 29대 1이라는 압도적 차이로 부결.
• 중종 10년(1515) 9월 - 처 박씨가 아들의 해배를 호소. 윤허했으나 삼사의 반대로 취소됨.
• 중종 28년(1633) 9월 - 손자가 조부의 공신첩 환수를 상소. 윤허했으나 삼사의 반대로 취소됨.
• 융희 2년(1908) 7월 - 사면과 복권. 관작을 모두 돌려받음.

47

||||||

유자광, 반정에 참여하다

연산군 12년(1506) 9월 2일 밤 세상이 바뀌었다. 박원종朴元宗·성희안成希
顔·유순정柳順汀 등 이른바 3대장이 주도한 정변으로 신하들이 왕을 몰아
내고 새 왕을 세웠으니, 바로 중종반정이었다. 반정反正이라는 말에서도
알 수 있듯이 연산군 때 잘못된 것들을 모두 올바른 길로 돌이킨 거사라
는 의미였다. 그런데 유자광은 이 거사를 기린 논공행상에서 당당히 1등
공신에 올랐다. 연산군 때의 '잘못'이라면 무오사화도 빼놓기 어려운데,
무오년의 옥사를 주도한 유자광도 반정에 참여하여 연산군을 몰아내는
데 동참한 것이다.

조선왕조의 첫 반정인 중종반정이 갖는 복잡한 내막은 바로 이런 점
이었다. 정변 자체가 지방에서 봉기한 어떤 민란이나 군사정변이 세력을
확장하다가 중앙까지 점령하고 한 시대를 끝낸 그런 상황은 아니었다. 한
양에서 발생하였고, 지휘부도 대개 성종과 연산군 2대에 걸쳐 요직에 올

랐던 자들이었다. 연산군에게 해를 당한 사람이 주도한 정변이 아니었다. 연산군 말기에도 높은 품계를 유지하거나 요직에 있던 대신들이 일부 장교들과 합세하여 왕을 내쫓은 사건이었다.

반정 공신에 오른 자들의 연산군 때 경력은 대개 유자광과 비슷하였다. 이른바 3대장의 핵심인 박원종은 정변 전까지만 해도 경기 감사를 거쳐 절도사를 역임하면서 연산군의 총애를 받던 인물이었다.[1] 그가 연산군의 신임을 받을 수 있었던 것은 왕이 즐기는 사냥을 총괄해서 준비하고 지휘한 장본인이었기 때문이다. 성희안은 갑자사화 이후에도 이조참판을 역임했으며, 연산군이 강무를 핑계 삼아 사냥을 일삼을 때 대장 역할도 맡았다. 강무 때 군율을 어긴 죄로 장 100대를 맞고 참판에서 좌천당하기도 했으나,[2] 이후로도 가끔 연산군의 명소命召를 받던 인물이었다.[3] 유순정은 정변 당시 이조판서였다.[4] 이 밖에도 무장이나 군인들을 제외한 다른 참여자들도 연산군 말년에 죄다 왕의 총애를 받거나 조정에서 한 자리씩 하던 자들이었다.

그렇다면 정변 당시 유자광의 역할은 무엇이었을까? 과연 얼마나 반정의 성공에 기여했을까? 거사 당일 밤의 상황은 《연산군일기》의 마지막 기사와 《중종실록》의 첫 기사에 꽤 상세하게 나온다. 다만 전자가 후자보다 약 40년 이른 기록이므로, 사료적 가치는 조금 더 높다고 할 수 있다.

---

[1] 《연산군일기》 권61, 12년 2월 15일 을축(1), 19일 기사(4); 권62, 12년 4월 8일 정사 (1), 6월 13일 신유(4), 7월 13일 경인(1).

[2] 《연산군일기》 권56, 10년 10월 20일 정축(7), 23일 경진(7).

[3] 《연산군일기》 권58, 11년 7월 7일 경인(1).

[4] 《연산군일기》 권63, 12년 9월 2일 기묘(1).

《연산군일기》의 기록에 따르면, 박원종과 성희안이 시세를 걱정하며 먼저 의기투합하고 신윤무辛允武 등 무장들과도 결의하였다. 이조판서 유순정도 적극적으로 가담하였다. 다른 무장들도 각기 거사 일에 군사를 이끌고 모이기로 약속하였다.[5] 이 정도가 거사를 주도한 핵심 인물들의 이야기다. 이 뒤로는 거사 당일 저녁 무렵의 상황이 나오는데 아래와 같다.

이윽고 무인戊寅 날 저녁에 모두 훈련원에 모였다. 성희안이 달려가 김수동金壽童과 김감金勘에게 함께 가자고 하였다. 김감은 즉시 따랐고 김수동은 두려워 망설이다가 결국 따랐다. 또 유자광이 지모가 많고 경력이 많으므로 역시 불러 함께하였다. 용사들을 임사홍과 신수근·신수영愼守英의 집에 보내어 추살하였다. 또 사람을 보내어 신수겸愼守謙을 개성부에서 베었다. 이를 들은 도성의 대소인들이 기약도 없이 모여들어 잠깐 동안에 운집하였다. 즉시 모든 장수를 편성하고 용구마龍廏馬를 내주어 각기 군사를 거느리고 궁성을 에워싸 지키게 하였다. 또 옥에 있는 죄수들을 놓아 종군하게 하니, 밤이 벌써 3경이었다.[6]

이를 보면, 유자광은 애초 모의 자체를 몰랐다. 그런데 거사 당일 저녁 무렵에 동참 권유를 받고 바로 거사에 참여하였다. 위 인용문의 문맥을 보면 성희안의 권유였을 가능성이 매우 크다. 성희안은 예전에 유자광이 함경도에 조사 차 다녀올 때 동행하면서 인연을 쌓은 적이 있었다.[7]

[5] 《연산군일기》 권63, 12년 9월 2일 기묘(1).
[6] 《연산군일기》 권63, 12년 9월 2일 기묘(1).
[7] 이 책의 34장에서 다루었다.

이후에 이어지는 내용을 전체적으로 보아도, 유자광은 최초 결의한 자들을 제외하고는 다른 누구보다도 일찍 거사에 참여한 점은 분명해 보인다.

이런 정황은《중종실록》의 설명과도 대체로 부합한다.

거사하기 하루 전날 저녁에 성희안이 김감·김수동의 집에 가서 모의한 것을 갖추어 알렸다. 이어 박원종·유순정과 더불어 훈련원에서 회합하였다. 무사와 건장한 장수들이 호응하여 운집하였다. 유자광과 구수영具壽永, 운산군 이계李誠, 운수군 이효성李孝誠, 덕진군 이활李濊 또한 와서 회합하였다. 여러 장수에게 부대를 나누어 각기 군사를 거느리고 뜻밖의 일에 대비하게 하였다. 밤 3경에 박원종 등이 곧바로 창덕궁으로 향하여 가서 하마비동下馬碑洞 어귀에 진을 쳤다. 이에 문무백관과 군민軍民 등이 소문을 듣고 급히 달려 나와 거리와 길을 메웠다. 영의정 유순柳洵, 우의정 김수동, 찬성 신준申浚과 정미수鄭眉壽, 예조판서 송일宋軼, 병조판서 이손李蓀, 호조판서 이계남李季男, 판중추 박건朴楗, 도승지 강혼姜渾, 좌승지 한순韓恂도 왔다.[8]

이에 따르면, 거사 당일 저녁 성희안이 가장 먼저 접촉한 김감의 이름은 보이지 않으며, 김수동은 이름은 나오지만 문맥과 정황으로 볼 때 유자광보다 꽤 뒤에 합류한 것으로 나온다. 이로써 보자면, 유자광은 처음부터 모의에 참여하지는 않았지만, 아직 거사의 성패를 누구도 모르던 당일 저녁 무렵에 비교적 일찍 마음을 굳혀 참여했음을 알 수 있다. 이미 군

---

[8] 《중종실록》 권1 1년 9월 2일 무인(1).

대가 창덕궁을 포위한 후에, 다른 말로 거사의 성공이 사실상 드러났을 때 합류한 위 인용문의 정승·대신들보다는 반정의 공이 훨씬 크고 앞섰다고 할 수 있다.

> (1) 유자광은 본래 모의에 참여하지 않았다. 여러 차례 큰일을 겪어 일에 통달하고 익숙하였으므로, 거사하는 날 사람을 보내어 그를 불러 맞아들였다. (그러자 그는) 말을 마치기도 전에 뛸 듯이 일어나 달려 나왔다. 반정한 뒤에는 논공을 전적으로 맡아 세 사람[3대장] 아래에 무릎 쓰고 자리한 것이지, 실로 공이 있는 자는 아니었다.[9]

위 인용문은 유자광과 홍경주(洪景舟)가 서로 추천하며 재산을 많이 하사받은 기사 뒤에 붙은 사론이다. 앞서 두 인용문이 실록청의 공식 설명인 데 비해, 위의 자료는 사관의 주관적 평가, 특히 부정적인 평가이다. 그런데 여기서는 좀 다른 뉘앙스를 느낄 수 없다. 유자광이 3대장 바로 아래의 위치를 점한 사실은 인정하면서도, 그것이 실제로는 공이 없는데 유자광이 함부로 그렇게 처신한 결과임을 강하게 드러내었다. 그래도 이들 세 기록을 종합적으로 볼 때, 유자광은 애초에 모의를 함께하지 않은 자들 중에서는 가장 먼저 매우 적극적으로 참여했음은 분명해 보인다. 특히 거사 당일 군사들이 작전을 개시하기 전에 이미 합류한 점은 부정할 수 없다.

더 결정적인 증거가 같은 《중종실록》에 나온다. 중종 2년(1507) 8월 이

---

[9] 《중종실록》 권1 1년 10월 18일 계해(1).

과李顆 등의 역모사건 중에 나온 진술이다. 이 사건은 거사에 군사를 이끌고 참여한 일부 무장이 공신 책정에 불만을 품고 이런저런 말을 나누다가 역모로 걸려든 사건이었다.[10] 손유孫裕라는 무인은 거사 당일 일부 군사를 지휘했는데도 고작 원종공신 2등에 올랐는데, 그는 이런 말을 하였다.

> …… 만약 좌의정[박원종]을 따라 행군했다면 대공신大功臣을 얻었을 터인데, 유자광을 따른 탓에 단지 원종공신만 얻었을 뿐이라고 (하원수河源守에게) 말하였습니다.[11]

이 내용은 거사 당일 훈련원 앞에서 급히 군사를 편제할 때 손유는 우연히 유자광의 군대에 배속받았고, 그 때문에 며칠 후 공신 책정에서 완전히 밀렸다는 자기 분석이다. 손유와 하원수는 같은 무장으로 친한 사이였는데, 하원수가 외방에서 근무하다가 상경하자 서로 만나 공신 책정 얘기를 나누다가 나온 불평이었다.

이로써 보면, 유자광은 거사 당일 3대장과는 별도로 일단의 부대를 지휘하였음을 알 수 있다. 거기에는 유자광의 식솔이나 노복도 포함되었겠지만, 도성의 군사 가운데 일부도 즉석에서 유자광의 휘하에 들어간 사실을 알 수 있다. 또한 손유의 말은 마침 그날 '재수 없게' 유자광을 따르도록 배치되는 바람에 제대로 공신에 오르지 못했다는 푸념이었다. 이는 또다른 정황을 알려 준다. 앞 (1) 사료에서 밑줄 친 부분 곧 공신 책정 등의 논공행상을 흔히 유자광이 주도한 것으로 알고 있으나, 그의 권한이 박원

---

[10] 이과의 옥사에 대해서는 정두희, 《조광조》, 아카넷, 2001, 30~33쪽 참조.
[11] 《중종실록》 권3, 2년 8월 27일 무술(2).

종 등 3대장에게는 전혀 미치지 못했음을 생생히 보여 준다.

요컨대, 중종반정에서 유자광은 3대장 다음으로 중요하게 이름이 오르내렸다. 그 이유는 그에게 그럴 만한 충분한 공로가 분명했기 때문으로 보아야 합리적이다. 특히 거사 당일 군대를 지휘한 사실은 분명하였다.[12] 공신을 책정할 때도 3대장 다음으로 일정한 영향력을 행사한 것 같다. 상식적으로만 보아도, 유자광이 정말로 아무런 공이 없거나 적었다면, 박원종 등 3대장이 유자광을 군이 그렇게까지 우대할 필요가 있었을까? 이미 오래전에 사림의 공적으로 '찍힌' 유자광이 반정에 무슨 도움이 된다고 불렀겠으며, 아무런 공이 없는 그에게 왜 1등 공신으로 우대하였을까? 설득력이 매우 떨어진다. 경륜과 지략이 풍부하므로 유자광을 불렀다는 기록을 고려할 때, 거사 당일 유자광은 여러모로 작전에 개입하고 군대를 이끌었으며, 성공 직후의 수습 과정에서도 3대장에게 여러 아이디어를 제공하면서 주요 역할을 담당했다고 보는 편이 차라리 합리적이다. 그의 도총관 경력을 고려하면 더욱 그러하다.

중종반정은 공신 책정 문제로 두고두고 논란을 빚었다. 반정 후 엿새 만에 공신 책정 결과는 나왔다. 왕의 윤허만 남았을 뿐이었다. 이에 따르면, 1등은 박원종·성희안·유순정 등 3대장을 비롯하여 유자광·신윤무·박영문朴永文·장정張珽·홍경주洪景舟 등 모두 8명이었다. 2등은 유순·김수동 등 15인, 3등은 심정 등 85인이었다. 정국靖國공신이라는 칭호로 도합 108명을 책정하였다.[13]

---

[12] 유자광이 유배된 후에도 3대장 가운데 한 명인 유순정은 유자광의 공을 인정하였다. 이에 대해서는 《중종실록》권4, 2년 9월 11일 신해(1) 참조.

[13] 《중종실록》권1 1년 9월 8일 갑신(2), 9일 을유(5), 15일 신묘(2).

처음부터 잡음이 많은 선정이었다. 대간에서 즉각 책정의 부당성을 지적하고 나섰다. 상황이 비슷한 세조 때 정난靖難공신은 모두 36명이었는데 지금은 무려 100명이 넘었으며, 거사 소문을 듣고 달려와 단순히 추대에 참여한 대신들을 훈적에 올린 것도 부당한데 그 자식들까지 올렸다며 이의를 제기하였다.[14] 하지만 왕은 기각하였다.

흥미롭게도, 중종 자신도 공신 책정에 청탁을 넣었다. 자신의 외숙 윤탕로尹湯老를 3등으로 하자고 의견을 내고는 대신들의 동의를 얻어 책정하였다.[15] 그러자 대간이 또 이를 문제 삼았다. 거사 당시 윤탕로는 경상도에 있었는데, 어떻게 공신에 오를 수 있느냐는 합당한 이유를 제시했으나, 왕은 잠저潛邸 때부터 자기를 도운 점을 들어 불허하였다.[16] 이후 원종原從공신을 논할 때, 중종은 심지어 잠저 때 친분이 있던 자나 이웃이라는 이유로 원종공신에 올리라는 명을 내릴 정도였다.[17]

이렇듯 정국공신 책정은 논란이 많았다. 이런 와중에 공신들에게 가자까지 단행하자, 대간의 반대도 더욱 거세졌다. 책정의 공정성을 잃었으니 개정하자는 논계가 하루가 멀다 하고 조정을 흔들었다. 하지만 반정 초기의 분위기 및 반정 주체 세력과 왕이 앞장서서 공신 수를 늘리는 마당에 대간의 지적은 큰 힘을 발휘하지 못하였다. 대신, 이 문제는 이후 약 15년에 걸쳐 잊을 만하면 조정의 현안으로 떠올랐으며, 끝내 기묘사화를

---

[14] 《중종실록》 권1 1년 9월 10일 병술(3/4), 11일 정해(4), 13일 기축(2).

[15] 《중종실록》 권1, 1년 9월 17일 계사(2).

[16] 《중종실록》 권1, 1년 9월 18일 갑오(2).

[17] 《중종실록》 권1 1년 9월 29일 을사(2), 10월 2일 정미(9).

촉발한 결정적 기폭제로도 작용하였다.[18]

유자광의 이런 극적인 재기는 오래 갈 수 있었을까? 그렇지 않았다. 일단 과연 '재기'했는지부터 명확하지 않았다. 1등 공신은 이를 나위도 없고 웬만한 공신들이 줄줄이 고속 승진을 하는 중에도, 유자광은 별다른 관직을 갖지 못하였다. 3대장의 뒤를 이어 1등 공신에 당당히 올랐고 공신 책정 과정에도 직접 관여했으나, 실권을 휘두를 수 있는 요직에는 여전히 접근 불가였다. 상만 받았을 뿐이다. 이는 아무래도 그의 평생을 따라다닌 출신 문제 곧 서출이라는 태생적 한계와 성종 때부터 이미 사림의 핵심 표적이 되었기 때문으로 보아야 할 것이다. 그런 그를 어떤 고위 요직에 임명할 경우 불 보듯이 자명한 대간의 거센 반대도 상당한 영향을 주었을 것이다.

반정의 뒤처리로 과거사 정리 문제는 불가피하였는데, 이런 수순도 유자광에게는 매우 불리하였다. 연산군 때의 잘못된 과거사를 바로잡는 시대적 바람을 타고 임사홍은 부관참시에 재산 몰수라는 추가 처벌을 받았다. 그 아들 임숭재는 왕실의 사위라는 이유로 부관참시는 피했으나, 역시 재산을 몰수당했다.[19] 아직은 반정 초기라 잠잠했지만, 임사홍이 이렇게 추형을 당한 점은 유자광에게도 피할 수 없는 운명을 예고한 셈이었다. 성종 때 도승지 현석규를 탄핵한 일로 임사홍 등과 한통속으로 묶여 처벌받은 일은 두고두고 그의 인생에서 크나큰 걸림돌로 작용하였다. 임사홍을 부관참시한 사림의 분노가 언제쯤 유자광에게로 쏠릴지는 솔직

---

[18] 이에 대해서는 계승범, 〈조선 전기 洪景舟의 정치활동〉, 《한국계보연구》 11, 2021에 상세하다.

[19] 《중종실록》 권1, 1년 9월 26일 임인(6).

히 시간문제였다.

　무오사화에 대한 과거사 '바로잡기'도 유자광에게는 마찬가지로 불리하였다. 정범正犯은 세조를 직접 비방한 죄가 명백하니 지금 풀어 줄 수 없다는 것이 반정 주체 세력의 의견이었다. 다만 대역죄가 아닌데도 대역죄로 논계하여 연좌율을 적용한 것은 부당하다는 인식이 지배적이었다. 이는 연좌형을 받은 족친을 모두 풀어 주어야 함을 의미하였다. 당시 이 문제를 논의하던 어전회의에 참석했던 유자광은 "당시 추관이었으므로 지금 의논할 수 없다"며 물러설 수밖에 없었다.[20]

　연산군을 몰아낸 반정 세력은 연산군 때의 잘못을 바로잡아야 정당성을 확보할 수 있었다. 따라서 무오사화와 갑자사화도 모두 바로잡아야 했다. 그런데 아이러니하게도 유자광은 무오사화와 반정에 모두 크게 공헌하였다. 일종의 패러독스였다. 그런데 당시 반정의 핵심 3대장도 연산군 재위 말기에 잘 나가던 인물이었다. 거사에 뒤늦게라도 참여한 자들 가운데 상당수가 연산군 말기의 조정 대신들이었다. 그런데도 대간의 공격은 유독 유자광에게 집중되었다. 왜 그랬을까?

---

[20] 《중종실록》 권1, 1년 11월 12일 정해(5).

48

|||||

대간의 총공세와 고립무원의 유자광

중종을 추대한 1등 공신에 오르기는 했지만, 유자광은 아직 새 왕과 개인적인 친분이 없었고 신임을 확실히 얻은 처지도 아니었다. 하지만 그는 타고난 기질에 더하여, 대간의 발호를 억제해야 한다는 생각에는 변함이 없었다. 그것이 이른바 3대장의 생각이자 새 왕도 동의하리라 판단하였다. 또한 반정 후에 대간이 주로 문제 삼을 일은 워낙 자명하였다. 연산군때의 과거사를 끄집어내어 관련 인물에 대한 탄핵을 주도하리라는 시대 분위기 및 그것이 자신에게는 꽤 불리하게 작용할 수 있음도 유자광은 제대로 충분히 인지하였다.

문제는 그런 불리한 상황을 타개하는 방식이었다. '간당奸黨' 임사홍 패거리이자 무오사화의 원흉이라는 낙인이 찍힌 상태라면, 반정 후 유자광은 예전과는 달리 말을 조심할 필요가 있었다. 지금까지 살폈듯이, 유자광은 이때까지 일일이 헤아리기 힘들 정도로 대간의 탄핵을 받았다. 발단은 대개 유자광이 어전회의에서 개진한 발언 때문이었다. 특히 대간을 직설적으로 공격한다거나, 어떤 일을 두고 대간과 끝까지 싸우는 일이 잦았다. 법정 다툼에 비유한다면 유자광이 승소할 사안이 꽤 있었을지라도, '풍문 탄핵'을 인정하던 당시 간쟁 풍토에서 유자광은 말의 표현 하나하나에 신중할 필요가 있었다. 그러나 유자광은 그렇지 않았다. 여전히 직설적이고 노골적이었다.

성희안의 말이 옳습니다. 앞으로 잘못하는 일은 대간이 논박해도 가하지만, 폐조 때 일은 대간이라도 다시 말하지 말도록 함이 옳습니다.[21]

이것은 갑자년(1504)의 대과 합격자를 등용하지 말자는 대간의 논의를 놓고 어전에서 두루 의견을 개진할 때 나온 유자광의 발언이다. 바로 앞서 성희안은 자신도 폐조廢朝 때 홍문관을 혁파하자는 글을 지어 바쳤으니 잘못이지만, 그런 식이라면 당시 신하들이 억울하게 처벌을 당할 때 이의를 제기하지 않고 침묵한 모든 신료도 죄인이라고 전제하였다. 그러고는 폐조의 사람이라고 모두 버리면 인재를 어디서 구할 수 있느냐는 의견을 내었다. 정국이 급변했을 때 흔히 나오는 과거사 관련 논쟁에서, 예전 사람이라고 하여 무조건 내치면 곤란하다는 것이었다.

성희안의 말은 자못 설득력이 있었다. 그런데 위에 제시한 유자광의 말은 그 본질은 성희안의 말과 같을지라도 내용과 표현이 너무 과격하였다. 폐조 때의 일은 대간일지라도 아예 말하지 못하게 어명을 내리는 게

---

[21] 《중종실록》 권1, 1년 12월 18일 임술(1).

좋겠다는 강경 발언이자, 대간의 반격을 예상한 도발이었다. 노회한 정치가 유자광이라면 새롭게 바뀐 분위기를 파악할 법도 한데, 그는 되레 대간에게 선제공격을 가한 셈이었다.

아니나 다를까. 다음 날 대사헌 이계맹李繼孟은 유자광이 대간의 언로를 방해한다며 논계하였다.[22] 하지만 그뿐이었다. 대간의 총구는 달아오르지 않았다. 아직은 반정 초기로, 대간의 활동이 성종 때만큼 활발하지는 않을 때였다. 마침 조광보趙光輔 역모사건이 발생하자, 의금부 추관들은 이계맹 등도 연루 혐의가 있으니 국문해야 한다는 보고를 올렸는데, 사관은 유자광이 추관을 부추겼다는 설명을 남겼다.[23] 사관의 부연 설명이 정말로 사실이라면, 자신을 논박한 이계맹을 겨냥한 유자광의 반격이라고 볼 수 있다.

대간의 유자광 탄핵은 반정의 흥분이 가시고 대간이 제대로 기지개를 켜면서 본격화하였다. 이때도 빌미는 유자광이 먼저 제공하였다. 여름에 우박이 내린 일로 왕이 구언했을 때 유자광은 느닷없이 대간이 탄핵하여 파직된 지방 수령이 사실은 선정을 베풀었다며 파직을 철회해 줄 것을 청하였다.

> 신이 박영문朴永文을 만났더니, 그가 신에게 (이렇게) 말했습니다. "고성 백성 허원필許元弼과 창녕 백성 김이형金利亨 등이 말하기를 '우리 수령은 백성 다스리는 실적이 제일인데, 대간이 무엇을 듣고서 파직한 것인가?'라고 하였답니다." 신이 대간의 의도는 모르지만, 만일 과연

---

[22] 《중종실록》 권1, 1년 12월 18일 임술(1), 19일 계해(1).
[23] 《중종실록》 권2, 2년 윤1월 27일 신미(1).

잘 다스렸다면 파직함이 미안합니다. 지금 마침 그 도의 감사가 한양에 왔으니, 청컨대 감사와 허원필·김이형이 사는 두 고을에서 온 상번上番 군사에게 물으시면 (실정을) 알 수 있겠습니다.[24]

두 고을 수령과 유자광 사이에 어떤 친분이 있다면, 사관이 반드시 그 일을 적었을 것이다. 그런데 전혀 없는 점으로 보아, 그런 사안으로 보기는 어렵다. 단서는 위 인용문의 밑줄 친 부분에서 찾을 수 있다. 박영문은 반정 때 크게 활약한 무장으로, 1등 공신에 오른 자였다. 그가 유자광에게 두 고을 수령을 구해 달라고 청탁하였다. 이로부터 약 8개월 후 양사가 박영문을 탄핵할 때 "유자광을 충동하여 임금을 현혹하고 정론正論을 교란하였다"라는 지적은 바로 이때의 청탁 행위를 논한 것이었다.[25] 같은 1등 공신으로서 유자광은 마침 구언 기회를 이용하여 왕에게 직접 아뢰었다. 그러나 대간이 논계하여 이미 파면 처결한 사안의 결정을 뒤늦게 철회하자는 건의는 조정에 물의를 일으키고도 남음이 있었다.

이제 대간의 총구는 유자광을 향해 불을 뿜기 시작하였다. 구언에 응했을 뿐이라지만 실은 대간을 공격했다는 인식이 매우 강했기 때문이다.[26] 이때 시작한 대간의 탄핵은 달포 동안 조정을 뒤덮었다. 양사에서 시작한 탄핵에 홍문관이 곧 합류하여, 삼사는 거의 매일 논계를 이어 갔다. 예문관과 승정원도 합세하였으며, 성균관 유생들도 힘을 보탰다. 경

---

[24] 《중종실록》 권2, 2년 4월 12일 을유(5).

[25] 이에 대해서는 《중종실록》 권4, 2년 12월 15일 갑신(5), 17일 병술(2) 참조.

[26] 《중종실록》 권2, 2년 4월 14일 정해(2).

연에서도 강독하다가 툭하면 유자광의 처벌을 극론하곤 하였다.[27]

이 와중에 유자광에 대한 안 좋은 모든 기억이 다시 쏟아져 나왔다. 서얼 출신이라는 태생적 약점은 이를 나위도 없고 임사홍 패거리로 소인 중의 소인이자 간당의 우두머리라는 낙인이 확고부동하였다.[28] 이뿐 아니라, 무오년에 김종직 문도를 참소한 원흉이라는 비난도 빠지지 않았다.[29] 그가 1등 공신에 오른 일도 도마 위에 올랐다. 반정 공로도 없이 거사의 판세가 이미 결정된 후에 달려와 빌붙었다는 일종의 '가짜뉴스'도 등장하였다.[30] 심지어 한 사론史論에서는 유자광이 무오사화를 주창하고 갑자사화를 일으켜 사대부를 다 죽였다면서 없는 사실을 꾸며서 적었다.[31] 이 책의 44~46장에서 상세히 살폈듯이, 갑자사화는 시종일관 연산군이 주도한 일이며 유자광은 별 관련도 없었다. 되레 도중에 처벌을 당한 적도 있었다. 따라서 이런 사론 또한 심각한 수준의 왜곡이자 기억의 조작이라 할 수 있다.

그러나 상황이 상황인지라, 아무 공로도 없이 3대장에 빌붙어 공신에 오른 파렴치한 간신이라는 유자광의 이미지는 바로 사실로 둔갑하였다. 무오사화뿐만 아니라 갑자사화를 일으킨 원흉이라는 가짜뉴스도 '실제 뉴스'로 사람들의 뇌리에 각인되었다. 이런 현상이 가능했던 원인遠因으

---

[27] 중종 2년 4월 내내 이어진 다양한 탄핵은《중종실록》해당 기사를 통해 쉽게 확인할 수 있다.

[28] 《중종실록》권2, 2년 4월 13일 병술(1/5), 14일 정해(2/3), 16일 기축(7), 17일 경인(5) 등 외에도 매우 많다.

[29] 《중종실록》권2, 2년 4월 18일 신묘(1).

[30] 이에 대해서는《중종실록》권2, 2년 4월 15일 무자(2) 참조.

[31] 《중종실록》권3, 2년 5월 1일 계묘(5).

로는 아무래도 성종 때 도승지 현석규를 탄핵하다가 임사홍과 같은 패거리로 몰려 유배를 당한 전과를 꼽지 않을 수 없다. 유자광 본인은 갑자사화 때 몸을 낮추고 목소리를 내지 않았지만, 임사홍이 연산군의 비위를 맞춰 갑자사화를 확대하는 데 결정적 역할을 한 것은 엄연한 사실이었다. 성종 때부터 이미 임사홍과 유자광을 붕당을 결성한 소인배로 낙인찍은 이른바 사림은 무오사화와 갑자사화를 굳이 분리하지 않은 채 그 둘이 주도적으로 일으켜 사림을 숙청한 사건으로 기억한 것이다.

이렇듯 달포간 조정을 뒤흔든 대간의 총공세는 유자광의 유배로 일단 막을 내렸다. 대간이 공세를 취하기 얼마 전에 유자광은 김종직의 문도가 자기를 해코지할까 두려워 낙향하겠다는 상소를 올렸다.[32] 공격을 받으면서는 자신은 서출이라 본래부터 고립무원의 처지였음을 왕에게 호소하였다.[33] 왕도 누대에 걸친 공신을 이런 일로 처벌할 수 없다면서 최대한 유자광을 보호하려 하였다. 하지만 박원종과 성희안 등 사실상 유자광의 유일한 우군이랄 수 있는 반정 주체 세력과 정승들은 지원 사격을 제대로 하지 않았다. 오히려 대간의 논핵과 조정의 의견이 공론公論이라는 점을 들어, 조정이 이 일로 시끄러우니 유자광을 일단 유배형에 처하는 게 좋겠다는 의견을 제시하였다.[34]

결국 유자광은 파직⇨중도부처⇨유배 등의 과정을 거쳐 강원도 평해군으로 최종 유배되었다. 정국공신도 2등으로 강등되었다.[35] 두 아들

[32] 《중종실록》 권2, 2년 2월 2일 병자(2).

[33] 《중종실록》 권2, 2년 4월 16일 기축(6).

[34] 《중종실록》 권2, 2년 4월 22일 을미(1), 23일 병신(2/3).

[35] 《중종실록》 권2, 2년 4월 16일 기축(2), 23일 병신(3); 권3, 2년 5월 1일 계묘(5).

과 손자 그리고 사위도 모두 유배 길에 올랐다.[36] 이후로도 유자광을 극형에 처해야 한다는 대간의 논계가 이어졌으나, 점차 조용해졌다. 이로써 유자광은 67세의 나이에 두 번째 귀양살이 신세로 전락하고 말았다. 중종반정 불과 8개월 만에, 새 왕에게 강한 인상도 심어 주지 못한 채, 언제 죽더라도 전혀 이상할 게 없는 60대 후반 늙은 죄인의 몸으로 돌아올 기약 없이 '정든' 한양을 떠나야 했다. 정치무대에서 사라진 것이다.

성종이나 연산군 때에도 유자광은 자주 대간과 격돌하였다. 그런데 이번에는 예전에 없던 새로운 장벽에 봉착하였다. 바로 공론公論이라는 준거였다. 이전에는 대간의 논핵이 너무 지나치다는 데에 왕과 대신들은 같은 생각이었다. 되레 사습士習을 바로잡을 필요가 있다는 점에 공감하였다. 대간의 말이 곧 공론이니 따라야 한다는 논의가 강한 편은 아니었다. 그런데 이번에는 핵심 대신들이 공론이라는 준거로써 대간을 편들고 유자광을 포기하였다. 물론 반정에 성공하고 과거사를 하나씩 바로잡는 새로운 형국에서 유자광 같은 인물이 더는 필요하지 않았기에 쉽게 버렸을 것이다. 그래도 그 근거로 공론이라는 잣대를 활용한 점은 주목할 필요가 있다. 반정 후 필연적으로 따라 나올 수밖에 없는 과거사 바로잡기 문제와 공론이라는 절대가치가 합체하여 시너지 효과를 내기 시작했기 때문이다.

---

[36] 《중종실록》 권2, 2년 4월 23일 병신(3).

49

||||||

무오년 사초 문제를 누가 누설했는가?

반정 후 과거사를 바로잡을 때 무오사화는 누구도 피할 수 없는 관문이었다. 그러나 해결이 쉽지는 않았다. 무오년 옥사가 정말로 말 그대로 사화士禍였다면, 그것을 바로잡는 일이 어려울 리는 없었다. 반정 후에는 공신과 대신들도 다들 사풍士風과 사기士氣를 흔히 입에 올렸기 때문이다. 그렇다면 과거사를 바로잡는 데 장애물은 무엇이었을까? 그것은 옥사의 기본 성격이 사화史禍였기 때문이다. 세조 대의 정치를 어떤 시각으로 보고 평가하는지에 따라 국가 공권력이 개입하여 처벌해 버린 사건이 바로 무오년 옥사의 본질이었다.

따라서 이런 성격의 무오사화와 관련하여 과거사를 바로잡기는 매우 어려웠다. 세조가 아니었다면 왕위 근처에도 올 수 없었던 예종·성종·연산군·중종이 조선왕조의 군주로 엄연히 군림하던 상황에서 세조 대의 역사 평가 문제는 언제라도 왕조를 뒤흔들 수 있는 '판도라의 상자'와도 같았다. 어쩌면 그 상자를 너무 일찍 열다가 숙청당한 사건이 바로 무오사화였다. 따라서 아무리 반정을 거친 중종 대일지라도 무오사화 자체가 잘못이라고 공개적으로 말할 수는 없는 노릇이었다. 그렇지만 과거사를 바로잡자는 바람을 피해 갈 수도 없는, 그래서 반정 초기 언젠가는 터질 수밖에 없는 '뜨거운 감자'와도 같았다.

유자광은 반정 후 불과 근 반년 만에 사직서를 올렸다. 김종직 문도가 자기를 해하려고 호시탐탐 노리니 자기는 불안하여 한양을 떠나 고향 남원으로 낙향하겠다는 내용이었다.[37] 그러나 반정 직후 어수선한 분위기에서, 다른 말로 반정 주체 세력의 권세가 하늘을 찌르던 상황에서 김종직의 문도가 1등 공신 유자광의 목숨을 임의로 노렸다는 정황은 아무래도 개연성이 떨어진다. 그렇다면 유자광이 불현듯 올린 이 사직 상소를 어떻게 봐야 할까? 반정 이후 대간에서 반드시 목소리를 높일 과거사 문제에 대한 예방 차원의 작업이라고 보는 게 그나마 합리적일 것이다.

무오사화 관련 과거사 문제의 시작은 사초 내용을 누가 최초로 발설했는지였다. 사초의 누설을 옥사의 시작으로 보았기 때문이다. 일기청日記廳에서는 《승정원일기》와 이극돈의 해명 상소 등을 조사하였지만 누설한 자를 특정할 수 없다면서도, 당시 실록청 당상 이극돈이 누설했다는 통념을 그대로 수용하였다. 사초 문제를 왕에게 아뢴 네 명 가운데 윤필상·노사신·한치형은 이미 죽었으니, 살아 있는 유자광에게 묻기를 청하였다.[38]

이조정랑 김세필金世弼이 유배지에 직접 다녀와서 올린 유자광의 초사

---

37 《중종실록》 권2, 2년 2월 2일 병자(2).
38 《중종실록》 권3, 2년 6월 28일 경자(1).

招辭 내용은 이러하였다.

> 지난 갑인년(1494) 11월에 어미의 상이 있어 정사년(1497) 정월에 복제服
> 制를 마치고 상경하였습니다. ① 허침許琛이 말하기를 "허반許磐과 김
> 일손 등이 《성종실록》에 세조의 일을 썼으니 어찌 이런 황당한 무리가
> 있겠는가?"라고 하였습니다. 그 뒤 이극돈에게 그 상세한 것을 물었습
> 니다. (이극돈은) 일일이 말하고 통분하게 여기며 말하기를 "허반과 김일
> 손 등이 세조가 잘못이라며 헐뜯어 사초에 적었는데, ② 대비께서도 이
> 미 알고 계시며 충훈부에서도 장차 위에 아뢰려 한다"라고 하였습니
> 다. 또 노사신에게 듣기로는 통분하다고 했습니다. 무오년(1498) 7월에
> 는 한치형·노사신 및 신과 윤필상 등이 함께 위에 아뢰었습니다.[39]

위 인용문은 초사의 요약본이다. 좀 더 자세히 따져 보기 위해 무오사
화 당시 이극돈의 해명 상소를 토대로 상황을 재구성하면 이렇다.

> 우의정 한치형은 실록청 당상 이극돈에게 김일손의 사초 문제를 아느
> 냐고 물었다. 이극돈은 소릉 복구 상소 건은 알지만 다른 것은 모른다
> 고 답하였다. 그 후 예조참판 신종호申從濩가 찾아와서 김일손의 사초
> 문제를 말해 주었다. 이에 이극돈은 한치형이 그때 물은 내용의 의미
> 가 바로 사초 문제였음을 비로소 인지하였다. 이극돈은 당시 좌의정
> 어세겸에게 이 문제를 알리고 의논했으나, 아무런 확답을 듣지 못하였

---

[39] 《중종실록》 권3, 2년 7월 15일 병진(4).

다. 이후로는 주로 한치형과 노사신의 집을 드나들며 이 문제를 논의하였다. 실록청 내부의 공의共議 결과가 나오는 대로 왕에게 알리자고 거듭 약속하였다. 그러나 이극돈은 실록청이 너무 바빠서 미처 공의할 겨를이 없다는 핑계를 대며 1년 반이 넘도록 이 문제를 덮어 두었다. 이극돈은 실록청 당상으로서 대신들을 두루 접촉하며 자문을 구했으나, 정작 본인은 사초 문제를 공개하는 데에는 끝내 미온적이었다. 바로 보고하지 않았다는 이유로 무오사화 중 처벌당하기까지 하였다. 마침 유자광은 모친의 상을 마치고 한양에 올라와서 누군가에게서 이 사초 문제를 듣고는 이극돈에게 직접 확인하였다. 그러고는 윤필상·노사신·한치형 등 충훈부 당상들과 사초 문제를 논의하였다. 이후로도 1년 반 정도 지체하다가 비밀리에 왕께 나아가 함께 보고하였다.[40]

이를 토대로 보자면, 이극돈은 최초의 발설자가 아니었다. 그보다 먼저 사초 문제를 감지한 이는 한치형과 신종호였다. 신종호는 예조참판으로서 실록청에 관여했을 뿐만 아니라 본인도 사초를 제출한 장본인이었다. 따라서 그는 김일손의 사초 문제를 매우 일찍, 어쩌면 가장 먼저 인지했을 가능성이 크다. 이에 비해 우의정 한치형은 당시 실록청에 관여하지 않았으므로, 누군가에게서 이 문제를 들었을 것이다. 또한 당시 윤필상·노사신·한치형은 늘 거의 붙어 다니며 조정의 원로 역할을 하였다. 따라서 윤필상과 노사신도 사초 문제를 몰랐을 리는 없다. 수합한 사초를 조사한 실록청 관원들도 본인이 발견했건 동료에게 들었건 대개 알고 있었

[40] 이 책의 37장에서 살핀 내용을 요약한 것이다.

을 가능성이 매우 크다.

이렇듯, 사초 문제는 당시 실록청 관원뿐만 아니라 웬만한 대신이면 다들 알고 있던 공공연한 비밀이었다. 유자광의 초사 중 밑줄 친 ② 부분에서 보듯이, 대비전에서도 사초 문제를 인지할 정도였다. 그런데 이극돈은 미적거리며 결단을 내리지 않으면서 1년 반이나 지체하였다. 이때 유자광이 한양에 올라와 누군가로부터 사초 문제를 전해 듣고는 바로 이극돈에게 가서 사실을 확인하였다. 그러고는 윤필상·노사신·한치형 등 충훈부 당상을 고무하여 마침내 왕에게 보고하였다.

유자광이 유배지에서 올린 초사는 위의 재구성과 기본 얼개는 같으면서도, 새로운 정보를 제공한다. 바로 밑줄 친 ① 부분이다. 유자광이 모친상을 마치고 한양에 올라왔을 때 그는 허침에게서 사초 문제를 들었다고 진술하였다. 당시의 예절로 보면, 상을 마치고 2년여 만에 한양에 올라온 유자광은 윤필상·노사신·한치형 등 원로 대신을 으레 방문하기 마련이었다. 그런데 사초 얘기는 허침에게서 들었다고 하였다. 당시 허침은 병조참판이었으므로, 대신들과의 인간 관계를 매우 중시하던 유자광은 상경 후 허침도 방문했을 가능성이 크다. 그렇다면 밑줄 친 ①의 진술은 어느 정도 사실일까?

흥미롭게도 일기청 당상들은 바로 ① 부분을 근거로 유자광의 진술이 거짓투성이라며 성토하였다.

이제 유자광의 초사를 보니 믿지 못할 데가 많습니다. 대체로 허침의 사람됨은 그 본성이 망녕되지 않고 자세도 단정합니다. 유자광이야말로 이랬다저랬다 하는 소인입니다. 비록 허침이 아는 바가 있다 하더라도 이런 일은 발설했을 리가 없습니다. ③ 허반은 성종 때에 유생을 면하지 못하였는데 무슨 사초가 있겠으며, 그 뒤에 급제한 후에도 사관인 적이 없으니 어찌 사초가 있겠습니까? 그가 허반 등의 사초라고 말한 것이 믿을 수 없는 첫째입니다. 또 유자광이 당초에 폐주가 하문하였을 때, 이극돈이 과연 나에게 말하며 통분히 여겼다고 답하였는데, 허침이 만약 먼저 이 말을 발설했다면 그때 유자광은 왜 허침이 처음 내게 말하였다고 말하지 않았겠습니까? 그때의 말은 그렇지 않다가 이제야 그처럼 말했습니다. 이것이 믿을 수 없는 둘째입니다. 또 허반은 허침의 5촌이므로 만약 일이 누설되면 중한 죄로 논단될 것이 틀림없는데, 허침이 어찌 절친의 일을 경솔히 남에게 발설하였겠습니까? 이것이 믿을 수 없는 셋째입니다. 또 유자광은 본래 거짓이 많은 믿을 수 없는 사람입니다. 이제 그가 말한 것도 역시 거짓 꾸민 데가 많으니, 이로써 허침을 죄 주는 것은 옳지 않습니다.

신 등의 생각에는, 이극돈이 처음 김일손의 사초를 보았을 때 이미 봉하여 간직하였을 것입니다. 이극돈은 평소에 김일손과 틈이 있었으니 어찌 먼저 자신이 논계하고 싶지 않았겠습니까마는, 자취가 혐의스러울 듯하여 (직접) 못하고 남에게 전하여 부탁해서 계달하게 한 셈입니다. 마땅히 이극돈을 죄 주는 것이 옳습니다. 유자광의 말이 비록 거짓으로 꾸민 것 같기는 하지만, 이미 그렇게 말한 바가 있고 보면 이극돈은 놓아 두고 유자광만 죄 줄 수는 없습니다. 이제 위의 사람들에게 죄를 더하지 않더라도, 나라에서 사국史局을 중히 여기는 뜻을 누가 알지 못하고 경솔히 누설하겠습니까? 이로써 계품합니다.[41]

[41] 《중종실록》권3, 2년 7월 18일 기미(3).

위 내용을 보면, 일기청의 주장은 지극히 주관적이며 추상적임을 쉽게 간파할 수 있다. 허침은 반듯한 사람이니 발설했을 리 없으며 유자광은 거짓을 일삼는 소인이라는 대조를 기본 틀로 잡았으나, 현대인의 시각으로 보자면 법정에서 통할 수 없는 자기중심적 평가일 뿐이다. 유자광의 진술이 틀렸다는 논리적 진술은 바로 밑줄 친 ③의 내용뿐이다. 허반의 나이와 경력만 보면 매우 사실적인 반증을 제시한 셈이다. 하지만 실상은 그렇지 않았다.

무오사화 때 처형당한 이는 모두 다섯으로, 김일손·권오복權五福·권경유權景裕·이목李穆·허반 등이었다. 여기서 허반을 제외한 네 명은 세조를 비방하는 사초를 직접 썼거나 그런 사초를 반드시 《성종실록》에 실어야 한다며 강경하게 주장한 공통점이 있다. 무오사화가 사화士禍보다는 엄연한 사화史禍였음을 여실히 보여 주는 대목이다. 그러면 허반은 왜 사형자 명단에 올랐을까?

김일손은 사초에 (덕종의 후궁) 권 귀인을 세조가 궁으로 불렀으나 권 귀인은 분부를 받들지 않았다고 썼는데, 그 말을 전해 준 이가 바로 허반이었다. 이뿐 아니라 궁중의 은밀한 일 가운데 세조의 패륜을 암시하는 일화를 김일손에게 제공하였다.[42] 김일손이 공초에서 거듭 그 점을 진술했으며,[43] 허반도 잡혀 와 국문을 당할 때 그 사실을 인정하였다.[44] 허반

---

[42] 《연산군일기》 권30, 4년 7월 12일 병오(2), 15일 기유(1/2), 19일 계축(3), 20일 갑인 (1), 21일 을묘(3).

[43] 《연산군일기》 권30, 4년 7월 12일 병오(2), 13일 정미(1),

[44] 《연산군일기》 권30, 4년 7월 15일 기유(1), 20일 갑인(1).

은 그 일을 김일손만이 아니라 주변 여러 사람에게 말하고 다녔다.[45] 허반은 바로 자신의 '빅마우스big mouth' 때문에 죽임을 당한 것이다. 그가 사초를 직접 쓰지는 않았지만, 사실은 사초사건의 발단을 제공한 장본인이었다.

무오사화 당시 추관推官이던 유자광은 세조의 부도덕성을 부각한 김일손의 사초 내용이 허반에게서 처음 나왔음을 잘 알고 있었다. 다만 연로한 그가 유배지에서 허반과 김일손을 한데 묶어 진술하는 바람에 오해를 살 소지를 제공했을 수도 있다. 그러나 성희안을 비롯하여 실록청 당상들은 9년 전 사초 문제로 조정이 시끄러운 사정을 누구보다도 잘 아는 자들이었다. 사초를 작성한 장본인이 김일손임과 그에게 궁중의 은밀한 일을 발설한 자가 허반임은 당시 조정에서는 비밀도 아니었다. 그런데 유자광이 올린 진술상의 표현 하나를 꼬투리 삼아 그의 진술 전체를 거짓으로 몰아붙인 꼴이었다.

왕도 이 문제를 다시 들추는 일이 녹록하지 않음을 깨닫고는 이제 와 추가로 처벌한다면 시끄러울 테니 그만두라고 명하였다.[46] 그러나 대간을 비롯하여 박원종조차도 사국史局의 일을 누설한 자를 처벌하자며 논계하였다. 이에 왕은 유자광에게 낭청을 보내 다시 진술을 받으라고 명하였다.[47] 약 달포가 지나, 일기청에서는 유자광이 누설자를 이극돈으로 지목했는데 이전에는 허침이라 했으니, 말이 일치할 때까지 추문하고 한양으

---

[45] 《연산군일기》 권30, 4년 7월 14일 무신(3).
[46] 《중종실록》 권3, 2년 7월 18일 기미(3).
[47] 《중종실록》 권3, 2년 7월 28일 기사(1), 30일 신미(2), 8월 1일 임신(4).

로 불러올리자고 건의하여 윤허를 받았다.[48]

그러나 실제로 이루어지지는 않았다. 약 4개월 후 일기청에서는 유자광이 이미 누설자로 이극돈을 지목했으니 이극돈도 처벌해야 한다고 건의하였고, 왕의 윤허를 재차 받았다. 하지만 역시 그뿐이었다.[49] 다시 5개월 후 일기청은 반정 후 사면령도 있었고 당시 당사자들이 다 죽었다 하여 일이 흐지부지되었지만, 이극돈이 누설자임이 유자광을 입을 통해 드러났으니 이극돈의 처벌이 필요하다고 건의하였다. 지금 덮는다면 훗날 비슷한 사사史事의 화가 또 일어날 수 있다며 경고하였다. 하지만 왕은 윤허하지 않았다.[50] 며칠 후 조강 중에 대사헌 정광필鄭光弼은 이렇게 아뢰었다.

> 처음에 유자광에게 물으니, 그가 (누설자가) 허침이라고 대답하여 온 조정이 유자광의 간사함에 분노하였습니다. 다시 묻자 이극돈이라고 대답하므로 사람들이 다 흐뭇하여 참으로 그 (누설한) 죄인을 알아냈다고 생각하였습니다. (이극돈을) 죄 주지 않아서는 안 됩니다.[51]

이 정도 논리라면, 차라리 '마녀사냥'에 가깝다고 할 수 있다. 허침은 누설할 자가 아니라는 말로 보호하고, 유자광의 입에서 이극돈이라는 말이 나오기만 바랐다는 자기 고백에 다름 아니었다. 그런데 이번에도 이런

---

[48] 《중종실록》 권4 2년 9월 21일 신유(9).
[49] 《중종실록》 권5, 3년 1월 15일 계축(3).
[50] 《중종실록》 권6, 3년 6월 23일 기축(4).
[51] 《중종실록》 권6, 중종 3년 6월 30일 병신(1).

식으로 끝나 버렸다. 이후에는 기록이 더는 나오지 않는다. 유자광이 왜 허침에서 이극돈으로 말을 바꾸었는지는 알 길이 없다. 다만 낭관이 유자광에게 가서 어떤 식으로 묻고 회유했는지에 따라 추론할 수 있겠지만, 현재로서는 이 또한 알 수 없다. 그래도 누설자가 이극돈이었다고 진술하는 편이 여러모로 좋겠다는 회유가 있었을 가능성을 배제할 수는 없다. 위에 인용한 정광필의 발언이야말로 그럴 가능성을 더욱 크게 해 준다. 당시 조정에서 원했던 이름이 바로 이극돈이었기 때문이다.

기록으로 볼 때, 사초 문제를 처음 인지한 자는 예조참판 신종호였음이 분명하다. 다만 그 외에도 실록청 관여자라면 대개 알았다고 보는 것이 합리적이다. 문제는 실록청 내부의 일을 외부로 누설한 자가 누군가였다. 실록청과 무관한 외부인으로 사초 문제를 처음 감지한 자는 우의정 한치형이었다. 윤필상과 노사신 등 원로 대신들은 아마도 한치형을 통해 들었을 것이다. 아울러 경로를 알 수는 없지만, 병조참판 허침도 이 일을 애초부터 알고 있었다. 십중팔구 '빅마우스'인 5촌 친척 허반에게서 들었을 것이다. 심지어 대비전에서도 알았다. 이 정도라면 사초 문제는 당시 웬만한 신료들은 알던 공공연한 비밀이었다고 할 수 있다.

최초 누설자를 제대로 찾는 일은 쉽지 않았다. 그래도 찾겠다는 의지가 확실하다면, 찾아낼 자료는 적지 않았다. 하지만 열쇠를 쥔 신종호·허침·한치형은 이미 죽었다. 윤필상과 노사신 그리고 이극돈도 죽은 후였다. 그런데도 대대적인 수사를 펼칠 경우, 사안이 어디로 튈지 아무도 예상할 수 없었다. 또 다른 옥사로 비화할 폭발력이 있었다. 아마도 이런 이유로 유자광에게도 엄히 캐묻기보다는 그에게서 이극돈이라는 이름을 받아 내는 선에서 마무리된 것 같다. 그 결과, 사초 문제는 이극돈이 발설하고 유자광이 모함하여 신진 사류를 일망타진한 사화士禍라는 인식이 굳어졌고, 그런 인식이 두고두고 사실로 자리 잡았다. 그러나 이 책의 35~39장과 여기서 지금 살폈듯이, 그것은 사실이 아니라 무오사화와 이극돈 및 유자광을 묶어서 기억하고 싶었던 사류의 노골적인 의도가 사실로 둔갑한 것과 다름없었다.

50

||||||

유자광에서 잘못되었습니다

유자광이 돌아오지 못할 유배 길에 오른 후에도 유자광이라는 이름은 조정에서 숱하게 입에 오르내렸다. 한 예로, 과거사 정리를 포함하여 다양한 개정 논의 와중에 "유자광에서 잘못되었다"라는 뉘앙스의 표현이 적잖이 나온다. 바로 아래 사료에서 밑줄 친 부분도 그런 사례이다. 오래전부터 간신이자 소인으로 낙인찍고 반정 이후에 공론이라는 이름으로 먼 유배지로 내친 인물인지라, 어떤 혐의를 유자광에게 씌울지라도 아무런 이의가 없던 시대 분위기였다.

장순손張順孫 등이 또 아뢰기를 "음직으로 가자한 일에 대하여 수의收議하라는 뜻을 신 등은 알 수가 없습니다. 모든 일은 마땅히 그 옳고 그름을 살펴서 해야 합니다. 음직의 가자를 함부로 한 것은 <u>유자광에서 잘못되었습니다</u>. 작명爵名은 군주가 소중히 하는 것이므로 당연히

개정해야 할 것인데도, 지금은 개정하지 말고 후일에는 그리하지 말도
록 하라 하셨으니, 이것은 무엇을 이름입니까?"라고 하였다.[52]

이 인용문은 대사헌 장순손이 음가蔭加의 부당함, 곧 음직으로 벼슬에
있는 자에게 가자加資함은 불가하다는 지적이다. 정국공신 책정에 더하
여 공신 자제들이 음직으로 벼슬에 나갔는데 가자까지 남발하니, 대간에
서 지적하고 나선 것이다.

그런데 흥미롭게도 음직에게 가자하는 잘못된 사례를 만든 자가 바로
유자광임을 강조함으로써, 어찌 '간신 짓으로 처벌받은 죄인' 유자광의
선례를 따를 수 있느냐는 논리를 복선으로 깔았다. 반정공신 곧 정국靖國
공신첩의 남발과 부자 사이의 작상爵賞 및 가자가 두드러지는 바람에 이
문제는 반정 후 대간이 장기간에 걸쳐, 어떤 면에서는 기묘사화(1519) 때
까지 15년 넘게 문제 삼은 대표적 현안이었다.

음가蔭加에 관한 일로 말하면, 조종조에서는 통정通政 이상은 비록 친
親공신이라 할지라도 받지 못하였습니다. 이는 유자광이 그 자식에게
작위를 주고자 하여 처음으로 만든 것이지 전례가 있는 것은 아닙니
다.[53]

위 인용문은 이런 집요한 간쟁 초기에 양사가 합계하여 아뢴 내용이
다. 무슨 특별한 의미가 있어서 고른 사료가 아니다. 이런 유의 사료는 중

---

[52] 《중종실록》 권5, 3년 1월 6일 갑진(3).
[53] 《중종실록》 권4, 2년 12월 14일 계미(3).

종 초기(1~3년)에 해당하는 실록 기사를 통독하면 지루하리만치 계속 나온다. 그 가운데 하나를 제시했을 뿐이다. 그런데 여기서도 음직 가자의 선례를 만든 자가 바로 유자광임을 강조함으로써, 그 부당함을 더욱 드러내었다. 유자광이 만든 그른 선례를 새 왕으로서 무심코 답습해서는 안된다는 논리가 당시 대간 사이에 절대적이었음을 잘 보여 준다.

자식도 최대한 공신에 올리고 자급도 계속 올려 주려는 정국공신들의 의도를 정면으로 제어하는 대간의 지적은 충분히 경청할 만하다. 그런데 그런 주장의 여러 근거 가운데 하나로, 유자광이 처음 만든 그릇된 선례이니 그것을 답습하지 말아야 한다는 논리를 편 점이 흥미롭다. 그렇다면 대간의 이런 주장과 논리는 과연 사실에 기초한 논변이었을까? 그렇지 않음을 보여 주는 자료가 같은 《중종실록》에도 적잖이 나온다. 한 예를 제시하면 이렇다.

> 삼공이 의논하여 아뢰기를 "공신 부자의 음가陰加는 비록 상고할 만한 문적이 없으나, 다만 익대공신 밀성군密城君의 아들 운산군雲山君과 수안군遂安君은 모두 아비의 음덕으로 가자를 받았습니다. 김구겸金具謙과 김수령金壽寧의 아비는 모두 자식의 음덕으로 가자를 받았습니다. 이를 보면, 공신 부자간의 음직 가자가 도리에 어그러지지 않음을 알 수 있습니다"라고 하였다. (왕께서) 알았다고 전교하였다.[54]

이 사료는 대간의 논핵을 받은 3정승 곧 반정 주체 세력이 예종 때 익

---

[54] 《중종실록》 권1, 1년 10월 23일 무진(6).

대공신 사례를 상고하여 왕께 아뢴 내용이다. 예종 초기의 익대공신 (1468) 사례를 볼 때, 음가 사례가 적잖다는 보고였다. 이로써 보면, 음가의 물꼬를 유자광이 텄다는 주장은, 그것이 사실일지라도 근거로는 힘이 떨어진다.

특히 성종의 즉위에 공을 세운 좌리공신(1471) 책정의 후속 조치는 이러하였다.

(왕께서) 이조에 전지하셨다. 원종공신 1등은 각각 1자급을 더하여 자손이 음직을 이어받게 하고, 사면이 후세까지 미치며, 부모를 봉작封爵하라. 원종공신 2등은 각각 1자급을 더하여 자손이 음직을 이어받게 하고, 사면이 후세까지 미치며, 아울러 자손 중에서 자원自願에 따라 산관散官 1자급을 더하며, 그 자손이 없는 자는 형제·사위·조카 중에서 자원에 따라 산관 1자급을 더하라. 원종공신 3등은 각각 1자급을 더하여 자손이 음직을 이어받게 하고, 사면이 후세까지 미치게 하라. 각 등급에서 통훈대부通訓大夫 이상이면 자손·형제·조카·사위 중에서 한 명에게 자원에 따라 산관 1자급을 더하라. 사망한 자는 각각 본래의 등급에 따라 시행하되, 각각 1자급을 추증하라. 범죄하여 산인散人이 되었다면 아울러 본품本品에 서용하라. 상 중에 있거나 까닭 없이 산인이 된 경우에는 각각 1자급을 더하여 서용하라. 길이 서용하지 아니할 자라도 벼슬길에 허통하게 하라. 직첩을 회수한 자에게는 모두 되돌려주라. 첩의 아들인 자라도 한품限品하지 아니하며, 공사천公私賤

인 경우라면 모두 천을 면하게 하라.[55]

이 사료는 좀 장황하지만, 요체는 간단하다. 나(왕)의 즉위를 도운 공신은 이를 나위도 없고 원종공신이라도 등급에 따라 부자 사이에도 음직 제수나 가자가 가능했던 정황을 여실히 보여 준다. 당시 실권이 거의 없던 15세의 왕이 내린 전교인지라, 이 내용은 솔직히 한명회 등을 중심으로 한 성종 초기 공신들의 의견이자 결정이라 해도 무방하다.

당시 한명회 등 좌리공신 75인과 젊은(어린) 왕 성종이 익대공신 유자광의 선례를 중시하여 이처럼 음가를 남발했을까? 상식적으로는 도저히 그렇다고 답할 수 없다. 오히려 좌리공신이야말로 별다른 공도 없이 공신에 올랐다는 비판이 거세었다. 종사와 관련한 중대 사안도 아닌데 그저 새 왕의 즉위를 도왔다는 '엉성한' 이유로 공신을 남발한 대표적 사례였다.

유자광이 공신에 오른 익대공신은 사뭇 달랐다. 유자광을 그렇게도 싫어한 대간도 익대공신 유자광이 종묘사직을 구한 일은 전적으로 인정하였다. 어떤 대간도 그것을 부정하지 않았다. 부정했다가는 조선왕조의 정통성 문제에 바로 걸려들 것이 자명했기 때문이다. 그러다 보니, 종묘사직을 위기에서 구한 익대공신의 공은 분명하지만 간사한 소인배로서 나라를 해친 죄상이 더 크니 처벌해야 한다는 논리를 폈을 뿐이다. 성종 초기 당시에도 이런 무더기 가자에 대하여 대간은 이렇다 할 논계조차 하지 않았다.

---

[55] 《성종실록》 권11, 2년 8월 25일 을축(4).

요컨대, 공신인 아비 덕분에 음직으로 가자를 받은 대표적 전례를 들어 정국공신의 음직 가자를 비판하려면, 굳이 익대공신 때의 유자광 개인의 문제보다는 아무래도 한명회 등이 주도한 좌리공신 때의 무더기 사례를 성토하며 그것을 답습하면 안 된다고 논계하는 것이 순리였다. 그러나 대간에서는 무조건 유자광을 끌어와 모든 잘못이 그에게서 비롯했음만 강조한 것이다. 그러니 이후로도 음직 가자 문제가 불거질 때면, 유자광의 이름은 매우 중요한 핵심 연관어로 조정 논의에 오르내렸다.

　　사소한 사안이지만 이런 일도 있었다. 즉위 초부터 대간의 간쟁에 시달리던 중종은 어느 날 승정원에 이런 전교를 내렸다.

　　대간이 말한 것이 어찌 모두 (직접) 목격한 것이겠는가? 전해 들었더라도, (정말로) 애매한 사정이 있다면 (당사자가) 어찌 변명하려 들지 않겠는가? 선왕의 조정에서도 논박 받은 자가 상소하여 해명하려고 한 일이 있었는지 상고하여 아뢰라.[56]

　　위 인용문은 병조참의 박의영朴義榮이 부정하게 종이를 빼돌렸으니 처벌해야 한다는 사헌부의 탄핵과 관련하여 왕이 내린 전교이다. 탄핵 사유는 박의영은 소행이 비루하여 사림이 비난하며, 번잡한 사람이라 인사권을 담당하면 작폐가 많을 것이라는 이유였다.[57] 문제는 대간의 탄핵을 받은 박의영이 억울하다며 해명 상소를 올린 일이었다. 위에 인용한 전교는 바로 예전에도 대간의 탄핵을 받고 스스로 해명하는 상소를 올린 전례가

[56] 《중종실록》 권4, 2년 11월 13일 임자(2).
[57] 《중종실록》 권4, 2년 10월 29일 기해(1), 11월 1일 경자(2).

있는지 살피라는 어명이었다. 참고로, 박의영의 해명은 이러하였다.

근일 대간이 신을 번잡하다 하고, 신이 예조에 있을 때 종이를 남용했다고 논계하니, 신은 억울한 마음을 참을 수 없습니다. …… 신은 성종조에 처음 벼슬하여 지금까지 26년 동안 낭서郞署를 거쳐 두 번이나 간원諫員이 되었으며, 한 번 대관臺官이 되었는데, 당시에는 논박하는 자가 없었습니다. 신의 소행에 논란될 만한 일이 있었다면 어찌 물의物議에 용납되었을 것이며, 참고 말하지 않았다가 오늘에서야 발설하겠습니까? 신은 폐조에서 대사간으로 죄를 입어 3년간 귀양살이를 하면서 스스로 죽을 것으로 생각하였으나, 다행히도 하늘의 해가 거듭 밝음을 만나서 온전히 생명을 보존하였습니다. 다시 외람되이 성은을 입어 예조에 임명되었고, 또 병조로 옮겼습니다. ……

신의 성격은 본래 우직하여 부드럽게 하리下吏를 대우하지 못합니다. 하리가 허물이 있으면 용서하지 않고 반드시 법으로 다스리니, 그 동안에 어찌 원한을 품고 말을 지어 내 헐뜯는 사람이 없었겠습니까? 소인은 보복하기를 좋아하니 저들은 분심을 품고 모함하고자 드디어 근거 없는 말로 얽어서 사헌부 관원에게 전달하였습니다. 신이 비난을 받는 것은 실로 이 때문입니다. ……

신이 이런 비난을 받고 있으니, 만약 무죄를 밝히지 못한다면 장차 무슨 면목으로 조정의 반열에 설 수 있겠습니까? 유사에 내려서 상세히 조사하고 분명히 질정하여 원민寃憫을 풀어 주도록 하소서.[58]

---

[58] 《중종실록》 권4, 2년 11월 4일 계묘(3).

자기는 떳떳하며, 사헌부가 아전들의 모함을 듣고 무조건 자기를 탄핵한다는 호소였다. 또한 해당 관청 곧 의금부에 내려서 시비곡절을 가리게 해 달라며 자신감도 내비쳤다. 그런데 바로 밑줄 친 부분에서 문제가 커졌다. 사헌부의 탄핵이 정당하지 않다는 정면 반박이었기 때문이다. 특히 소인배의 말에 사헌부가 놀아났다는 비난에 휩싸일 판이었다. 따라서 사헌부로서도 가만히 있을 수 없었다.

사헌부는 먼저 박의영이 대관의 탄핵에 맞서 해명 상소를 올린 점을 문제 삼았다. 대간은 공론으로 논하므로 지체 높은 삼공일지라도 변명하지 못하는 법인데, 하물며 참의가 어찌 변명하느냐는 반격이었다.[59] 또한 박의영이 집을 지으면서 예조 소속의 대장장이를 임의로 부렸다며 범죄를 추가하였다.[60] 이 사안은 의금부에서 박의영을 추문한 결과 공초 내용이 해명 상소와 같아 더 특별히 물을 것이 없다고 보고하면서,[61] 박의영이 유리한 고지를 점하였다. 사헌부에서는 이후로도 몇 차례 박의영을 다시 추문해야 한다며 논계했으나, 흐지부지 끝나 버렸다.

사안의 중대성은 차치하고라도, 대간의 탄핵을 받으면 당상이라도 일단 사직하면서 상소를 올려 억울함을 호소하는 일은 꽤 있었다. 정말로 억울하다면, 어전에서 대간과 대질하기를 청하기도 했지만, 언로를 보장한다는 차원에서 받아 주지는 않았다. 이것이 조선왕조 개국 이래 상례였다. 멀리 갈 것도 없이, 이 책에서 다룬 한명회(13장)나 현석규(18장) 모두 대간의 탄핵을 받고는 대질하게 해 달라거나 죄가 없는데 억울하다는 상

59 《중종실록》 권4, 2년 11월 6일 을사(1).
60 《중종실록》 권4, 2년 11월 8일 정미(1).
61 《중종실록》 권4, 2년 11월 11일 경술(3).

소를 올린 바 있다. 이런 사례가 적잖이 있었으므로, 새 왕을 포함하여 지위의 고하를 막론하고 당시 조정 신료로서 이를 모를 리는 없었다. 그런데도 대간의 탄핵을 받고 스스로 해명하는 상소를 올린 전례가 있는지 상고하라는 어명은 조정의 중의를 통해 박의영을 죄 주지 않겠다는 자신의 처결에 정당성을 확보하기 위함이었다.

그런데 이에 대한 대간의 회계에 바로 유자광의 이름이 등장하였다.

> 선왕 때의 일은 신 등이 미처 알지 못합니다. 다만 근자에 유자광이 논박을 입고 상소하여 스스로 변명하였기에, 대간이 더욱 그를 그르다고 여겼습니다.[62]

이 회계를 보면 대간의 궁색함이 역력하다. 일단 선왕 때의 일은 잘 모르겠다는 답변은 그동안 자기들이 줄기차게 제기한 박의영 탄핵의 근거가 마땅치 않다는 자기 고백과 다름없었다. 탄핵당한 자가 상소하여 억울함을 호소한 전례가 많은데도 유독 유자광을 선례로 꼽았다. 이렇듯 중종 초기의 대간은 잘못된 관행이 있어서 고치자고 논의할 때, 그 나쁜 선례가 유자광에서 시작했다는 표현을 상투적으로 사용하였다. 어떤 관행의 부당성을 지적하면서 유자광이 만든 선례이기에 부당하며 당장 개정해야 한다는 논리가 꽤 통했다는 점에 주목할 필요가 있다. 유자광을 돌아올 기약 없는 유배형에 처한 후에도 대간에서는 유자광의 이미지를 간흉 소인배의 '원조'로 끊임없이 그려 갔던 것이다.

---

[62] 《중종실록》 권4, 2년 11월 13일 임자(2).

51

||||||

희망을 주어서는 안 됩니다

유자광이 유배당한 지 1년쯤 되었을 때 왕은 갑자기 유자광의 해배解配를 대신들에게 논의하라고 명하였다. 이로써 유자광 이름 석 자는 또다시 조정의 쟁점으로 떠올랐다. 왕의 전교는 간단하였다. 나라의 공신이면서도 반정 후 연좌로 죄를 입은 자, 신씨(연산군의 왕비 및 오빠 신수근)의 족친으로 유배 중인 자, 종묘사직에 공을 세운 유자광의 자손 등은 대역죄가 아니므로 이제는 석방하자는 내용이었다.[63]

그러나 이런 어명이 그대로 시행될 리 없었다. 홍문관까지 가세하여 삼사에서는 연일 그 부당함을 논계하였다. 조강朝講에서 시작한 논계는 하루 종일 이어졌다. 그들이 앞 다투어 지적한 유자광의 죄는 크게 두 가

---

[63] 《중종실록》 권5, 3년 4월 17일 갑신(2).

지였다. 성종 때 (임사홍과 결탁하여) 국정을 어지럽히려다 죄를 받은 일과 연산군 때 임사홍과 더불어 대간을 살육하고 청류淸流를 크게 해쳐 나라를 그르친 일이었다. 극형이 마땅함에도 성상의 은혜로 유배에 그치는 바람에 사림이 불쾌해하는 판국에 유자광을 고향으로 돌아가게 하고 그 자손의 유배지를 좀 더 가까운 곳으로 옮기라는 어명을 속히 거두라며 목소리를 한껏 높였다.[64]

특히 그들은 유자광은 매우 간교한 자이니, 조금이라도 정계에 복귀할 수 있다는 일말의 희망이라도 주어서는 안 된다며 입을 모았다.

(1) 옛날부터 소인이 귀양살이를 하면 스스로 천 갈래 만 갈래로 꾀를 내어 왕의 외척에게 붙지 않으면 환관에게 붙고, 환관에게 붙지 않으면 궁첩宮妾에 붙어 못하는 짓이 없었습니다. 그리하여 기어코 임금으로 하여금 불쌍히 여기게 한 후에 그 흉모를 마음대로 하는 것입니다. 유자광의 집은 재산이 수천 금이나 되니, 만일 재산을 기울이려고만 한다면 외척과 환관 궁첩들에게 꼬리를 치기는 어렵지 않을 것입니다. 지금 그 아들의 유배지를 옮긴다면 후일에는 반드시 석방할 터이고, 석방하면 서용할 것은 매우 당연한 추세입니다. 유자광이 (다시) 조정에 들어오면 그 화는 반드시 전날보다 배가 될 것입니다. 늙은 간물奸物이 (아직) 죽지 않았으므로 성상께서는 유념하여 잊지 마시고 노간老奸을 제거하시길 청합니다.[65]

---

[64] 《중종실록》 권5, 3년 4월 21일 무자(1/3/5).
[65] 《중종실록》 권5, 3년 4월 21일 무자(3).

(2) (손자라도 유배지를 옮겨 주면) 유자광에게 희망하는 마음을 갖게 할 뿐만 아니라 사람들이 또한 그 조짐을 두려워할 것입니다. 청컨대 늙은 간물을 제거해야만 사람들이 통쾌하게 여길 것입니다.[66]

(3) (이렇게 조금씩 풀어 주면 유자광은) 권문·척리·환관·궁첩들에게 뇌물을 주어 서로 내왕하면서 장차 못하는 일이 없을 것입니다. 전하께서 만약 속히 방법을 강구하여 지금 끊어 버리지 않으신다면, 세월이 지난 뒤에는 점점 배어 들어가 그 꾀에 빠져서 마침내 구제할 수 없을까 걱정입니다. 전하께서는 그 자식의 배소를 옮기는 일이 해롭지 않다고 여기십니다. 그러나 그것은 천지 같은 은혜를 간특한 부자에게 곡진하게 베풀어 줌으로써, 눈치를 보아 요행을 바라는 마음을 열어 주는 것입니다. 중외의 인심이 (그런 조치를) 의심하고 두려워하게 함이니, 신 등은 전하께서 하시는 일을 알지 못하겠습니다. …… 바라건대 전하께서는 종사대계宗社大計를 중히 여기시어 고식적인 사정私情에 따르지 말고 쾌히 공론을 따라 국법을 바로잡으소서.[67]

이 세 인용문은 모두 홍문관의 논계 중에 나온 표현이다. (1)은 유자광은 지금 어떤 식으로든 석방을 위해 백방으로 로비를 할 것이며, 그래서 더더욱 조금이라도 틈을 보여 주면 안 된다는 내용이다. 또한 지금 왕이 혹시라도 궁첩이나 환관의 말을 듣고 갑자기 유자광을 용서해 주려는 것 아니냐는 의심을 행간에 담았다. (2)는 유자광에게 어떤 희망도 갖게 해서

[66] 《중종실록》 권5, 3년 4월 21일 무자(5).
[67] 《중종실록》 권5, 3년 4월 22일 기축(3).

는 안 된다는 지적이다. 자식의 유배지를 옮겨 주면, 유자광은 그것을 조짐 삼아 풀려날 희망을 갖고 간교하게 움직일 것이라는 경고이기도 하였다. (3)은 (1)보다 한술 더 떠 왕이 로비를 받고 사정私情에 끌려 유자광을 석방시키려 하는 것 아니냐며 더 강하게 지적하였다. 밑줄 친 부분에서 그런 뉘앙스가 강하게 드러난다.

삼사의 반대가 이처럼 빗발쳤으나, 왕도 만만치 않았다. 유자광은 연로하고 나라에 공도 있으니 이제 석방하되 서용하지는 않을 것이며, 유자광이 난신亂臣이 아닌데도 그 자제를 먼 곳으로 유배한 것은 과하다는 '친절한' 설명을 부연하며 버텼다.[68] 하지만 반정 3대장 중 한 명인 유순정 등 대신들조차 이 문제로 조정이 동요하니 대간의 말을 따르는 것이 좋겠다고 건의하자, 마지못해 따랐다.[69] 보기에 따라서는 왕이 상당히 체면을 구긴 꼴이었다.

그래도 이대로 물러설 수는 없었다. 유자광의 석방과 그 자손의 이배移配 실패보다 어쩌면 더 큰 문제가 남아 있었다. 바로 왕이 권문·척리·환관·궁첩 가운데 누구로부터 어떤 청탁을 받고 갑자기 유자광의 석방을 거론한 것 아니냐는 홍문관의 노골적인 지적이었다. 이런 말을 공개석상에서 듣고도 대응하지 않는다면, 왕의 위신은 그야말로 말이 아닌 지경으로 추락할 것이 자명하였다. 이에 중종은 유자광 석방 문제가 아닌 홍문관 본연의 임무를 거론하며 나섰다. 홍문관에 내린 전교의 내용은 이러하였다.

---

[68] 《중종실록》 권5, 3년 4월 22일 기축(1/2).
[69] 《중종실록》 권5, 3년 4월 23일 경인(1).

전날에 내가 이르기를 언사言事는 너희의 직책이 아니라고 하였고, 너희는 말하기를 조종祖宗 때에는 홍문관도 언사를 하였는데 지금 전교가 이러하시니 이것은 언로를 막는 것이라고 하였다. 나의 본뜻은 그렇지 않다. 홍문관은 일을 논사論思하는 지위에 있으니 국가에 관계되는 일이면 어찌 논계하지 않겠는가? 유진柳軫(유자광의 아들) 등의 일은 너희의 논계가 대간과 똑같으니 너희 본직本職으로 보아 어떻겠는가? 지금 차자를 살펴보니 말하기를, "유자광이 죽지 않으면 곧 환관·궁첩·척리에게 뇌물을 주어 내왕하면서 계제를 만들어 장차는 못하는 짓이 없을 것입니다"라고 했는데, 너희는 어찌 생각하지 않고 나를 의심하는가? …… 정사를 볼 때도 청에 따르는 일이 있는데 (지금 내가) 무슨 일에 대하여 청에 따랐다는 것인가? ……

사정私情을 따른다는 말은 이 차자에서만 말한 것이 아니요, 내가 즉위한 이래로 홍문관과 대간이 일마다 말하기를 사정에 따른다고 하였다. 이는 내가 (어떤) 청을 듣고 사정을 따른다고 말한 것이다. 대체로 군주의 정치는 죄의 여부에 의문이 있으면 가볍게 벌을 주고, 공로의 여부가 의심스러우면 후하게 상을 주는 것이 옳은 법이다. 신하들이 비록 무거운 형벌을 청하거나 멀리 귀양 보내기를 청하더라도 인군은 마땅히 경중을 짐작하여 혼자서 결단하게 마련이다. 어찌 사정에 따르겠는가? 그렇지 않고 인군은 옷깃만 여미고 그저 지위만 차지하여, (일의) 경중을 가리지 않고 신하의 장악 속에 있어야 한단 말인가? 내가 할 일을 모르겠으니, 너희가 만약 청을 듣고 사정에 따른다고 나를 의심한다면, 곧은 말로 기탄없이 진술하라. …… 나는 조그마한 사의私意도 없는데, 너희의 이 말이 어찌 우연이겠는가? 바른말로 진술한 후에

라야 내 마음이 시원하겠다.[70]

왕더러 사정을 따랐다고 하였으니, 정녕 그것이 사실이라면 어떤 청을 듣고 사정을 따랐다는 것인지 구체적으로 진술하라는 반격이었다. 상황에 따라서는 감히 왕을 무함誣陷한 죄로 몰려 조정에 다시금 피바람이 불 수도 있는 사안이었다.

이에 홍문관도 바로 꼬리를 내렸다. 왕의 사정은 없었다고 거듭 변명하는 한편 이참에 유자광을 아예 죽여야 한다면서 전장을 다시 유자광 쪽으로 옮기고자 하였다.[71] 유자광의 석방과 그 자손의 이배를 막았으므로, 홍문관으로서는 어쨌든 성공을 거둔 셈이었다. 하마터면 왕을 무함한 죄로 큰 위기에 처할 수도 있었으나, 유자광의 처형을 더 강력히 논계함으로써 타개할 수 있었다. 유자광의 석방을 놓고 벌어진 왕과 홍문관의 격돌은 대신들의 중재에 힘입어 이런 선에서 마무리되었다. 일촉즉발의 위기를 비켜 갔다.

그런데 약 2년 후 중종은 또다시 유자광 손자의 이배를 거론하였다. 그러자 대간에서도 다시 반대하고 나섰다. 이유는 전과 같았다. 유자광은 대간大奸이라 손자까지 연좌하여 처벌하였는데, 이제 손자의 유배지를 고향에서 가까운 곳으로 옮겨 주면, 그 아비와 할아비도 차례로 가까운 곳으로 이배하게 될 테니, 그런 빌미를 아예 주어서는 안 된다는 것이었다.[72] 이 전후로 관련 기록이 없는 점으로 보아, 중종은 이번에도 먼저 말

---

[70] 《중종실록》 권5, 3년 4월 23일 경인(3).

[71] 《중종실록》 권5, 3년 4월 23일 경인(4/6).

[72] 《중종실록》 권10, 5년 3월 17일 임신(1).

을 꺼냈다가 소득 없이 끝난 것 같다.

다시 1년쯤 지나, 이번에는 유자광의 아들인 급제及第 유진의 처 신씨가 그 아들 유승건柳承乾과 유승곤柳承坤을 가까운 도로 옮겨 달라며 어가 앞에서 상소하였다. 이에 중종은 의금부에 명하여 그 청을 들어주도록 명하였다.[73] 이 상소도 신씨가 단독으로 한 것인지, 누구의 자문을 받고 행했는지는 알 수 없다. 분명한 점은 중종이 신씨의 상소를 바로 수용한 사실이다.

그러나 늘 그랬듯이 경연에서 대간이 반대하고 나섰다. 이에 왕은 유자광의 죄가 중하여 자식까지 연좌되었지만 손자는 아들에 비해 죄가 가볍고 그 어미 신씨의 호소도 일리가 있어서 이배를 허락했다고 설명하였다.[74] 조강에서 이 문제가 계속 나오다가,[75] 결국은 의정부까지 의견을 피력하였다. 그런데 의견이 거의 양분되었다. 당시 3정승인 김수동·유순정·성희안 등은 손자는 아들과 다르니 이제는 이배해도 무방하다는 의견을 냈다. 하지만 이손(좌찬성)·김응기(우찬성)·홍경주(좌참찬)·신윤무(우참찬) 등은 이배가 부당하다는 견해를 밝혔다. 그러자 왕은 이배하지 않는 것으로 결정하였다.[76]

이로부터 1년이 조금 지난 중종 7년(1512) 6월 15일에 유자광의 죽음이 조정에 전해졌다.[77] 그러자 대신들은 유자광이 죽었으니 익대공신만

---

[73] 《중종실록》 권13, 6년 4월 10일 기축(2).
[74] 《중종실록》 권13, 6년 4월 13일 임진(1).
[75] 《중종실록》 권13, 6년 4월 18일 정유(1).
[76] 《중종실록》 권13, 6년 4월 24일 계묘(6).
[77] 《중종실록》 권16, 7년 6월 15일 정사(3).

큼은 돌려주고 공신답게 장례를 치를 수 있게 하자고 건의하였다. 그러나 대간의 강한 반대에 다시 부딪혔다. 그때 왕은 다시 한발 물러나 익대공신을 돌려주지 않기로 결정했는데, 그 이유를 이렇게 설명하였다.

> 유자광의 일은 대신의 말이 훈권勳券을 도로 주어 예장禮葬함이 좋겠다고 하였고, 나도 일찍이 유자광은 익대翊戴한 공이 매우 크다고 생각하였기에 그대로 윤허하였다. 그런데 지금 대간과 시종侍從들이 논쟁하여 마지않는다. 나도 다시 생각하니, <u>그 자손들을 석방한 은혜 또한 큰데</u>, 훈권을 도로 주고 예장하게 하는 등의 일을 일시에 함께 허락하는 것은 과연 급히 서두르는 듯하다.[78]

처음에는 익대공신을 돌려주려 했으나, 대간의 말을 듣고 보니 손자를 석방한 데 더하여 공신 작호까지 돌려주는 일은 좀 과한 것 같다는 얘기였다. 바로 위의 밑줄 친 부분을 통해 유자광의 두 손자 유승건과 유승곤은 이배移配를 넘어 아예 해배解配 받았음을 알 수 있다.

대간의 총공세에 시달릴 때부터 유자광은 반정 3대장을 상대로 다양한 로비를 펼쳤을 것이다. 박원종의 졸기에는 유자광이 자기를 구해 달라고 청탁하였으나 박원종이 의연히 물리쳤다는 내용이 나온다.[79] 유순정의 졸기에는 그가 유자광과 꽤 가까운 사이였을 가능성을 암시하는 대목이 있다.[80] 특히 성희안의 졸기에는 그가 유자광을 반정에 끌어들이는 등

---

[78] 《중종실록》 권16, 7년 6월 23일 을축(5).
[79] 《중종실록》 권11, 5년 4월 17일 임인(1).
[80] 《중종실록》 권17, 7년 12월 20일 경신(2).

연산군 때의 죄인들을 적잖이 공신의 반열에 올린 장본인이라고 적었다.[81] 유자광이 함경도에 조사 차 내려갈 때 성희안이 부관으로 동행한 인연이 이후에도 꾸준히 이어진 것이다. 훗날 한 사론에서도 성희안이 유자광을 후원하였다고 명확히 기록하였다.[82]

이런 점을 두루 고려하면, 유자광이 성희안에게 청탁하고 그가 중종에게 건의하는 식의 로비 라인이 작동하고 있었던 것 같다. 하지만 대간의 반대가 워낙 거센 탓에 로비의 성과는 없었다. 로비가 아니라 자신이 죽음으로써 그나마 손자 두 명을 석방해 줄 수 있었다.

[81] 《중종실록》 권18, 8년 7월 27일 계사(3).
[82] 《중종실록》 권19, 9년 1월 16일 경진(1).

52

||||||

죽은 후에도 시빗거리

유자광이 유배지에서 사망했다는 소식을 접하자, 3정승을 비롯하여 여러 대신은 그의 죄가 크지만 공적도 크니 나라를 구한 공로로 받은 익대공신 작호는 돌려주어 자손들로 하여금 예장禮葬하도록 허락하자고 의견을 모았다. 왕도 흔쾌히 따랐다.[83]

그러자 대간의 반대가 또다시 빗발쳤다.[84] 며칠이 지나도록 왕이 수용하지 않자, 홍문관도 가세하였다. 홍문관이 반대한 논리를 한번 살펴보자.

신 등이 듣건대, 유자광의 훈권勳券을 도로 주고 또 예장하게 하셨다하니 놀라움을 이기지 못하겠습니다. 무오년의 화는 비록 이극돈이 사

---

83 《중종실록》 권16, 7년 6월 15일 정사(3).
84 《중종실록》 권16, 7년 6월 16일 무오(2), 17일 기미(4), 21일 계해(4), 23일 을축(3/5).

국史局의 일을 누설했기 때문이지만, 그 뒤에 유자광이 홀로 권세를 부렸습니다. 사사로운 분풀이로 죄 없는 사람들을 무함하여 조정의 정사正士를 일망타진하였으니, 그 화가 참혹했습니다. 또 갑자년 이래의 화도 모두 유자광이 열어 인도하였습니다[且甲子以後之禍 皆子光啓之也]. 유자광이 임사홍과 더불어 마음을 같이하여 매번 일이 있으면 곧 함께 의논하였습니다. 그들이 나라를 그르친 죄는 동일하나, 유자광의 죄가 임사홍보다 더합니다. 지금 그가 죽자, 특별히 자손을 석방하고 모여서 상사를 치르고 예장하게 하셨습니다. 비록 대신이 아뢴 일이라 해도, 그렇게 아뢴 것은 잘못입니다.[85]

한마디로 유자광의 죄가 너무 크므로 공신 훈권을 절대로 돌려줄 수 없다는 것이었다. 임사홍과 결탁하여 무오사화와 갑자사화를 일으켜 정사正士를 일망타진했는데, 임사홍보다 죄가 더 무겁다는 주장까지 폈다. 이후로 기록은 없지만, 약 6개월 후에 익대공신을 유자광에게 돌려주는 문제를 둘러싼 논의가 다시 나오는 점으로 보아, 이때는 삼사의 반대로 익대공신을 돌려주지 않은 것 같다.

그런데 위 인용문의 밑줄 친 부분은 누차 살폈듯이 사실과 다르다. 대간이나 이른바 사림이 유자광을 임사홍과 묶어 그렇게 이미지를 만들고 기억하다가 사실로 믿게 되었을 뿐이다. 사림의 '유교화 정풍운동'이 거세게 일던 시기에 유자광에게 붙은 "사류를 일망타진한" 간물이라는 이미지는 사림이 주도하는 조선왕조에서는 누구도 지우기 힘들었다.[86]

[85] 《중종실록》 권16, 7년 6월 21일 계해(4).
[86] 기존의 '사림파' 학설을 비판하고 그 대안으로 사림의 '유교화·정풍운동' 곧 '사림

이로부터 약 6개월 후 한 공신연功臣宴에서 왕과 공신들은 회맹하여 공신 관련 몇 가지 원칙을 정하였는데, 그 가운데 하나가 유자광에 관한 내용이었다.

유자광의 익대공신은 그 자신이 애쓴 공로이니, 정국공신은 도로 주지 않더라도 익대공신은 돌려준다.[87]

특정 인물의 이름을 적시하면서까지 유자광을 익대공신으로 복권시키자는 합의였다. 그러나 대간은 익대翊戴 공훈을 인정하면서도, 유자광이 사류를 모함하고 나라를 그르친 죄가 너무 크다며 또 반대하고 나섰다.[88]

다시 8개월쯤 후 한 조강에서 좌의정 정광필은 유자광의 죄가 크지만 이미 죽었으니 공로가 큰 익대공신은 돌려주어 공신의 충후한 기풍도 진작해야 한다고 발언하였다. 그러자 왕은 마치 기다리기라도 한 것처럼 즉석에서 동감을 표하였다.[89] 그러고는 바로 그날이 가기 전에 이 문제를 대신들에게 의논하도록 명하였다. 대신들 또한 유자광이 이미 죽었고 익대한 공이 크니 공신의 환급이 마땅하다고 회계하였다.[90]

대간이 가만히 있을 리 없었다. 홍문관까지 합세한 삼사는 그 부당성을 맹렬히 논계하였다. 홍문관이 오히려 논의를 주도하다시피 하였다.

운동'이라는 설명 틀을 제시한 연구는 계승범,《중종의 시대: 조선의 유교화와 사림운동》(역사비평사, 2014) 5장 참조.
[87] 《중종실록》 권17, 8년 2월 30일 기사(3).
[88] 《중종실록》 권17, 8년 2월 30일 기사(6).
[89] 《중종실록》 권19, 8년 11월 12일 병자(2).
[90] 《중종실록》 권19, 8년 11월 12일 병자(5).

중종 8년(1513) 11월 16일부터 이듬해인 9년 1월 15일까지 두 달 동안 거의 매일 문제 삼았다. 왕도 할 수 없이 의정부·부원군·판서들에게 다시 논의하도록 하였다. 그러자 대간은 이런 문제는 워낙 자명하여 수의收議할 것도 없다며 더욱 기세를 올렸다. 홍문관에서는 굳이 수의를 하려면 그 대상을 넓혀 수의하자고 제안하였다.

마침내 육조·한성부의 당상과 충훈부의 2품 이상까지 대상을 넓혀 의견을 받았다.[91] 실록에는 모두 30인의 수의 내용이 나오는데, 호조참의 이맥李陌을 제외한 29명이 유자광에게 익대공신을 돌려주면 안 된다며 입을 모았다. 이에 왕도 그것을 공론으로 인정하여 익대공신 환급 명령을 거두었다.[92]

다시 1년 7개월 후 중종 10년(1515) 유자광의 아내 박씨가 상언上言하여 아들 유진의 이배를 청하자, 왕은 그렇게 하도록 의금부에 명하였다.[93] 그러나 대간의 반대가 다시 빗발쳤고, 왕은 늘 그랬듯이 또 한발 물러나 며칠 만에 명령을 취소하고 말았다.[94] 박씨가 단독으로 상언했는지 누구의 자문을 받았는지는 알 수 없다. 다만 중종 10년 10월 당시는 사림이 더욱 득세하며 조광조 등이 본격적으로 정계에 등장하던 시기였다. 아무래도 박씨의 상언 타이밍은 당시 분위기로 볼 때 썩 좋지 않았다고 볼 수 있다.

이로부터 무려 18년이 흐른 중종 28년(1633) 8월 하순에 유승건이 어

91 《중종실록》 권19, 9년 1월 15일 기묘(2/3).
92 《중종실록》 권19, 9년 1월 16일 경진(1).
93 《중종실록》 권23, 10년 9월 8일 신묘(2).
94 《중종실록》 권23, 10년 9월 19일 임인(3).

가 앞에서 상언하여 그의 조부 유자광의 정국공신과 익대공신을 모두 빼앗겨 억울하다고 호소하였다. 왕은 이번에도 유자광이 남이의 난으로 종사가 위기에 처했을 때 큰 공을 세웠으니, 정국공신은 불가하더라도 익대공신은 환급하는 것이 좋겠다는 생각을 피력하였다. 그러고는 바로 이 사안을 의정부에서 논의하여 아뢰라고 전교하였다.[95]

이에 영의정 장순손張順孫, 좌의정 한효원韓效元, 우의정 김근사金謹思, 좌찬성 윤은보尹殷輔, 우참찬 손주孫澍 등은 유자광의 죄가 커서 대간은 여전히 반대하지만, 이제는 유자광이 죽은 지도 오래되었으니 익대공신의 환급은 무방하다고 건의하였다. 이에 왕은 바로 다음과 같이 전교하였다.

> 유자광은 무오년의 일로 끝내 큰 화를 빚어 냈다. 그러나 익대하던 때에 국문에 참여한 사람들의 자손은 아직도 충의위가 되어 있는데, 하물며 유자광의 공이 (더 크지) 않겠는가? 지난번 대신들의 의견은 녹권을 돌려줄 만하다고 하였으나 대간은 죽은 지 오래지 않았다고 하여 반대하였다. 그런데 이제는 죽은 지 이미 오래이니 삼공의 아룀이 온당하다. 익대공신의 녹권은 다시 돌려주는 것이 옳다.[96]

대간의 반대 이유 가운데 하나가 유자광의 죄가 워낙 크고 죽은 지도 오래지 않은데 벌써 용서하면 안 된다는 것이었는데, 유자광의 공은 자못 크며 죽은 지도 이미 오래이니 환급이 가능하다는 논리였다.

---

[95] 《중종실록》 권75, 28년 8월 28일 무술(4).
[96] 《중종실록》 권76, 28년 9월 8일 정미(2).

그러나 대간은 여전히 완강하였다.[97] 홍문관도 예전처럼 가세하였는데, 그 발언을 다시 살펴보자.

유자광이 익대한 공은 기록할 만한 것이라고 할 수 있습니다. 그러나 신들은 ① 그가 처음에는 역모에 참여했다가 그 자취가 드러나자 도리어 상변上變해서 외람되게 공신에 참여한 것이라 생각합니다. (따라서 익대공신은) 그 간모奸謀를 이루어 주었을 뿐, 무슨 공이 있겠습니까? 폐조 때 혼란한 시기를 틈타 앞장서서 무오년의 화를 선도하였고, ② 이어 갑자년에 이르러서는 단인端人과 정사正士가 줄줄이 죽임을 당하게 만들었습니다. 갑자기 천지의 기강이 끊어지게 하고 조종祖宗께서 100여 년 동안 길러온 정기正氣를 여지없이 꺾어 버렸습니다. 그러니 조종의 신령들도 반드시 저세상에서 분을 품고 계실 것입니다.[98]

밑줄 친 ①의 내용은 자못 심각하다. 이전까지는 아무리 삼사라 해도 익대공신의 중요성까지 부정하지는 않았다. 그런데 이제 세월이 흘렀다고 하여 익대공신의 의미마저도 깎아 내렸다. 심지어 애초에 익대공신은 커녕 오히려 남이와 공모한 역모죄로 다스렸어야 했다는 날선 지적이기도 하였다. 유자광이 남이를 무고했다고 주장하면 모를까, 그가 남이와 공모했다는 저런 주장은 완전히 '가짜뉴스'였다.

밑줄 친 ②도 마찬가지다. 아무런 증거도 없이 갑자사화의 주범으로 유자광을 거론한 것이다. 이미 이 책의 앞에서 누차 살폈듯이, 이 또한 악

---

97 《중종실록》 권76, 28년 9월 12일 신해(2), 13일 임자(1/2).
98 《중종실록》 권76, 28년 9월 12일 신해(3).

의성이 농후한 날조에 지나지 않았다. 이 정도라면, 세월이 흐르면서 자연스레 발생할 수 있는 기억의 변환 차원으로 단순히 치부하기도 힘들 지경이다. 의도적이고도 악의적인 모함이라 해도 지나치지 않다.

유자광이 죽은 지 오래이니 이제 그에게 환급해도 무방하다는 논의가 크게 일자, 홍문관은 반대 논리를 바꾸면서까지 없던 일을 날조한 것이었다. 사실의 규명에는 관심이 없고 무조건 유자광은 안 된다는 억지와 다를 바 없었다. 그런데도 이런 엉터리 논의의 힘은 강력하였다. 불과 며칠 전까지만 해도 유자광에게 익대공신을 돌려주는 일은 문제없다던 3정승 등은 모두 피혐하면서 자신들의 의견을 수정하였다. 이에 왕도 어쩔 수 없이 자신의 어명을 또다시 거두는 수모를 감수하였다.[99]

사실을 왜곡한 홍문관의 저런 논의가 당시에 강력한 힘을 발휘하며 통한 이유는 무엇일까? 지금까지 살폈듯이, 대간을 비롯하여 사류士類가 그에게 서얼 출신의 간흉이라는 이미지를 씌운 효과가 당시 시대 분위기와 조응하여 워낙 강력했기 때문일 것이다. 중국 역사에서 "왕안석王安石 하면 소인, 소인 하면 왕안석"이라는 인식이 주자학자들 사이에서 매우 강고했듯이, 조선왕조에서는 "유자광 하면 소인, 소인 하면 유자광"이라는 인식이 거의 절대적이었다. 실록에서 '유자광'으로 검색하면 조선 후기에도 검색 결과가 적잖이 나오는데, 거의 다 이런 등식에 기초한 인식을 잘 보여 준다. 치열한 당쟁 와중에 누구를 심하게 공격하면서 유자광과 같은 자라는 표현이 거의 상투적 표현으로 쓰였음을 어렵지 않게 확인할 수 있다. 지금에 이르도록 유자광이 간신의 대명사처럼 일반 대중에게까지 각인된 오랜 역사의 무게이기도 하다.

[99] 《중종실록》 권76, 28년 9월 15일 갑인(1).

에필로그
영원한 이방인

유자광은 죽은 후에도 조선왕조 내내 죄인 신분으로 남았다. 나라의 운명
이 바람 앞의 촛불처럼 힘없이 꺼져 가던 융희 2년(1908) 순종 때 가서야
죄를 탕척蕩滌받고 관작도 회복할 수 있었다.[1] 중종 2년(1507) 죄인의 몸
으로 돌아오지 못할 유배를 떠난 후 무려 401년 만에 사면과 복권이 이루
어졌다. 대한제국의 마지막 황제 순종 때는 나라의 운이 이미 거의 다한
상태였다. 나라가 망하기 전, 정부는 조선왕조에서 처벌받고 여전히 죄
인 상태에 있던 자들 가운데 상당수를 선별하여 '무더기' 사면과 복권을
단행하였다. 이때 유자광도 포함된 것이다.

그러나 서출로서 분수를 넘어 날뛴 소인 중의 소인이요, 정사正士를 일
망타진하여 나라를 그르친 간신 중의 간신이라는 이미지는 이미 사람들
뇌리에 단단히 박힌 지 오래였다. 유자광이 실권한 직후에 남곤(1471~
1527)이 지은 〈유자광전〉은 당시부터 이미 널리 읽혔으며, 일기청의 사관

---

[1] 《순종실록》 권2, 1년 7월 9일(2). 《순종실록》의 날짜는 양력이다.

은 그 내용을 《연산군일기》의 무오사화 관련 기사 뒤에 그대로 전재하였다. 《동각잡기東閣雜記》 같은 야사나 《수헌집睡軒集》 같은 문집에도 두루 실리면서 널리 재생산의 길을 걸었다. 사화를 일으킨 장본인인 연산군은 슬그머니 사라지고 유자광이 원흉이라는 인식이 절대적 사실로 군림하였다.

이런 부정적 인식은 야사에서도 마찬가지였다. 참고한 자료명을 일일이 남겨서 유명한 《연려실기술》의 저자 이긍익李肯翊(1736~1806)은 〈유자광찬사柳子光竄死〉 항목을 집필하면서 주로 《음애일기陰崖日記》와 《동각잡기》를 인용하였다.[2] 《음애일기》는 이자李耔(1480~1533), 《동각잡기》는 이정형李廷馨(1549~1607)의 저술인데, 모두 유자광을 극도로 비난한 내용을 담았다.[3] 이긍익은 〈무오사화〉 부분을 집필하면서도 〈유자광전〉의 내용을 대거 인용하였다. 《조선왕조실록》의 국역이 미진하던 1970년대까지만 해도 조선시대를 연구할 때 《연려실기술》은 매우 중요한 자료였다. 이런 점을 고려하면, 20세기 역사학자들도 이긍익의 저술을 통해 근 500년 전 문신 관료들 특히 사림이 유자광에게 덧씌운 이미지를 거의 그대로 수용했다고 볼 수 있다.

그런데 유자광의 죄목은 별로 구체적이지 않았다. 대간을 공격하여 언로를 방해했다는 것이 흔히 입에 오른 죄상 가운데 하나였으나, 탄핵 내용의 사실 여부를 두고 벌어진 논쟁은 만만치 않았다. 요즘의 법정 상

---

[2] 《연려실기술》 권7, 中宗朝故事本末, 〈柳子光竄死〉. 여기서는 《국역 연려실기술》 II, 민족문화추진회, 1966, 249~252쪽(번역) 및 668~669쪽(원문)을 참고하였다.
[3] 《음애일기》와 《동각잡기》는 각각 《대동야승》 권6과 권52~54에서 찾아볼 수 있다. 여기서는 《大東野乘》, 경희출판사, 1969을 참고하였다.

식으로 보자면, 오히려 대간이 유자광에게 밀리는 경우도 많았다. 그러면 양사에서는 대간의 말은 모두 공론이라는 당위적 주장을 되풀이하는 패턴을 보였다. 수직론을 편 당대의 문형 서거정조차도 유자광의 죄를 구체적으로 적시하지는 못하였다. 분수를 지켜야 한다는 원론적 주장으로써 유자광을 비아냥거린 수준이었다.

심지어 갑자사화의 주동자를 유자광으로 단정해 버린 '거짓'도 횡행하였다. 중종반정에 아무런 공이 없는데도 1등 공신에 오르고 공신 선정을 독단적으로 자행했다는 비난도 사실이 아니었다. 그런데 이런 '가짜뉴스'를 양산한 주체가 바로 삼사의 관원들이었다. 그들이 하는 말은 모두 '공론'이었다. 그래서 사실로 손쉽게 둔갑하였다.

유자광의 죄목이 비교적 분명한 사례는 성종 때 도승지 현석규를 탄핵하면서 김언신과 미리 의논했다는 이유로 임사홍과 함께 붕당 죄에 걸려 유배당한 정도였다. 하지만 이 책에서 살폈듯이, 유자광은 임사홍과 붕당을 결성하지도 않았으며 그와 정치 노선을 함께한 적도 없었다. 또한 유자광을 처벌한 성종 자신이 다시 유자광을 석방하고 등용하였다. 따라서 이 사안은 성종 재위 중에 이미 종결된 사안이었다. 그러나 이 '전과'는 두고두고 유자광의 발목을 잡았다.

무오사화는 유자광의 '전과'가 단순히 과거형이 아니라 현재진행형으로 바뀌는 결정적 계기였다. 무술년(성종 9년, 1478)에 유자광과 임사홍을 내침으로써 사림[正士]이 1승을 올렸으나 무오년(연산군 4년, 1498)에 유자광 같은 소인배 간신에게 오히려 큰 1패를 당했다는 인식은 당시 신진 유학자 관료와 유생 사이에 편만하였다. 무슨 일만 터지면 유자광은 바로 임사홍과 함께 묶이는 구도가 확연하였다. 유자광을 갑자사화의 원흉으로 본 '가짜뉴스'도 실은 악의적 날조라기보다는 사림의 기억 문제 때문이었다. 연산군 때의 두 차례 사화는 사림이 이를 간 사건인데, 공교롭게도 무오사화에서는 유자광이, 갑자사화 때는 임사홍이 두드러진 역할을 담당하였다. 그런데 사림은 이미 성종 때부터 유자광과 임사홍을 한 패거리로 분류하고 있었다. 그러다 보니 유자광도 갑자사화를 주동한 것으로 인식하고 그렇게 기억해 버릴 여지가 많았던 것이다.

그런데 사실 유자광의 죄라는 것은 겉으로 드러난 빙산의 일각에 지나지 않았다. 그에 대한 비난의 근저에는 그가 서출이라는 점이 항상 깔려 있었고, 그것이 훨씬 더 중요하였다. 대간에서 유자광을 탄핵할 때면 빠지지 않고 나온 문제가 바로 그의 출신이 미천하다는 점이었다. 세조의 특은으로 허통을 받아 문과 별시에서 장원을 하였고, 예종 때에는 익대공신 1등에 올랐어도, 첩의 자식이라는 출신 문제는 도저히 지울 수 없는 영원한 낙인이요, 천형과도 같았다. 간사하다, 번잡하다, 교활하다, 간교하다, 음흉하다는 등의 주관적 평가는 모두 유자광이 서출이라는 사실과 직통하였다. 그에게 붙인 소인·간흉·간신·간물 등의 호칭도 마찬가지였다.

그렇다면 유자광이 겪은 삶의 영욕은 역사적으로 어떤 의미를 지닐까? 어느 시대에나 흔히 나오는 그저 그런 한 아웃사이더가 출세를 위해 몸부림친 정도였을까? 그렇지 않다. 유자광의 삶과 경험을 통해, 우리는 조선왕조가 주자학의 나라로 정체성을 갖춰 가던 15세기 후반부터 16세기 초, 곧 성종~중종 대의 시대상·역사상에 다양하게 접근할 수 있다.

먼저 유자광이 중앙 정계에서 활동하던 시기는 마침 조선왕조의 서얼 차별이 본격화하던 전환기였다. 서얼의 문과 응시 불허를 명시한 《경국대전》은 세조 14년(1468)에 사실상 완성한 상태였다. 일부 수정을 거쳐 그것을 정식으로 반포한 때는 그로부터 6년 뒤인 성종 4년(1474)이었다. 아버지는 양반 사대부 고관대작인데 어머니가 첩이라서 평생 금고禁錮에 묶인 서얼의 불만은 자명하였다. 심지어 자손에게까지 그런 멍에를 물려줘야 하는 현실은 너무나도 가혹하였다. 이런 후유증도 무시할 수 없어, 명종 8년(1553)에는 서얼을 허통하는 기준을 법으로 제정하였다. 하지만 서얼로 태어난 당사자에게는 여전히 그림의 떡이요, 먼 나라 일일 뿐이었다. 서얼이라는 낙인은 태어나는 순간 이미 자기 인생에서는 어쩔 수 없는 원죄原罪와도 같았다.

《경국대전》이 막바지 단계에 있던 세조 13년(1467), 유자광(1439~1512)은 왕의 특은을 입어 29세의 나이로 정계에 첫발을 디뎠다. 중종 2년(1507) 대간의 집중 탄핵으로 유배당한 그는 약 5년 후 74세의 나이로 유배지에서 쓸쓸히 생을 마감하였다. 성종 때 약 2년 반의 유배 기간을 포함하여 그는 1467년부터 1507년까지 40년 동안 정치무대에서 활동하였다. 이 기간은 조선왕조의 서얼 차별이 법제화·구조화하던 시기와 잘 들어맞았다. 서자는 손자부터 얼자는 증손자부터 허통한다는 법령조차 없던 때였다. 유자광은 하필 서얼에 대한 차별과 멸시가 노골화하던, 자손의 허통조차 법적으로는 불가능하던 시기에 정계에서 활동한 것이다.

다만 세상사 모든 일에 예외가 있듯이, 서얼로서도 문신 벼슬에 오를 수는 있었다. 그 유일한 길은 왕의 특별한 총애였다. 왕조 국가 조선에서 왕이 특정인을 중용하겠다고 단호히 나서면 누구도 막을 수 없었다. 유자광에게 세조야말로 바로 그런 국왕이었다. 유자광은 국왕의 특은 외에는 출세가 불가능하던 시기를 살았던 것이다. 실제로 그는 세조·예종·성종·연산군 등 4조를 거치며 늘 국왕의 신임에 힘입어 영화를 누렸다. 대간의 거센 반대로 말미암아 주요 실직을 맡지는 못했으나, 1품 당상관이자 공신으로서 그는 웬만한 적자 양반이라 해도 꿈꾸기 힘들 정도의 지위를 누렸다. 중종 초기에 끝내 실권하고 유배되었다가 죽음에 이른 것도 실은 국왕 중종이 그를 확실하게 돕지 않았기(못했기) 때문이다. 이런 점에서, 유자광의 정치경력은 15세기 후반부터 16세기 전반에 이르는 전환기적 시대상을 잘 보여 주는 미시적 프리즘이라 할 수 있다.

그런데 이 시기는 조선왕조의 또 다른 전환기이기도 하였다. 중요한 역사적 변화를 겪던 시대였다. 바로 세조의 즉위를 찬탈로 보는 사림이 세조 때의 과거사를 바로잡고 유교적 가치를 정치 현실에 타협 없이 그대로 적용하려는 '유교화 정풍운동' 곧 '사림운동士林運動'이 기세를 올리며 조정에까지 영향을 미치던 때였다.[4] 같은 유학자라고 해도 당시 사림으로 분류되던 자들은 적서 차별에 더욱 적극적이었다. 어떤 예외도 인정하기를 거부하였다. 상하·귀천·적서·주노主奴의 엄격한 구분을 강조한 명분론과 분수론을 마치 자연법처럼 여기며 절대시하였다. 그런 사림은 성종 대부터 조정 안팎에서 목소리를 높이다가 연산군 때 일부 타격을 받기는 했어도, 중종반정(1506)을 계기로 전보다 더 활발하게 경외의 여론을 주도하였다.

이런 시대 상황은 왕으로서도 어찌 해 보기 어려운 도도한 흐름이었다. 유자광에게는 치명적인 시대사조였다. 만일 태종이나 세종 때 활약했다면 겪지 않았을 일을 성종~중종 때의 유자광은 숱하게 겪었다. 이 또한 15세기 후반부터 16세기 전반의 대전환기라는 시대상의 산물이었다. 이런 점에서, 유자광의 삶과 영욕은 그저 그런 평범한 사례가 아니라,

---

[4] 계승범, 《중종의 시대: 조선의 유교화와 사림운동》, 역사비평사, 2014, 176~192쪽. 이 책에서 저자는 기존의 '훈구파—사림파' 학설을 대신할 설명 틀로 '유교화 정풍운동' 곧 '사림운동'이라는 개념을 제시하였다. 또한 그것을 1960~80년대 한국 사회의 '반독재 민주화운동' 곧 '학생운동'과 유비하여 설명하였다.

정통과 명분을 극단적으로 강조한 주자학적 유교 사회로 들어서던 전환기의 조선에서 언젠가는 발생할 수밖에 없는 사례였다는 시대적 대표성을 갖는다.

이런 시대 분위기는 국왕의 권위에도 영향을 주었다. 조선은 전제군주가 통치하는 나라가 아니었다. 태종이 사병을 혁파한 후로는 왕의 친위대조차 없던 나라였다. 유교적 지식권력이 모든 것을 지배하는 구조로 빠르게 진화하던 나라였다. 특히 유자광이 활동하던 시기는 이른바 '사림'과 '공론'이 서로 합체하면서 시너지 효과를 한껏 내던 때였다. 국왕조차도 대간의 말을 공론이라 인정하며 수용해야 왕다운 왕으로 인정받는 분위기였다. 연산군이 그것[士林]을 고치려 물리력을 행사했다면, 반정 이후 중종은 연산군과 대척점에 있던 그것[士風]을 오히려 진작해야 할 책무가, 곧 태생적 한계가 있었다.

국왕조차도 이럴진대, 사림과 공론이 만나는 자리에 서출이 설 곳은 더더욱 없었다. 아니, 숨을 공간조차 없었다. 이런 시대적 흐름의 한복판에서 부단히 헤엄친 유자광의 삶과 영욕이 단순히 한 서출의 그저 그런 이야기일 수는 없다. 설사 유자광이라는 개인에게만 초점을 맞춘다고 해도, 조선왕조의 지배 구조 및 '유교 사회를 향한 거대한 전환'이라는 시대적 흐름을 충분히 고려해야 그가 남긴 삶의 궤적을 제대로 이해할 수 있다. 그래서 유자광의 사례는 전환기의 조선왕조를 파악할 수 있는 현미경일 뿐만 아니라, 미시사와 거시사를 연결해 주는 망원경인 셈이기도 하다.

유자광이 믿고 의지할 대상은 국왕뿐인데, 세월이 흐르면서 국왕도 사림의 공론에 당당히 맞서기 힘든 형국이 전개되었다. 성종이 만들어 놓은 균형을 연산군이 일방적으로 깨버린 탓에, 중종은 사림의 공론을 더 중시할 수밖에 없었다. 무력을 통해 왕을 내쫓고 즉위한 자신의 정당성을 위해서도 그런 선택은 불가피하였다. 유자광이 중종반정의 1등 공신이면서도 반정 후 1년도 채 안 되어 실권한 점이나, 중종이 의도적으로 조광조같이 사림의 선봉vanguard 역할을 하던 신세대new generation 인물을 대거 등용한 점도 이런 맥락과 닿아 있었다.

이처럼 유교 사회 조선에서 유자광은 언제나 태생적으로 주변인일 수밖에 없었다. 적자·양반·문신들이 주도한 조선의 주류 사회는 서출 유자광을 철저히 배척하였다. 일부 원로 대신이 그를 수용하기도 했으나, 대간의 무차별 공격 앞에서는 대개 입을 다물었다. 유자광 보호에 그다지 적극적이지 않았다. 유자광과 친분이 두터운 성희안 같은 반정 3대장도 '대간'이 '공론'을 말하며 여론을 주도하자 차라리 그를 포기해 버리고 말았다. 적자·양반·문신들의 조선왕조에서 유자광은 어찌해 볼 수 없는 '영원한 이방인'이었던 셈이다. 당시 조선왕조도 입현무방立賢無方과는 거리가 먼 엉뚱한 방향으로, 사로仕路를 갈수록 개방하기보다는 어떤 점에서는 예비 관료군의 범주를 되도록 축소하는 데 에너지를 쏟는 '이상한' 유교국가로 나아갔던 것이다.

참고문헌

《經國大典》

《國譯 濯纓先生文集》, 紫溪書院, 1994

《梅月堂文集》

《大東野乘》

　《陰崖日記》

　《東閣雜記》

《明史》

《四佳文集補遺》

《睡軒集》

《易經》

《燃藜室記述》

《慵齋叢話》

《二十五史》

　《舊唐書》

　《新唐書》

《佔畢齋集》

《朝鮮王朝實錄》

　《世祖實錄》

　《睿宗實錄》

　《成宗實錄》

　《燕山君日記》

　《中宗實錄》

　《純宗實錄》

《擇里志》

계승범, 《중종의 시대: 조선의 유교화와 사림운동》, 역사비평사, 2014.

김가람, 〈조선 전기 유교식 불효의 출현: 성종 대 이심원 불효 사건을 중심으로〉, 《한국사상사
　학》 71, 2022.

김　범, 《사화와 반정의 시대: 성종·연산군·중종과 그 신하들》, 역사비평사, 2007.

＿＿＿, 《연산군: 그 인간과 시대의 내면》, 글항아리, 2010.

김영두, 〈난언과 은거: 세조정권에 저항하는 대항 기억의 형성〉, 《사학연구》 112, 2013.

박병련, 〈조선 전기 사림-훈구 갈등과 사림 이데올로기의 정치적 정당화: 광원군 이극돈의
　사례를 중심으로〉, 박병련·김학수 외, 《조선 중기 훈구·사림정치와 광주 이씨》, 지식산업
　사, 2011.

송준호, 《조선사회사연구》, 일조각, 1987.

심승구, 〈간신 유자광의 평가 재고: 유교적 명분과 사림 서사의 해체를 중심으로〉, 《한국학논
　총》 46, 2016.

유영대, 〈설화와 신분의 문제: 유자광 전승을 중심으로〉, 《민족문화연구》 16, 1982.

윤국일, 《경국대전 연구》, 과학백과사전출판사, 1991.

윤인숙, 《조선 전기의 사림과 소학》, 역사비평사, 2016.

이병휴, 《조선전기 사림파의 현실인식과 대응》, 일조각, 1999.

이옥선, 〈조선조 사화기의 권력구조에 관한 연구〉, 박사학위논문, 이화여자대학교 정치외교
　학과, 1990.

이종범, 〈점필재 김종직의 내면세계와 초기사림파〉, 부산대학교 점필재연구소 편, 《점필재 김

종직과 그의 젊은 제자들》, 인문사, 2011.

정두희, 《조선 초기 정치지배세력 연구》, 일조각, 1983,

_____ , 〈이중환〉, 《한국사시민강좌》 3, 일조각, 1984.

_____ , 《조선 시대 인물의 재발견》, 일조각, 1992.

_____ , 〈단종과 세조에 대한 역사소설의 검토: 세조의 찬탈을 찬양한 이광수와 김동인의 친
일 역사관〉, 《역사비평》 16, 1992.

_____ , 《조선 시대의 대간 연구》, 일조각, 1994.

_____ , 《조광조: 실천적 지성인의 삶, 이상과 현실 사이에서》(증보신장판), 아카넷, 2001.

_____ , 〈조선 성종 9년 "무술지옥戊戌之獄"의 정치적 성격〉, 《서강인문논총》 29, 2010.

진상원, 〈조선왕조 정치범의 신원과 추존 문화〉, 박사학위논문, 동아대학교 사학과, 2007.

_____ , 〈김종직과 유자광: 군자와 소인〉, 《동아시아사의 인물과 라이벌》, 아세아문화사,
2008.

최이돈, 《조선 중기 사림 정치구조 연구》, 일조각, 1994.

한우근 · 이성무 · 민현구 · 이태진 · 권오영 역, 《譯註經國大典(飜譯篇)》, 한국정신문화연구원,
1985.

한희숙, 〈조선 전기 이세좌의 생애와 갑자사화〉, 《조선시대사학보》 50, 2009.

有井智德, 〈李朝補充軍考〉, 《朝鮮學報》 21 · 22合集, 1961.

Mark A. Peterson, 김혜정 역, 《유교 사회의 창출: 조선 중기 입양제와 상속제의 변화》, 일조
각, 2000.

Edward W. Wagner, *Literati Purges: Political Conflict in Early Yi Korea*(Cambridge: East Asian
Research Center, Harvard University, 1974).

Edward Wagner, "The Recommendation Examination of 1519: Its Place in Early Yi Dynasty
History", 《朝鮮學報》 15, 1980.

Edward W. Wagner, 〈정치사적 입장에서 본 조선 전기 사화의 성격〉, 《역사학보》 85, 1980.

찾아보기

유자광, 조선의 영원한 이방인

2023년 4월 2일 초판 1쇄 인쇄
2023년 4월 9일 초판 1쇄 발행

글쓴이   정두희·계승범
펴낸이   박혜숙
디자인   이보용
펴낸곳   도서출판 푸른역사
　우) 03044 서울시 종로구 자하문로8길 13
　전화: 02)720-8921(편집부) 02)720-8920(영업부)
　팩스: 02)720-9887
　전자우편: 2013history@naver.com
　등록: 1997년 2월 14일 제13-483호

ⓒ 정두희·계승범, 2023

ISBN 979-11-5612-246-3 93900